质量技术监督法律知识概论

王　晨　杨　健　薛靖超　主编

哈尔滨工程大学出版社

内容简介

本书首先介绍了法律基础知识，其次详细阐述了计量法律知识、行政法律知识、标准化法律知识、产品质量法律知识等内容，还简单分析了计量法律知识对我国质量技术监督工作的影响和特殊产品的相关质量技术监督法规。本书内容翔实，既注重基础理论，又关注法律实践，引用了丰富、典型的案例，并进行了案例分析，充分做到了理论联系实际。本书体现了基础性、新颖性、实用性、全面性等特点。在编写过程中，特别注意了新法的修订情况，注重知识体系上的衔接。同时，又增加了鲜活案例和评析，关注了当今学界探讨的热点问题。

本书既可作为高等院校成人、自考等相关专业质量技术监督法规课程的教学用书，又可作为我国各级技术监督部门工作人员的实务培训参考用书。

图书在版编目(CIP)数据

质量技术监督法律知识概论/王晨，杨健，薛靖超主编.—哈尔滨：哈尔滨工程大学出版社，2012.9
ISBN 978-7-5661-0454-0

Ⅰ.①质… Ⅱ.①王… ②杨… ③薛… Ⅲ.①质量技术监督-法规-基本知识-中国 Ⅳ.①D922.17

中国版本图书馆 CIP 数据核字(2012)第 227799 号

出版发行 哈尔滨工程大学出版社
社　　址 哈尔滨市南岗区东大直街 124 号
邮政编码 150001
发行电话 0451-82519328
传　　真 0451-82519699
经　　销 新华书店
印　　刷 哈尔滨市石桥印务有限公司
开　　本 787mm×1092mm 1/16
印　　张 16
字　　数 399 千字
版　　次 2012 年 9 月第 1 版
印　　次 2012 年 9 月第 1 次印刷
定　　价 39.00 元
http://press.hrbeu.edu.cn
E-mail:heupress@hrbeu.edu.cn

前　言

我国已经加入世界贸易组织十余年,社会主义市场经济和法制建设蓬勃发展,在这样的大背景下,质量监督事业也得以迅速发展起来。质量监督是市场经济不可或缺的内容,而质量监督法律法规则是质量监督依法进行的依据。由此,系统学习质量监督法律知识,对市场经济的健康运行和质量监督活动良性展开具有十分重要的意义。

经济基础决定上层建筑,上层建筑反作用于经济基础。质量监督法律属于上层建筑,对市场经济有着能动的反作用。质量监督法律是我国法律体系的重要组成部分,质量监督活动是市场中必不可少的活动之一。首先,质量监督是保证实现国民经济计划质量目标必不可少的措施。产品质量和经济效益,在我国国民经济和社会发展长远规划中,占有很重要的地位。国民经济的许多产业部门都把采用先进的高新技术、提高产品质量、开发新品种作为发展重点。其次,质量监督在维护消费者利益方面同样显得十分重要。各级质量监督管理部门,通过及时处理消费者的质量投诉,帮助解决产品质量问题,并依据法规对劣质商品的责任者进行查处,从而增强了群众同政府之间的联系。另外,质量监督管理部门对产品进行质量监督能公正地、科学地反映产品质量状况,向国家提供产品质量信息,作为国家完善经济计划,分析质量形势,制定相应的政策、措施的依据。通过质量监督还能发现技术标准本身的缺陷和不足,为修订标准和制定新标准以及改进标准化工作提供依据。在这样的环境下,法律法规的配套规定显得十分必要,法律的进一步完善也至关重要,而法律教材的编写就是普及法律知识、加强法律意识的关键一环。

近年来,随着教学质量和教学水平的不断提高,在质量技术监督教育中,高等教育所占比重不断增大。为了适应这种形势,根据质量技术监督人才培养对专业教材的实际需求,我们组织了相关人员编写了本教材。本书是哈尔滨理工大学法学院王晨教授、杨健、薛靖超老师共同辛苦努力的结晶。具体编写分工如下:王晨教授编写本书第一编和第二编,编写字数约 10 万字;杨健博士编写本书第三编和第四编,编写字数约 19 万字;薛靖超老师编写本书第五编,编写字数约 10 万字。全书由王晨教授负责统稿。

尽管作者为本书付出了诸多努力,但在付梓之即,还必须感谢相关文献资料的专家、学者提供的支持。在本书的编写过程中,得到了哈尔滨工程大学出版社的大力支持,在此由衷地表示感谢。同时也感谢给予我们关心和帮助的家人和朋友们。

由于时间仓促,其中难免有疏漏和错误之处,恳请读者对本书提出批评与指正,以便进一步修改和完善。

编　者

2012 年 6 月

目　录

第一编　法律基础知识

第二编　行政法律知识

第三编　计量法律知识

第四编　标准化法律知识

第五编　产品质量法律知识

第一编

法律基础知识

第一章　法的内涵

一、法和法律

马克思和恩格斯在《德意志意识形态》中指出,“占统治地位的个人除了必须以国家的形式组织自己的力量外,他们还必须给予他们自己的由这些特定关系所决定的意志以国家意志即法律的一般表现形式。”①也就是说,法律实际上是在一定意识形态的社会中居于统治地位的主体将其意志上升为国家意志的结果。该论断直接揭示了法的本质特征。据此,根据马克思主义关于法的一般理论,并吸收国内外法学研究的成果,可以将法定义为:“法是由国家制定或认可并依靠国家强制力保证实施的,以权利和义务为调整机制,以人的行为及行为关系为调整对象,反映由特定物质生活条件所决定的统治阶级或人民意志,以确认、保护和发展统治阶级所期望的社会关系和价值目标为目的的行为规范体系。”

法律有广义和狭义之分,广义的法律是指法的整体,具体包括法律、有法律效力的解释及其行政机关为执行法律而制定的规范性文件;狭义的法律则专指拥有立法权的国家机关依照立法程序制定的规范性文件。就我国现代法律制度而言,广义的法律是指宪法、法律、行政法规、地方性法规、规章等在内的一切规范性法律文件;而狭义的法律是指全国人大及其常委会制定的基本法律和一般法律。

法是国家意志的体现。国家意志即以国家名义所表达的意志,它以国家强制力为保障,是全体社会成员都必须遵从的。法不能仅仅停留于统治阶级的意志这一层面,因为如果法只是统治阶级的意志,则难以令全体社会成员信奉和遵行。而当法通过国家这个中介而上升为国家意志时,即取得了法律品格。同时,法的内容取决于特定的社会物质生活条件,即特定时代的物质资料的生产方式、地理环境和人口等因素,与物质生活条件以外的政治、民族精神、科学技术等因素共同作用,进而影响着法的内容及其特征。

二、法的特征

首先,法是由国家制定或者认可的。法作为一种社会现象,不是自发出现的,而是由国家制定或认可的。法起源于习惯,但是在进入阶级社会后,原始社会通行的习惯已无法继续发挥其规范作用了。于是国家作为全社会的代表,择适应当时社会需求的习惯并赋予法律效力,即将习惯上升为、认可为法。此外,随着社会的不断发展以及经济关系的日益复杂,国家认可的法已不能满足社会需求,于是国家特定机关根据现实需要开始主动制定行为规则,即制定法出现。

其次,法是以权利和义务为内容的。无论何种类型的国家,其统治阶级都要以维护其统治为目的,从本阶级的根本利益出发,通过国家这一中介将社会的利益和负担以法定权利和法定义务的形式固定下来,并向全体社会成员进行分配,以此明确人们的行为规则。因此,法都是以权利和义务为基本内容的,甚至在某种程度上我们可以说法本身就是权利

---

① 《马克思恩格斯全集》第3卷,第378页。

和义务的记载和说明。这也是法区别于习惯、礼仪、道德等社会现象之处。

最后,法具有国家强制力。但凡社会规范都存在或多或少的强制力,否则其存在就变得毫无意义了。习惯主要是靠传统的力量来保证实施的,道德主要是靠社会舆论和内在良心来保证实施的。而法作为一种特殊的社会规范,主要是依靠国家强制力来实现其规范作用的。法本身是以国家意志的形式表现出来的统治阶级意志,集中反映了统治阶级的根本利益,是统治阶级必须坚决贯彻和执行的对象。为此统治阶级设置了国家机器,针对触及甚至危及其根本利益的行为进行打击,而从中体现出来的就是法的国家强制力。

三、法的形式

法的形式是指法的具体的外部表现形态。我国是成文法国家,法的形式包括宪法、法律、行政法规、地方性法规、自治法规、行政规章、特别行政区法、国际条约。

1. 宪法

宪法是由全国人民代表大会制定的,规定了国家制度和社会制度的基本原则和重大问题。宪法以法律的形式确认了中国各族人民奋斗的成果,规定了国家的根本制度和根本任务,是国家的根本法,具有最高的法律效力。全国各族人民、一切国家机关和武装力量、各政党和各社会团体、各企业事业组织,都必须以宪法为根本的活动准则,并且负有维护宪法尊严、保证宪法实施的职责。宪法的修改,由全国人民代表大会常务委员会或者五分之一以上的全国人民代表大会代表提议,并由全国人民代表大会以全体代表的三分之二以上的多数通过。

2. 法律

法律是由全国人民代表大会及其常务委员会制定的规范性法律文件。前者制定的称之为基本法律,后者制定的称之为一般法律。全国人民代表大会制定和修改刑事、民事、国家机构的和其他的基本法律。全国人民代表大会常务委员会制定和修改除应当由全国人民代表大会制定的法律以外的其他法律;在全国人民代表大会闭会期间,对全国人民代表大会制定的法律进行部分补充和修改,但是不得同该法律的基本原则相抵触。而且下列事项只能制定法律:(1)国家主权的事项;(2)各级人民代表大会、人民政府、人民法院和人民检察院的产生、组织和职权;(3)民族区域自治制度、特别行政区制度、基层群众自治制度;(4)犯罪和刑罚;(5)对公民政治权利的剥夺、限制人身自由的强制措施和处罚;(6)对非国有财产的征收;(7)民事基本制度;(8)基本经济制度以及财政、税收、海关、金融和外贸的基本制度;(9)诉讼和仲裁制度;(10)必须由全国人民代表大会及其常务委员会制定法律的其他事项。

3. 行政法规

国务院根据宪法和法律,制定行政法规。行政法规可以就下列事项作出规定:(1)为执行法律的规定需要制定行政法规的事项;(2)宪法第 89 条规定的国务院行政管理职权的事项。应当由全国人民代表大会及其常务委员会制定法律的事项,国务院根据全国人民代表大会及其常务委员会的授权决定先制定的行政法规,经过实践检验,制定法律的条件成熟时,国务院应当及时提请全国人民代表大会及其常务委员会制定法律。

2002 年 1 月 1 日起施行的《行政法规制定程序条例》规定,行政法规有条例、规定、办法三种名称:“条例”是对某一方面行政工作作比较全面、系统规定的行政法规名称;“规定”是对某一方面行政工作作部分规定的行政法规名称;“办法”是对某一项行政工作作比较具体规定。国务院根据全国人大及其常委会的授权决定制定的行政法规称“暂行条例”或“暂行规定”。规章可以以规定、办法、实施细则和规则等为名称,但不得采用条例为名称。

4. 地方性法规

省、自治区、直辖市的人民代表大会及其常务委员会根据本行政区域的具体情况和实际需要,在不同宪法、法律、行政法规相抵触的前提下,可以制定地方性法规。较大的市的人民代表大会及其常务委员会根据本市的具体情况和实际需要,在不同宪法、法律、行政法规和本省、自治区的地方性法规相抵触的前提下,可以制定地方性法规,报省、自治区的人民代表大会常务委员会批准后施行。省、自治区的人民代表大会常务委员会对报请批准的地方性法规,应当对其合法性进行审查,同宪法、法律、行政法规和本省、自治区的地方性法规不抵触的,应当在四个月内予以批准。省、自治区的人民代表大会常务委员会在对报请批准的较大的市的地方性法规进行审查时,发现其同本省、自治区的人民政府的规章相抵触的,应当作出处理决定。其中“较大的市”是指省、自治区的人民政府所在地的市,经济特区所在地的市和经国务院批准的较大的市。

地方性法规可以就下列事项作出规定:(1)为执行法律、行政法规的规定,需要根据本行政区域的实际情况作具体规定的事项;(2)属于地方性事务需要制定地方性法规的事项。其他事项国家尚未制定法律或者行政法规的,省、自治区、直辖市和较大的市根据本地方的具体情况和实际需要,可以先制定地方性法规。在国家制定的法律或者行政法规生效后,地方性法规同法律或者行政法规相抵触的规定无效,制定机关应当及时予以修改或者废止。

5. 自治法规

民族自治地方的人民代表大会有权依照当地民族的政治、经济和文化的特点,制定自治条例和单行条例。自治区的自治条例和单行条例,报全国人民代表大会常务委员会批准后生效。自治州、自治县的自治条例和单行条例,报省、自治区、直辖市的人民代表大会常务委员会批准后生效。

自治条例和单行条例可以依照当地民族的特点,对法律和行政法规的规定作出变通规定,但不得违背法律或者行政法规的基本原则,不得对宪法和民族区域自治法的规定以及其他有关法律、行政法规专门就民族自治地方所作的规定作出变通规定。

6. 行政规章

国务院各部、委员会、中国人民银行、审计署和具有行政管理职能的直属机构,可以根据法律和国务院的行政法规、决定、命令,在本部门的权限范围内制定规章。部门规章规定的事项应当属于执行法律或者国务院的行政法规、决定、命令的事项。

省、自治区、直辖市和较大的市的人民政府,可以根据法律、行政法规和本省、自治区、直辖市的地方性法规,制定规章。地方政府规章可以就下列事项作出规定:(1)为执行法律、行政法规、地方性法规的规定需要制定规章的事项;(2)属于本行政区域的具体行政管理事项。

2002 年 1 月 1 日起施行的《国务院规章制定程序条例》指出,规章的名称一般称“规定”“办法”,但不得称“条例”。法律、法规已经明确规定的内容,规章原则上不作重复规定。

7. 特别行政区法

1990 年 4 月 4 日在第七届全国人民代表大会第三次会议上,全国人民代表大会根据中华人民共和国宪法,特制定了《中华人民共和国香港特别行政区基本法》,授权香港特别行政区依照本法的规定实行高度自治,享有行政管理权、立法权、独立的司法权和终审权;香港特别行政区不实行社会主义制度和政策，保持原有的资本主义制度和生活方式，五十年不变；香港原有法律，即普通法、衡平法、条例、附属立法和习惯法，除同本法相抵触或经香港特别行政区的立法机关作出修改者外，予以保留；香港特别行政区的制度和政策，包括社会、经济制度，有关保障居民的基本权利和自由的制度，行政管理、立法和司法方面的制度，以及有关政策，均以基本法的规定为依据。香港特别行政区立法机关制定的任何法律，均不得同本法相抵触。

1993 年 3 月 31 日第八届全国人民代表大会第一次会议通过了《中华人民共和国澳门特别行政区基本法》，规定设立澳门特别行政区，并按照“一个国家，两种制度”的方针，不在澳门实行社会主义的制度和政策，以此规定澳门特别行政区实行的制度，以保障国家对澳门的基本方针政策的实施。中华人民共和国全国人民代表大会授权澳门特别行政区依照本法的规定实行高度自治，享有行政管理权、立法权、独立的司法权和终审权。澳门特别行政区依法保障澳门特别行政区居民和其他人的权利和自由；澳门特别行政区不实行社会主义的制度和政策，保持原有的资本主义制度和生活方式，五十年不变；澳门特别行政区以法律保护私有财产权；澳门特别行政区境内的土地和自然资源，除在澳门特别行政区成立前已依法确认的私有土地外，属于国家所有，由澳门特别行政区政府负责管理、使用、开发、出租或批给个人、法人使用或开发，其收入全部归澳门特别行政区政府支配；澳门原有的法律、法令、行政法规和其他规范性文件，除同基本法相抵触或经澳门特别行政区的立法机关或其他有关机关依照法定程序作出修改者外，予以保留；澳门特别行政区的行政机关、立法机关和司法机关，除使用中文外，还可使用葡文，葡文也是正式语文；澳门特别行政区除悬挂和使用中华人民共和国国旗和国徽外，还可悬挂和使用澳门特别行政区区旗和区徽；澳门特别行政区的区旗是绘有五星、莲花、大桥、海水图案的绿色旗帜；澳门特别行政区的区徽，中间是五星、莲花、大桥、海水，周围写有“中华人民共和国澳门特别行政区”和葡文“澳门”；澳门特别行政区的制度和政策，包括社会、经济制度，有关保障居民的基本权利和自由的制度，行政管理、立法和司法方面的制度，以及有关政策，均以本法的规定为依据。澳门特别行政区的任何法律、法令、行政法规和其他规范性文件均不得同本法相抵触。

8. 国际条约

国际条约是国际法主体依国际法所缔结的据以确定其相互权利与义务的书面协议。广义的条约指以各种名称出现的国际协议的统称；狭义的条约仅指以条约为名称的国际协议。广义上条约其名称包括：(1)条约，常用于重要问题，一般有效期长，如边界条约；(2)公约，常用于为解决某一重大问题而举行的国际会议所缔结的多边条约，如《海洋法公约》；(3)专约，常指有关专门事项的协议，如领事专约；(4)宪章、规约、盟约，常用于有关建立国际组织的协议，如《联合国宪章》；(5)协定，常用于解决某一方面具体问题的行政和技术性协议，如贸易协定；(6)议定书，其解决的问题比协定还具体，如关于国籍的议定书；(7)换文，是最常见的一种简易方式，一般由一方就某特定事项向对方发出文件，作出要约表示，如对方同意，就发出复文表示承诺，从而两个文件表明双方就此特定事项已达成意思一致，缔约即告完成；(8)宣言，常用于创设或确认规则，如《开罗宣言》；(9)联合公报、联合声明，指两国或数国领导人在会谈后，就会谈进程、经过及达成的协议，共同发表的正式文件，如《中英关于香港问题的联合声明》；(10)(谅解)备忘录，通常申明当事国对某一问题的立场，或把某事项概况通知对方，如《中英香港问题备忘录》。

我国民事诉讼法规定，中华人民共和国缔结或者参加的国际条约同民事诉讼法有不同规定的,适用该国际条约的规定,但中华人民共和国声明保留的条款除外。对享有外交特权与豁免权的外国人、外国组织或者国际组织提起的民事诉讼,应当依照中华人民共和国有关法律和中华人民共和国缔结或者参加的国际条约的规定办理。根据中华人民共和国缔结或者参加的国际条约,或者按照互惠原则,人民法院和外国法院可以相互请求,代为送达文书、调查取证以及进行其他诉讼行为。请求和提供司法协助,应当依照中华人民共和国缔结或者参加的国际条约所规定的途径进行;没有条约关系的,通过外交途径进行。外国法院请求人民法院提供司法协助的请求书及其所附文件,应当附有中文译本或者国际条约规定的其他文字文本。人民法院请求外国法院提供司法协助的请求书及其所附文件,应当附有该国文字译本或者国际条约规定的其他文字文本。人民法院作出的发生法律效力的判决、裁定,如果被执行人或者其财产不在中华人民共和国领域内,当事人请求执行的,可以由当事人直接向有管辖权的外国法院申请承认和执行,也可以由人民法院依照中华人民共和国缔结或者参加的国际条约的规定,或者按照互惠原则,请求外国法院承认和执行。国外仲裁机构的裁决,需要中华人民共和国人民法院承认和执行的,应当由当事人直接向被执行人住所地或者其财产所在地的中级人民法院申请,人民法院应当依照中华人民共和国缔结或者参加的国际条约,或者按照互惠原则办理。

四、法律体系

《中国大百科全书·法学》将法律体系解释为“由一个国家的全部现行法律规范分类组合为不同的法律部门而形成的有机联系的统一整体”。法律体系有如下特征:第一,法律体系是由国内法组成的有机整体,本身并不包括国际法;第二,法律体系是由现行有效实施的国内法组成,并不包括曾经存在但已失效的法律;第三,法律体系是由不同部门法组成的,它们调整的社会关系不同,因此产生了调整内容和调整方法上的差别;第四,法律体系是一个有机整体,并非孤立无关。尽管不同的部门法之间调整对象和调整范围有着巨大的差别,但是它们毕竟是在同一个国家的相同历史背景和人文精神的大环境下形成并发展的,其内在的共生性和统一性使得它们彼此相互关联、相互协调,从而在客观上表现为一个有机的整体。

2011 年 3 月 10 日,全国人大常委会委员长吴邦国在十一届全国人大四次会议第二次全体会议上郑重宣布,中国特色社会主义法律体系业已形成。我国的法律体系由宪法统领下的七大部分构成——宪法相关法、民商法、行政法、经济法、社会法、刑法、诉讼与非诉讼程序法,主要包括法律、行政法规、地方性法规三个层次。截止到 2011 年 2 月,我国已制定现行有效法律 239 件、行政法规 690 多件、地方性法规 8 600 多件。①

1. 宪法

宪法部门是以宪法为核心,由宪法法典和其他宪法性法律文件组成的重要法律部门,在中国法律体系中居核心地位。宪法是国家的根本大法,它主要规定了国家制度、社会制度、公民的基本权利和义务以及国家机关的组织和活动的基本原则、规则等根本性问题。在法律体系中,宪法具有最高的法律效力,成为基本法律和一般法律以及其他法律文件的立法基础。其他法律文件均不得与宪法相抵触或者冲突,否则归于无效。

---

①　参见王晨:《中国特色社会主义法律体系中的行政法》,《光明日报》(理论版),2011 年 6 月 9 日,第 11 版。

宪法部门的基本规范主要包括《中华人民共和国宪法》(1982 年)及其修正案、《中华人民共和国全国人民代表大会组织法》《中华人民共和国国务院组织法》《中华人民共和国地方各级人大和地方人民政府组织法》《人民法院组织法》《人民检察院组织法》《全国人民代表大会常务委员会议事规则》《全国人民代表大会和地方各级人民代表大会选举法》《中华人民共和国民族区域自治法》《香港特别行政区基本法》《澳门特别行政区基本法》《中华人民共和国国籍法》《中华人民共和国国旗法》《中华人民共和国集会游行示威法》等。

2. 民商法法律部门

民商法是调整作为平等主体的公民、法人、其他组织之间的财产关系和人身关系的法律规范的总和。民商法主要调整横向的财产关系,即财产所有权关系、商品流通关系、遗产继承关系、知识产权关系等;其调整的人身关系,如婚姻关系、名誉权、肖像权、生命健康权、法人的名称权等。民商法部门的基本规范主要包括《民法通则》《中华人民共和国物权法》《中华人民共和国合同法》《中华人民共和国婚姻法》《中华人民共和国继承法》《中华人民共和国公司法》《中华人民共和国专利法》《中华人民共和国著作权法》等。

3. 行政法法律部门

行政法是调整行政关系,规范和控制行政权的法律规范的总称。行政法的调整对象是行政关系,具体包括行政管理关系、行政法制监督关系、行政救济关系和内部行政关系。从与宪法的关系上看,行政法与宪法的关系最为密切。刑法、民法都只是实施着宪法某一方面的规定,刑法是为了惩处刑事犯罪行为而存在的,民法调整的是民事法律关系,而行政法则较全面地实施着宪法,涉及到了公民权利实现的路径以及对国家公权力的规范和控制等,相对来说涉猎的范围宽泛许多。而且宪法过于抽象的诸多规定也大多是通过行政法来具体落实的,这是其他部门法所做不到的。可见,在实施宪法的诸多部门法中,行政法与宪法的关系最密切,以至有人称宪法为“静态的行政法”,称行政法为“动态的宪法”;也有人把行政法称为“小宪法”。

由于行政法调整的对象,即行政关系过于广泛,多种多样,各种不同的行政关系之间又存在较大的差别,很难以统一地加以规范调整;而且部分行政关系的稳定性低,变动性大,有必要留给法律位阶较低的法规和规章调整,而不宜由统一法典进行规范;再加上行政法作为一个独立的法律部门产生较晚,因此我国目前并不存在统一的行政法法典。行政法法律部门的基本规范主要包括《中华人民共和国行政诉讼法》《中华人民共和国行政复议法》《中华人民共和国行政处罚法》《中华人民共和国行政许可法》《中华人民共和国行政强制法》《中华人民共和国国家赔偿法》《中华人民共和国公务员法》等。

4. 经济法法律部门

经济法是有关国家对经济实行宏观调控的各种法律规范的总和。其调整的是纵向经济关系,范围非常广泛,具体包括五类:第一大类是关于宏观调控方面的,如预算法、计划法、财政法、税法、银行法、投资法、信贷法、外汇管理等方面的法律规范;第二大类是关于企业管理的法律规范,如全民所有制工业企业法、全民所有制企业转换经营机制条例、城乡集体所有制企业条例、私营企业暂行条例、中外合资经营企业法、中外合作经营企业法等;第三大类是规范、维护市场行为的法律规范,如物价法、产品质量法、反不正当竞争法、反垄断法、消费者权益保护法等;第四大类是涉外经济管理的法律规范,如海关法、进出口商品检验法、外贸法等;第五大类是有关电力、交通、农业、水利等基本建设的法律规范,如水利法、农业法、电力法、民用航空法、铁路法、公路法、邮电法等。

5. 社会法法律部门

社会法是一个相对新兴的部门法，是随着民主精神、人文精神以及和谐社会的构建而兴起的，其在完善社会保障、缓和社会矛盾、维护社会稳定等方面都发挥了积极的作用。具体来说，社会法是指调整有关劳动关系、社会保障和社会福利关系的法律规范的总和。社会法的任务是从社会整体利益出发，对劳动者、失业者、丧失劳动能力的人和其他需要扶助的人实行必需的、切实的保障。传统的法律部门面对现代社会需求，在社会生活和文化生活的关注是远远不够的。诸多社会领域的事务也需要法律的调整和保护，公民政治权利和民事权利之外的权利（即"社会权利"）的保障也需要新的法律部门加以保护。于是，社会法应运而生。社会法的主旨在于保护公民的社会权利，尤其是保护弱势群体的利益。社会法法律部门的主要法律规范包括残疾人保障法、未成年人保护法、工会法、妇女权益保障法、矿山安全法、红十字会法、劳动法、老年人权益保障法、预防未成年人犯罪法、公益事业捐赠法、职业病防治法、安全生产法、劳动合同法、就业促进法、劳动争议调解仲裁法、社会保险法等。

6. 刑法法律部门

刑法是规定有关犯罪和刑罚的法律规范的总称。刑法部门的基本规范主要是 1979 年 7 月 1 日第五届全国人民代表大会第二次会议通过、1997 年 3 月 14 日第八届全国人民代表大会第五次会议修订的《中华人民共和国刑法》及其修正案。《中华人民共和国刑法》的任务，是用刑罚同一切犯罪行为作斗争，以保卫国家安全，保卫人民民主专政的政权和社会主义制度，保护国有财产和劳动群众集体所有的财产，保护公民私人所有的财产，保护公民的人身权利、民主权利和其他权利，维护社会秩序、经济秩序，保障社会主义建设事业的顺利进行，并且秉承罪刑法定、罪刑相适应、罪责自负、惩办与宽大、惩办与改选相结合等基本原则。

7. 诉讼与非诉讼程序法法律部门

诉讼与非诉讼程序法是调整因诉讼活动和非诉讼活动而产生的社会关系的法律规范的总和。我国的诉讼法主要由刑事诉讼法、民事诉讼法、行政诉讼法及其配套的司法解释（《最高人民法院关于适用〈中华人民共和国民事诉讼法〉若干问题》《最高人民法院关于民事诉讼证据的若干规定》《最高人民法院关于执行〈中华人民共和国行政诉讼法〉若干问题的解释》《最高人民法院关于行政诉讼证据若干问题的规定》等）组成。此外，还有一些非诉讼的程序法，如仲裁法、农村土地承包经营纠纷调解仲裁法、人民调解法。诉讼与非诉讼程序法的任务在于从诉讼或者非诉讼层面保证实体法的合法、有效实施，保证违法行为受到应有的处理和纠正，保障正当、合法的权益得到法律的有效保护，最终实现实体和程序的双重公正。

第二章 法的作用和价值

一、法的作用

法一经出现,即对社会生活产生相当的影响,即为法的作用。法作用于人们的行为和社会关系,从而影响了社会生活;法的作用又是国家权力运行过程的体现,对人们的行为或者社会关系进行调整和控制;法本身又是社会生产方式的体现,法对生产方式具有能动的反作用,而生产方式对法的内容、形式和效力起着决定性作用。

关于法都有哪些作用,论述颇多:"定纷止争""令人知事""实现社会控制""禁奸止暴""保护和扩大自由""促进社会正义"等。但从根本上讲,法是为了维护统治阶级的阶级统治而生、而存在的,即法的根本作用在于保障统治阶级的有效统治。

(一)法的作用的分类

1. 预期作用和实际作用

根据人们对法律的期待与法律的实际效果之间的差别,可以将法的作用分为预期作用和实际作用。前者是指立法时所设想的法律应当或者可能发挥的作用,后者则是法律在调整和影响社会生活时实际产生的影响。如果期待作用与实际作用保持一致,意味着法律是富有实效的;否则,表明法律缺乏实效。

2. 直接作用和间接作用

根据法作用的途径不同,可以将法的作用分为直接作用和间接作用。前者是指法律规范对特定社会关系的专项调整,后者则是法律规范在对特定社会关系调整的同时不可避免地对其他社会关系产生的作用。间接作用和直接作用一样不可小觑,不可忽视,因为它同样作用于社会成员,会对社会成员的权利、义务关系产生相应的影响。

3. 积极作用和消极作用

根据法的社会意义的不同,可以将法的作用分为积极作用和消极作用。积极作用是指人们对法调整社会生活的结果持以肯定评价,反之则为消极作用。积极作用表明立法的结果是成功的,符合时代和社会的需求;消极作用则意味着法律规范与实际需要之间存在着不和谐,应予及时解决。

4. 规范作用和社会作用

根据法作用于人们的行为和社会关系的形式和内容之间的不同,可以将法的作用分为规范作用和社会作用。法本身是一种行为规范,约束人们的行为和社会生活;同时,从法的本质和目的来看,法又具有社会作用,能够满足一定的社会需求,对社会的运行和发展都产生直接的影响。规范作用和社会作用是手段与目的的关系,即法通过其规范作用来实现其社会作用。

(二)法的局限性

法是当代社会经济、政治、文化发展和社会全面进步所必不可少的因素,对社会生活产生深刻的影响。但是我们在充分认识和重视法的作用的前提下,还应当看到法的局限性。法毕竟只是诸多社会调整方法中的一种,除此之外,还有政策、纪律、道德、宗教、村规民约等其他社会规范,还有行政以及思想教育等手段,它们彼此之间是不能相互代替的。而且法的作用范围也是有限的,并非在任何问题上都是适用的。比如涉及到私人生活范畴的问题,就不宜采用法律等强制手段。再有法本身具有一定的滞后性,面对日新月异的社会生活其适应性不可避免地存在着局限,不可能创造出天衣无缝、预先包容全部社会生活事实的法典。最后,受到人力资源、精神条件和物质条件等法的应用环境的限制,法不可能完全且充分地发挥其应有的功能。这些都意味着法存在相当的局限性,不能陷入"法律万能论"的误区,不能赋予法过多、过高的责任和担当。

二、法的价值

从某种角度看,法的价值是法律在发挥其社会作用的过程中能够保护和增加的价值,如秩序、自由、效率、正义都是备受关注的法的最基本价值。

秩序是指事物存在的一种有规则的关系状态,它是法的最基本价值之一,是人类一切活动的必要前提。没有秩序,人类就无法正常地生存下去。"秩序总是意味着在社会中存在着某种程度的关系的稳定性、进程的连续性、行为的规则性、以及财产和心理的安全性。"法恰恰能够通过维护阶级统治秩序、权力运行秩序、经济秩序以及正常的社会生活秩序来实现对秩序价值的维护作用。

法的另一价值自由,有多层面的解读。从哲学角度看,自由是"主体意志与客观规律的统一",人们对规律的认识越到位,运用的能力越强,获得的自由就越多。而"自由"在政治学和社会学领域格外强调主体利益和社会利益的对立统一,社会尊重并保护个人自由,同时个人不得侵犯社会利益和其他社会成员的自由。而哲学含义的自由和政治学、社会学层面的自由在法律上的表现即为法律上的自由,即自由权,是"权利主体的行动与法律规范的一致以及主体之间的权利和义务界限"。简言之,"自由是做法律许可的一切事情的权利。"此时,享有自由的人的行动就是符合法律规范的,因此他的行动就是自由的体现。法是全人类的智慧结晶,也是以自由为追求目标的,其目的是"保护和扩大自由",因为在所有能够接受法律支配的人类社会中,哪里没有法律,哪里就没有自由。自由又是需要法来确定基本自由、自由的量度以及自由的边际等范围,并予以保障的。

效率即"从一个给定的投入量中获得最大的产出,即以最少的资源消耗取得同样多的效果,或以同样的资源消耗取得最大的效果"。效率意味着一个社会相对于其他社会而言,能够以同样的投入取得更多的有用价值,创造出更多的社会财富,使得该社会变得更加富有生机和活力,发展的速度更快、后劲更足。效率从本质上看,虽然属于经济范畴,但是"合法权利的初始界定会对经济制度运行的效率产生影响。权利的一种安排会比其他安排产生更多的价值"。也就是说,合理的权利和权利的安排会降低交易成本,从而提高交易效率。通过确认和维护基本人权,调动了人这一社会财富创造者的积极性,以实现促进生产力发展的目标。具体而言,法通过确认和维护人权来调动生产者的积极性,促进生产力的进步;承认并保障人们的物质利益,从而鼓励人们为物质利益而奋斗;确认和保护产权关系,鼓励人们为效益的目的占有、使用或转让财产;确认、保护、创造最有效率的经济运行模式,使之更有效地推动社会生产力的快速发展;承认和保护知识产权,解放和发展科学技术;实施制度创新,减少交易费用。

正义通常被认为是"法律应努力达到的目标的道德价值,正义是法律上的善良和行为标准的尺度或准则。""正义乃是使每个人获得其应得的东西的永恒不变的意志。"正义包括社会正义、政治正义、经济正义、道德正义和法律正义等。在诸多层面的正义之中,社会基本结构或社会制度的正义被认为是"正义之正义",具有决定意义。因为社会基本结构自始至终影响着每个人的生活前途,并成就了特定的社会环境,而且社会基本结构的正义标准直接成为人们行为是否公正的判断标准。就社会基本结构的正义而言,包括两个方面——社会利益和负担的分配正义和社会冲突的解决正义。不仅诉讼可以解决纠纷和冲突,非诉讼路径更是节省成本、淡化矛盾、平和之中实现正义的上佳选择。

第三章　法的运行

一、立法

立法是特定主体依据一定职权和程序，运用一定技术，制定、认可和变动法这种特定社会规范的活动。立法具有主体法定、职权法定、程序法定的特点，同时它也是运用一定技术进行的活动，其本身包括制定、认可和变动。

立法体制存在三种类型：一是单一立法体制，即由一个国家机关行使立法权；二是复合立法体制，即由两个或者两个以上的国家机关共同行使立法权；三是制衡立法体制，即建立在立法、行政、司法三权既相互独立又相互制约的原则基础上的立法体制。我国的立法权不是由一个机关行使的，而是由两个以上的机关共同行使，如全国人民代表大会及其常委会、国务院、地方人民代表大会及其常委会、地方政府等。但我国立法机关之间又不是分权制衡的关系，可见我国的立法体制非上述三种类型之一，而是自成体系的。

我国的立法原则包括：宪法原则，即不得与宪法相背离；法治原则，即依法立法；民主原则，即立法主体具有广泛性，立法内容具有人民性以及立法过程、程序的民主性；科学原则，即立法观念、立法制度、立法技术的科学化。

我国全国人民代表大会的立法程序如下：全国人民代表大会主席团可以向全国人民代表大会提出法律案，由全国人民代表大会会议审议。全国人民代表大会常务委员会、国务院、中央军事委员会、最高人民法院、最高人民检察院、全国人民代表大会各专门委员会，可以向全国人民代表大会提出法律案，由主席团决定列入会议议程。一个代表团或者三十名以上的代表联名，可以向全国人民代表大会提出法律案，由主席团决定是否列入会议议程，或者先交有关的专门委员会审议，提出是否列入会议议程的意见，再决定是否列入会议议程。专门委员会审议的时候，可以邀请提案人列席会议，发表意见。向全国人民代表大会提出的法律案，在全国人民代表大会闭会期间，可以先向常务委员会提出，经常务委员会会议依法审议后，决定提请全国人民代表大会审议，由常务委员会向大会全体会议作说明，或者由提案人向大会全体会议作说明。常务委员会决定提请全国人民代表大会会议审议的法律案，应当在会议举行的一个月前将法律草案发给代表。列入全国人民代表大会会议议程的法律案，大会全体会议听取提案人的说明后，由各代表团进行审议。各代表团审议法律案时，提案人应当派人听取意见，回答询问。各代表团审议法律案时，根据代表团的要求，有关机关、组织应当派人介绍情况。列入全国人民代表大会会议议程的法律案，由有关的专门委员会进行审议，向主席团提出审议意见，并印发会议。列入全国人民代表大会会议议程的法律案，由法律委员会根据各代表团和有关的专门委员会的审议意见，对法律案进行统一审议，向主席团提出审议结果报告和法律草案修改稿，对重要的不同意见应当在审议结果报告中予以说明，经主席团会议审议通过后，印发会议。

列入全国人民代表大会会议议程的法律案，必要时，主席团常务主席可以召开各代表团团长会议，就法律案中的重大问题听取各代表团的审议意见，进行讨论，并将讨论的情况和意见向主席团报告。主席团常务主席也可以就法律案中的重大的专门性问题，召集代表团推选的有关代表进行讨论,并将讨论的情况和意见向主席团报告。列入全国人民代表大会会议议程的法律案,在交付表决前,提案人要求撤回的,应当说明理由,经主席团同意,并向大会报告,对该法律案的审议即行终止。法律案在审议中有重大问题需要进一步研究的,经主席团提出,由大会全体会议决定,可以授权常务委员会根据代表的意见进一步审议,作出决定,并将决定情况向全国人民代表大会下次会议报告;也可以授权常务委员会根据代表的意见进一步审议,提出修改方案,提请全国人民代表大会下次会议审议决定。法律草案修改稿经各代表团审议,由法律委员会根据各代表团的审议意见进行修改,提出法律草案表决稿,由主席团提请大会全体会议表决,由全体代表的过半数通过。全国人民代表大会通过的法律由国家主席签署主席令予以公布。

二、守法

守法是指国家机关、社会组织和公民依照法的规定,行使权利(权力)和履行义务(职责)的活动。社会成员之所以会守法,一是因为守法本身就是法的内涵要求;二是人们出于契约式的利益和信用的考虑;三是由于惧怕法律的制裁;四是出于社会的压力;五是出于心理上的惯性;六是道德的要求。

影响守法的条件可以分为主观条件和客观条件。守法的主观条件是守法主体的主观心理状态和法律意识水平。一般而言,社会成员的政治态度、法律意识、道德水准、受教育程度都会对其守法行为产生潜移默化的影响。通常来说,政治态度符合社会大方向、法律意识更强、道德水准及受教育程度越高的人,守法的状况会更好一些;反之,可能就要逊色许多。守法的客观条件是守法主体所处的客观社会环境,如法制状况、政治状况、经济状况、科技水平等。如果政治状况平稳、社会关系平和、法制状况较好、经济发展正常,通常人们的守法情况会好一些。这就要求国家尽可能为社会成员提供一个良好的客观大环境,以促进守法程度的提高。

三、执法

广义的执法是指一切执行法律、适用法律的活动,狭义的执法仅指国家行政机关和法律法规授权、委托的组织及其公职人员在行使行政管理权的过程中,依照法定职权和程序,贯彻实施法律的活动。通常所讲的是狭义的执法。

执法的特征有五点:一是执法主体特定性,即行政机关及其公职人员、法律或者法规授权的组织及其工作人员、行政机关委托的组织或个人;二是执法内容的广泛性,涉及政治、经济、外交、国防、财政、文化、教育、卫生、科学、工业、农业、商业、交通、建设、治安等各个领域;三是执法活动的单方性,即执法主体有权自行决定和直接实施执法行为,不需要行政相对人的合意;四是执法行为的主动性,即执法主体一般都采取积极主动的行动去履行职责;五是执法权行使的优益性,即执法主体在行使职权时享有职务上或者物质上的优先权和受益权。

执法既要遵循实体性原则,又要遵循程序性原则。实体性原则包括依法行政原则、行政应急原则、尊重和保障人权原则、越权无效原则、信赖保护原则和比例原则;程序性原则包括正当程序原则、行政公开原则、行政公正原则和行政公平原则。

(一)实体性原则

1. 依法行政原则

依法行政要求行政主体在进行行政活动时必须严格按照法律的规定去做,而不是仅仅将法作为一种治民的工具，可随时弃之不用。依法行政的实质是人民高于政府，政府服从于人民；法律高于政府，政府服从于法律。

德国行政法学者认为依法行政原则包括三项内容：一是法律创制，即法律对行政权的运作产生绝对有效的拘束力，行政权不可逾越法律而行为；二是法律优越，即从法律位阶上看，法律高于行政法规、规章和其他规范性文件；三是法律保留，即宪法关于人民基本权利限制等专属立法事项，必须由立法机关通过法律规定，行政机关不得代为规定，行政机关实施行政行为必须有法律授权，否则其合法性将受到置疑。

2. 行政应急原则

行政应急原则实际上是依法行政原则的一个特例原则，它是指在某些特殊的紧急情况下，出于国家安全、社会秩序或公共利益的需要，行政机关享有采取没有法律依据或与法律相抵触的措施或者不按照法定程序行事的权力。一般而言，行政应急权力的行使应符合以下几个条件：(1)存在明确无误的紧急危险；(2)非法定机关行使了紧急权力，事后应由有权机关予以确认；(3)行政机关作出应急行为应受有权机关的监督；(4)应急权力的行使应该适当，应将负面损害控制在最小的程度和范围内。2007 年 8 月 30 日，中华人民共和国第十届全国人民代表大会常务委员会第二十九次会议通过了《中华人民共和国突发事件应对法》，更进一步明确行政机关在面临突然发生，造成或者可能造成严重社会危害，需要采取应急处置措施予以应对的自然灾害、事故灾难、公共卫生事件和社会安全事件时享有采取非常措施进行应急的权力。当然行政应急原则并不排斥法律的限制，也并不否认对公民合法权益侵害的国家补偿义务。

3. 尊重和保障人权原则

尊重和保障人权是现代文明社会的标志和要求，也是法律所要保护的目标之一。我国 2004 年宪法修正案明确规定“国家尊重和保障人权”，这标志着我国以最高法的形式固化了国家对于人权予以尊重和保障的法治目标，这无疑宣示了尊重和保障人权原则在我国法治建设中的重要地位。尊重和保障人权原则具体包括：(1)行政主体应当充分尊重行政相对人的人格，不得施以精神折磨或其他侮辱人格的行为，如游街、示众等；(2)行政主体应当切实保障公民的各项基本自由，包括人身自由、言论自由、信仰自由以及出版、集会、结社、游行、示威等自由；(3)行政主体不得侵犯公民的各项政治权利，包括选举权、被选举权、担任国家公职权、参与国家管理权等；(4)行政主体应当格外注重保护行政相对人的财产权，包括财产的所有权、使用权和继承权。

4. 越权无效原则

越权无效原则被认为是英国行政法的核心原则，英国法院对行政权进行控制和监督的几乎唯一的根据就是越权无效原则。因为英国“议会至上”，凡是议会授权行政机关所做的任何事情，法院无权过问。法院只能干预行政机关超越议会授权所做的事情。下列情形视为越权：(1)违反管辖条件；(2)违反明确的法定程序；(3)不正当的委托；(4)不合理；(5)不相关的考虑；(6)不适当的动机；(7)违反自然正义；(8)案卷表面错误。

5. 信赖保护原则

信赖保护原则是指当行政相对人对行政主体及其管理活动已经产生信赖利益，并且这种信赖利益因其具有正当性而应当得到保护时，行政主体应对自己作出的行为或承诺守信用，不得随意变更，不得反复无常，或者如果依法变动，必须补偿相对人的信赖损失。《中华人民共和国行政许可法》(以下简称《行政许可法》)首次以立法的形式肯定了信赖保护原则，这是行政许可法先进性的体现之一，标志着信赖保护原则在我国法律体系中得以正式确立。①

具体来讲，信赖保护原则包括以下含义：(1)行政行为的确定力要求，行政行为一经作出，未有法定事由并经法定程序不得撤销、废止或改变。因为行政行为必须具有相当的稳定性，这才能使得行政相对人明确自己应该做什么，不应该做什么，否则朝令夕改，只能使相对人无所适从，也会严重损害行政主体的权威。(2)对行政相对人的授益行政行为作出以后，即使发现有轻微违法或对行政主体不利，只要行为不是因相对人过错所致，亦不得撤销、废止或改变。因为基于对国家行政权以及行政效率目标的尊重，行政行为通常是作出之后立即生效，也就是在价值选择上我们首先推定行政行为有效，据此行政相对人有义务完全执行行政行为的内容。尤其是面对将给行政相对人带来利益的授益性行政行为，行政相对人更会大力地予以人、财、物方面的投入，付出一定成本，并将最终归入社会成本之中。对此我们必须给予充分保障，以防止和避免社会综合资源的浪费。(3)行政行为作出以后，如发现有严重违法或可能给国家、社会公共利益造成重大损失，必须撤销或改变此种行为时，行政机关对撤销或改变此种行为给无过错的相对人造成的损失应给予补偿。

6. 比例原则

比例原则是指行政主体实施行政行为时，应当兼顾行政目标的实现和保护相对人权益，如为实现行政目标可能对相对人权益造成某种不利影响，应使这种不利影响限制在尽可能小的范围和限度内，保持二者处于适度的比例。《荷兰行政法通则》第三章第4条规定“某个(行政)命令对一个或更多的利害关系人产生不利后果，这不利后果须与命令的目的相当”；《葡萄牙行政程序法典》第5条规定“行政当局的决定与私人权利或受法律保护的利益有冲突时，仅可在对拟达成的目标系属适当及适度的情况下，损害这些权利或利益”。

具体来说，比例原则要求：(1)行政行为具有妥当性，行政行为不仅要合法，还要符合情理，比较妥当，易于实施和接受；(2)行政行为具有必要性，尤其是实施对行政相对人权益不利的行政行为时，只有认定该行为对于达到相应行政目的确实是必要的、必须的，才能实施；(3)损益性行政行为必须具有比例性，即行政主体在实施不利于行政相对人的行政行为时，必须在多种方案中进行选择，择其成本最小的、损害最小的方案实施，以尽可能小的成本来实现行政目标，同时也能够尽量减小对行政相对人的不利影响。

(二)程序性基本原则

1. 正当程序原则

正当程序原则要求行政主体在作出行政行为时，必须遵循法律程序，按照法定的方式、步骤、顺序和时限进行。法国1789年《人权宣言》第7条就曾指出，除非在法律所规定的情况下并按照法律所指示的手续，不得控告、逮捕或拘留任何人。美国宪法修正案中也以成文法确定：任何人未经正当法律程序不得剥夺其生命、自由或财产。这些都是要求程序正当的精神体现。

2. 行政公开原则

“阳光是最好的防腐剂”。行政公开原则要求行政立法和行政政策公开、行政执法行为公开、行政裁决和行政复议行为公开以及行政信息、情报公开。2008年5月1日起施行的《中华人民共和国政府信息公开条例》更是将上述要求进行了切实可靠的贯彻。该条例明确规定，行政机关应当及时、准确地公开政府信息，并遵循公正、公平、便民的原则。行政机

① 参见《中华人民共和国行政许可法》第八条。

关对涉及公民、法人或者其他组织切身利益的、需要社会公众广泛知晓或者参与的、反映本行政机关机构设置、职能、办事程序等情况的以及依照法律、法规和国家有关规定应当主动公开的政府信息应当主动公开。此外，行政机关应当将主动公开的政府信息，通过政府公报、政府网站、新闻发布会以及报刊、广播、电视等便于公众知晓的方式公开。

3. 行政公正原则

行政公正原则的基本精神要求行政主体及其工作人员在履行职责的过程中，依法办事，不徇私情，合理考虑相关因素，自己不做自己的法官，不单方接触行政相对人，不在事先未通知和听取相对人陈述、申辩意见的情况下作出对相对人不利的行政行为。

4. 行政公平原则

行政公平原则主张平等对待行政相对人，不歧视。而且为了追求实质上的平等，对待一些弱势群体，例如残疾人、老年人时，不仅首先要做到不歧视，还应根据实际情况与可能，适当地对他们予以优待和特殊照顾，以优于其他一般行政相对人的方式来对待他们，使弱势群体能够得到社会的特别关怀，从而有利于实现真正的公平和社会的稳定。

四、司法

司法是指国家司法机关依据法定职权和法定程序，具体应用法律处理案件的专门活动。

（一）司法机关

1. 人民法院

人民法院由地方各级人民法院、专门法院和最高人民法院组成，代表国家行使审判权。

（1）地方各级人民法院分为基层人民法院、中级人民法院和高级人民法院三级。基层人民法院设立在县、自治县、县级市、市辖区。中级人民法院设立在省、自治区、直辖市，不设市的地区、自治州，中央直辖市。高级人民法院设立在省、自治区和直辖市。

（2）专门人民法院主要包括军事法院、铁路运输法院、海事法院。

（3）最高人民法院是国家最高审判机关。

2. 人民检察院

人民检察院由地方各级人民检察院、专门人民检察院和最高人民检察院组成，代表国家行使检察权和法律监督权。

（1）地方各级人民检察院包括县、县级市、自治县和市辖区人民检察院，省、自治区、直辖市人民检察分院，省、自治区和直辖市人民检察院。

（2）专门人民检察院主要包括军事检察院和铁路运输检察院。

（3）最高人民检察院是国家最高检察机关，统领全国的检察工作。

（二）司法的原则

司法要遵循司法法治原则、司法平等原则、司法权独立行使原则、司法责任原则和司法公正原则。

1. 司法法治原则

司法法治原则是指在司法过程中，要严格按照法律规定从事司法活动。具体体现为"以事实为根据，以法律为准绳"的原则。该原则有两个要求，一个是"以事实为根据"，一个是"以法律为准绳"。这两个要求都是具有根本性的，都很重要。如果这两个要求发生冲突时，哪个更优先呢？我们认为"以法律为准绳"居优先地位，这主要是因为"事实"相对于"法律"而言，具有不确定性，有些"事实"在事后根本是查不清的，恢复事态的本来面目是很困难的,而“法律”是确定的。因此,很多国家的法律都认为,违反法定程序而收集的证据不能作为定案的证据,因为我们无法知道这种证据所证明的“事实”是否真的是事实。

2. 司法平等原则

该原则体现为“当事人法律地位平等原则”。其内涵在于所有当事人在法律面前一律平等,强调的是法律适用的平等,而非绝对的平等。当事人法律地位平等原则在行政诉讼中的体现与在民事诉讼中的体现是不同的。在民事诉讼中,原被告的诉讼权利、义务基本相当,而在行政诉讼中,该原则并不意味着当事人的行政诉讼权利和行政诉讼义务完全相同。实际上,在行政诉讼中,原告的诉讼权利远远大于被告的诉讼权利,这并非不平等。我们认为这种分配模式才是追求真正平等的体现。因为在行政程序中,行政主体处于绝对的优势地位,行政相对人处于被动地位,义务多,权利少。而在行政诉讼中,限制行政主体的权力,主张行政相对人的权利,恰恰是追究总量平衡和公平的体现。

3. 司法权独立行使原则

无论是行政诉讼法,还是刑事诉讼法和民事诉讼法,都强调独立行使司法权这一原则,这也是现代法治的基本要求之一。这一原则至少包括以下两层内涵:(1)司法机关不受其他机关干预,独立行使司法权。实践中行政机关的干预比较常见,这主要是由于我国目前的司法体系是按照行政区划来设置的,而且司法机关的经费来源于同级财政,这种先天的联系势必导致二者之间密切的联系,避免行政机关的干预恐怕是很难的。再有被誉为“无冕之王”的新闻媒体,现实生活中它们确实帮助解决了一些非常棘手的问题。但是新闻媒体发挥的作用是正常的监督,还是干预了司法机关办案,这个程度和界限掌握起来亦是很难。除此之外,其他国家机关、其他组织的干预也是不容忽视的现实问题。若要排除这些干预,单单进行宣讲是不够的,恐怕还要从政治体制的根源着手完善和改革司法体制。(2)司法官员独立。任何一个案件都是要由具体承办的司法官员来处理的,司法官员如果不能独立行使司法权,“司法权独立行使”就成了一纸空文。而我国目前还没有一个完善的机制对此予以保障,司法官员在行使司法权的时候还要看领导以及其他人员的脸色,距离实现真正的独立还有相当的差距。在此我们可以借鉴法国的法官制度,以从制度层面保障司法官员的独立性。

4. 司法责任原则

司法责任原则是指司法机关和司法人员在行使司法权的过程中侵犯了公民、法人和其他组织的合法权益,造成严重后果应承担责任的一种制度。司法机关和司法人员既然接受了国家的委托,享有司法权,就要按照权责统一的原则,肩负起相应的责任。《中华人民共和国国家赔偿法》规定行使侦查、检察、审判职权的机关以及看守所、监狱管理机关及其工作人员在行使职权时有下列侵犯人身权或者财产权情形之一的,受害人有取得赔偿的权利:(1)违反刑事诉讼法的规定对公民采取拘留措施的,或者依照刑事诉讼法规定的条件和程序对公民采取拘留措施,但是拘留时间超过刑事诉讼法规定的时限,其后决定撤销案件、不起诉或者判决宣告无罪终止追究刑事责任的;对公民采取逮捕措施后,决定撤销案件、不起诉或者判决宣告无罪终止追究刑事责任的;依照审判监督程序再审改判无罪,原判刑罚已经执行的;刑讯逼供或者以殴打、虐待等行为或者唆使、放纵他人以殴打、虐待等行为造成公民身体伤害或者死亡的;违法使用武器、警械造成公民身体伤害或者死亡的。(2)违法对财产采取查封、扣押、冻结、追缴等措施的;依照审判监督程序再审改判无罪,原判罚金、没收财产已经执行的。而且人民法院在民事诉讼、行政诉讼过程中,违法采取对妨害诉讼的强制措施、保全措施或者对判决、裁定及其他生效法律文书执行错误，造成损害的，赔偿请求人要求赔偿的程序，亦适用上述规定。

5. 司法公正原则

公正是司法权的首选价值。司法公正原则是指司法机关及其司法人员在司法活动的过程和结果中应坚持和体现公平和正义的原则。既要求实体公正，又要求程序公正。实体公正强调司法裁判的结果公正，当事人的权益得到了充分的保障，违法犯罪者受到了应有的惩罚；程序公正追求司法过程的公正，要求当事人在司法过程中受到了公平对待。司法公正是司法的生命和灵魂，也是司法的本质要求和终极目标。

第二编

行政法律知识

行政法是调整行政关系，规范和控制行政权的法律规范的总称。具体来说，首先从权源上通过行政组织法来控制行政权，即事前控制；其次通过行政程序法，规范行政权的行使方式，此为事中规范；最后通过特别立法，如行政法制监督法、行政救济法来制约行政权的滥用，这属于事后制约。总之，通过事前、事中、事后这三个层面，全方位地对行政权予以监控，从而保障行政权能够按照设置的初衷为国家、为社会服务。

行政行为论作为行政法学研究的重要内容，是与行政法基本理论、行政法主体论、行政法救济论并称的行政法学基本范畴之一。具体来说，行政行为是指享有行政权能的行政主体及其工作人员运用行政权对行政相对人作出的具有法律意义的行为。在行政行为中，存在两方主体：一方是处于积极地位的管理者，即行政主体；另一方是处于被动地位的被管理者，即行政相对人。行政行为其实就是行政主体将行政权施加于行政相对人的行为。

第一章 行政处罚

行政处罚是指行政机关或者其他有权机关依法对违反行政法律规范尚未构成犯罪的行政相对人给予法律制裁的行为。行政处罚要遵循法定原则、公开公正原则、处罚与教育相结合原则、救济原则和一事不再罚原则。

一、行政处罚的种类

1. 警告

警告是对违法行为人进行谴责以示警戒的处罚措施。它是对违法行为人精神上施加影响,告诫违法行为人,防止其继续或重新违法。警告一般适用于情节比较轻微的违法行为,是最轻微的一种行政处罚。

2. 罚款

罚款即在一定期限内交纳一定数额钱款的处罚。罚款的数额一般由法律作出规定,实施罚款只能严格依据法定数额进行。它通过剥夺公民、法人或者其他组织的财产所有权,对违法行为人给予制裁,是一种强有力的惩罚方式。

3. 没收违法所得和非法财物

没收违法所得和非法财物是将违法行为人的违法所得或非法财物收归国有的处罚。违法所得是指违法行为人因其违法行为所获得的金钱或其他财物,如销售违禁品、伪劣产品而获得的钱款。非法财物是违法行为人所占有的违禁品或者实施违法行为所使用的工具和物品,如淫秽书刊、走私物品、用于非法印刷的印刷工具等。

4. 责令停产停业

责令停产停业指限制违法行为人从事生产经营活动的处罚。这种处罚虽没有直接剥夺违法行为人的财产,但是由于它限制了违法行为人进行生产、经营活动的能力,从而使违法行为人暂时丧失了获取物质利益的机会和条件,使其财产权利间接受到损害,从而达到制裁的目的。

5. 暂扣或吊销许可证执照

暂扣或吊销许可证执照是行政机关通过暂时扣押或者永久撤销违法行为人已经获得的资格凭证或资格证明,从而暂时或者永久剥夺其从事某种活动的权利和资格的处罚形式。

6. 行政拘留

行政拘留是指公安机关限制违法行为人短期人身自由的处罚。行政拘留主要适用于严重的治安违法行为,时限一般为 1 日以上,15 日以下。

二、行政处罚的设定

1. 法律的设定权

全国人大及其常委会制定的法律可以创设各种行政处罚,且对限制人身自由的行政处罚的创设拥有专属权。人身自由权是公民的一项最基本的权利,限制人身自由是最严厉的处罚,只能由法律进行创设,属于法律的绝对保留事项,其他形式的法律文件都不得加以设定。

2. 行政法规的设定权

由国务院制定的行政法规在设定行政处罚上包括两个方面:一是创设权,可以创设除限制人身自由以外的各种行政处罚;二是规定权,法律对违法行为已经作出行政处罚规定,行政法规必须在法律规定的给予行政处罚的行为、种类和幅度的范围内规定。

3. 地方性法规的设定权

地方性法规可以创设除限制人身自由、吊销企业营业执照以外的行政处罚;法律、行政法规对违法行为已作出行政处罚规定,地方性法规需要作出具体规定的,必须在法律、行政法规规定的给予行政处罚的行为、种类和幅度的范围内规定。

4. 行政规章的设定权

行政规章属于效力等级较低的法律规范,其创设权有限:只能创设一定数额的罚款和警告的处罚。国务院部门规章和地方政府规章可以在法律、法规规定的给予行政处罚的行为、种类和幅度的范围内作出具体规定。

除上述法律、法规、规章以外的其他规范性文件都不得对行政处罚加以创设。

三、行政处罚的实施

具有行政处罚权的行政机关只能在法定职权范围内实施行政处罚。作为行政机关行使行政处罚权的例外和补充,某些组织在法律、法规、规章的特别授权下,也可以成为实施行政处罚的主体。此外,行政机关可以委托其他组织行使行政处罚权。行政机关委托非政府组织实施行政处罚的条件是:行政机关的委托必须具有法律、法规或者规章规定的依据;委托事项必须在该机关的法定权限以内。行政机关委托的,应当对受委托的组织实施行政处罚的行为进行监督并对被委托组织实施行政处罚的行为后果承担法律责任。受委托实施行政处罚的组织的法律义务是:受委托组织必须以委托行政机关的名义实施行政处罚;实施行政处罚不得超出委托范围;不得再委托其他任何组织或者个人实施行政处罚。受委托组织必须具备下列法定条件:第一,该组织是依法成立的管理公共事务的事业单位;第二,该组织有熟悉有关法律、法规、规章和业务的工作人员;第三,对违法行为需要进行技术检查或者技术鉴定的,应具有组织进行相应检查鉴定的条件。

除限制人身自由的行政处罚权只能由公安机关行使外,国务院或者经国务院授权的省、自治区、直辖市人民政府可以决定一个行政机关行使有关行政机关的行政处罚权。

行政违法行为一般应当由违法行为发生地的县级人民政府有行政处罚权的行政机关管辖。对管辖权发生争议的,报请共同的上一级行政机关指定管辖。违法行为构成犯罪的,行政机关必须将案件移送司法机关,依法追究刑事责任。

《行政处罚法》规定有下列情形的不予处罚:(1)不满十四周岁的人有违法行为的;(2)精神病人在不能辨认或者不能控制自己行为时有违法行为的;(3)违法行为轻微并及时纠正,没有造成危害后果的。而从轻或减轻处罚主要适用于以下情况:(1)已满十四周岁不满十八周岁的人有违法行为的;(2)主动消除或者减轻违法行为危害后果的;(3)受他人胁迫有违法行为的;(4)配合行政机关查处违法行为有立功表现的;(5)其他依法从轻或者减轻行政处罚的。

在违法行为发生后两年内,未被行政机关发现,在两年后,无论何时发现这一违法行为,都不能给予行政处罚。违法行为构成犯罪,人民法院判处拘役或者有期徒刑时,行政机关已经给予当事人行政拘留的,应当依法折抵相应刑期。违法行为构成犯罪,人民法院判处罚金时,行政机关已经给予当事人罚款的,应当折抵相应罚金。

四、行政处罚的程序

(一)决定程序

违法事实确凿并有法定依据,对公民处以50元以下的罚款和警告的、对单位处以1 000元以下的罚款和警告的,可以适用简易程序:(1)表明身份。实施处罚的人员应当向当事人出示自己执行公务的身份证件,以证明自己有权对当事人作出处罚。(2)说明理由和告知权利。实施处罚的人员要当场指出违法行为的违法事实,说明要给予行政处罚的理由及有关依据,并告知当事人有进行陈述和申辩的权利,同时还要听取当事人的陈述与申辩。(3)制作处罚决定书以及备案。行政处罚是要式行政行为,当场处罚必须有处罚决定书。处罚决定书应是由有关机关统一制作的预定格式、编有号码,由当场作出处罚的人员进行填写,行政处罚决定书应当载明当事人违法行为、行政处罚的依据、处罚的决定、处罚时间、处罚地点,以及作出处罚决定的机关、作出处罚的人员签名或盖章,在处罚决定书中,还要告知当事人申请复议或诉讼的内容。处罚决定书制作后,应当场交给当事人,并报送所属行政机关备案。

除法律特别规定可以适用简易程序以外的行政处罚应当适用一般程序:立案—调查取证—告知与申辩—审查决定—制作决定书—送达。而听证作为一般程序中的特别调查程序,它并不是作出行政处罚决定的独立程序,而是行政机关在作出责令停产停业、吊销许可证或者执照、较大数额罚款等行政处罚决定之前,考虑到该三类行政处罚可能对当事人的权益构成重大影响,以这种特定的方式听取当事人陈述和申辩的方式。

(二)执行程序

1. 实行处罚机关与收缴罚款机构相分离

《行政处罚法》确立了罚款决定机关与收缴罚款机构相分离的制度,在行政处罚决定作出后,作出罚款决定的行政机关及其工作人员不能自行收缴罚款,而由当事人自收到处罚决定书之日起15日内到指定的银行缴纳罚款,银行将收缴的罚款直接上缴国库。但在以下情况下,可以当场收缴罚款:(1)依法给予20元以下罚款的;(2)不当场收缴事后难以执行的;(3)在边远、水上、交通不便地区,当事人向指定的银行缴纳罚款确有困难,经当事人提出,行政机关及其执法人员可以当场收缴罚款。

2. 严格实行收支两条线

罚款必须全部上交财政。执法人员当场收缴的罚款,应当按规定的期限上缴所在的行政机关,行政机关则应按规定的期限交付给指定银行。

3. 行政处罚的强制执行

行政处罚决定作出之后,当事人应当在法定期限内自觉履行处罚决定所设定的义务。如果当事人没有正当理由逾期不履行,则导致强制执行。根据《行政处罚法》的规定实行强制执行有三种措施:(1)到期不缴纳罚款的,每日按罚款数额的3%加处罚款;(2)将查封、扣押的财物拍卖或者将冻结的存款划拨抵缴罚款;(3)申请人民法院强制执行。

第二章 行政许可

2003 年 8 月 27 日中华人民共和国第十届全国人民代表大会常务委员会第四次会议通过了《行政许可法》,自 2004 年 7 月 1 日起施行。在行政许可法出台前,我国行政许可领域的主要问题是行政许可过多、过滥,究其主要原因①:一是行政许可设定权不明确,设定权混乱;二是设定行政许可的事项不规范;三是实施行政许可环节过多、手续繁琐、时限过长、"暗箱操作",老百姓办事很难;四是重许可、轻监管或者只许可、不监管的现象比较普遍;五是有些行政机关把行政许可作为权力"寻租"的一个手段,从某种意义上讲行政许可已经成为一个腐败源;六是行政机关实施行政许可,往往只有权力、没有责任,缺乏公开、有效的监督制约机制。

一、行政许可的概念及其基本原则

行政许可是指行政机关根据公民、法人或者其他组织的申请,经依法审查,准予其从事特定活动的行为。有关行政机关对其他机关或者对其直接管理的事业单位的人事、财务、外事等事项的审批,并不适用行政许可法。

1. 许可法定原则

《行政许可法》第 4 条规定:"设定和实施行政许可,应当依照法定的权限、范围、条件和程序。"这一原则要求:行政许可的设定事项原则上应当由法律、法规设定;依法设定的许可权应当由法定的许可机关行使;无许可设定权的主体超越权限设定的行政许可无效。

2. 公开、公平、公正原则

设定和实施行政许可,应当遵循公开、公平、公正的原则。公开原则具体包括三个方面的要求:一是设定过程要公开,也就是在行政许可的设定过程中,要广泛征求意见,采取多种形式听取意见,让公众参与行政许可的设定;二是实施行政许可的法定依据要公开,充分保护行政相对人的知情权;三是行政许可的实施过程和结果应当公开,特殊情况外,行政相对人和相关人有权进行查阅。

3. 许可便民、效率原则

便民原则要求除依法应当由申请人到行政机关办公场所提出行政许可申请的外,申请人可以委托代理人提出行政许可申请。行政机关应当将法律、法规、规章规定的有关行政许可的事项、依据、条件、数量、程序、期限以及需要提交的全部材料的目录和申请书示范文本等在办公场所公示。效率原则要求在许可程序制度的设计中应当体现行政效率,避免重复许可与多重许可,减少许可环节。

4. 信赖保护原则

信赖保护原则来源于民法的诚信原则,信赖保护原则就是诚信原则在行政管理体制运用的重要体现。公民、法人或者其他组织依法取得的行政许可受法律保护,行政机关不得擅自改变已经生效的行政许可。行政许可所依据的法律、法规、规章修改或者废止,或者准

① 参见《关于〈中华人民共和国行政许可法〉(草案)的说明》。

予行政许可所依据的客观情况发生重大变化的，为了公共利益的需要，行政机关可以依法变更或者撤回已经生效的行政许可。由此给公民、法人或者其他组织造成财产损失的，行政机关应当依法给予补偿。

二、行政许可的设定

1. 可以设定行政许可的事项

（1）直接涉及国家安全、公共安全、经济宏观调控、生态环境保护以及直接关系人身健康、生命财产安全等特定活动，需要按照法定条件予以批准的事项；

（2）有限自然资源开发利用、公共资源配置以及直接关系公共利益的特定行业的市场准入等，需要赋予特定权利的事项；

（3）提供公众服务并且直接关系公共利益的职业、行业，需要确定具备特殊信誉、特殊条件或者特殊技能等资格、资质的事项；

（4）直接关系公共安全、人身健康、生命财产安全的重要设备、设施、产品、物品，需要按照技术标准、技术规范，通过检验、检测、检疫等方式进行审定的事项；

（5）企业或者其他组织的设立等，需要确定主体资格的事项；

（6）法律、行政法规规定可以设定行政许可的其他事项。

2. 可以不设行政许可的事项

（1）公民、法人或者其他组织能够自主决定的；

（2）市场竞争机制能够有效调节的；

（3）行业组织或者中介机构能够自律管理的；

（4）行政机关采用事后监督等其他行政管理方式能够解决的。

3. 设立主体

法律可以设定行政许可。尚未制定法律的，行政法规可以设定行政许可。必要时，国务院可以采用发布决定的方式设定行政许可。实施后，除临时性行政许可事项外，国务院应当及时提请全国人民代表大会及其常务委员会制定法律，或者自行制定行政法规。尚未制定法律、行政法规的，地方性法规可以设定行政许可；尚未制定法律、行政法规和地方性法规的，因行政管理的需要，确需立即实施行政许可的，省、自治区、直辖市人民政府规章可以设定临时性的行政许可。临时性的行政许可实施满一年需要继续实施的，应当提请本级人民代表大会及其常务委员会制定地方性法规。地方性法规和省、自治区、直辖市人民政府规章，不得设定应当由国家统一确定的公民、法人或者其他组织的资格、资质的行政许可；不得设定企业或者其他组织的设立登记及其前置性行政许可。其设定的行政许可，不得限制其他地区的个人或者企业到本地区从事生产经营和提供服务，不得限制其他地区的商品进入本地区市场。

行政法规可以在法律设定的行政许可事项范围内，对实施该行政许可作出具体规定。地方性法规可以在法律、行政法规设定的行政许可事项范围内，对实施该行政许可作出具体规定。规章可以在上位法设定的行政许可事项范围内，对实施该行政许可作出具体规定。法规、规章对实施上位法设定的行政许可作出的具体规定，不得增设行政许可；对行政许可条件作出的具体规定，不得增设违反上位法的其他条件。

三、行政许可的实施

行政许可由具有行政许可权的行政机关在其法定职权范围内实施。法律、法规授权的具有管理公共事务职能的组织,在法定授权范围内,以自己的名义实施行政许可。此外,行政机关在其法定职权范围内,依照法律、法规、规章的规定,可以委托其他行政机关实施行政许可。委托机关应当将受委托行政机关和受委托实施行政许可的内容予以公告。委托行政机关对受委托行政机关实施行政许可的行为应当负责监督,并对该行为的后果承担法律责任。受委托行政机关在委托范围内,以委托行政机关名义实施行政许可;不得再委托其他组织或者个人实施行政许可。

另外,经国务院批准,省、自治区、直辖市人民政府根据精简、统一、效能的原则,可以决定一个行政机关行使有关行政机关的行政许可权。实现相对集中行使许可权需要一些条件,这些条件大致可以归纳为三点:其一,一般是在综合管理领域,如城市管理、市场管理、港口管理、运输管理等;其二,不得违反专属管辖的规定,如公安机关对社会治安的管理,税务机关对税收的管理,海关对出入境的管理;其三,必须符合法定的程序。

行政许可需要行政机关内设的多个机构办理的,该行政机关应当确定一个机构统一受理行政许可申请,统一送达行政许可决定。行政许可依法由地方人民政府两个以上部门分别实施的,本级人民政府可以确定一个部门受理行政许可申请并转告有关部门分别提出意见后统一办理,或者组织有关部门联合办理、集中办理。并联审批主要适用于一些需要前置审批的企业的市场准入,涉及并联审批的主要部门是卫生、环保、消防、公安治安等。具体来说,在企业设立或变更登记时,对依法需要前置审批的项目,由工商部门统一受理后,相关行政审批部门在规定工作日内实行同步审批;经相关部门审批盖章同意后,工商部门即颁发营业执照;企业申请人再于规定的时限内向相关行政部门领取许可证,即“工商受理,抄告相关、并联审批,限时完成”。

行政机关实施行政许可,不得向申请人提出购买指定商品、接受有偿服务等不正当要求。行政机关工作人员办理行政许可,不得索取或者收受申请人的财物,不得谋取其他利益。对直接关系公共安全、人身健康、生命财产安全的设备、设施、产品、物品的检验、检测、检疫,除法律、行政法规规定由行政机关实施的外,应当逐步由符合法定条件的专业技术组织实施。专业技术组织及其有关人员对所实施的检验、检测、检疫结论承担法律责任。

公民、法人或者其他组织从事特定活动,依法需要取得行政许可的,应当向行政机关提出申请。申请书需要采用格式文本的,行政机关应当向申请人提供行政许可申请书格式文本。申请书格式文本中不得包含与申请行政许可事项没有直接关系的内容。申请人可以委托代理人提出行政许可申请。但是,依法应当由申请人到行政机关办公场所提出行政许可申请的除外。行政许可申请可以通过信函、电报、电传、传真、电子数据交换和电子邮件等方式提出。行政机关应当将法律、法规、规章规定的有关行政许可的事项、依据、条件、数量、程序、期限以及需要提交的全部材料的目录和申请书示范文本等在办公场所公示。申请人要求行政机关对公示内容予以说明、解释的,行政机关应当说明、解释,提供准确、可靠的信息。申请人申请行政许可,应当如实向行政机关提交有关材料和反映真实情况,并对其申请材料实质内容的真实性负责。行政机关不得要求申请人提交与其申请的行政许可事项无关的技术资料和其他材料。

公民、法人或者其他组织从事特定活动,依法需要取得行政许可的,应当向行政机关提出申请。行政机关对申请人提出的行政许可申请,应当根据下列情况分别作出处理:(1)申请事项依法不需要取得行政许可的,应当即时告知申请人不受理;(2)申请事项依法不属于本行政机关职权范围的,应当即时作出不予受理的决定,并告知申请人向有关行政机关申请;(3)申请材料存在可以当场更正的错误的,应当允许申请人当场更正;(4)申请材料不齐全或者不符合法定形式的,应当当场或者在5日内一次告知申请人需要补正的全部内容,逾期不告知的,自收到申请材料之日起即为受理;(5)申请事项属于本行政机关职权范围,申请材料齐全、符合法定形式,或者申请人按照本行政机关的要求提交全部补正申请材料的,应当受理行政许可申请。行政机关受理或者不予受理行政许可申请,应当出具加盖本行政机关专用印章和注明日期的书面凭证。

行政机关应当建立和完善有关制度,推行电子政务。电子政务即政务信息化,是指国家机关在政务活动中,全面应用现代信息技术进行办公和管理,为社会公众提供服务。主要包括四方面内容:一是在因特网上发布政府信息,供公众了解和使用;二是通过因特网对政府与公众之间的事务进行互动处理;三是在政府机构内部实现办公自动化,提高政府机构办公效率;四是公务员从网络中获得机构内部的工作信息和机构外部的业务信息,为日常的政务工作和领导决策提供服务。其特点:第一,转变政府工作方式,提高政府工作效率;科学决策需要先进的智能系统、决策模型、统计分析等工具和方法的介入。信息通信技术的应用能使这种介入变得较为简单,便于信息处理和分析,为政府科学决策提供保证。第二,提高政府的科学决策水平,进一步发扬民主。第三,充分利用信息资源,降低管理成本。

行政机关应当对申请人提交的申请材料进行审查。申请人提交的申请材料齐全、符合法定形式,行政机关能够当场作出决定的,应当当场作出书面的行政许可决定。根据法定条件和程序,需要对申请材料的实质内容进行核实的,行政机关应当指派两名以上工作人员进行核查。除可以当场作出行政许可决定的外,行政机关应当自受理行政许可申请之日起20日内作出行政许可决定。20日内不能作出决定的,经本行政机关负责人批准,可以延长10日,并应当将延长期限的理由告知申请人。但是,法律、法规另有规定的,依照其规定。行政许可采取统一办理或者联合办理、集中办理的,办理的时间不得超过45日;45日内不能办结的,经本级人民政府负责人批准,可以延长15日,并应当将延长期限的理由告知申请人。

法律、法规、规章规定实施行政许可应当听证的事项,或者行政机关认为需要听证的其他涉及公共利益的重大行政许可事项,行政机关应当向社会公告,并举行听证。行政许可直接涉及申请人与他人之间重大利益关系的,行政机关在作出行政许可决定前,应当告知申请人、利害关系人享有要求听证的权利;申请人、利害关系人在被告知听证权利之日起5日内提出听证申请的,行政机关应当在20日内组织听证。申请人、利害关系人不承担行政机关组织听证的费用。听证按照下列程序进行:(1)行政机关应当于举行听证的七日前将举行听证的时间、地点通知申请人、利害关系人,必要时予以公告;(2)听证应当公开举行;(3)行政机关应当指定审查该行政许可申请的工作人员以外的人员为听证主持人,申请人、利害关系人认为主持人与该行政许可事项有直接利害关系的,有权申请回避;(4)举行听证时,审查该行政许可申请的工作人员应当提供审查意见的证据、理由,申请人、利害关系人可以提出证据,并进行申辩和质证;(5)听证应当制作笔录,听证笔录应当交听证参加人确认无误后签字或者盖章。行政机关应当根据听证笔录,作出行政许可决定。

被许可人要求变更行政许可事项的,应当向作出行政许可决定的行政机关提出申请;符合法定条件、标准的,行政机关应当依法办理变更手续。被许可人需要延续依法取得的行政许可的有效期的,应当在该行政许可有效期届满30日前向作出行政许可决定的行政机关提出申请。但是,法律、法规、规章另有规定的,依照其规定。行政机关应当根据被许可人的申请,在该行政许可有效期届满前作出是否准予延续的决定;逾期未作决定的,视为准予延续。《药品管理法条例》规定,《药品生产许可证》有效期为5年。有效期届满,需要继续生产药品的,持证企业应当在许可证有效期届满前6个月,按照国务院药品监督管理部门的规定申请换发《药品生产许可证》。《电信业务经营许可证管理办法》说明,经营许可证有效期届满,需要继续经营的,应当提前90日,向原发证机关报告,并做好善后工作。《公民出入境管理办法》指出,中华人民共和国护照的有效期为5年,可以延期两次,每次不超过5年,申请延期的应在护照有效期届满前提出。《矿产资源开采登记管理办法》要求,采矿许可证有效期最长30年;中型的最长20年;小型的最长10年。采矿许可证有效期满,需要继续采矿的采矿权人应当在许可证有效期届满的30日前,到登记管理机关办理延期登记手续。

四、行政许可的特别程序

实施有关有限自然资源开发利用、公共资源配置以及直接关系公共利益的特定行业的市场准入等,需要赋予特定权利的事项的行政许可,行政机关应当通过招标、拍卖等公平竞争的方式作出决定。但是,法律、行政法规另有规定的,依照其规定。行政机关通过招标、拍卖等方式作出行政许可决定的具体程序,依照有关法律、行政法规的规定。行政机关按照招标、拍卖程序确定中标人、买受人后,应当作出准予行政许可的决定,并依法向中标人、买受人颁发行政许可证件。行政机关违反此规定,不采用招标、拍卖方式,或者违反招标、拍卖程序,损害申请人合法权益的,申请人可以依法申请行政复议或者提起行政诉讼。

实施提供公众服务并且直接关系公共利益的职业、行业,需要确定具备特殊信誉、特殊条件或者特殊技能等资格、资质的事项的行政许可,赋予公民特定资格,依法应当举行国家考试的,行政机关根据考试成绩和其他法定条件作出行政许可决定;赋予法人或者其他组织特定的资格、资质的,行政机关根据申请人的专业人员构成、技术条件、经营业绩和管理水平等的考核结果作出行政许可决定。但是,法律、行政法规另有规定的,依照其规定。公民特定资格的考试依法由行政机关或者行业组织实施,公开举行。行政机关或者行业组织应当事先公布资格考试的报名条件、报考办法、考试科目以及考试大纲。但是,不得组织强制性的资格考试的考前培训,不得指定教材或者其他助考材料。

实施直接关系公共安全、人身健康、生命财产安全的重要设备、设施、产品、物品,需要按照技术标准、技术规范,通过检验、检测、检疫等方式进行审定的事项的行政许可,应当按照技术标准、技术规范依法进行检验、检测、检疫,行政机关根据检验、检测、检疫的结果作出行政许可决定。行政机关实施检验、检测、检疫,应当自受理申请之日起5日内指派两名以上工作人员按照技术标准、技术规范进行检验、检测、检疫。不需要对检验、检测、检疫结果作进一步技术分析即可认定设备、设施、产品、物品是否符合技术标准、技术规范的,行政机关应当当场作出行政许可决定。行政机关根据检验、检测、检疫结果,作出不予行政许可决定的,应当书面说明不予行政许可所依据的技术标准、技术规范。

实施企业或者其他组织的设立等,需要确定主体资格的事项的行政许可,申请人提交的申请材料齐全、符合法定形式的,行政机关应当当场予以登记。需要对申请材料的实质内容进行核实的,行政机关依照行政许可法第34条第3款的规定办理。有数量限制的行政许可,两个或者两个以上申请人的申请均符合法定条件、标准的,行政机关应当根据受理行政许可申请的先后顺序作出准予行政许可的决定。但是,法律、行政法规另有规定的,依照其规定。

五、监督检查

上级行政机关应当加强对下级行政机关实施行政许可的监督检查,及时纠正行政许可实施中的违法行为。行政机关应当建立健全监督制度,通过核查反映被许可人从事行政许可事项活动情况的有关材料,履行监督责任。

行政机关依法对被许可人从事行政许可事项的活动进行监督检查时,应当将监督检查的情况和处理结果予以记录,由监督检查人员签字后归档。公众有权查阅行政机关监督检查记录。行政机关应当创造条件,实现与被许可人、其他有关行政机关的计算机档案系统互联,核查被许可人从事行政许可事项活动情况。

行政机关可以对被许可人生产经营的产品依法进行抽样检查、检验、检测,对其生产经营场所依法进行实地检查。检查时,行政机关可以依法查阅或者要求被许可人报送有关材料;被许可人应当如实提供有关情况和材料。行政机关根据法律、行政法规的规定,对直接关系公共安全、人身健康、生命财产安全的重要设备、设施进行定期检验。对检验合格的,行政机关应当发给相应的证明文件。

有下列情形之一的,作出行政许可决定的行政机关或者其上级行政机关,根据利害关系人的请求或者依据职权,可以撤销行政许可:

1. 行政机关工作人员滥用职权、玩忽职守作出准予行政许可决定的。

滥用职权是指该行政机关及其工作人员虽然有权实施某种行政行为,但对具体的管理相对人、所要处理的事务所作出的处理却是按照自己的意愿而不是按照法律的规定,其结果是违背法律的。其是一种明知不合法而有意为之的行为。如规划管理部门的某位工作人员擅自决定向某房地产开发企业颁发《建设工程规划许可证》。玩忽职守是指具体承办行政管理事务的工作人员不负责任,在改造职责审查行政许可的过程中不能严格执行法律规定,或者疏忽大意,对不符合法律规定条件的也予以办理的行为。其多数属于过失的性质。

2. 超越法定职权作出准予行政许可决定的。

《旅行社管理条例》第 9 条规定:“申请设立国际旅行社,应当向所在地的省、自治区、直辖市人民政府管理旅游工作的部门提出申请;省、自治区、直辖市人民政府管理旅游工作的部门审查同意后,报国务院旅游行政主管部门审核批准。”如果某省旅游局审查批准设立国际旅行社,并颁发《旅行社业务经营许可证》,则属于超越法定职权作出行政许可决定。

3. 违反法定程序作出准予行政许可决定的。

4. 对不具备申请资格或者不符合法定条件的申请人准予行政许可的。

5. 依法可以撤销行政许可的其他情形。

被许可人以欺骗、贿赂等不正当手段取得行政许可的,应当予以撤销。

甲厂经某市采砂许可证的法定发放机关地质矿产局批准取得了为期 5 年的采砂许可证,并经某区水电局等部门批准,在区江河管理站划定的区域内采砂。后因缴纳管理费问题与水电局发生纠纷。随后,该水电局越权向乙厂颁发了采砂许可证,准予乙厂在甲厂已被划定的区域内采砂。①

① 参见 2004 年国家统一司法考试卷二第 96 题。

本案中,甲厂的采砂许可证是合法有效的,而乙厂取得的采砂许可证存在严重瑕疵,其许可证是由一个无权机关越权颁发的。因此根据甲厂的申请,某市地质矿产局有权撤销水电局发给乙厂的采砂许可证;而水电局应当自觉纠正其越权行为,撤销给乙厂发放的采砂许可证。由于在同一区域出现两个许可,"非法许可权利人"势必会侵害到"合法许可权利人"的合法利益,给"合法许可权利人"带来损害,因此甲厂有权要求侵权人水电局赔偿因向乙厂颁发许可证给自己造成的经济损失。同时基本信赖保护原则,乙厂在其采砂许可证被撤销的同时,亦有权利要求发放许可证的水电局承担其相应的经济损失。

另外,有下列情形之一的,行政机关应当依法办理有关行政许可的注销手续:(1)行政许可有效期届满未延续的;(2)赋予公民特定资格的行政许可,该公民死亡或者丧失行为能力的;(3)法人或者其他组织依法终止的;(4)行政许可依法被撤销、撤回,或者行政许可证件依法被吊销的;(5)因不可抗力导致行政许可事项无法实施的;(6)法律、法规规定的应当注销行政许可的其他情形。

六、法律责任

行政机关及其工作人员违反本法的规定,有下列情形之一的,由其上级行政机关或者监察机关责令改正;情节严重的,对直接负责的主管人员和其他直接责任人员依法给予行政处分:(1)对符合法定条件的行政许可申请不予受理的;(2)不在办公场所公示依法应当公示的材料的;(3)在受理、审查、决定行政许可过程中,未向申请人、利害关系人履行法定告知义务的;(4)申请人提交的申请材料不齐全、不符合法定形式,不一次告知申请人必须补正的全部内容的;(5)未依法说明不受理行政许可申请或者不予行政许可的理由的;(6)依法应当举行听证而不举行听证的。行政机关工作人员办理行政许可、实施监督检查,索取或者收受他人财物或者谋取其他利益,构成犯罪的,依法追究刑事责任;尚不构成犯罪的,依法给予行政处分。

行政机关实施行政许可,有下列情形之一的,由其上级行政机关或者监察机关责令改正,对直接负责的主管人员和其他直接责任人员依法给予行政处分;构成犯罪的,依法追究刑事责任:(1)对不符合法定条件的申请人准予行政许可或者超越法定职权作出准予行政许可决定的;(2)对符合法定条件的申请人不予行政许可或者不在法定期限内作出准予行政许可决定的;(3)依法应当根据招标、拍卖结果或者考试成绩择优作出准予行政许可决定,未经招标、拍卖或者考试,或者不根据招标、拍卖结果或者考试成绩择优作出准予行政许可决定的。

行政许可申请人隐瞒有关情况或者提供虚假材料申请行政许可的,行政机关不予受理或者不予行政许可,并给予警告;行政许可申请属于直接关系公共安全、人身健康、生命财产安全事项的,申请人在一年内不得再次申请该行政许可。被许可人以欺骗、贿赂等不正当手段取得行政许可的,行政机关应当依法给予行政处罚;取得的行政许可属于直接关系公共安全、人身健康、生命财产安全事项的,申请人在三年内不得再次申请该行政许可;构成犯罪的,依法追究刑事责任。被许可人有下列行为之一的,行政机关应当依法给予行政处罚;构成犯罪的,依法追究刑事责任:(1)涂改、倒卖、出租、出借行政许可证件,或者以其他形式非法转让行政许可的;(2)超越行政许可范围进行活动的;(3)向负责监督检查的行政机关隐瞒有关情况、提供虚假材料或者拒绝提供反映其活动情况的真实材料的;(4)法律、法规、规章规定的其他违法行为。公民、法人或者其他组织未经行政许可，擅自从事依法应当取得行政许可的活动的，行政机关应当依法采取措施予以制止，并依法给予行政处罚；构成犯罪的，依法追究刑事责任。

第三章 行政强制

行政强制,包括行政强制措施和行政强制执行。行政强制措施,是指行政机关在行政管理过程中,为制止违法行为、防止证据损毁、避免危害发生、控制危险扩大等情形,依法对公民的人身自由实施暂时性限制,或者对公民、法人或者其他组织的财物实施暂时性控制的行为。行政强制执行,是指行政机关或者行政机关申请人民法院,对不履行行政决定的公民、法人或者其他组织,依法强制履行义务的行为。

一、行政强制的种类

(一)行政强制措施的种类

1. 限制公民人身自由

“限制公民人身自由”这一行政强制措施限制的是人的基本权利,即人身自由权。就强制的程度而言,是行政强制措施中最重的。根据比例原则,其适用的对象亦应是情节比较严重的对象或者场合。

在我国现行的单行法里,有许多法律规定了限制公民人身自由的行政强制措施。《中华人民共和国人民警察法》(以下简称《人民警察法》)第9条规定,为了维护社会治安秩序,公安机关的人民警察对有违法犯罪嫌疑的人员,经出示相应证件,可以当场盘问、检查;经盘问、检查,被指控有犯罪行为的、有现场作案嫌疑的、有作案嫌疑身份不明的,携带的物品有可能是赃物的,可以将其带至公安机关,经该公安机关批准,对其继续盘问。即公安机关有现场盘问和留置盘问的权力,均暂时性地限制了被盘问人的人身自由,性质为行政强制措施。

2. 查封场所、设施或者财物

查封是指行政主体对特定场所、设施或者财物就地查实、封存,以待具体行政行为作出后加以处理的行政强制措施。查封具有如下特征:第一,查封的主体是行政主体,即行政机关和法律法规授权的组织;第二,查封对象是场所、设施和财物,通常具有不能或者不宜移动性;第三,查封是原地进行的行为,并不改变被查封对象原有的地理位置;第四,查封的结果是原权利人暂时丧失对查封对象占有、使用及其处分的权利,但所有权并没有发生转移。

3. 扣押财物

扣押是指行政主体强制留置行政相对人的财物,限制其继续对其财物进行占有和处分的行政强制措施。扣押和查封的主要区别在于:第一,扣押是把被扣押物品进行物理位置的转移,且是有必要的移动;查封是原地查封,并不移动被查封对象。第二,扣押的对象只能是财物,而查封的对象相对广泛,除了财物,还可以查封场所和设施。但是无论是查封还是扣押,原物所有人都暂时丧失了对被查封物或者被扣押物的实际控制权,都是对原物所有人财产权的限制。

4. 冻结存款、汇款

冻结是指行政主体暂时性地禁止行政相对人使用其在银行等金融机构的存款或者汇款的行政强制措施。冻结虽然也是限制权利人的财产权,但其直接限制的是金钱,而非物品。与查封和扣押另外一个区别的是，冻结的执行还涉及到第三人银行等金融机构的法定义务问题。《中华人民共和国商业银行法》第 29 条规定，商业银行办理个人储蓄存款业务，应当遵循存款自愿、取款自由、存款有息、为存款人保密的原则。对个人储蓄存款，商业银行有权拒绝任何单位或者个人查询、冻结、扣划，但法律另有规定的除外。可见，金融机构负有保障存款权利人存取自由的固有义务，银行等金融机构不得侵害、非法限制存款人存取自由的权利。而冻结恰恰是要求金融机构以违反其原有的法定义务为前提来协助冻结决定的执行，实属法律规定之外的特例。因此相对来说，冻结存款、汇款这一行政强制措施形式实施的要求高于查封和扣押。

5. 其他行政强制措施

除了上述行政强制措施外，法律、行政法规以及地方性法规还可以依法设定其他行政强制措施。《中华人民共和国禁毒法》规定，吸毒成瘾人员拒绝接受社区戒毒的，在社区戒毒期间吸食、注射毒品的，严重违反社区戒毒协议的或者经社区戒毒、强制隔离戒毒后再次吸食、注射毒品的，县级以上人民政府公安机关有权对其作出强制隔离戒毒的决定。对于吸毒成瘾严重，通过社区戒毒难以戒除毒瘾的人员，公安机关可以直接作出强制隔离戒毒的决定。[①]《中华人民共和国计量法》第 9 条明确规定，县级以上人民政府计量行政部门对社会公用计量标准器具，部门和企业、事业单位使用的最高计量标准器具，以及用于贸易结算、安全防护、医疗卫生、环境监测方面的列入强制检定目录的工作计量器具，实行强制检定。上述的强制隔离戒毒、强制许可和强制检定都属于法律设定的其他行政强制措施。

（二）行政强制执行的种类

1. 加处罚款或者滞纳金

加处罚款或者滞纳金从性质上看，属于执行罚。执行罚是指行政强制执行人针对拒不履行不作为义务或者不可为他人替代履行的作为义务的被执行人，课以新的金钱给付义务，以督促其自觉履行的行政强制执行方式。执行罚与代履行一样属于间接执行方式，不同之处在于执行罚是以新的金钱缴纳义务达到督促的目的，而不是直接针对应履行的义务本身。执行罚具体体现为加处罚款或者征收滞纳金。《行政处罚法》第 51 条规定，当事人到期不缴纳罚款的，作出行政处罚决定的行政机关可以每日按罚款数额的百分之三加处罚款。“加处罚款”虽然名为罚款，但此罚款的性质，并非“行政处罚”中的“罚款”，其性质实为行政强制。德国和韩国就是为了区别“行政罚”和“执行罚”这两个不同的概念而改用“履行强制金”来代替“执行罚”。我国虽然尚且没有采取此种作法，但二者之间的界限还是泾渭分明的。此外，《中华人民共和国税收征收管理法》第 32 条要求，纳税人未按照规定期限缴纳税款的，扣缴义务人未按照规定期限解缴税款的，税务机关除责令限期缴纳外，从滞纳税款之日起，按日加收滞纳税款万分之五的滞纳金。由于诸多单行法对“加处罚款”和“滞纳金”的比例规定不一，容易导致社会不公平感的出现。因此，需要在实践中区别处理以及立法时机成熟时的进一步规范。

2. 划拨存款、汇款

划拨存款和汇款从性质上讲，属于直接强制执行方式，即从被执行人的账户中直接划扣一定数量的金钱以冲抵被执行人的金钱给付义务。这种方式强制执行的力度大，执行效果直接，执行效率高，相应地对于被执行人的权益影响较大且更为直接。

---

① 参见《中华人民共和国禁毒法》第 38 条。

3. 拍卖或者依法处理查封、扣押的场所、设施或者财物

拍卖或者依法处理查封、扣押的场所、设施或者财物是指行政强制执行人根据法律授权,按照法定程序,通过拍卖或者其他法定方式对已经查封、扣押的场所、设施或者财物,进行处理的行政强制执行方式。

《税收征收管理法》规定,从事生产、经营的纳税人、扣缴义务人未按照规定的期限缴纳或者解缴税款,纳税担保人未按照规定的期限缴纳所担保的税款,由税务机关责令限期缴纳,逾期仍未缴纳的,经县以上税务局(分局)局长批准,税务机关可以书面通知其开户银行或者其他金融机构从其存款中扣缴税款;扣押、查封、依法拍卖或者变卖其价值相当于应纳税款的商品、货物或者其他财产,以拍卖或者变卖所得抵缴税款。①

4. 排除妨碍、恢复原状

排除妨碍是指行政机关有权要求违法当事人排除其造成的对于其他合法权益或者社会公益的妨碍,以保障权利的正常行使和社会秩序的稳定。《中华人民共和国道路交通安全法》(以下简称《道路交通安全法》)第 106 条明确规定,在道路两侧及隔离带上种植树木、其他植物或者设置广告牌、管线等,遮挡路灯、交通信号灯、交通标志,妨碍安全视距的,由公安机关交通管理部门责令行为人排除妨碍。

恢复原状即行政机关要求违法当事人将侵害的对象恢复到侵害之前的状态。恢复原状要求存在恢复原状的可能,即在事实上可行且必要。如果恢复原状已在事实上不可能,就不应再坚持这种行政强制执行方式,而改由其他方式来替代。《道路交通安全法》第 104 条规定,“未经批准,擅自挖掘道路、占用道路施工或者从事其他影响道路交通安全活动的,由道路主管部门责令停止违法行为,并恢复原状,可以依法给予罚款;致使通行的人员、车辆及其他财产遭受损失的,依法承担赔偿责任。”

5. 代履行

代履行是指行政机关依法作出要求当事人履行排除妨碍、恢复原状等义务的行政决定,当事人逾期不履行,经催告仍不履行,其后果已经或者将危害交通安全、造成环境污染或者破坏自然资源的,行政机关或者行政机关委托的没有利害关系的第三人代替履行被执行人的作为性的行政法义务,由被执行人承担必要费用的行政强制执行方式。由于代履行避免了行政机关与被执行人的正面冲突,从而缓解了被执行人的抗拒心理,同时仍然实现了行政目标。因此,代履行在实践中被广泛运用。《中华人民共和国消防法》规定,占用、堵塞、封闭疏散通道、安全出口或者有其他妨碍安全疏散行为的,埋压、圈占、遮挡消火栓或者占用防火间距的,占用、堵塞、封闭消防车通道,妨碍消防车通行的,人员密集场所在门窗上设置影响逃生和灭火救援的障碍物的,经责令改正拒不改正的,强制执行,所需费用由违法行为人承担。② 但是需要注意的是,代履行的对象限于他人可以代为履行的作为义务,如违法建筑物的强制拆除。而有些义务,如行政拘留的执行,这是其他人所代替不了的,也是禁止其他人替代的,只能由义务人本人履行。

6. 其他强制执行方式

除上述行政强制执行方式外,法律还可以设定其他形式的行政强制执行方式。例如《中华人民共和国兵役法》第 61 条赋予县级人民政府对于拒绝、逃避兵役登记和体格检查

---

① 参见《税收征收管理法》第 37 条。

② 参见《中华人民共和国消防法》第 60 条第 3 款。

的，应征公民拒绝、逃避征集的，预备役人员拒绝、逃避参加军事训练和执行军事勤务的，且逾期不改的，予以强制履行兵役义务的权力。

二、行政强制的设定

（一）行政强制措施的设定

1. 法律

法律是全国人民代表大会及其常务委员会依照法定程序制定的，其效力及于全国。法律可以设定任何形式的行政强制措施，而且限制人身自由、冻结存款和汇款的行政强制措施专属于法律设定，系法律保留对象。

2. 行政法规

行政法规是国务院基于《宪法》及《立法法》的授权而制定的，其效力及于全国。就法律位阶而言，位于宪法和法律之后。尚未制定法律，且属于国务院行政管理职权事项的，行政法规可以设定除限制公民人身自由、冻结存款及汇款和应当由法律规定的行政强制措施以外的其他行政强制措施。

（1）尚未制定法律，且属于国务院行政管理职权事项的，国务院为了更好地维护行政秩序，有权据此并依《立法法》的法定授权设定相应的行政强制措施。国务院行政管理职权事项具有特定含义和范围。《中华人民共和国宪法》第 89 条赋予国务院行使如下行政管理职权：根据宪法和法律，规定行政措施，制定行政法规，发布决定和命令；向全国人民代表大会或者全国人民代表大会常务委员会提出议案；规定各部和各委员会的任务和职责，统一领导各部和各委员会的工作，并且领导不属于各部和各委员会的全国性的行政工作；统一领导全国地方各级国家行政机关的工作，规定中央和省、自治区、直辖市的国家行政机关的职权的具体划分；编制和执行国民经济和社会发展计划和国家预算；领导和管理经济工作和城乡建设；领导和管理教育、科学、文化、卫生、体育和计划生育工作；领导和管理民政、公安、司法行政和监察等工作；管理对外事务，同外国缔结条约和协定；领导和管理国防建设事业；领导和管理民族事务，保障少数民族的平等权利和民族自治地方的自治权利；保护华侨的正当的权利和利益，保护归侨和侨眷的合法的权利和利益；改变或者撤销各部、各委员会发布的不适当的命令、指示和规章；改变或者撤销地方各级国家行政机关的不适当的决定和命令；批准省、自治区、直辖市的区域划分，批准自治州、县、自治县、市的建置和区域划分；依照法律规定决定省、自治区、直辖市的范围内部分地区进入紧急状态；审定行政机构的编制，依照法律规定任免、培训、考核和奖惩行政人员；全国人民代表大会和全国人民代表大会常务委员会授予的其他职权。也就是说，就上述事项，国务院可以通过行政法规来设定行政强制措施。

（2）法律规定特定事项由行政法规规定具体管理措施的，行政法规享有一定的行政强制措施的设定权。这实际上是法律对于行政法规的特别授权，同时也是行政法规调整具体管理措施的实务需要。

（3）行政法规的设定权受到种类方面的限制。由于《立法法》将公民人身自由权纳入法律保留的范围，据此行政法规丧失了设定限制公民人身自由的行政强制措施的权力。同时，由于冻结存款和汇款，不仅涉及到公民最直接的财产权，还涉及到金融机构法定义务的打破，亦禁止行政法规设定。此外，行政法规也不得设定应当由法律规定的其他行政强制措施。

(4)如果存在上位法律,行政法规只能细化法律规定。法律对行政强制措施的对象、条件、种类作了规定的,行政法规不得作出扩大规定。法律中未设定行政强制措施的,行政法规亦不得设定行政强制措施。

3. 地方性法规

根据《立法法》的规定,省、自治区、直辖市以及较大的市的人民代表大会及其常务委员会有权制定地方性法规。通常,地方性法规不得与宪法、法律和行政法规相冲突。《行政强制法》规定,尚未制定法律、行政法规,且属于地方性事务的,地方性法规可以设定查封场所、设施或者财物和扣押财物的行政强制措施。

(1)如果没有上位法律和行政法规,且属于地方性事务,地方相应人大机构可以为了应对地方之需,通过地方性法规依法设定行政强制措施。

(2)"地方性事务"的内涵是特定的,不能作泛泛理解。"地方性事务"一词在我国首次出现于《立法法》中,其第 64 条第 1 款第 2 项规定,地方性法规可以就地方性事务作出规定。《立法法》全文仅此一处提及"地方性事务",之后再无涉及,更没有具体说明其内涵。对此问题,亦没有出台相关的司法解释。只有个别学者,进行过初步的学理探讨。有学者认为地方性事务是指"地方的经济发展政策、义务教育普及、环境卫生、民政、公共福利、弱势群体权益保护、城市绿化、城市烟花燃放、养狗、区域内河流、湖泊和风景名胜等的维护和管理等。"张荣硕士在其硕士学位论文《谈地方性法规的"地方性事务"——对〈立法法〉第 64 条中"地方性事务"的理解》中认为,"地方性事务"的特征可以归纳为地方性、专属性及不稳定性。"地方性"即基于地方的特殊原因而产生的,是地方特色的集中体现;专属性即对这一领域,法律、行政法规基本上不会、也不应涉足;"不稳定性"强调"地方性事务"的内涵并非恒定不变的,随着经济、社会和其他客观条件的变化,以及人们的认识变化予以调整。笔者较为赞同上述看法,认为既然称之为"地方性事务",那么这个事务就应该是依附于地方的、脱离地方而不复存在的事务,具有高度的地域特色。例如 2009 年 4 月 20 日施行的《哈尔滨市西泉眼水库饮用水水源保护条例》就属于哈尔滨市人民代表大会常务委员会通过的关于地方性事务"西泉眼水库饮用水水源保护"的地方性法规。

(3)地方性法规可以设定的行政强制措施种类非常有限,即查封和扣押,其他措施一律禁止设定。由于地方政府具有先天的地方保护主义倾向,立法者对于地方性法规并未给予充分的信任。同时现代社会中,尤其是我国加入 WTO 后,法制统一原则的重要性格外突出。而在若干行政强制措施种类中,查封和扣押的强制力度相对较弱,影响相对有限,因此它们就成为"下放"地方立法的对象。①

(4)法律对行政强制措施的对象、条件、种类作了规定的,地方性法规不得作出扩大规定。法律中未设定行政强制措施的,地方性法规不得设定行政强制措施。《行政强制法》中虽然没有明确行政法规与地方性法规在行政强制措施设定方面的关系,但是比照上述规定,同时明确二者在法律位阶中的"上下关系",可以确定地方性法规亦不得突破行政法规设定的范畴,即地方性法规应与行政法规保持一致,不得增设、改变行政法规对行政强制措施的设定规范。

---

① 当然,我们不能不承认的是,地方性立法的必要性和重要性也是非常突出的。中国幅员辽阔,中央立法无法兼顾所有的地方特色。这就需要发挥地方性立法的作用,来设置符合当地社会发展需要的、针对性和操作性更强、特色化的规范,以加强法规范的适用性,更好地服务于社会。

除上述法律、行政法规、地方性法规以外，其他法律文件，无论是中央的，还是地方的；无论是部门规章，还是地方政府规章，抑或是其他规范性文件，均不得设定行政强制措施。《行政强制法》关于行政强制设定权的规定是远远高于《行政许可法》和《行政处罚法》对于行政许可设定权和行政处罚设定权的规制的，充分彰显了《行政强制法》设定权的“高设”理念。

1996 年通过的《行政处罚法》将行政处罚权的设定赋予法律、行政法规、地方性法规、部门规章和地方政府规章。2004 年实施的《行政许可法》对此进一步严格控权，在第 14 条至第 15 条，将行政许可的设定权限定为法律、行政法规、国务院决定、地方性法规和省级政府规章，即提高设定层级，在中央赋予法律和行政法规以许可设定权，禁止部门规章设定行政许可，以防止其出于部门利益而滥用行政许可设定权。然而，中国正处于改革开放、社会转型时期，新事务、新问题不断出现，如果中央层面没有应急权限的话，凡事都履行法律或者行政法规的制定程序，难以及时解决一些危急问题。因此，授权国务院以机动灵活的“国务院决定”的形式来设定暂时性的行政许可。而在地方，出于对地方立法权的尊重以及地方性立法必要性的考虑，立法者保留了地方性法规的许可设定权。但是对于地方政府规章，立法者仍然是不信任的。因为在此之前，地方政府规章通过自设许可权，形成了明显且严重的地方保护主义，阻碍了正常的市场竞争。所以立法者担心一旦无条件地赋予相关地方政府以规章的形式设定许可的权力，地方保护的顽疾将愈演愈烈，最终势必严重破坏经济发展的正常秩序。但是中央层面拥有针对特殊许可情形的应急措施——国务院决定，地方也同样有应急之需。因此，行政许可法的立法者最终采取了提高拥有许可设定权的地方政府的级别，地市级政府规章一律不得设定行政许可，许可设定权提升至省级政府的做法。可以说，当年《行政许可法》对行政许可设定权的“超高”提升，是前所未有的，它直接针对《行政许可法》立法前的严重问题而采取的应对措施，打破了人们以往的立法观念和常规做法，具有高度的必要性和操作性，收到了规制行政许可设定权的良好效果。

行政许可是以一般禁止为前提，许可本身是对一般禁止的解除，是典型的授益性行政行为。而行政强制是具有代表性的侵益性行政行为，直接限制行政相对人的合法权利，“是一种比行政处罚更为严厉的手段”。因此，在设定方面应该给予更高的限制。基于这种立法理念，行政强制的设定不仅高于行政处罚权的设定，更是远远高于已经拔高的行政许可的设定。

（二）行政强制执行的设定

关于行政强制执行的设定，存在以下三种做法：一是行政执行制，即把行政强制执行权设定给行政机关，如德国、日本、法国、西班牙、我国的台湾和澳门地区等。这种做法最大的特点是能够保证行政效率，对强制执行行为大多实行事后救济。我国有学者认为，应将行政强制执行权完全划归行政机关，因为行政强制执行属于行政事务，司法机关不应介入；否则，就会矮化法院地位，损害法院的中立形象和终局权威。同时加重原本就已“超载”的司法负担。二是司法执行制，即把行政强制执行权设定给司法机关（通常是法院），如英国、美国、我国的香港地区等。“对不履行行政决定的，行政机关一般只能提起诉讼，由法院判决是否强制执行。”这种作法有利于防止行政权的滥用，保护公民的合法权益，但不利于保证并提高行政效率，而且占用了过多的司法成本。三是混合执行制，即把行政强制执行权授权给行政机关和司法机关，其中又分为“以行政执行为主、司法执行为辅”和“以司法执行为主、行政执行为辅”两种模式，前者如奥地利、葡萄牙，后者如我国。早在 1989 年颁布的《中华人民共和国行政诉讼法》（以下简称《行政诉讼法》）规定，公民、法人或其他组织对于具体行政行为在法定期限内不提起诉讼又不履行的，行政机关可以申请人民法院强制执行，或者依法强制执行。也就是说，在我国，行政强制执行权划归特定行政机关和人民法院，且以申请人民法院强制执行为原则，以行政机关自行强制执行为例外。《行政强制法》延续了《行政诉讼法》的上述规定，并且进一步明确，行政强制执行由法律设定。如果法律授权行政机关以行政强制执行权，则该特定行政机关享有强制执行权；如果法律没有规定行政机关强制执行的，作出行政决定的行政机关应当申请人民法院强制执行。另外，法律之外的其他法律文件，如行政法规、地方性法规，均无权设定行政强制执行方式。可见，行政强制执行方式的设定层级更高，立法者对它的态度更加谨慎和重视。其主要原因在于行政强制执行较行政强制措施而言，是"更进一步"的权力，它不是暂时性的，而是最终确定了行政相对人的权利、义务，完成了行政目标。换言之，与行政强制措施相比，行政强制执行对行政相对人的影响更大、更彻底，因此行政强制执行的理性成分理应更多些，法规范对它的限制也就理所当然地更充分些。

（三）行政强制设定的规制

1. 设定前的规制

《行政强制法》规定，起草法律草案、法规草案，拟设定行政强制的，起草单位应当采取听证会、论证会等形式听取意见，并向制定机关说明设定该行政强制的必要性、可能产生的影响以及听取和采纳意见的情况。上述规定扩大了"听证会"在我国法律体系中的比重。《行政强制法》颁行之前主要有五部法律对听证会作出了规定——《立法法》《中华人民共和国价格法》《行政处罚法》《治安管理处罚法》《行政许可法》。但是在立法层面，或者进一步说是在权力设定方面，将听证会列为"应当"的，只有《行政许可法》和《行政强制法》。而且也只有这两部法律明确规定了听证会、论证会等听取意见形式的结果对最终立法的直接影响力，即立法者应当重视和着重考虑听证会上的意见，这充分体现了上述两部法律的民主精神和参与理念。除了设定前的上述程序规制外，《行政强制法》还要求立法者在设定前必须明确设定的必要性，对可能产生的影响进行考量和评估，并总结归纳听取意见的情况，以期保证行政强制设定的必要性和可行性。

2. 设定后的规制——定期评价机制

《行政许可法》创设了动态评价机制①，开创了立法后评估的先河，成为《行政许可法》又一闪光之处。《行政强制法》借鉴了《行政许可法》的上述制度，也明确了针对行政强制的定期评价机制。具体而言，包括三个层面：一是行政强制设定机关的定期评价，即要求行政强制的设定机关应当定期对其设定的行政强制进行评价；对已设定的行政强制，认为不适当的，应当对设定该行政强制的规定及时予以修改或者废止。二是行政强制实施机关的适时评价，即行政强制的实施机关可以对已设定的行政强制的实施情况及存在的必要性适时进行评价，并将意见报告该行政强制的设定机关。三是公民、法人或者其他组织可以向行政强制的设定机关和实施机关就行政强制的设定和实施提出意见和建议。有关机关应当认真研究论证，并以适当方式予以反馈。也就是说，当行政强制丧失了立法时的必要性时，通过上述评价，就可以将其废止；当行政强制本身与现实发展不同步时，则可以进行相应调整。这样就能够保证行政强制的设定始终处于一种监控之下，以适应时代和社会的发展要求。同时也彰显了立法者的发展精神和实事求是的态度，体现了成熟的立法水平和技术。

① 参见《行政许可法》第20条。

三、行政强制措施实施程序

行政强制措施由法律、法规规定的行政机关在法定职权范围内实施。行政强制措施权不得委托。依据《行政处罚法》的规定行使相对集中行政处罚权的行政机关,可以实施法律、法规规定的与行政处罚权有关的行政强制措施。行政强制措施应当由行政机关具备资格的行政执法人员实施,其他人员不得实施。

行政机关实施行政强制措施应当遵守下列规定:(1)实施前须向行政机关负责人报告并经批准;(2)由两名以上行政执法人员实施;(3)出示执法身份证件;(4)通知当事人到场;(5)当场告知当事人采取行政强制措施的理由、依据以及当事人依法享有的权利、救济途径;(6)听取当事人的陈述和申辩;(7)制作现场笔录;(8)现场笔录由当事人和行政执法人员签名或者盖章,当事人拒绝的,在笔录中予以注明;(9)当事人不到场的,邀请见证人到场,由见证人和行政执法人员在现场笔录上签名或者盖章;(10)法律、法规规定的其他程序。情况紧急,需要当场实施行政强制措施的,行政执法人员应当在二十四小时内向行政机关负责人报告,并补办批准手续。行政机关负责人认为不应当采取行政强制措施的,应当立即解除。

依照法律规定实施限制公民人身自由的行政强制措施,还应当遵守下列规定:(1)当场告知或者实施行政强制措施后立即通知当事人家属实施行政强制措施的行政机关、地点和期限;(2)在紧急情况下当场实施行政强制措施的,在返回行政机关后,立即向行政机关负责人报告并补办批准手续;(3)法律规定的其他程序。实施限制人身自由的行政强制措施不得超过法定期限。实施行政强制措施的目的已经达到或者条件已经消失,应当立即解除。违法行为涉嫌犯罪应当移送司法机关的,行政机关应当将查封、扣押、冻结的财物一并移送,并书面告知当事人。

四、行政机关强制执行程序

行政机关作出强制执行决定前,应当事先催告当事人履行义务。催告应当以书面形式作出,并载明下列事项:(1)履行义务的期限;(2)履行义务的方式;(3)涉及金钱给付的,应当有明确的金额和给付方式;(4)当事人依法享有的陈述权和申辩权。

当事人收到催告书后有权进行陈述和申辩。行政机关应当充分听取当事人的意见,对当事人提出的事实、理由和证据,应当进行记录、复核。当事人提出的事实、理由或者证据成立的,行政机关应当采纳。经催告,当事人逾期仍不履行行政决定,且无正当理由的,行政机关可以作出强制执行决定。

强制执行决定应当以书面形式作出,并载明下列事项:(1)当事人的姓名或者名称、地址;(2)强制执行的理由和依据;(3)强制执行的方式和时间;(4)申请行政复议或者提起行政诉讼的途径和期限;(5)行政机关的名称、印章和日期。在催告期间,对有证据证明有转移或者隐匿财物迹象的,行政机关可以作出立即强制执行决定。催告书、行政强制执行决定书应当直接送达当事人。当事人拒绝接收或者无法直接送达当事人的,应当依照《中华人民共和国民事诉讼法》的有关规定送达。

有下列情形之一的,中止执行:(1)当事人履行行政决定确有困难或者暂无履行能力的;(2)第三人对执行标的主张权利,确有理由的;(3)执行可能造成难以弥补的损失,且中止执行不损害公共利益的;(4)行政机关认为需要中止执行的其他情形。中止执行的情形消失后,行政机关应当恢复执行。对没有明显社会危害,当事人确无能力履行,中止执行满三年未恢复执行的,行政机关不再执行。有下列情形之一的,终结执行:(1)公民死亡,无遗产可供执行,又无义务承受人的;(2)法人或者其他组织终止,无财产可供执行,又无义务承受人的;(3)执行标的灭失的;(4)据以执行的行政决定被撤销的;(5)行政机关认为需要终结执行的其他情形。

在执行中或者执行完毕后,据以执行的行政决定被撤销、变更,或者执行错误的,应当恢复原状或者退还财物;不能恢复原状或者退还财物的,依法给予赔偿。实施行政强制执行,行政机关可以在不损害公共利益和他人合法权益的情况下,与当事人达成执行协议。执行协议可以约定分阶段履行;当事人采取补救措施的,可以减免加处的罚款或者滞纳金。执行协议应当履行。当事人不履行执行协议的,行政机关应当恢复强制执行。

行政机关不得在夜间或者法定节假日实施行政强制执行,但是情况紧急的除外。行政机关不得对居民生活采取停止供水、供电、供热、供燃气等方式迫使当事人履行相关行政决定。对违法的建筑物、构筑物、设施等需要强制拆除的,应当由行政机关予以公告,限期当事人自行拆除。当事人在法定期限内不申请行政复议或者提起行政诉讼,又不拆除的,行政机关可以依法强制拆除。

五、申请人民法院强制执行

当事人在法定期限内不申请行政复议或者提起行政诉讼,又不履行行政决定的,没有行政强制执行权的行政机关可以自期限届满之日起 3 个月内,依照本章规定申请人民法院强制执行。

行政机关申请人民法院强制执行前,应当催告当事人履行义务。催告书送达10 日后当事人仍未履行义务的,行政机关可以向所在地有管辖权的人民法院申请强制执行;执行对象是不动产的,向不动产所在地有管辖权的人民法院申请强制执行。行政机关向人民法院申请强制执行,应当提供下列材料:(1)强制执行申请书;(2)行政决定书及作出决定的事实、理由和依据;(3)当事人的意见及行政机关催告情况;(4)申请强制执行标的情况;(5)法律、行政法规规定的其他材料。强制执行申请书应当由行政机关负责人签名,加盖行政机关的印章,并注明日期。

人民法院接到行政机关强制执行的申请,应当在 5 日内受理。行政机关对人民法院不予受理的裁定有异议的,可以在 15 日内向上一级人民法院申请复议,上一级人民法院应当自收到复议申请之日起 15 日内作出是否受理的裁定。人民法院对行政机关强制执行的申请进行书面审查,对符合本法第五十五条规定,且行政决定具备法定执行效力的,除特殊情形外,人民法院应当自受理之日起 7 日内作出执行裁定。

人民法院发现有下列情形之一的,在作出裁定前可以听取被执行人和行政机关的意见:(1)明显缺乏事实根据的;(2)明显缺乏法律、法规依据的;(3)其他明显违法并损害被执行人合法权益的。人民法院应当自受理之日起 30 日内作出是否执行的裁定。裁定不予执行的,应当说明理由,并在 5 日内将不予执行的裁定送达行政机关。

行政机关对人民法院不予执行的裁定有异议的,可以自收到裁定之日起 15 日内向上一级人民法院申请复议,上一级人民法院应当自收到复议申请之日起 30 日内作出是否执行的裁定。因情况紧急,为保障公共安全,行政机关可以申请人民法院立即执行。经人民法院院长批准,人民法院应当自作出执行裁定之日起 5 日内执行。行政机关申请人民法院强制执行，不缴纳申请费。强制执行的费用由被执行人承担。人民法院以划拨、拍卖方式强制执行的，可以在划拨、拍卖后将强制执行的费用扣除。

依法拍卖财物，由人民法院委托拍卖机构依照《中华人民共和国拍卖法》的规定办理。划拨的存款、汇款以及拍卖和依法处理所得的款项应当上缴国库或者划入财政专户，不得以任何形式截留、私分或者变相私分。

第四章 行政复议

行政复议作为行政系统内部监督与救济措施，主要是指行政相对人认为行政主体的具体行政行为侵犯其合法权益，依法向行政复议机关提出复查该具体行政行为的申请，行政复议机关依照法定程序对被申请的具体行政行为进行合法性、适当性的审查，并作出行政复议决定的一种法律制度。1999 年 4 月 29 日第九届全国人民代表大会常务委员会第九次会议通过了《中华人民共和国行政复议法》(以下简称《行政复议法》)，该法共 7 章 43 条，1999 年 10 月 1 日起施行。之后为了进一步发挥行政复议制度在解决行政争议、建设法治政府、构建社会主义和谐社会中的作用，2007 年 5 月 23 日国务院第 177 次常务会议通过并公布了《中华人民共和国行政复议法实施条例》(以下简称《行政复议法实施条例》)，该条例自 2007 年 8 月 1 日起施行，共计 7 章 66 条。

一、行政复议的可议范围

(一)可申请行政复议的行政行为

《行政复议法》第 6 条以列举的形式规定，公民、法人或者其他组织可以对下列事项申请行政复议：

1. 行政处罚

常见的行政处罚种类有六种：行政拘留，罚款，没收，责令停产停业，暂扣或者吊销许可证、执照以及警告。实践中，行政处罚的类型还包括驱逐出境、劳动教养、通报批评等。

2. 行政强制措施

行政强制措施即行政强制执行、行政上的即时强制以及行政监督检查中对相对人施加的各种强制措施。

3. 许可证管理

通常行政许可是行政相对人从事某种职业或者行为的前提条件。行政复议法规定，对行政机关作出的有关许可证、执照、资质证、资格证等证书变更、中止、撤销的决定不服的，即对行政机关作出的涉及行政相对人已经获得各种许可证证书的变更、中止、撤销的决定不服的，可以提起行政复议。

4. 行政确认

常见的行政确认包括公安行政确认、司法行政确认、劳动行政确认、卫生行政确认、经济行政确认、民政行政确认等。

5. 侵犯法定经营自主权

每个企业均依法享有经营自主权，这是企业的生命，也是企业的基本权利之一。但实践中常常出现行政机关强制企业合并、强制转让企业知识产权、直接干预企业生产和经营活动的现象，对此行政复议法授予相关企业享有行政复议申请权。

6. 农业承包合同

农业承包合同是行政机关或集体经济组织为发包方，农民为承包方，双方签订的有关农业生产方面的合同。双方按照合同各自享有一定的权利和义务，双方必须如实履行其合同义务。如果行政机关随意变更或者废止农业承包合同,侵犯了农民的合法权益的,则农民享有行政复议的权利。

7. 违法要求履行义务

行政主体要求行政相对人履行的义务必须由法律事先规定,即或法定义务或约定义务。但实际工作中,行政机关违法集资、征收财物、摊派费用或者违法要求履行其他义务的现象,屡见不鲜。常见的表现形式有:

(1)在法律规定之外,行政机关自行制定规范性文件或口头为行政相对人设定某种义务,或者无任何依据要求行政相对人履行义务;

(2)行政机关超出法律规定的种类、幅度和方式要求行政相对人履行义务;

(3)重复要求行政相对人履行义务;

(4)违反法定程序要求行政相对人履行义务。

对于上述类似的违法要求履行义务的行为,行政相对人均有权申请行政复议。

8. 不依法办理行政许可

行政复议法规定,行政相对人认为符合法定条件,申请行政机关颁发许可证、执照、资质证、资格证等证书,或者申请行政机关审批、登记有关事项,行政机关没有依法办理的,行政相对人有权提起行政复议。此时,暗含两种情况:一是行政机关对行政许可申请不予答复,即所谓的行政不作为;二是以明确的方式表示拒绝颁发。

另外,需要说明的是,我们认为从立法技术上讲,《行政复议法》第6条第8项应该与该条第3项合并,因为这两个条款讲的都是针对行政许可行为不服而引发的行政复议,只不过一个针对行政许可申请行为,一个针对行政许可管理行为,二者的合并从逻辑上看,没有问题,而且更利于立法的规范和严谨。

9. 不履行法定职责

行政机关必须按照法律规定履行其法定职责,否则就构成不履行法定职责,要承担相应的法律责任。《人民警察法》规定,人民警察遇到公民人身、财产安全受到侵犯或者处于其他危难情形,应当立即救助;对公民提出解决纠纷的要求,应当给予帮助;对公民的报警案件,应当及时查处。人民警察应当积极参加抢险救灾和社会公益工作。如果人民警察怠于履行上述法定职责,则行政相对人有权提起行政复议,追究其法律责任。此外,行政相对人申请行政机关履行保护其受教育权利的法定职责,行政机关没有依法履行的,行政相对人同样有权提起行政复议。这是行政复议法先进性的表现之一,这一改进展现了立法对行政相对人受教育权保障的重视,也是针对我国近年来公民受教育权侵害事件频现而作的立法修改。

10. 行政给付

行政复议法规定,申请行政机关依法发放抚恤金、社会保险金或者最低生活保障费,行政机关没有依法发放的,行政相对人可以提起行政复议。

11. 其他

除了上述10项外,行政复议法还规定行政相对人认为行政机关的其他具体行政行为侵犯其合法权益的,也可以依法提起行政复议。但值得注意的是,这类行为首先必须是具体行政行为,一般不包括抽象行政行为;其次,侵害的必须是行政相对人的合法权益,非法权益不受法律保护。

12. 特定抽象行政行为

《行政复议法》进一步对行政复议的受案范围进行了扩展，增加了第7条，即公民、法人或者其他组织认为行政机关的具体行政行为所依据的国务院部门规定、县级以上地方各级人民政府及其工作部门的规定、乡镇人民政府的规定不合法，在对具体行政行为申请行政复议时，可以一并向行政复议机关提出对该规定的审查申请，但上述规定不含国务院部、委员会规章和地方人民政府规章。规章的审查依照法律、行政法规办理。这一扩展在行政救济体系中系首创，虽然它排除了对行政规章审查的可能性，但毕竟第一次将行政法规和规章以外的其他行政规范性文件纳入到了行政复议的范畴，有利于进一步扩大对行政相对人合法权益的保护力度，同时这一规定也为以后行政诉讼受案范围的扩展埋下了伏笔。

（二）不可申请行政复议的事项

1. 行政规章

行政规章分为两种，即部门规章和地方（政府）规章。部门规章是指国务院各组成部门根据法律和行政法规等在本部门权限范围内制定的规范性法律文件。根据宪法和组织法的规定，在国务院的工作部门中，只有部委行署才能发布规章。但是根据社会生活的迫切需要，法律和行政法规有时授权国务院的直属机构也可以发布规章。地方（政府）规章是省级以及省级人民政府所在地的市和经国务院批准的较大的市的人民政府，根据法律、行政法规等制定的规范性法律文件。

2. 内部行政行为

行政复议法规定，对行政机关作出的行政处分或者其他人事处理决定不服的，只能依照有关法律、行政法规的规定提出申诉，而不能提起行政复议。这是由于立法者将上述行政处分或者其他人事处理决定视为行政机关的内部行政行为，其不产生对外的法律效果，只是行政机关内部关系处理的表现，对整个社会的行政法律关系影响很小或者是几乎没有影响，因此排除在行政复议的范畴之外。

3. 居间行为

不服行政机关对民事纠纷作出的调解或者其他处理，可以依法申请仲裁或者向人民法院提起诉讼，但不得申请行政复议。之所以这么规定，是由于行政机关对民事纠纷作出的调解或者其他处理行为，是以居间的身份作出的，没有法律拘束力，民事纠纷的当事方对于行政机关的调解，可以接受，也可以不接受，一旦接受了，也可反悔。此种情况下，如果让行政机关为一个没有任何约束力的行为承担不利责任的话，与法理相悖，也容易打击行政机关的积极性，不利于社会秩序的正常维护。

此外，对国防、外交等国家行为不服的，也不能申请行政复议。而且一些特殊领域也对排除情形进行了补充规定。

二、行政复议的申请

（一）行政复议参加人

1. 行政复议申请人

行政复议申请人是指对行政主体作出的具体行政行为不服，且与该具体行政行为存在法律上的利害关系，依据法律法规的规定，以自己的名义向行政复议机关提起行政复议申请的公民、法人或者其他组织。有权申请行政复议的公民死亡的，其近亲属可以申请行政复议。有权申请行政复议的公民为无民事行为能力人或者限制民事行为能力人的，其法定代理人可以代为申请行政复议。有权申请行政复议的法人或者其他组织终止的，承受其权利的法人或者其他组织可以申请行政复议。

2. 被申请人

行政复议被申请人是指其具体行政行为被行政复议的申请人认为违法侵犯其合法权益，并由行政复议机关通知参加行政复议的行政主体。被申请人包括行政机关和法律法规授权的组织。

3. 第三人

行政复议第三人是指因与被申请的具体行政行为有利害关系，通过申请或者行政复议机关通知，参加到行政复议中去的公民、法人或者其他组织。

（二）行政复议的工作机构及职责

行政复议机关负责法制工作的机构具体办理行政复议事项，履行下列职责：受理行政复议申请；向有关组织和人员调查取证，查阅文件和资料；审查申请行政复议的具体行政行为是否合法与适当，拟定行政复议决定；处理或者转送对特定抽象行政行为的审查申请；对行政机关违反本法规定的行为依照规定的权限和程序提出处理建议；办理因不服行政复议决定提起行政诉讼的应诉事项；法律、法规规定的其他职责。《行政复议法实施条例》进一步指出，行政复议机构除应当履行上述职责外，还应当履行下列职责：(1)依照《行政复议法》第 18 条的规定转送有关行政复议申请；(2)办理《行政复议法》第 29 条规定的行政赔偿等事项；(3)按照职责权限，督促行政复议申请的受理和行政复议决定的履行；(4)办理行政复议、行政应诉案件统计和重大行政复议决定备案事项；(5)办理或者组织办理未经行政复议直接提起行政诉讼的行政应诉事项；(6)研究行政复议工作中发现的问题，及时向有关机关提出改进建议，重大问题及时向行政复议机关报告。此外，专职行政复议人员应当具备与履行行政复议职责相适应的品行、专业知识和业务能力，并取得相应资格。

（三）申请行政复议的条件

1. 申请人合格

行政复议的申请人必须是认为具体行政行为侵犯其合法权益的行政相对人或者行政相关人。合伙企业申请行政复议的，应当以核准登记的企业为申请人，由执行合伙事务的合伙人代表该企业参加行政复议；其他合伙组织申请行政复议的，由合伙人共同申请行政复议。此外，不具备法人资格的其他组织申请行政复议的，由该组织的主要负责人代表该组织参加行政复议；没有主要负责人的，由共同推选的其他成员代表该组织参加行政复议。股份制企业的股东大会、股东代表大会、董事会认为行政机关作出的具体行政行为侵犯企业合法权益的，可以以企业的名义申请行政复议。同一行政复议案件申请人超过 5 人的，推选 1 至 5 名代表参加行政复议。

2. 有明确的被申请人

没有明确的被申请人，行政复议机关可以拒绝受理；如果行政复议机关受理后认为被申请人不合格，则可以告知行政复议申请人依法予以更换。

3. 有具体的行政复议请求和事实根据

行政复议请求是申请人申请行政复议所要达到的目的，它主要有四种情况：请求撤销违法的具体行政行为决定；请求变更不适当的具体行政行为决定；请求责成被申请人作出限期履行法定职责；请求确认具体行政行为违法或责令被申请人赔偿损失。与此同时，申请人可以提交与复议请求相关的事实根据以及法律依据。

4. 属于受理行政复议机关管辖

对县级以上地方各级人民政府工作部门的具体行政行为不服的，由申请人选择，可以向该部门的本级人民政府申请行政复议，也可以向上一级主管部门申请行政复议。对海关、金融、国税、外汇管理等实行垂直领导的行政机关和国家安全机关的具体行政行为不服的，向上一级主管部门申请行政复议。对地方各级人民政府的具体行政行为不服的，向上一级地方人民政府申请行政复议。对省、自治区人民政府依法设立的派出机关所属的县级地方人民政府的具体行政行为不服的，向该派出机关申请行政复议。国务院部门或者省、自治区、直辖市人民政府的具体行政行为不服的，向作出该具体行政行为的国务院部门或者省、自治区、直辖市人民政府申请行政复议。对行政复议决定不服的，可以向人民法院提起行政诉讼；也可以向国务院申请裁决，国务院依照本法的规定作出最终裁决。

对县级以上地方人民政府依法设立的派出机关的具体行政行为不服的，向设立该派出机关的人民政府申请行政复议；对政府工作部门依法设立的派出机构依照法律、法规或者规章规定，以自己的名义作出的具体行政行为不服的，向设立该派出机构的部门或者该部门的本级地方人民政府申请行政复议；对法律、法规授权的组织的具体行政行为不服的，分别向直接管理该组织的地方人民政府、地方人民政府工作部门或者国务院部门申请行政复议；对两个或者两个以上行政机关以共同的名义作出的具体行政行为不服的，向其共同上一级行政机关申请行政复议；对被撤销的行政机关在撤销前所作出的具体行政行为不服的，向继续行使其职权的行政机关的上一级行政机关申请行政复议。此外，在上述情形中，申请人也可以向具体行政行为发生地的县级地方人民政府提出行政复议申请，由接受申请的县级地方人民政府依照《行政复议法》第 18 条的规定办理。

5. 属于收到行政复议申请的行政复议机构的职责范围。

6. 其他行政复议机关尚未受理同一行政复议申请，人民法院尚未受理同一主体就同一事实提起的行政诉讼。

（四）行政复议的形式

申请人书面申请行政复议的，可以采取当面递交、邮寄或者传真等方式提出行政复议申请。有条件的行政复议机构可以接受以电子邮件形式提出的行政复议申请。申请人书面申请行政复议的，应当在行政复议申请书中载明下列事项：(1) 申请人的基本情况，包括公民的姓名、性别、年龄、身份证号码、工作单位、住所、邮政编码；法人或者其他组织的名称、住所、邮政编码和法定代表人或者主要负责人的姓名、职务；(2) 被申请人的名称；(3) 行政复议请求、申请行政复议的主要事实和理由；(4) 申请人的签名或者盖章；(5) 申请行政复议的日期。申请人口头申请行政复议的，行政复议机构应当依照《行政复议法实施条例》第 19 条规定的事项，当场制作行政复议申请笔录交申请人核对或者向申请人宣读，并由申请人签字确认。

（五）行政复议的期限

公民、法人或者其他组织认为具体行政行为侵犯其合法权益的，可以自知道该具体行政行为之日起 60 日内提出行政复议申请；但是法律规定的申请期限超过 60 日的除外。因不可抗力或者其他正当理由耽误法定申请期限的，申请期限自障碍消除之日起继续计算。

三、行政复议的受理

公民、法人或者其他组织申请行政复议，行政复议机关已经依法受理的，或者法律、法规规定应当先向行政复议机关申请行政复议、对行政复议决定不服再向人民法院提起行政诉讼的，在法定行政复议期限内不得向人民法院提起行政诉讼。公民、法人或者其他组织向人民法院提起行政诉讼，人民法院已经依法受理的，不得申请行政复议。

行政复议机关收到行政复议申请后，应当在5日内进行审查，对不符合本法规定的行政复议申请，决定不予受理，并书面告知申请人，申请人对此决定不服的，可以进一步提起诉讼；对符合本法规定，但是不属于本机关受理的行政复议申请，应当告知申请人向有关行政复议机关提出；对于符合本法规定，且属于本机关受理的行政复议申请，应当将受理情况书面告知申请人。至于审查的内容通常包括：是否符合申请的一般条件；是否超过法定的申请时效；是否重复申请，对行政复议机关已经处理过的行政复议案件，或者正在审理的行政复议案件，申请人不能再就同一请求、同一理由向行政复议机关另行申请行政复议；是否已起诉；申请书是否符合要求。

法律、法规规定应当先向行政复议机关申请行政复议、对行政复议决定不服再向人民法院提起行政诉讼的，行政复议机关决定不予受理或者受理后超过行政复议期限不作答复的，公民、法人或者其他组织可以自收到不予受理决定书之日起或者行政复议期满之日起15日内，依法向人民法院提起行政诉讼。公民、法人或者其他组织依法提出行政复议申请，行政复议机关无正当理由不予受理的，上级行政机关应当责令其受理；必要时，上级行政机关也可以直接受理。

行政复议申请材料不齐全或者表述不清楚的，行政复议机构可以自收到该行政复议申请之日起5日内书面通知申请人补正。补正通知应当载明需要补正的事项和合理的补正期限。无正当理由逾期不补正的，视为申请人放弃行政复议申请。补正申请材料所用时间不计入行政复议审理期限。申请人就同一事项向两个或者两个以上有权受理的行政机关申请行政复议的，由最先收到行政复议申请的行政机关受理；同时收到行政复议申请的，由收到行政复议申请的行政机关在10日内协商确定；协商不成的，由其共同上一级行政机关在10日内指定受理机关。协商确定或者指定受理机关所用时间不计入行政复议审理期限。依照《行政复议法》第20条的规定，上级行政机关认为行政复议机关不予受理行政复议申请的理由不成立的，可以先行督促其受理；经督促仍不受理的，应当责令其限期受理，必要时也可以直接受理；认为行政复议申请不符合法定受理条件的，应当告知申请人。

此外，行政复议机关受理行政复议申请，不得向申请人收取任何费用。行政复议活动所需经费，应当列入本机关的行政经费，由本级财政予以保障。行政复议期间具体行政行为不停止执行；但是，有下列情形之一的，可以停止执行：被申请人认为需要停止执行的；行政复议机关认为需要停止执行的；申请人申请停止执行，行政复议机关认为其要求合理，决定停止执行的；法律规定停止执行的。

四、行政复议的审查

行政复议原则上采取书面审查的办法，但是申请人提出要求或者行政复议机关负责法制工作的机构认为有必要时，可以向有关组织和人员调查情况，听取申请人、被申请人和第三人的意见。

关于举证责任，《行政复议法》对此没作出任何规定，但是《行政复议法实施条例》第46条对此予以明确：被申请人未依照《行政复议法》第23条的规定提出书面答复、提交当初作出具体行政行为的证据、依据和其他有关材料的，视为该具体行政行为没有证据、依据，行政复议机关应当决定撤销该具体行政行为。

行政复议机构审理行政复议案件,应当由两名以上行政复议人员参加。行政复议机构认为必要时,可以实地调查核实证据;对重大、复杂的案件,申请人提出要求或者行政复议机构认为必要时,可以采取听证的方式审理。行政复议人员向有关组织和人员调查取证时,可以查阅、复制、调取有关文件和资料,向有关人员进行询问。调查取证时,行政复议人员不得少于两人,并应当向当事人或者有关人员出示证件。被调查单位和人员应当配合行政复议人员的工作,不得拒绝或者阻挠。需要现场勘验的,现场勘验所用时间不计入行政复议审理期限。

行政复议期间涉及专门事项需要鉴定的,当事人可以自行委托鉴定机构进行鉴定,也可以申请行政复议机构委托鉴定机构进行鉴定。鉴定费用由当事人承担。鉴定所用时间不计入行政复议审理期限。申请人在行政复议决定作出前自愿撤回行政复议申请的,经行政复议机构同意,可以撤回。申请人撤回行政复议申请的,不得再以同一事实和理由提出行政复议申请,但是申请人能够证明撤回行政复议申请违背其真实意思表示的除外。行政复议期间被申请人改变原具体行政行为的,不影响行政复议案件的审理,但是申请人依法撤回行政复议申请的除外。公民、法人或者其他组织对行政机关行使法律、法规规定的自由裁量权作出的具体行政行为不服申请行政复议,申请人与被申请人在行政复议决定作出前自愿达成和解的,应当向行政复议机构提交书面和解协议;和解内容不损害社会公共利益和他人合法权益的,行政复议机构应当准许。

五、行政复议决定

(一)行政复议决定的种类

1. 维持决定

即具体行政行为认定事实清楚,证据确凿,适用依据正确,程序合法,内容适当的,应当维持决定。

2. 履行决定

即被申请人不履行法定职责的,决定其在一定期限内履行。

3. 撤销、变更或者确认决定

即具体行政行为有下列情形之一的,决定撤销、变更或者确认该具体行政行为违法。

(1)主要事实不清、证据不足的。

(2)适用依据错误的。

(3)违反法定程序的。

(4)超越或者滥用职权的。

超越职权指行政机关及其工作人员超越职务权限的行为;滥用职权是指行政机关及其工作人员武断、专横地运用行政职权的行为,即虽然在其职权范围内,但不合理、不适当地行使职权。

(5)具体行政行为明显不当的。

决定撤销或者确认该具体行政行为违法的,可以责令被申请人在一定期限内重新作出具体行政行为。被申请人不依法提出书面答复、提交当初作出具体行政行为的证据、依据和其他有关材料的,视为该具体行政行为没有证据、依据,决定撤销该具体行政行为。行政复议机关责令被申请人重新作出具体行政行为的,被申请人不得以同一的事实和理由作出与原具体行政行为相同或者基本相同的具体行政行为。而且被申请人应当在法律、法规、规章规定的期限内重新作出具体行政行为;法律、法规、规章未规定期限的,重新作出具体行政行为的期限为60日。公民、法人或者其他组织对被申请人重新作出的具体行政行为不服,可以依法申请行政复议或者提起行政诉讼。

具体行政行为有下列情形之一的,行政复议机关可以决定变更:认定事实清楚,证据确凿,程序合法,但是明显不当或者适用依据错误的;认定事实不清,证据不足,但是经行政复议机关审理查明事实清楚,证据确凿的。

4. 驳回决定

有下列情形之一的,行政复议机关应当决定驳回行政复议申请:申请人认为行政机关不履行法定职责申请行政复议,行政复议机关受理后发现该行政机关没有相应法定职责或者在受理前已经履行法定职责的;受理行政复议申请后,发现该行政复议申请不符合《行政复议法》和本条例规定的受理条件的。上级行政机关认为行政复议机关驳回行政复议申请的理由不成立的,应当责令其恢复审理。

5. 赔偿决定

张某因不服税务局查封财产决定向上级机关申请复议,要求撤销查封决定,但没有提出赔偿请求。复议机关经审查认为该查封决定违法,决定予以撤销。对于查封决定造成的财产损失,复议机关正确的做法是什么?①

申请人在申请行政复议时可以一并提出行政赔偿请求,行政复议机关对符合国家赔偿法的有关规定应当给予赔偿的,在决定撤销、变更具体行政行为或者确认具体行政行为违法时,应当同时决定被申请人依法给予赔偿。申请人在申请行政复议时没有提出行政赔偿请求的,行政复议机关在依法决定撤销或者变更罚款,撤销违法集资、没收财物、征收财物、摊派费用以及对财产的查封、扣押、冻结等具体行政行为时,应当同时责令被申请人返还财产,解除对财产的查封、扣押、冻结措施,或者赔偿相应的价款。因此本案由于张某没有在申请行政复议时提出赔偿请求,本着尊重权利人请求权的精神,复议机关只能在解除查封的同时决定被申请人赔偿相应的价款。

6. 对抽象行政行为的处理决定

申请人在申请行政复议时,一并提出对具体行政行为所依据的国务院部门规定、县级以上地方各级人民政府及其工作部门规定、乡镇人民政府规定的审查申请的,行政复议机关对该规定有权处理的,应当在30日内依法处理;无权处理的,应当在7日内按照法定程序转送有权处理的行政机关依法处理,有权处理的行政机关应当在60日内依法处理。处理期间,中止对具体行政行为的审查。

此外,有下列情形之一的,行政复议机关可以按照自愿、合法的原则进行调解:公民、法人或者其他组织对行政机关行使法律、法规规定的自由裁量权作出的具体行政行为不服申请行政复议的;当事人之间的行政赔偿或者行政补偿纠纷。当事人经调解达成协议的,行政复议机关应当制作行政复议调解书。调解书应当载明行政复议请求、事实、理由和调解结果,并加盖行政复议机关印章。行政复议调解书经双方当事人签字,即具有法律效力。

① 参见2002年国家统一司法考试卷二第28题。

调解未达成协议或者调解书生效前一方反悔的,行政复议机关应当及时作出行政复议决定。行政复议机关在申请人的行政复议请求范围内,不得作出对申请人更为不利的行政复议决定。

(二)行政复议的审理期限

行政复议机关应当自受理申请之日起60日内作出行政复议决定;但是法律规定的行政复议期限少于60日的除外。情况复杂,不能在规定期限内作出行政复议决定的,经行政复议机关的负责人批准,可以适当延长,并告知申请人和被申请人;但是延长期限最多不超过30日。

行政复议决定作出前,申请人要求撤回行政复议申请的,经说明理由,可以撤回;撤回行政复议申请的,行政复议终止。行政复议机关作出行政复议决定,应当制作行政复议决定书,并加盖印章。行政复议决定书一经送达,即发生法律效力。

(三)行政复议决定书的内容

行政复议决定书的内容包括:申请人的姓名、性别、年龄、职业、住址;被申请人的名称、地址、法定代表人、职务;申请行政复议的主要请求和理由;行政复议机关认定的事实、理由,适用的法律、法规、规章和具有普遍约束力的决定、命令;行政复议结论;不服行政复议机关向人民法院起诉的期限,或者终局的行政复议决定,当事人履行的期限;作出行政复议决定的年、月、日;行政复议机关的法定代表人署名,加盖行政复议机关的印章。

第五章　行政诉讼

行政诉讼是指人民法院基于公民、法人或者其他组织的请求,对行政主体具体行政行为的合法性进行审查并作出裁判,解决行政争议的活动。行政诉讼法是指有关调整人民法院和当事人及其他行政诉讼参与人在审理行政案件过程中所进行的各种行政诉讼活动以及所形成的各种行政诉讼关系的法律规范的总和,即是调整行政诉讼的法律规范的总和。

一、行政诉讼的受案范围

我国《行政诉讼法》第 11 条及其配套的司法解释从肯定的层面列举了应当受理的行政案件,具体包括:

1. 行政处罚案件。

2. 行政强制措施案件。

3. 侵犯法定经营自主权案件。

4. 行政许可案件。

5. 不履行法定职责案件。

在起诉被告不履行法定职责的案件中,原告应当提供其在行政程序中曾经提出申请的证据材料。但有下列情形的除外:被告应当依职权主动履行法定职责的;原告因被告受理申请的登记制度不完备等正当事由不能提供相关证据材料并能够作出合理说明的。

6. 抚恤金发放案件。

7. 违法要求履行义务案件。

行政机关要求行政相对人履行的义务必须是法定义务,否则就可视为违法。现实生活中的乱收费、乱摊派都是常见的违法要求履行义务的体现。

8. 侵犯其他人身权、财产权案件。

9. 其他案件。

(1)国际贸易行政案件

2002 年 8 月 27 日最高人民法院审判委员会第 1239 次会议通过的法释[2002]27 号《最高人民法院关于审理国际贸易行政案件若干问题的规定》就明确了根据货物贸易总协定、服务贸易总协定、知识产权总协定以及其他规定所形成的有关国际货物贸易行政案件、有关国际服务贸易行政案件、与国际贸易有关的知识产权行政案件以及其他国际贸易行政案件交由具有管辖权的中级以上人民法院管辖。

(2)反倾销行政案件

2003 年 1 月 1 日起实施的《最高人民法院关于审理反倾销行政案件应用法律若干问题的规定》提出,人民法院依法受理对下列反倾销行政行为提起的行政诉讼:有关倾销及倾销幅度、损害及损害程度的终裁决定;有关是否征收反倾销税的决定以及追溯征收、退税、对新出口经营者征税的决定;有关保留、修改或者取消反倾销税以及价格承诺的复审决定;依照法律、行政法规规定可以起诉的其他反倾销行政行为。

(3)反补贴行政案件

法释[2002]36号《最高人民法院关于审理反补贴行政案件应用法律若干问题的规定》指出,人民法院依法受理对下列反补贴行政行为提起的行政诉讼:有关补贴及补贴金额、损害及损害程度的终裁决定;有关是否征收反补贴税以及追溯征收的决定;有关保留、修改或者取消反补贴税以及承诺的复审决定;依照法律、行政法规规定可以起诉的其他反补贴行政行为。

(4)社会保险基金管理争议

1998年3月25日最高人民法院行政庭《关于拖欠社会保险基金纠纷是否应由法院主管的答复》规定,社会保险基金经办机构是法律法规授权的组织,依法收支、管理和运营社会保险基金,并负有使社会保险基金保值增值的责任。社会保险基金经办机构与用人单位因拖欠社会保险费而发生的纠纷,属于行政争议。用人单位认为社会保险基金经办机构在收支、管理和运营社会保险基金中的具体行政行为侵犯其合法权益,可依法申请行政复议或者提起行政诉讼,既不履行义务又不依法申请行政复议或者起诉的,社会保险基金经办机构可以依法通知银行扣缴或者申请人民法院强制执行。

(5)教育行政决定

1998年8月21日作出的[1998]法行字第7号《最高人民法院关于当事人不服教育行政部门对适龄儿童入学争议作出的处理决定可否提起行政诉讼的答复》表明,根据《教育法》第四十二条第(四)项和《未成年人保护法》第四十六条的规定,当事人不服教育行政部门对适龄儿童入学争议作出的行政处理决定,属于《行政诉讼法》第11条第2款规定的受案范围,人民法院应当受理。

(6)少年收容教养决定

最高人民法院[1998]行他字第3号《关于"少年收容教养"是否属于行政诉讼受案范围的答复》说明,公安机关对公民作出的"少年收容教养"决定是具体行政行为,属于《行政诉讼法》第11条规定的受案范围,若当事人对公安机关作出的"少年收容教养"决定不服向人民法院起诉的,人民法院应当受理。

(7)设施使用费征收案件

1996年8月24日作出的[1996]法行字第10号《最高人民法院行政审判庭关于征收城市排水设施有偿使用费发生纠纷案件受理的答复意见》表明,有关部门根据人民政府的授权,征收城市排水设施使用费与行政管理相对方发生的争议属于行政争议。根据《行政诉讼法》第11条的规定,行政管理相对一方对有关部门作出的处理决定不服,依法向人民法院起诉的,人民法院应作为行政案件受理。行政管理相对一方在法定期限内不起诉,又不履行行政处理决定的,作出行政处理决定的有关部门可依法申请人民法院强制执行。

(8)计划生育案件

1997年4月4日作出的最高院《关于不服计划生育管理部门采取扣押财物、限制人身自由等强制措施而提起的行政诉讼人民法院应否受理问题的批复》规定,根据《行政诉讼法》第11条第一款第(二)项的规定,当事人对计划生育管理部门采取的扣押财物、限制人身自由等强制措施不服依法提起行政诉讼的,人民法院应予受理。

(9)协助执行的不当行为

2004年7月6日最高人民法院审判委员会第1318次会议通过的法释[2004]6号《最高人民法院关于行政机关根据协助执行通知书实施的行政行为是否属于人民法院行政诉

讼受案范围的批复》规定，行政机关根据人民法院的协助执行通知书实施的行为，是行政机关必须履行的法定协助义务，不属于人民法院行政诉讼受案范围。但如果当事人认为行政机关在协助执行时扩大了范围或违法采取措施造成其损害，提起行政诉讼的，人民法院应当受理。

(10)与证券交易所监管职能相关的行为

2004 年 11 月 18 日最高人民法院审判委员会第 1333 次会议通过的《最高人民法院关于对与证券交易所监管职能相关的案件管辖与受理问题的规定》指定上海证券交易所和深圳证券交易所所在地的中级人民法院分别管辖以上海证券交易所和深圳证券交易所为被告或第三人的与证券交易所监管职能相关的第一审民事和行政案件。

此外，下列行为不可诉：国防、外交等国家行为；抽象行政行为；内部人事管理行为；终局行政裁决行为；刑事司法行为；行政调解；法定行政仲裁行为；不具有强制力的行政指导行为；驳回当事人对行政行为提起申诉的重复处理行为；对公民、法人或其他组织的权利、义务不产生实际影响的行为。

二、行政诉讼的管辖

(一)级别管辖

1. 基层人民法院管辖第一审行政案件。

2. 中级人民法院管辖下列第一审行政案件：(1)被告为国务院部门、县级以上政府(但以县级政府名义办理不动产物权登记的可以除外)、海关、中央专利部门、中央商标部门、证交所；(2)影响重大的共同诉讼、集团诉讼案件；(3)重大涉外、涉港澳台的案件；(4)国际贸易案件、部分反倾销和反补贴案件。

3. 高级人民法院管辖下列第一审行政案件：(1)本辖区内重大、复杂的案件；(2)部分反倾销、反补贴案件。

4. 最高人民法院管辖全国范围内重大、复杂的第一审行政案件。

(二)地域管辖

1. 一般地域管辖

即由最初作出具体行政行为的行政机关所在地确定的管辖。经复议的案件，复议机关维持原具体行政行为的，管辖法院为作出原具体行政行为的行政机关所在地法院；复议机关改变原具体行政行为的(改变原认定的主要事实和证据；改变适用的规范依据且对定性产生影响的；撤销或改变原处理结果的)，管辖法院为原机关所在地法院或者复议机关所在地法院。

2. 特殊地域管辖

(1)因不动产提起的行政诉讼，由不动产所在地法院管辖。

(2)限制人身自由的案件由被告所在地或原告所在地法院管辖，其中原告所在地是指原告的户籍地、经常居住地、被限制人身自由地。

三、行政诉讼当事人

(一)行政诉讼原告

1. 相邻权人的原告资格

(1)行政机关许可的采矿行为可能侵犯了邻地使用权人的相邻权，比如采矿行为使邻地使用权人的房屋倾斜。

(2)对高层建筑的许可行为可能影响到邻地使用人或邻地建筑物所有人的采光权、通风权的,同样相邻权人享有原告资格。

(3)许可在区分所有的建筑物内开设歌厅、饭馆等餐饮娱乐业,因使区分所有人得以改变原有单元房的用途而使用专有部分,从而侵犯了其他区分所有人的相邻权。

以上这三种情形下的相邻权人均有权起诉要求许可机关撤销许可。

2. 公平竞争权人的原告资格

行政机关侵犯公平竞争权的情形主要有以下几种:

(1)在竞争起点上设置障碍,限制外地商品流入本地市场,以及本地商品流入外地市场。比如禁止本地商店销售外地的啤酒,该行为即侵害了非本地啤酒企业的公平竞争权。

(2)不适当的经济辅助行为。比如不平等地为一个企业提供贷款、销路、税收等方面的便利。

(3)强制搭售某一品牌或强制消费者购买某一种品牌的商品。该行为即侵犯了生产同种商品的其他厂家的公平竞争权。

(4)在没有对相关领域进行调查之前所进行的不公平商检、评比行为。

(5)信息歧视行为。比如对所掌握的信息仅向一部分市场主体公开。

(6)妨碍市场主体对某一个交易机会的平等争取。比如对于排他性许可,在未举行比较、听证的情况下就许可给某个申请人。

(7)不法的行政确认行为。比如乙企业要求行政机关确认甲企业的行为构成不正当竞争,但行政机关不予确认、不予答复或确认甲企业的行为不构成不正当竞争。

3. 与行政复议决定有法律上的利害关系的公民、法人或其他组织的原告资格。

4. 受害人的原告资格。

5. 与撤销或者变更具体行政行为有法律上利害关系的公民、法人或者其他组织的原告资格。

6. 合伙或其他非法人组织的原告资格

合伙企业向人民法院提起诉讼的,应当以核准登记的字号为原告,由执行合伙企业事务的合伙人作诉讼代表人;其他合伙组织提起诉讼的,合伙人为共同原告。不具备法人资格的其他组织向人民法院提起诉讼的,由该组织的主要负责人作诉讼代表人;没有主要负责人的,可以由推选的负责人作诉讼代表人。同案原告为5人以上,应当推选1至5名诉讼代表人参加诉讼;在指定期限内未选定的,人民法院可以依职权指定。

7. 联营、合资、合作方的原告资格

联营企业、中外合资或者合作企业的联营、合资、合作各方,认为联营、合资、合作企业权益或者自己一方合法权益受具体行政行为侵害的,均可以自已的名义提起诉讼。

8. 农村集体土地使用权人的原告资格

农村土地承包人等土地使用权人对行政机关处分其使用的农村集体所有土地的行为不服,可以自己的名义提起诉讼。

9. 非国有企业的原告资格

(1)行政机关将某非国有企业合并于其他法人或组织、强令其兼并其他法人或组织、强制将其出售、分立等严重侵犯企业的经营自主权的行为。

(2)行政机关将非国有企业注销或撤销的行为。

(3)行政机关改变非国有企业隶属关系的行为。

10. 股份制企业的原告资格

股份制企业是指注册资金由等额股份构成、通过发行股份筹集资金、股东以其所认购的股份对企业承担有限责任、企业以其全部资产对企业债务承担责任的企业法人。因为其不同机构往往由不同投资方控制,在企业内部各个投资方意见出现分歧的情况下,认为具体行政行为侵犯其合法权益的部分投资方难以行使诉权,其实体权益不能得到保护。于是《行政诉讼法》及其司法解释规定,股份制企业的股东大会、股东代表大会、董事会等认为行政机关作出的具体行政行为侵犯企业经营自主权的,可以企业名义提起诉讼。

(二)行政诉讼被告

公民、法人或者其他组织直接向人民法院提起诉讼的,作出具体行政行为的行政机关是被告。经复议的案件,复议机关决定维持原具体行政行为的,作出原具体行政行为的行政机关是被告;复议机关改变原具体行政行为的,复议机关是被告。两个以上行政机关作出同一具体行政行为的,共同作出具体行政行为的行政机关是共同被告。由法律、法规授权的组织所作的具体行政行为,该组织是被告。由行政机关委托的组织所作的具体行政行为,委托的行政机关是被告。行政机关被撤销的,继续行使其职权的行政机关是被告。当事人不服经上级行政机关批准的具体行政行为,向人民法院提起诉讼的,应当以在对外发生法律效力的文书上署名的机关为被告。行政机关组建并赋予行政管理职能但不具有独立承担法律责任能力的机构,以自己的名义作出具体行政行为,当事人不服提起诉讼的,应当以组建该机构的行政机关为被告。行政机关的内设机构或者派出机构在没有法律、法规或者规章授权的情况下,以自己的名义作出具体行政行为,当事人不服提起诉讼的,应当以该行政机关为被告。法律、法规或者规章授权行使行政职权的行政机关内设机构、派出机构或者其他组织,超出法定授权范围实施行政行为,当事人不服提起诉讼的,应当以实施该行为的机构或者组织为被告。行政机关在没有法律、法规或者规章规定的情况下,授权其内设机构、派出机构或者其他组织行使行政职权的,应当视为委托。当事人不服提起诉讼的,应当以该行政机关为被告。复议机关在法定期间内不作复议决定,当事人对原具体行政行为不服提起诉讼的,应当以作出原具体行政行为的行政机关为被告;当事人对复议机关不作为不服提起诉讼的,应当以复议机关为被告。

原告所起诉的被告有遗漏,或者不适当时,法院在第一审程序中,征得原告的同意后,可以依职权追加或者变更被告。应当变更被告,而原告不同意变更的,裁定驳回起诉。

(三)第三人

第三人指同提起行政诉讼的具体行政行为有利害关系,为了维护自己的合法权益而参加行政诉讼的个人或者组织。同提起诉讼的具体行政行为有利害关系的其他公民、法人或者其他组织,可以作为第三人申请参加诉讼,或者由人民法院通知参加诉讼。

四、行政诉讼程序

(一)起诉

对属于人民法院受案范围的行政案件,公民、法人或者其他组织可以先向上一级行政机关或者法律、法规规定的行政机关申请复议,对复议不服的,再向人民法院提起诉讼;也可以直接向人民法院提起诉讼。法律、法规规定应当先向行政机关申请复议,对复议不服再向人民法院提起诉讼的,依照法律、法规的规定。

提起诉讼应当符合下列条件:(1)原告是认为具体行政行为侵犯其合法权益的公民、法人或者其他组织;(2)有明确的被告;(3)有具体的诉讼请求和事实根据;(4)属于人民法院受案范围和受诉人民法院管辖。

(二)受理

受理指法院对公民、法人或其他组织的起诉进行审查,对符合法律规定的起诉条件的案件决定立案审理的行政诉讼行为。受理是以原告的起诉为前提的,但受理却不是起诉的必然结果。

有下列情形之一的,应当裁定不予受理;已经受理的,裁定驳回起诉:(1)请求事项不属于行政审判权限范围的;(2)起诉人无原告诉讼主体资格的;(3)起诉人错列被告且拒绝变更的;(4)法律规定必须由法定或者指定代理人、代表人为诉讼行为,未由法定或者指定代理人、代表人为诉讼行为的;(5)由诉讼代理人代为起诉,其代理不符合法定要求的;(6)起诉超过法定期限且无正当理由的;(7)法律、法规规定行政复议为提起诉讼必经程序而未申请复议的;(8)起诉人重复起诉的;(9)已撤回起诉,无正当理由再行起诉的;(10)诉讼标的为生效判决的效力所羁束的;(11)起诉不具备其他法定要件的。

(三)一审程序

1. 庭审前的准备

组成合议庭、文书送达、合议庭阅卷及补充调查取证、审查调整行政诉讼参加人、决定被诉具体行政行为是否停止执行等。

2. 庭审程序

具体包括开庭准备、宣布开庭、介绍案情、法庭调查、法庭辩论、合议庭评议、宣读判决。

行政诉讼中,被告对作出的具体行政行为负有举证责任,应当在收到起诉状副本之日起 10 日内,提供据以作出被诉具体行政行为的全部证据和所依据的规范性文件。被告不提供或者无正当理由逾期提供证据的,视为被诉具体行政行为没有相应的证据。

(四)二审程序

当事人不服人民法院第一审判决的,有权在判决书送达之日起 15 日内向上一级人民法院提起上诉。当事人不服人民法院第一审裁定的,有权在裁定书送达之日起 10 日内向上一级人民法院提起上诉。逾期不提起上诉的,人民法院的第一审判决或者裁定发生法律效力。

二审法院的判决又称终审判决。审理行政上诉案件的期限为 2 个月;有特殊情况需要延长的,由高级人民法院批准,可以延长 2 个月。高级人民法院审理的第二审案件需要延长期限的,由最高人民法院批准,可以延长 2 个月。行政案件应当在审理期限届满 10 日前向高级人民法院或者最高人民法院提出申请。

五、行政诉讼的一审判决

1. 维持判决

即具体行政行为证据确凿,适用法律、法规正确,符合法定程序。

2. 撤销判决

分为全部撤销、部分撤销和在判决撤销或部分撤销的同时判决被告重新作出具体行政行为。撤销主要是由于主要证据不足、适用法律、法规错误、违反法定程序、超越职权、滥用职权。

3. 履行判决

(1)如果法律、法规、规章和其他规范性文件明确规定了行政机关履行法定职责的期限,从其规定。行政机关未在该期限内履行的视为不履行;如果超过了法定期限再履行,则视为拖延履行。

(2)如果上述规范性文件均未规定行政机关履行法定职责的期限的,行政机关的履行期限为接到申请之日起60日。

(3)公民、法人或其他组织在紧急情况下请求行政机关履行保护其人身权、财产权的法定职责,行政机关不履行的,不受前面规定的期限的限制。

4. 变更判决(只适用于显失公正的行政处罚行为)

5. 驳回原告行政诉讼请求判决

适用以下情况:起诉被告不作为理由不能成立的;被诉具体行政行为合法但存在合理性的问题;被诉具体行政行为合法,但因法律政策的变化需要变更或废止的。

6. 确认判决

有下列情形之一时,应当作出确认具体行政行为违法或无效的判决:

(1)被告不履行法定职责,但判决责令其履行法定职责已无实际意义的。

(2)被诉具体行政行为违法,但不具有可撤销内容的。

(3)被诉具体行政行为依法不成立或无效的。

(4)被诉具体行政行为违法,但撤销该具体行政行为将会给国家利益或公共利益造成损失的,法院应当作出确认被诉具体行政行为违法的判决,并责成被诉行政机关采取相应的补救措施;造成损害的,依法判决承担赔偿责任。

第六章 行政赔偿

1994年5月12日第八届全国人民代表大会常务委员会第七次会议通过了《中华人民共和国国家赔偿法》(下称《国家赔偿法》),后第十一届全国人民代表大会常务委员会第十四次会议于2010年4月29日通过了《关于修改〈中华人民共和国国家赔偿法〉的决定》。《国家赔偿法》(修正案)于2010年12月1日起正式施行。

一、行政赔偿的内涵

行政赔偿是指国家行政机关及其工作人员在行使行政(管理)职权时,违法侵犯公民、法人或者其他组织的合法权益造成损害的,国家依法向受害人赔偿的制度。

1. 行政赔偿以法律有明确规定为赔偿准则,即只有在法律有明确规定国家应当承担赔偿责任的情形下,国家才予以赔偿。没有法律规定应予以赔偿之情形,国家不承担赔偿责任。

2. 行政赔偿的性质为自己责任,即无论公务员有无主观过错,只要损害发生在国家权力运作过程中,由违法行为所引起,国家都要负赔偿责任,即是国家自己的责任。国家授予公务员执行公务的权限,国家自己应当负担危险责任。

3. 目前我国行政赔偿以赔偿直接损失为主,原则上不赔偿间接损失。

二、行政赔偿的范围

(一)对侵犯人身权的行政赔偿

1. 违法拘留或违法采取限制公民人身自由的行政强制措施的行为。

(1)违法拘留

行政拘留是公安机关对违法者采取的一种限制或剥夺人身自由的行政处罚。由于涉及公民的人身自由,因而行政拘留必须依法慎重进行。违法拘留的,国家予以赔偿。

(2)违法采取限制公民人身自由的行政强制措施

限制人身自由的强制措施很多,如劳动教养,它是对一贯违法、屡教不改或者有轻微犯罪行为尚不够刑事处罚又有劳动能力的人采取的一种惩罚性劳动教养措施。

2. 非法拘禁或者以其他方法非法剥夺公民人身自由的行为。

非法拘禁是指在行政拘留和行政强制措施以外限制人身自由的行为。具体有以下两种:其一,无权限,即无法定权限的国家机关实施了限制公民人身自由的行为。有权限制人身自由的机关都是法定的,如公安机关、海关等,其他行政机关无权限制人身自由。其二,有权限但严重越权,即有限制人身自由权的机关以法定外的名目或理由限制人身自由。

(1)行政机关及其工作人员执行职务时对公民的人身非法实行捆绑、隔离、监禁,剥夺公民人身自由。

(2)行政机关及其工作人员以其他方法非法剥夺公民人身自由,如有的乡政府及其工作人员私设公堂、牢房,用拘禁或者变相拘禁的手段处理不交售公粮、超生或发生经济纠纷、邻里纠纷的当事人,用办学习班、不让回家、不准通信、打电话,甚至采取捆绑关禁闭等手段非法剥夺公民的人身自由。

3. 以殴打等暴力行为或唆使他人以殴打等暴力行为造成公民身体伤害或者死亡的。

殴打就其行为而言，可能是使用器械，也可能是不使用器械。唆使他人殴打是指教唆、指使他人殴打。除殴打外，还有其他暴力行为，如将某人置于炎炎烈日之下曝晒等。暴力行为为我国法律严格禁止，因公务员暴力行为致害的公民有权请求行政赔偿。

4. 违法使用武器、警械造成公民身体伤害或者死亡的。

武器、警械是指枪支、警棍、警绳、手铐等。有权使用武器、警械的行政机关工作人员主要有人民警察、武装部队人员等。武器、警械的使用应当符合国务院颁布的《人民警察使用武器和警械的规定》。违法使用的，国家承担赔偿责任。常见违法使用武器、警械的情形有：无权使用武器、警械的人员使用武器、警械；在不该使用武器、警械的场合使用武器、警械；使用武器、警械程度超过必要限度；使用武器、警械的种类上选择错误等。

5. 造成公民身体伤害或死亡的其他违法行为，如刑讯逼供等。

（二）对侵犯财产权的行政赔偿

1. 违法实施罚款、吊销许可证和执照、责令停产停业、没收财产等行政处罚的。

行政处罚包括申诫罚、财产罚、能力罚和自由罚，其中财产罚、能力罚与相对人的财产权相关。财产罚主要包括罚款和没收财物。罚款是指强制违法相对人在一定期限内向国家缴纳一定数量的货币的处罚措施。没收财物是指行政机关依法将违法相对人的非法所得、违法行为工具或设施、违禁品等强制无偿收归国家所有的处罚措施。能力罚主要包括吊销许可证和责令停产停业。吊销许可证和执照是指主管行政机关将已经发给相对人的可以从事某项行为或赋予某种资格的许可证件收回，使其失去从事某项行为或丧失某种资格的处罚措施。责令停产停业是指行政机关要求违法者在一定期限内治理、整顿，达到要求后再允许其复产复业的处罚措施。

违法实施财产罚和能力罚的表现有多种，如处罚主体不合法，超越权限，处罚对象错误，处罚内容错误，处罚程序违法等。

2. 违法对财产采取查封、扣押、冻结等行政强制措施的。

对财产的行政强制措施主要有查封、扣押、冻结等几种形式。查封是指行政机关对某些动产或者不动产实行就地封存，不允许财产所有人使用或处分的强制措施。扣押是指行政机关将有关财产置于自己控制之下，以防当事人毁损或者转移的强制措施。冻结是指行政机关要求银行暂时拒绝当事人动用其银行存款的强制措施。由于上述强制措施影响到相对人财产的使用和流通，因而必须依法进行。常见的违法财产强制措施有实施主体不合法，超越权限，强制措施的对象错误，强制措施的程序违法以及对财产保管不力而造成损失等。

3. 违反国家规定征收财物、摊派费用的。

除了法律法规规定的正常征收以外，相对人不再负担任何缴纳义务。违反国家规定征收财物的常见表现有：法律法规对征收财物有明文规定，征收机关不按规定征收的；在没有任何法律法规规定的情况下，行政机关自行规定征收的；无权征收的机关擅自征收的，等等。摊派费用也是违法征收的一种，具体体现为：(1)不按照法律规定的项目和数额实施征收费用和劳务；(2)没有法律规定，自行设定项目征收财物和费用；(3)征收的目的与相关法律规定的目的相悖。

4. 造成财产损害的其他违法行为。

如行政机关不依法履行职责的不作为行为、违法的行政检查行为、裁决行为、命令行为以及行政机关违法实施许可行为造成申请人以外的其他人的财产损失的，国家亦应依法承担赔偿责任。

《国家赔偿法》第 5 条规定，下列情形国家不予赔偿：行政机关工作人员与行使职权无关的个人行为；因公民、法人和其他组织自己的行为致使损害发生的；法律规定的其他情形。此外，国家行政机关及其工作人员从事与职权无关的民事活动，因个人行为造成的损害，因国有企业、事业单位的生产经营行为造成损害的，因道路、桥梁等公有公共设施致害的，国家均不承担赔偿责任。公有公共设施致害的，因不是权力行为引起的，故由该设施的经营管理单位或通过保险渠道赔偿。

我国《国家赔偿法》没有明确国家行为、内部行政行为和抽象行政行为侵害公民、法人或者其他组织的合法权益是否承担赔偿责任。从国外的国家赔偿的立法和实践看，诸如国防、外交等国家行为享有豁免权，因此国家行为造成的损害，国家不承担赔偿责任，受到损害的相对人可以通过其他途径得到补偿；对于基于特别权力关系而实施的内部行政行为受到的损害，公务员不得申请法院救济；对于抽象行政行为，一般也排除国家的赔偿责任。在我国，虽然《国家赔偿法》没有规定国家行为、内部行政行为和抽象行政行为属于免责的情形，但此关通过的《行政诉讼法》已将国家行为、内部行政行为和抽象行政行为排除在司法审查的范围之外，因此相对人无从通过行政诉讼获得救济。根据这一精神，最高人民法院在《关于审理行政赔偿案件若干问题的规定》中规定，“公民、法人或者其他组织以国防、外交等国家行为或者行政机关制定发布行政法规、规章或者具有普遍约束力的决定、命令侵犯其合法权益造成损害为由，向人民法院提起行政赔偿诉讼的，人民法院不予受理。”因此，在我国因国家行为、内部行政行为和抽象行政行为造成的损害，不能请求行政赔偿，可以通过其他方式获得救济。

三、行政赔偿请求人和行政赔偿义务机关

(一)请求人

请求人指因行政机关及其工作人员违法行使职权行为而使其合法权益遭受损害，依法请求国家予以赔偿的人。请求人恒定为行政相对人。包括直接相对人和间接相对人。行政赔偿请求人与行政赔偿的原告不能等同。行政赔偿通常分为行政处理阶段和赔偿行政诉讼阶段。只有当受害的公民本人死亡，其继承人和其他有抚养关系的亲属才可以作为行政赔偿请求人。前一顺序的继承人未放弃请求权，后一顺序的继承人就不能逾越行使请求权。

(二)行政赔偿义务机关

行政赔偿义务机关指依法履行行政赔偿义务，接受行政赔偿请求，支付行政赔偿费用，参加赔偿行政诉讼的行政机关或法律法规授权的组织。

1. 行政机关

(1)单个行政机关致害时，致害主体为行政机关的，该行政机关为赔偿义务机关。但该机关需具有行政主体资格。致害主体为行政机关工作人员的，赔偿义务机关为该工作人员所在的行政机关。这里的行政机关指工作人员实施侵害时，其职权所属的行政机关，而不一定是其所隶属的行政机关。如吴某是县政府办公楼的安全保卫干部，在春节期间被借调到县公安局。在借调期间的一次执行任务过程中，非法限制某公民的人身自由。该受害公

民欲提出行政赔偿请求,就应向县公安局提出。

(2)两个以上行政机关共同致害时,为共同赔偿义务机关。

(3)行政机关委托的组织或个人致害时,由委托的行政机关作为赔偿义务机关。如乡政府委托村委会征收粮食税,公安交通局委托居委会维护交通秩序等。

(4)赔偿义务机关被撤销时,继续行使其职权的行政机关为赔偿义务机关;没有继续行使其职权的行政机关的,撤销该赔偿义务机关的行政机关为赔偿义务机关。

(5)经行政复议的行为致害时,行政复议后可能有三种结果即加重损害、减轻损害和维持原状。经行政复议的案件,由最初作出侵权行为的行政机关作为赔偿义务机关,但行政复议机关的行政复议决定加重损害的,行政复议机关对加重的部分履行赔偿义务。即并非经过行政复议的案件,一律以行政复议机关为行政赔偿义务机关,只有在行政复议决定加重损害的情况下,行政复议机关才对加重的部分履行赔偿义务。至于对原行政行为所造成的损害,则仍以原行政机关为赔偿义务机关。

2. 法律法规授权的组织

法律法规特别授权的组织在行使行政权的过程中,基于违法行为而给相对人造成损害的,同样要承担行政赔偿的责任。

四、行政赔偿程序

行政赔偿实行"单独提起"与"一并提起"并存,其中前者又分为行政程序和司法程序两个阶段。

(一)请求的提出

可以以一定的请求方式单独提出,也可以在行政复议、行政诉讼中一并提出。

1. 提出请求的要件

(1)必须具有行政赔偿请求权。

(2)必须有明确的行政赔偿义务机关。

(3)必须在法定期限内提出。

(4)所提出的行政赔偿请求必须在法律规定的应予赔偿的损害范围内。

2. 请求方式

要求赔偿应当递交申请书,申请书应当载明下列事项:(1)受害人的姓名、性别、年龄、工作单位和住所,法人或者其他组织的名称、住所和法定代表人或者主要负责人的姓名、职务;(2)具体的要求、事实根据和理由;(3)申请的年、月、日。赔偿请求人书写申请书确有困难的,可以委托他人代书;也可以口头申请,由赔偿义务机关记入笔录。赔偿请求人不是受害人本人的,应当说明与受害人的关系,并提供相应证明。赔偿请求人当面递交申请书的,赔偿义务机关应当当场出具加盖本行政机关专用印章并注明收讫日期的书面凭证。申请材料不齐全的,赔偿义务机关应当当场或者在5日内一次性告知赔偿请求人需要补正的全部内容。

3. 单独提出行政赔偿请求及先行程序

单独提出的,应当首先向行政赔偿机关义务机关提出。

4. 一并提出行政赔偿请求

即在申请行政复议或提起行政诉讼中一并提出赔偿请求。通常先对行政侵权行为的违法性进行确认,然后再决定是否应予赔偿。确认加害行为违法性的途径:赔偿义务机关自己确认;通过行政复议确认;通过行政诉讼确认。

5. 允许提出数项赔偿请求

如果行政机关违法行使职权,造成公民身体伤害的,可以要求赔偿医疗费、因误工减少的收入;造成公民身体残疾并丧失全部丧失劳动能力的,受害人还可以申请残疾赔偿金及由其抚养的人的生活费等。

(二)行政赔偿义务机关的受案与处理

赔偿义务机关应当自收到申请之日起2个月内,作出是否赔偿的决定。赔偿义务机关作出赔偿决定,应当充分听取赔偿请求人的意见,并可以与赔偿请求人就赔偿方式、赔偿项目和赔偿数额依照本法第四章的规定进行协商。赔偿义务机关决定赔偿的,应当制作赔偿决定书,并自作出决定之日起10日内送达赔偿请求人。赔偿义务机关决定不予赔偿的,应当自作出决定之日起10日内书面通知赔偿请求人,并说明不予赔偿的理由。

赔偿义务机关在规定期限内未作出是否赔偿的决定,赔偿请求人可以自期限届满之日起3个月内,向人民法院提起诉讼。赔偿请求人对赔偿的方式、项目、数额有异议的,或者赔偿义务机关作出不予赔偿决定的,赔偿请求人可以自赔偿义务机关作出赔偿或者不予赔偿决定之日起3个月内,向人民法院提起诉讼。

(三)行政赔偿诉讼

行政赔偿诉讼是一种独立的特殊行政诉讼形式。第一,从起诉条件看,在单独提起赔偿行政诉讼时,要以行政赔偿义务机关先行处理为前提条件。在一并提起行政赔偿请求时,通常以行政复议或行政诉讼形式确认行政职权行为违法为赔偿先决条件。第二,从行政诉讼当事人看,其以行政赔偿义务机关为行政诉讼被告,实行“国家责任,机关赔偿”制度。致害的公务员或工作人员不是行政诉讼被告。第三,从审理形式看,其不同于一般的行政诉讼,可以调解作为审理程序和结案方式。第四,从证据规则看,其不完全采取“被告负举证责任”的原则,而是参照民诉,要求请求人对其行政诉讼请求和主张进行举证。

赔偿请求人单独提起的行政赔偿诉讼,必须以赔偿义务机关先行处理为前提,否则法院不予受案。法律规定由行政机关最终裁决的具体行政行为,被作出最终裁决的行政机关确认违法,赔偿请求人以赔偿义务机关应当赔偿而不予赔偿或逾期不予赔偿或者对赔偿数额有异议为理由提起行政赔偿诉讼的,法院应依法受理。行政赔偿案件通过赔偿义务机关先行处理后,赔偿请求人可以单独提起行政赔偿诉讼;申请人在提起行政诉讼的同时也可以一并提出行政赔偿请求。单独提起的,可以在向赔偿义务机关递交申请书后的2个月届满之日起3个月内提出。但是,赔偿义务机关作出赔偿决定时,未告知赔偿请求人的诉权或者起诉期限,致使赔偿请求人逾期向法院起诉的,其起诉期限从赔偿请求人实际知道诉权或者起诉期限之日起计算,但逾期的期间自赔偿请求人收到赔偿决定之日起不得超过1年。

申请人在提起行政诉讼的同时一并提出行政赔偿请求的,其起诉期限按照行政诉讼起诉期限的规定执行。此外,行政诉讼案件的原告可以在提起行政诉讼后法院一审庭审结束前,提出行政赔偿请求。

原告在行政赔偿诉讼中对自己的主张承担举证责任,被告可提供不予赔偿或者减少赔偿数额方面的证据。被告的具体行政行为违法但尚未对原告合法权益造成损害的,或者原告的请求没有事实根据或法律根据的,法院应当判决驳回原告的赔偿请求。

(四)行政追偿程序

行政追偿程序即国家向行政赔偿请求人支付赔偿费用以后,依法责令有故意或重大过失的公务员、受委托的组织或个人承担部分或全部赔偿费用的法律制度。

1. 追偿范围,以赔偿义务机关支付的损害赔偿金额为限,包括赔偿金及恢复原状、返还财产所需费用。赔偿义务机关所支付的办案经费、行政诉讼费用等应从行政机关的财政经费中支付,不宜列入追偿范围。

2. 如果赔偿义务机关因自己的过错而支付了过多的赔偿金时,对超额部分无权追偿。

3. 追偿数额的大小,要与过错程度相适应,同时考虑被追偿者的薪金收入。且应分期支付,只能涉及其薪金和津贴,不能涉及他人个人财产和家庭财产。

五、行政赔偿方式

1. 支付赔偿金

(1)国家对由于受害人或第三人故意行为或有重大过失行为的原因造成的损害不予赔偿或减少赔偿。

(2)有法定赔偿金额的,适用法律规定的金额。

(3)赔偿金额应与损害大致相当,以受害人的实际损失为限额。

(4)赔偿金由行政赔偿义务机关直接支付后,其可向本级财政部门申请核拨国家赔偿费用。

2. 返还财产

返还财产是指赔偿义务机关将违法取得的财产返还受害人的赔偿方式,具体包括返还金钱(如罚款)和财产。返还财产时必须具备以下条件:(1)原财物仍然存在。如果原财物已经毁损或者灭失了,返还财物也就无从谈起。(2)返还财产比金钱赔偿更为便捷。返还财产是一种辅助性的赔偿方式,只有在比金钱赔偿更便捷时才适用。(3)返还财物不影响公务的实施。如果原财物已经用于公务活动,返还财物将影响到公务的实施时,则不应以返还财产方式赔偿,而应予以金钱赔偿。

返还财产主要适用于以下情形:

(1)行政机关违法采用罚款、没收财产等行政处罚。行政处罚是剥夺相对人权利的一种制裁措施,当处罚行为被认为违法时,即应返还受害人的财产。

(2)行政机关违反国家规定征收财物、摊派费用。行政机关征收财物、摊派费用,是行政机关对相对人课以义务的行为,当这种行为没有法律依据时,便构成对当事人财产权的侵犯,行政机关应当返还征收的财物和摊派的费用。

(3)司法机关或行政机关违法采用罚金、没收、追缴等剥夺财产的措施。如人民法院对没有犯罪事实的人处以罚金、没收财产等刑事制裁措施,当上级人民法院依照审判监督程序再审改判无罪的,原判的罚金、没收的财产应当返还。

(4)国家机关违法采取的查封、扣押、冻结财产的措施。如果被侵害的财产尚未灭失,应当返还,造成损害的,还应支付相应的赔偿金。

3. 恢复原状

恢复原状是指赔偿义务机关对受害人受损害的财产进行修复,使之恢复到受损害前的形状和性能的赔偿方式。具体包括:第一,恢复财产原状。这主要作为返还财物的附加形式存在,应予返还的财产受到损害,能够恢复原状的,应恢复原状后返还。第二,恢复职位、户口、住房等。受害人的职位、户口、住房受损,难以通过其他途径救济,恢复原状是最好的赔偿方式。如某公民被审判机关非法剥夺政治权利,失去了在任国家机关职务,在该刑罚被再审改判无罪后,受害人应回任原职。

返还财产—恢复原状—支付赔偿金的赔偿方式顺序,构成了我国国家赔偿所特有的赔偿方式体系,其中以支付赔偿金为主。这是因为支付赔偿金不影响行政管理的正常运行。如果大量采用其他赔偿方式,如恢复原状等,行政机关必须付出相当的时间、精力,从而会影响管理效率。而且支付赔偿金具有适用性强的特点。无论是人身权损害还是财产权损害,也无论是物质损害还是精神损害,都可以采用支付赔偿金的方式予以赔偿,而这是其他任何赔偿方式所无法替代的。此外,支付赔偿金操作性强,便于执行。

4. 其他形式

如停止侵害、消除影响、恢复名誉、赔礼道歉等。

六、行政赔偿的计算标准

有关行政赔偿的计算标准采用慰抚性标准,即不是补足实际损失为目标,只是在一定范围内赔偿,故赔偿额往往少于损失。至于是否采用损益相抵原则,法律没有明确规定。从补偿相对人所受损害的角度考虑,应当确认损益相抵原则,即受害人从其他渠道已经得到补偿的,国家不再赔偿。

(一)侵犯人身自由的赔偿标准

侵犯公民人身自由的,每日的赔偿金按照国家上年度职工日平均工资计算。此处"上年度"应为赔偿义务机关、行政复议机关或者法院赔偿委员会作出赔偿决定时的上年度;行政复议机关或法院赔偿委员会决定维持原赔偿决定的,按作出原赔偿决定时的上年度执行。国家上年度职工年均工资数额,应当以职工年平均工资数额除以全年法定工作日数的方法来计算。值得注意的是,赔偿数额对所有人一律平等,不论受害人在推动人身自由期间所造成的实际损失多大,也无论受害人的身份、职业或者其他情况如何。

(二)侵犯公民生命健康权的赔偿标准

1. 造成身体伤害的,应当支付医疗费,以及赔偿因误工减少的收入。减少的收入每日的赔偿金按照国家上年度职工日平均工资计算,最高额为国家上年度职工年平均工资的5倍。

2. 造成部分或者全部丧失劳动能力的,应当支付医疗费、护理费、残疾生活辅助具费、康复费等因残疾而增加的必要支出和继续治疗所必需的费用,以及残疾赔偿金。残疾赔偿金根据丧失劳动能力的程度,按照国家规定的伤残等级确定,最高不超过国家上年度职工年平均工资的20倍。造成全部丧失劳动能力的,对其抚养的无劳动能力的人,还应当支付生活费。

3. 造成死亡的,应当支付死亡赔偿金、丧葬费,总额为国家上年度职工年平均工资的20倍。对死者生前抚养的无劳动能力的人,还应当支付生活费。

(三)侵犯财产权的赔偿标准

1. 处罚款、罚金、追缴、没收财产或者违法征收、征用财产的,返还财产。

2. 查封、扣押、冻结财产的,解除对财产的查封、扣押、冻结,造成财产损坏或者灭失的,依法赔偿。

3. 应当返还的财产损坏的,能够恢复原状的恢复原状;不能恢复原状的,按照损害程度给付相应的赔偿金。

4. 应当返还的财产灭失的,给付相应的赔偿金。

5. 财产已经拍卖或者变卖的,给付拍卖或者变卖所得的价款;变卖的价款明显低于财产价值的,应当支付相应的赔偿金。

6. 吊销许可证和执照、责令停产停业的,赔偿停产停业期间必要的经常性费用开支。

7. 返还执行的罚款或者罚金、追缴或者没收的金钱,解除冻结的存款或者汇款的,应当支付银行同期存款利息。

8. 对财产权造成其他损害的,按照直接损失给予赔偿。

(四)国家赔偿费用的来源

赔偿费用列入各级财政预算。赔偿费用预算与支付管理的具体办法由国务院规定。

赔偿请求人凭生效的判决书、复议决定书、赔偿决定书或者调解书,向赔偿义务机关申请支付赔偿金。赔偿义务机关应当自收到支付赔偿金申请之日起 7 日内,依照预算管理权限向有关的财政部门提出支付申请。财政部门应当自收到支付申请之日起 15 日内支付赔偿金。

(五)赔偿请求时效

赔偿请求人请求国家赔偿的时效为 2 年,自其知道或者应当知道国家机关及其工作人员行使职权时的行为侵犯其人身权、财产权之日起计算,但被羁押等限制人身自由期间不计算在内。在申请行政复议或者提起行政诉讼时一并提出赔偿请求的,适用行政复议法、行政诉讼法有关时效的规定。赔偿请求人在赔偿请求时效的最后 6 个月内,因不可抗力或者其他障碍不能行使请求权的,时效中止。从中止时效的原因消除之日起,赔偿请求时效期间继续计算。

赔偿请求人要求国家赔偿的,赔偿义务机关、复议机关和人民法院不得向赔偿请求人收取任何费用。不论最终处理结果如何,均不得收取案件受理费、勘验费、鉴定费等一切开支和费用。以上所有费用均由赔偿义务机关、复议机关和人民法院自行负担。对赔偿请求人取得的赔偿金也不予征税,即赔偿请求人获得的赔偿金不用缴纳任何税款。

第三编

计量法律知识

第一章 计量与计量法概述

第一节 计量与计量法

一、计量的界定

计量,“计”与“量”的合称。一般而言,计量是一种活动,是指为实现单位的统一和量值的准确可靠而进行的一种活动。计量是技术和管理的结合体,凡是以实现计量单位统一和测量准确可靠为目的的科学、法制、管理等活动都属于计量的范畴。

计量是研究测量的学科,是实现单位统一、量值准确可靠的活动,是所有学科赖以发展的支柱,从人们的日常生活、工业、商贸、医疗、国际贸易,到最尖端的科学和高科技术领域,计量时时刻刻都得到实际的应用。很少有其他学科能像计量学那样,可以指导相关领域学科的发展,评估他们的成就和经济效益。计量是科技、经济和社会发展中必不可少的一项重要的技术基础。计量,过去在中国称为度量衡,只是在20世纪50年代以后,才逐渐以“计量”取代“度量衡”这一称谓。沿用了两千多年的度量衡,其原始含义为长度、容积、重量的计量,主要器具为尺、斗、秤。随着社会的发展其含义亦在不断变化和发展,可以说,计量是度量衡的发展;也可以说,计量是现代度量衡。显然,“计量”比“度量衡”更确切、更广泛、更科学。从概念上说,计量学是关于测量理论与实践的知识领域。换句话说,有关测量的一切,都是计量学研究的对象,都包含于计量学之中。计量是量值准确一致的测量。如何才能使量值准确一致,那就需要有公认、约定或法定的计量单位、计量器具、计量人员、计量检定系统(过去称为量值传递系统)、检定规程等。

从计量的定义中可以看出,计量似乎和测量相关,实际上,计量属于测量,源于测量,而又严于一般测量。计量涉及整个测量领域,并按法律规定,对测量起着指导、监督和保证的作用。计量与其他测量一样,是人们理论联系实际,认识自然、改造自然的方法和手段。它是科技、经济和社会发展中必不可少的一项重要的技术基础。计量与测试是含义完全不同的两个概念。测试是具有试验性质的测量,也可理解为测量和试验的综合。它具有探索、分析、研究和试验的特征。

从历史发展角度分析,在相当长的历史时期内,计量研究的对象主要是物理量,如长度、容量、重量等。随着科学、经济和社会的发展,计量研究的对象逐渐扩展到工程量、化学量、生理量,甚至心理量。按照被测量参量的性质,逐步形成了几何量(亦称长度)、力学、温度、电磁学、光学、声学、无线电(亦称电子)、时间频率、电离辐射(亦称放射性)和化学这十大计量领域。

计量涉及社会的各个领域。根据其作用与地位,计量可分为科学计量、工程计量和法制计量。科学计量是指基础性、探索性、先行性的计量科学研究;工程计量(又称为工业计量)是指各种工程、工业、企业中的实用计量;法制计量是指由政府或其授权机构根据法制、技术和行政的需要进行强制管理的一种社会公用事业。中国的计量工作在发展中正展现出新的特点:一是更加注重计量工作质量的提高和诚信度的提升,会议材料反映出的质量意识随处可见。首先是重视科学规划,以规划促进计量工作发展,以规划提升计量工作水平。二是通过加强环节监管,强化计量监管工作质量。三是加强计量科研,提升计量科研成果的质量。四是加强计量服务,提升计量服务质量,等等。

二、计量法及计量法律体系

计量法是关于计量法律关系的总称,是处理计量管理活动的法律依据。《中华人民共和国计量法》(以下简称《计量法》)于 1985 年 9 月 6 日经第六届全国人大常委会第十二次会议审议通过颁布,于 1986 年 7 月 1 日起正式实施。《计量法》的出台为中国计量管理工作提供了良好的法律依据。根据《计量法》的规定,1987 年制定了《中华人民共和国计量法实施细则》(以下简称《计量法实施细则》),1987 年 1 月 19 日由国务院批准,1987 年 2 月 1 日由国家计量局发布。

中国的计量法规体系由《计量法》及其配套的行政法规、规章(包括规范性文件)所构成,其主要包括三个方面内容:第一,法律:《中华人民共和国计量法》;第二,计量行政法规:(1)国务院依据《中华人民共和国计量法》所制定或批准的计量行政法规,如《计量法实施细则》。(2)省、直辖市、自治区人大常委会制定的地方计量法规;第三,计量规章和规范性文件:(1)国务院计量行政部门制定的各种全国性的单项计量管理办法和技术规范。(2)国务院有关主管部门制定的部门计量管理办法。(3)县级以上地方人民政府及计量行政部门制定的地方计量管理办法。

中国现在已经形成了以《计量法》为核心,由 8 个国务院行政法规,27 个部门行政规章,29 件地方性条例以及 15 件地方政府规章组成的行政管理领域的计量法律制度和 2 700 余件计量技术法规组成的计量技术管理领域的计量法律制度。①

三、计量法的修改前瞻

(一)计量法修订的背景及意义

1986 年 7 月 1 日正式实施的《计量法》,作为中国有关计量的第一部法律,二十多年来发挥了重要作用,但是中国经济体制的变革、科学技术的进步、社会各界对计量需求水平的提高以及经济的全球化等都对计量法提出了新的要求。

法律要力求解决现实存在的纠纷,跟上时代的步伐。但是计量活动发展迅速,举例来说,在市场中方便、快捷、卫生的预包装商品正在迅速取代现场称量的散装零售商品,但对这些预包装商品的计量要求在计量法中却未作规定,从而引发了不少计量纠纷。这就是因为计量法在适用范围方面,只侧重对计量器具的管理,而缺少对消费者普遍关心的测量结果的规范,特别是对现实社会中大量存在且迫切需要规范的商品量的计量管理基本未作规定。再比如说,对在用计量器具的管理,现行《计量法》只允许通过检定的方式保证量值准确,与国际通行的校准方式不能有效衔接,这就造成中国检定证书与国际通行的校准报告之间的认可障碍,影响了中国企业在国际贸易中的竞争力,阻碍了中国企业参与国际贸易。可见,计量法亟需修订。

---

① 韩毅司长介绍"十一五"期间计量工作成就并答记者问, http://www.wangxiao.cn/jls/hyzx/8383513973.html,2012 年 5 月 12 日访问。

计量法律体系的科学、合理就是计量工作职能、质量及发展方向的内在生命力。法制计量工作更是全社会依法计量的全部过程。法制计量的内涵法制计量是在掌握计量和计量学基本内容的基础上,依法计量规划、监督、管理,并通过政府、企业、个人多种参与方式和对计量违法行为的监督惩戒,形成全社会学法、知法、守法的局面。法制计量的宗旨是完善计量工作,推动国民经济、科学研究、国防建设和社会科技的蓬勃发展。所以,科学、公正、合理、高效地制定计量工作的发展规划、管理目标、行为准则、操作规程、惩戒手段是计量法律法规的生命力,也是法制计量的源泉。

根据国务院立法计划,在总结计量监管工作实践经验和借鉴国外相关立法基础上,《计量法》修订工作于2000年正式启动。之后,在2008年4月1日《节约能源法》正式施行后,为适应对用能单位能源计量工作和低碳消费的新要求,质检总局对有关内容进行了再次补充完善,着重增加能源计量等内容,经征求28个部委和质检系统意见,形成了计量法送审稿,并于2010年7月22日经质检总局局务会议审议通过。《计量法》的修订体现了市场调节和政府管理、国际规则与中国实际、既监管计量器具又监管测量结果的有机结合。

(二)《计量法》修订草案的主要内容

《计量法》送审稿将《计量法》和《计量法实施细则》等部分计量行政法规合并,增强了立法的操作性和可诉性。总体而言,新修订的《计量法》和《现行计量法》的主要区别如下:一是母法与子法合并,即将《计量法》和《计量法实施细则》合并,以提高可操作性;二是调整并进一步明确各级计量行政主管部门的责任和义务;三是调整适用范围,除加强对计量器具管理外,增加对商品量的计量管理要求;四是改革量值传递方式,建立适应社会发展需要的量值传递和溯源体系;五是改革计量管理方式,制定统一的强制管理的计量器具目录,建立内外一致的管理制度;六是按照《行政许可法》的规定,适当调整有关行政许可的设定,确须保留的,予以保留,可以通过市场调节的,予以取消;七是强化法律责任,提高依法行政的有效性。① 可以说该次草案是对现行立法的一次总结和校正,主要表现在以下几个方面:

首先,调整了《计量法》的适用范围。为凸现标准物质在计量工作中的重要地位,《计量法》送审稿将标准物质从计量器具中独立出来,明确规定了标准物质的管理方式,设立了标准物质的批准制度,规定了标准物质制造者、销售者和使用者的要求及禁止性条款等;为弥补现行《计量法》的不足,《计量法》送审稿专门对商贸计量进行了规范,主要包括经营者的计量责任、补救措施以及定量包装商品的计量要求;为了加强能源计量方面的管理工作,有效地与《节约能源法》进行衔接,《计量法》送审稿增加了能源计量内容,主要包括用能单位配备计量器具的要求、人员要求和能源计量数据要求,重点用能单位的能源计量管理制度和能源效率计量检测制度。

其次,减少了行政许可事项。为减少计量行政主管部门过多干预企业内部的计量活动,《计量法》送审稿取消了部门、企事业单位最高计量标准建标考核制度,有关部门或企业可以根据实际需要,自愿申请考核或者自行管理;取消了进口计量器具销售前检定制度,将原来销售前检定调整为使用前检定;取消了部门及地方计量检定规程制定及备案制度,规定了实施检定的计量器具适用国家计量检定规程;取消了修理计量器具许可制度,通过规定计量器具修理者的义务来控制修理环节,并且按照规定建立计量器具修理档案。

---

① 《计量法修订后的和修订前的区别》(此处所说的修订后为以草案内容为基础,笔者注),http://china.findlaw.cn/info/zuixinjiliangfa/xdqw/115037.html,2012年5月12日访问。

再次,增加了计量工作的可操作性。《计量法》送审稿增加了对计量器具校准的管理方式;合并了依法管理目录、强制检定目录和进口型式审查目录,在减少目录种类的基础上,增加了目录管理的透明度;调整了立法体例,将现行《计量法》与《计量法实施细则》等部分计量行政法规合并,对计量法律关系作出了界定。在"十二五"开局之年,国家质检总局计量司韩毅司长指出,全国计量工作将认真贯彻落实十七届五中全会和中央经济工作会议精神,以服务科学发展为主题,以促进转变经济发展方式为主线,认真贯彻总局党组的各项工作部署,夯实一个基础(计量技术基础),突出两项重点(民生计量、能源计量),推进三项改革(技术机构改革、计量检定人员改革、计量法律制度改革),促进四项建设(计量法制建设、风险控制机制建设、计量国际交流平台建设、计量文化建设)①。

第二节　计量法的原则性规定

一、计量法立法宗旨

《计量法》第一条规定:为了加强计量监督管理,保障国家计量单位制的统一和量值的准确可靠,有利于生产、贸易和科学技术的发展,适应社会主义现代化建设的需要,维护国家、人民的利益,制定本法。

该条规定了计量法的立法宗旨。制定计量法,就是为了加强计量监督管理,健全计量法制。而"加强计理监督管理"是要着重解决关系国家计量单位制度的统一和全国量值的准确可靠的问题,也就是解决可能影响生产建设和社会经济秩序,造成损害国家和人民利益的计量问题。这是计量立法的基本点。"保障国家计量单位制的统一和量值的准确可靠",其最终目的是为了有利于生产、贸易和科学技术的发展,适应社会主义现代化建设的需要,维护国家和人民的利益。"有利于生产、贸易和科学技术的发展,适应社会主义现代化建设的需要",体现了计量单位制度的统一和量值的准确可靠是社会主义现代化建设的计量保证,体现了计量工作是发展国民经济的一项重要的技术基础。"维护国家、人民的利益",体现了制定计量法,加强工业计量和民生计量工作的法制监督,直接关系着国家和消费者的利益,关系着人民健康和生命、财产的安全。

二、计量法的调整范围

《计量法》第二条规定:在中华人民共和国境内,建立计量基准器具、计量标准器具,进行计量检定,制造、修理、销售、使用计量器具,必须遵守本法。

该条是对《计量法》调整范围的规定,包括适用的地域和调整对象。《计量法》适用的地域,即"中华人民共和国境内"。《计量法》调整对象,即机关、团体、部队、企业事业单位和个人之间,在建立计量基准器具、计量标准器具,进行计量检定,制造、修理、销售、使用计量器具等方面所发生的各种法律关系。本法有关条款还规定了调整使用计量单位,实施计量监督等方面发生的各种法律关系。本条所提到的计量器具是指能用以直接或间接测出被测对象量值的装置、仪器仪表、量具和用于统一量值的标准物质,包括计理基准器具、计量标

① 《以科学发展观为指导　做好"十二五"开局之年计量工作——本刊专访国家质检总局计量司韩毅司长》,《中国计量》,2011 年第 2 期。

准器具和工作计量器具。而所谓的计量基准器具即国家计量基准器具,简称计量基准,是指用以复现和保存计量单位量值,经国务院计理行政部门批准作为统一全国量值最高依据的计量器具。计量标准器具,简称计量标准,是指准确度低于计量基准的,用于检定其他计量标准或工作计量器具的计量器具。计量检定是指为评定计量器具的计量性能,确定其是否合格所进行的全部工作。

三、中国采用的计量单位制度与计量工作管理

计量法律制度的基本目的之一是确保单位统一。计量单位是用于表示与其相比较的同种量的大小的约定定义和采用的特定量。《计量法》第三条规定,国际单位制计量单位和国家选定的其他计量单位,为国家法定计量单位。国家法定计量单位的名称、符号由国务院公布。非国家法定计量单位应当废除。废除的办法由国务院制定。

国际单位制是中国法定计量单位的主体,非国际单位制单位,是中国法定计量单位的重要组成部分,具有与国际单位制相同的法定地位。本条是对中国采用计量单位制度的规定。可以看出,中国采用的是国际单位制。中国允许使用的计量单位是国家法定计量单位。国家法定计量单位,由国际单位制单位和国家选定的非国际单位制单位组成。“国家法定计量单位的名称、符号由国务院公布”。国务院 1984 年 2 月 17 日发布的《关于在中国统一实行法定计量单位的命令》,对法定计量单位的名称、符号已作了规定。“非国家法定计量单位应当废除。废除的办法由国务院制定”。国务院 1984 年 1 月 10 日批准的《全面推行中国法定计量单位的意见》,对废除的步骤、年限和如何区别不同情况等,已作了规定。

《计量法》第四条规定,国务院计量行政部门对全国计量工作实施统一监督管理。县级以上地方人民政府计量行政部门对本行政区域内的计量工作实施监督管理。本条是对中国计量监督管理体制、计量监督管理机构及其监督管理职能的规定。中国是按行政区划实施计量监督管理的,全国计量工作由国务院计量行政部门负责实施统一监督管理。各行政区域内的计量工作由当地人民政府计量行政部门负责监督管理。县级以上人民政府计量行政部门,是同级人民政府的计量监督管理机构。县级以上人民政府计量行政部门,除了政府机关的管理职能以外,还要监督本行政区内的机关、团体、部队、企业事业单位和个人遵守与执行计量法律、法规。这里的“县级以上”包含县级。

中国的法定计量单位包括:(1)国际单位制的基本单位;(2)国际单位制的辅助单位;(3)国际单位制中具有专门名称的导出单位;(4)国家选定的非国际单位制单位;(5)由以上单位构成的组合形式的单位;(6)由词头和以上单位构成的十进倍数和分数单位。下面分别用表格的形式加以介绍。

表 1 -1　国际单位制的基本单位

量的名称	单位名称	单位符号
长度	米	m
质量	千克(公斤)	kg
时间	秒	s
电流	安〔培〕	A
热力学温度	开〔尔文〕	K
物质的量	摩〔尔〕	mol
发光强度	坎〔德拉〕	cd

表1-2　用于构成十进倍数和分数单位的词头

所表示的因数	词头名称	词头符号
10^{24}	尧〔它〕	Y
10^{21}	泽〔它〕	Z
10^{18}	艾〔可萨〕	E
10^{15}	拍〔它〕	P
10^{12}	太〔拉〕	T
10^{9}	吉〔咖〕	G
10^{6}	兆	M
10^{3}	千	k
10^{2}	百	h
10^{1}	十	da
10^{-1}	分	d
10^{-2}	厘	c
10^{-3}	毫	m
10^{-6}	微	μ
10^{-9}	纳〔诺〕	n
10^{-12}	皮〔可〕	p
10^{-15}	飞〔母托〕	f
10^{-18}	阿〔托〕	a
10^{-21}	仄〔普托〕	z
10^{-24}	幺〔科托〕	y

注:(1)词头只用于构成国际单位制(SI)单位的倍数单位,不得单独使用。词头的名称与单位的名称要紧挨在一起,作为一个整体,组成一个新单位(SI的十进倍数或分数单位),并且具有相同的幂次。

(2)不得使用重叠的词头。例如:不用微微法(μμF),而应用皮法(pF);不用毫微米(mμm),而应用纳米(nm)。

表1-3　法定计量单位简表

长　度

名称	毫米	厘米	分米	米	十米	百米	千米
等数	1 000 微米	10 毫米	10 厘米	10 分米	10 米	100 米	1 000 米

面　积

名称	平方厘米	平方米	平方千米
等数	100 平方毫米	10 000 平方厘米	1 000 000 平方米

体　积

名称	立方厘米	立方分米	立方米
等数	1 000 立方毫米	1 000 立方厘米	1 000 立方分米

表 1－3(续)

容　量

名称	厘升	分升	升	十升	百升	千升
等数	10 毫升	10 厘升	10 分升	10 升	100 升	1 000 升

质　量

名称	厘克	分克	克	十克	百克	千克	吨
等数	10 毫克	10 厘克	10 分克	10 克	100 克	1 000 克	1 000 千克

表 1－4　中国传统法定计量单位表

长 度

名称	厘	分	寸	尺	丈	里
等数	10 毫	10 厘	10 分	10 寸	10 尺	150 丈

面　积

名称	平方厘	平方分	平方寸	平方尺	平方丈	平方里
等数	100 平方毫	100 平方厘	100 平方分	100 平方寸	100 平方尺	22 500 平方丈

地　积

名称	厘	分	亩	顷
等数	10 毫	10 厘	10 分	100 亩

质　量

名称	毫	厘	分	钱	两	斤	担
等数	10 丝	10 毫	10 厘	10 分	10 钱	10 两	100 斤

容　量

名称	勺	合	升	斗	石
等数	10 撮	10 勺	10 合	10 升	10 斗

表 1－5　计量单位比较表

长度比较表

1 千米(公里)＝2 市里＝0.621 英里＝0.540 海里　1 米＝3 市尺＝3.281 英尺

1 市里＝0.5 千米(公里)＝0.311 英里＝0.270 海里　1 市尺＝0.333 米＝1.094 英尺

1 英里＝1.609 千米(公里)＝3.218 市里＝0.869 海里　1 英尺＝0.305 米＝0.914 市尺

1 海里＝1.852 千米(公里)＝3.704 市里＝1.150 英里

地积比较表

1 公顷＝15 市亩＝2.471 英亩

1 市亩＝6.667 公亩＝0.165 英亩

1 英亩＝0.405 公顷＝6.070 市亩

质量比较表

1 千克(公斤)＝2 市斤＝2.205 英磅

1 市斤＝0.5 千克(公斤)＝1.102 英镑

1 英镑＝0.454 千克(公斤)＝0.907 市斤

表 1-5(续)

容量比较表
1 升(公制)=1 市升=0.220 加仑(英制)
1 加仑(英制)=4.546 升=4.546 市升

四、计量法的附则

现行的《计量法》在附则部分共有三个条文。计量法的附则《计量法》第三十三条规定,中国人民解放军和国防科技工业系统计量工作的监督管理办法,由国务院、中央军事委员会依据本法另行制定。本条是对制定国防系统计量工作的监督管理办法的规定。也就是说,国防系统计量工作的监督管理办法,必须符合本法的规定,以本法为依据。《计量法》第三十四条规定,国务院计量行政部门根据本法制定实施细则,报国务院批准施行。本条是对制定本法《实施细则》的规定。本法的《计量法实施细则》授权国务院计量行政部门拟定,报国务院批准后,由国务院计量行政部门发布并在全国施行,具有行政法规的法律效力。上文已经提及《计量法实施细则》已由国务院批准,于 1987 年 2 月 1 日由国家计量局发布施行。《计量法》第三十五条规定:本法自 1986 年 7 月 1 日起施行。本条是对本法生效时间的规定,即计量法自 1986 年 7 月 1 日起施行,各条规定生效。

【典型案例 1】:供电公司计量失误不当利益判决返还①

某供电公司因计量失误少收某木业公司一半电费而诉至法院,要求木业公司补交电费 9 万元。6 月 24 日,一审分宜法院依法判决木业公司返还供电公司不当得利 9 万元。2004 年 12 月,供电公司应木业公司的申请,为木业公司更换用电计量装置,用电计量则由原来按抄表数的 200 倍变更为 400 倍,双方同时签订了期限一年的高压供电合同。此后,供电公司收费人员在向木业公司收取电费时,因疏忽大意仍按抄表数的 200 倍计算木业公司的用电量,从而使木业公司少交了一半的电费。2005 年 11 月和 2007 年 3 月,供电公司和木业公司又分别续签了期限一年的高压供电合同,合同中均错误载明用电计量倍率为 200。2007 年 6 月,供电公司发现对木业公司用电计量错误,累计少算用电量 50% 即 121 320 度,当时木业公司在场的电工对此予以书面确认。事后,供电公司通知木业公司在 2007 年 6 月 25 日前补交更换计量装置之日起至 2007 年 4 月止少计电量 121 320 度的电费 9 万元。但木业公司仅同意从 2007 年 5 月起按抄表数的 400 倍用电计量交纳电费,对供电公司少计电量的电费拒绝补交。供电公司认为,木业公司使用供电公司因工作失误少计算的电量没有合法根据,属不当得利,故诉至法院要求木业公司补交电费 9 万元。案件审理中,木业公司辩称其系按供电合同抄表数的 200 倍用电量履行电费交纳义务,供电公司单方变更合同要求按抄表数的 400 倍用电量收取电费,没有合同和法律依据,其工作失误造成的损失不得强加给用户承担。

一审法院审理认为,供电公司按抄表数的 400 倍用电计量向木业公司收取电费是有事实依据和合同依据的。2005 年和 2007 年双方订立的合同,约定用电计量倍率为 200,是供

---

① 张冬根:《供电公司计量失误 不当利益判决返还》,http://jxfy.chinacourt.org/public/detail.php?id=19575,2012 年 5 月 9 日访问。

电公司工作失误所致，木业公司的用电计量装置实际并未变换。由于供电公司的失误只按抄表数的200倍用电量向木业公司收费，实际少收了50%的电费，从而使木业公司获得121 320度电的利益，木业公司取得该利益没有合法根据，属不当得利，依法应当返还给供电公司。木业公司拒不补交电费的理由依法不能成立。

案例简评：本案虽然依据不当得利，使得木业公司取得利益返还给供电公司，但是不能否认的是供电公司在计量上出现了失误，由于供电公司的失误只按抄表数的200倍用电量向木业公司收费，实际少收了50%的电费，这导致了这场不应该有的诉讼，可见计量问题在实际生活中随处可见，计量活动发展迅速，法律要力求解决现实存在的纠纷，跟上时代的步伐。

第二章 计量基准器具、计量标准器具和计量检定

第一节 计量基准的建立及其法律地位

一、计量基准

计量基准在计量法中是一个前提性的问题。“计量基准”这一术语主要是前苏联和东欧的一些国家以及我国使用,其他各国则多使用“原始计量标准”(Primary Standard)或“最高计量标准”①。计量基准是计量基准器具的简称,是指用以复现和保存计量单位量值,经国家技术监督局批准,作为统一全国量值最高依据的计量器具。通常计量基准分为国家计量基准(主基准)、国家副计量基准和工作计量基准三类。国家计量基准是一个国家内量值溯源的终点,也是量值传递的起点,具有最高的计量学特性。国家的计量基准是用以代替国家计量基准的日常使用和验证国家计量基准的变化,一旦国家计量基准损坏,国家副计量基准可用来代替国家计量基准。工作计量基准主要是用以代替国家副计量基准的日常使用。检定计量标准,以避免由于国家副计量基准使用频繁而丧失其应有的计量学特性或遭损坏。计量基准器具的地位,国家以法律形式予以确定。建立计量基准器具的原则,是要根据国民经济发展和科学技术进步的需要,统一规划,组织建立。属于基本的、通用的计量基准器具,建立在国家设置的决定计量检定机构;属于专业性强的或者工作条件要求特殊的计量基准器具,可以授权其他部门建立在有关技术机构。

二、中国计量基准的建立及其法律地位

《计量法》第五条规定:国务院计量行政部门负责建立各种计量基准器具,作为统一全国量值的最高依据。

本条是对计量基准的建立及计量基准法律地位的规定。计量基准“作为统一全国量值的最高依据”,是指全国的各级计量标准和工作计量器具的量值,都要溯源于计量基准。“国务院计量行政部门负责建立”,是指国务院计量行政部门根据国家的实际情况和各方面的条件统一规划、组织建立。组织建立的原则:属于基本的、通用的、为各行各业服务的计量基准,建在国家法定计量检定机构;属于专业性强,仅为个别行业所需要,或者工作条件要求特殊的计量基准,可授权其他部门建在有关技术机构。

第二节 计量标准的建立及其法律地位

计量标准是用以定义、实现、保持、复现单位或一个甚至多个已知量值的实物量具、测

---

① 谢少锋:《计量管理基础知识系列讲座:第六讲 计量校准基础知识》,《江苏现代测量》,2008年第4期。

量仪器或测量系统，其目的是通过比较把该单位或量值传递到其他测量器具。广义地说，计量标准还可以包括用以保证测量结果统一和准确的标准物质、标准方法和标准条件。

计量标准可按精度、组成结构、适用范围、工作性质和工作原理进行分类。第一，按精度等级可分为在某特定领域内具有最高计量学特性的基准和通过与基准比较来定值的副基准，或具有不同精度的各等级标准。第二，按组成结构可分为单个的标准器，或由一组相同的标准器组成的、通过联合使用而起标准器作用的集合标准器，或由一组具有不同特定值的标准器组成的、通过单个地或组合地提供给定范围内的一系列量值的标准器组。第三，按适用范围可分为经国际协议承认、在国际上用以对有关量的其他标准器定值的国际标准器，或经国家官方决定，承认在国内用以对有关量的其他标准器定值的国家标准器，或具有在给定地点所能得到的最高计量学特性的参考标准器。第四，按工作性质可分为日常用以校准或检定测量器具的工作标准器，或用作中介物以比较计量标准或测量器具的传递标准器，或有时具有特殊结构、可供运输的搬运式标准器。第五，按工作原理可分为由物质成分、尺寸等来确定其量值的实物标准或由物理规律确定其量值的自然标准。上述分类不是排他性的，例如，一个计量标准可以同时是基准，是单个的标准器，是国家标准器，是工作标准器，又是自然标准。

计量标准的主要指标是其溯源性，即可以通过连续的比较链把它与国际标准器或国家标准器联系起来的性能。当然，准确度、稳定度、灵敏度、可靠性、超然性和响应特性等，也都是它的重要指标。

计量标准的保持十分重要，它保证计量标准的计量学特性维持在合适的限度内。因此，对计量标准要定期校准、妥善储藏和细心使用。这在现实应用中也十分重要。中国计量院气体研究室是中国气体化学计量的溯源单位。在长期的科研实践中，气体研究室在国内标准气体研究和气体分析研究领域处于领先地位，同时，该室还拥有一批先进的高纯气体大中型分析测试仪器和先进的实验室设施。近年来，他们的一系列科技成果已经得到成功推广应用，如室内空气质量评价及相关标准物质研制等，为保障人民生命安全及国家重大工程建设提供了有力支撑。从 2008 年起，气体研究室就开始为中国航天飞行器等特殊场合提供空气质量检测，到现在已经开展了近百次检测。“每次我们会先从飞船舱内采样，然后拿回实验室进行检测。”严格的气体计量检测，众多科技工作者的全力保障，都是为了让飞船舱内的空气更好，为航天员打造更舒适的生活空间①。由此，可以看出计量标准的重要性。

《计量法》第六条规定：县级以上地方人民政府计量行政部门根据本地区的需要，建立社会公用计量标准器具，经上级人民政府计量行政部门主持考核合格后使用。

本条是对社会公用计量标准器具的建立及社会公用计量标准器具法律地位的规定。“社会公用计量标准器具”简称社会公用计量标准，是指经过政府计量行政部门考核、批准，作为统一本地区量值的依据，在社会上实施计量监督具有公证作用的计量标准。建立社会公用计量标准，由当地人民政府计量行政部门根据本地区的需要决定，不需经上一级人民政府计量行政部门审批。但建立之后，必须经考核合格才能使用。本条关于须经上级人民政府计量行政部门主持考核的社会公用计量标准，在具体应用时，是指各地区最高等级的社会公用计量标准。

---

① 《中国计量院为神舟九号飞船提供舱内空气质量检测》，http://www.chinajl.com.cn/NewsView.aspx? id = 1000200094，2012 年 6 月 20 日访问。

计量标准器具的建立是有严格规定的。《计量法》第七条规定:国务院有关主管部门和省、自治区、直辖市人民政府有关主管部门,根据本部门的特殊需要,可以建立本部门使用的计量标准器具,其各项最高计量标准器具经同级人民政府计量行政部门主持考核合格后使用。

本条是对省级以上人民政府有关主管部门建立计量标准以及这些计量标准法律地位的规定。省级以上人民政府有关主管部门根据本部门的特殊需要建立的计量标准,在本部门内部使用,作为统一本部门量值的依据。"根据本部门的特殊需要",是指社会公用计量标准不能适应某部门专业特点的特殊需要。建立本部门的各项最高计量标准,须经同级人民政府计量行政部门主持考核合格后,才能在本部门内开展检定。"主持考核"是指同级人民政府计量行政部门负责组织法定计量检定机构或授权的有关技术机构进行的考核。

《计量法》第八条规定:企业、事业单位根据需要,可以建立本单位使用的计量标准器具,其各项最高计量标准器具经有关人民政府计量行政部门主持考核合格后使用。

上述规定是对企业、事业单位建立计量标准以及这些计量标准法律地位的规定。企业、事业单位根据生产、科研、经营管理需要建立的计量标准,在本单位内部使用,作为统一本单位量值的依据。建立本单位的各项最高计量标准,须经有关人民政府计量行政部门主持考核合格后,才能在本单位内部开展检定。本条关于须"经有关人民政府计量行政部门主持考核"的规定,在具体应用时,是指须经与企业、事业单位的主管部门同级人民政府计量行政部门主持考核。但乡镇企业应由当地县级人民政府计量行政部门主持考核。

《计量法》第九条对县级以上人民政府计量行政部门对计量标准器具的强制检定和前述规定以外的其他计量标准器具进行了规定,具体而言,县级以上人民政府计量行政部门对社会公用计量标准器具,部门和企业、事业单位使用的最高计量标准器具,以及用于贸易结算、安全防护、医疗卫生、环境监测方面的列入强制检定目录的工作计量器具,实行强制检定。未按照规定申请检定或者检定不合格的,不得使用。实行强制检定的工作计量器具的目录和管理办法,由国务院制定。对前款规定以外的其他计量标准器具和工作计量器具,使用单位应当自行定期检定或者送其他计量检定机构检定,县级以上人民政府计量行政部门应当进行监督检查。这是一个兜底性的规定,其实这既是县级以上人民政府计量行政部门的权利也是义务的体现。

第三节　计量检定

计量检定是指为评定计量器具的计量性能,确定其是否合格所进行的全部工作,包括检验和加封盖印等。它是进行量值传递的重要形式,是保证量值准确一致的重要措施。《计量法》第十条第一款规定:计量检定必须按照国家计量检定系统表进行。国家计量检定系统表由国务院计量行政部门制定。第二款规定:计量检定必须执行计量检定规程。国家计量检定规程由国务院计量行政部门制定。没有国家计量检定规程的,由国务院有关主管部门和省、自治区、直辖市人民政府计量行政部门分别制定部门计量检定规程和地方计量检定规程,并向国务院计量行政部门备案。

本条是对计量检定所必须依据的技术规范的规定。国家计量检定系统表是指从计量基准到各等级的计量标准直至工作计量器具的检定程序所作的技术规定,它由文字和框图构成,简称国家计量检定系统。计量检定规程是指对计量器具的计量性能、检定项目、检定条件、检定方法、检定周期以及检定数据处理等所作的技术规定，包括国家计量检定规程、部门和地方计量检定规程。计量检定规程是为评定计量器具的计量性能，作为检定依据的具有国家法定性的技术文件。计量检定规程是从事计量检定工作的技术依据，是一种国家技术法规，保证计量器具的准确一致。国家计量检定规程由国务院计量行政部门制定，在全国范围内施行。没有国家计量检定规程的，国务院有关主管部门可制定部门计量检定规程，在本部门内施行。省、自治区、直辖市人民政府计量行政部门可制定地方计量检定规程，在本行政区内施行。部门和地方计量检定规程须向国务院计量行政部门备案。

计量检定工作必须遵循一定的原则。《计量法》第十一条规定：计量检定工作应当按照经济合理的原则，就地就近进行。本条是对实施强制检定和非强制检定所应遵循的原则的规定，也就是对全国量值传递体制的规定。这里所说的"经济合理"是指进行计量检定，组织量值传递要充分利用现有的计量检定设施，合理地部署计量检定网点。就地就近进行计量检定，是指组织量值传递不受行政区划和部门管辖的限制。

【典型案例2】关于计量强制检定——全国首例公民起诉通信公司不履行信息公开职责的案例①。

案件事实：中国联合网络通信有限公司河南省南阳市分公司在客户向其发出手机计费信息公开申请后，在长达15个工作日内不见任何答复，被客户一怒之下告上法庭。南阳市卧龙区人民法院一审判决该公司败诉，并限期向客户公开计费信息。据悉，这是全国首例公民起诉通信公司不履行信息公开职责的案例。

市民起诉联通信息不公开。27岁的南阳市民王某，有一部南阳联通公司管理服务的号码为"130"开头的手机。去年，王某看到海南等地因电信公司计费问题引发的损害普通消费者事件后深受启发，于是，性格耿直的他为维护自身利益，于2010年7月19日向南阳联通公司发出了信息公开申请，要求公开该公司计时计费系统2009至2010年度相关计时计费的检定证书报告。

南阳联通公司次日便收到了该申请，但迟迟未予答复。王某随后又多次电话联系均无回音。2010年9月3日，王某决定打一场公益官司。他以南阳联通公司违反《中华人民共和国信息公开条例》规定，未在法定期间内答复，涉嫌信息不公开为由，一纸诉状告到了南阳市卧龙区法院，要求法院依法确认被告南阳联通公司未在法定时间内答复原告信息公开申请书违法，并判令其限期对原告提出的信息公开申请作出答复。

法院认定：通信企业属信息公开主体。

庭审中，被告南阳联通公司首先提出，根据行政诉讼法规定，公民或者其他组织认为行政机关和行政机关工作人员的具体行政行为侵犯其合法权益，有权提起行政诉讼，但联通公司是企业法人，不具有任何行政管理职能，不是行政案件的适格被告。

对于为什么没有及时对王某的信息公开申请进行答复，南阳联通公司解释称："根据信息公开条例的相关规定，并没有将通信行业列入公共企事业单位，至今为止也没有任何具有法律效力的文件、解释将联通公司列入公共企事业单位行列，本案不适用政府信息公开条例中的相关规定。"

中国政府信息公开条例规定，公共企事业单位"在提供社会公共服务过程中制作、获取

---

① 范传贵，曾庆朝，李靖玥：《全国首例公民诉通信公司信息不公开案有果》，《法制日报》，2011年11月3日。

的信息”,可以申请公开。“但原告此次要求公开的计时计费系统检定证书显然不属于这一内容。这一证书不是联通公司在自身经营业务过程中自行制作或获取的,而是相关行政机关在履行对企业的监管职能中形成的法律文书,按照相关规章,应该由其持有机关和发布部门公开,联通公司不是适格的公开主体。”南阳联通公司法律事务部主任韩某在接受《法制日报》记者采访时表示,南阳联通公司的行为并无不妥之处,也不存在任何违法性。

南阳市卧龙区法院经公开审理后认为,《中华人民共和国政府信息公开条例》第三十七条规定:“教育、医疗卫生、计划生育、供水、供电、供气、供热、环保、公共交通等与人民群众利益密切相关的公共企事业单位在提供社会公共服务过程中制作、获取的信息的公开,参照本条例执行。”该法规将公共企事业单位纳入政府信息公开范围,是政府信息公开的主体。

根据国家工商总局《关于禁止公用企业限制竞争行为的若干规定》,已界定邮政、电信等行业经营者包括被告南阳联通公司属于公用企业(即公共企事业单位),应该按照信息公开条例公开有关信息。

激烈争辩:计时计费系统应由谁检定?

由于联通公司称自己并非计时计费检定报告的适格发布主体,因此在庭审中,双方还就通信企业计时计费系统应由谁来检定、谁来发布结果发生了激烈争执。

南阳联通首先举出工业和信息化部一份《电信计费系统计费性能检测管理暂行办法》作为证据:“该通知明确规定了向社会发布检定结果的部门是工信部和当地各地方通信管理局。”

原告对此提出异议,认为工信部组织的检测和相关检测规定是不符合法律规定的,他要求联通公司提供由技术监督局下发的质检证书。“1999 年 1 月 19 日,国家技术监督局发布《关于调整〈中华人民共和国强制检定的工作计量器具目录〉的通知》,将‘电话计时计费装置’首次列入强检目录,所以工信部的办法是违反法律规定的,不应作为处理本案的依据。”王某在法庭上称。

而南阳联通反驳称,《计量法》规定:“实行强制检定工作计量器具的目录和管理办法由国务院制定”,而国务院制定的目录当中原来并无“电话计时计费装置”,如将该装置列入强检目录,只有国务院是有权部门,质量技术监督局的文件显然超越了职权,不能作为案件处理依据。

南阳联通进一步解释称,对该“电话计时计费装置”定义和范围的理解,一直以来国家各职能部委存在理解不一致的问题,联通公司等电信运营商所使用的系统是“局用交换设备”,它包含了电话计费功能,但并不是一个独立的计量装置,该局用交换机是否属于质监局发布的计时计费装置,作为电信行业主管部门的工信部早已发布正式文件解释说不属于,并且强调“对在用局用交换设备开展计费技术性能检测关系到电信网络的安全、可靠和畅通,未经国务院信息产业主管部门的授权和委托,任何单位和个人不得擅自检测”,联通公司只能遵照主管部门的安排和部署,接受相关的检测。

联通公司最后称:“实际上质量技术监督部门一直以来也未对我公司的交费设备进行过主动检测,相关规程也没有出台,这也是质监部门一直未对我公司机组进行检定的更深层的原因。基于以上理由,应当对原告的诉讼请求予以驳回。”

一审判决:南阳通信公司计时计费器应强制检定。

法院在判决中否定了南阳联通公司的说法。法院指出,根据计量法规定:“县级以上人民政府计量行政部门对社会公用计量标准器具,部门和企业、事业单位使用的最高计量标准器具以及用于贸易结算、安全防护、医疗卫生、环境监测方面的列入强制检定目录的工作计量器具,实行强制检定。未按照规定或者检定不合格的,不得使用。实行强制检定的工作计量器具的目录和管理办法,由国务院制定”。

尽管在1987年4月15日国务院发布的《中华人民共和国强制检定的工作计量器具检定管理办法》所附的强制检定工作计量器具目录中,“电子计时计费装置”未被列入,但该办法第16条规定:“国务院计量行政部门可以根据本办法和《中华人民共和国强制检定的工作计量器具目录》,制定强制检定的工作计量器具的明细目录。”

1999年1月20日,国家质监局关于调整《中华人民共和国强制检定的工作计量器具目录》明确规定:“根据国务院授权,现决定将电子计时计费装置等4项5种工作计量器具纳入《中华人民共和国强制检定的工作计量器具目录》”。

而《河南省计量监督管理条例》也对此有明确规定:“经营者用于贸易结算的电话计时计费装置、里程计价表等各类计量器具,必须经强制检定合格后,方可使用。”该条例第25条规定:“计量器具经检定合格的,由计量检定机构按照计量检定规程的规定,出具检定证书、检定合格证或加盖检定合格印记。”

法院明确指出,工信部要求相关单位对电话计费系统进行监督和对计费性能进行检测,是对信息产业系统为保证电信服务质量而采取的一项措施,不能替代计量法赋予政府计量行政部门对用于贸易结算的电话计时计费装置进行的强制检定;南阳联通公司引为证据的工信部相关通知,只能适用于部门内部工作部署和规章制度,其效力低于《中华人民共和国计量法》,这个“通知”的规定和《计量法》的规定不一致时,只能按《计量法》的规定。

“被告未按法律规定履行信息公开职责,构成行政不作为。原告王某要求被告按照信息公开条例和计量法规定公开出具法定检测报告的请求合法,应予支持。”法院最后判决,被告南阳联通公司在本判决生效后15个工作日内向原告王某公开由技术监督部门作出的电话计时计费装置的检测合格证书,诉讼费由南阳联通公司负担。

宣判后,南阳联通公司不服,表示将向南阳市中级人民法院上诉。

案例简评:本案根据法院的认定,根据国家工商行政管理总局《关于禁止公用企业限制竞争行为的若干规定》,已界定邮政、电信等行业经营者属于公用企业(即公共企事业单位),应该按照信息公开条例公开有关信息。《计量法》规定:县级以上人民政府计量行政部门对社会公用计量标准器具,部门和企业、事业单位使用的最高计量标准器具以及用于贸易结算、安全防护、医疗卫生、环境监测方面的列入强制检定目录的工作计量器具,实行强制检定。未按照规定或者检定不合格的,不得使用。通信公司属于企业单位,列入强制检定目录的工作计量器具,应实行强制检定。

同时中国颁布的信息公开条例规定,与人民群众利益密切相关的公共企事业单位对在提供社会公共服务中制作、获取的信息,有公开的义务。

计费系统在电信行业中处于最重要的核心地位,运营商无论开展什么业务,都离不开计费系统的支持。曾有业内人士透露,运营商的计费系统问题颇多,而运营商明知计费缺陷却不整改,因为改动成本对于他们来说太大了,所以最后吃亏的只能是普通消费者。

当前,中国的移动通信行业仍处于垄断状态,凭借庞大的用户基数,每个移动运营商都赚得盆满钵满。正是基于这样的现实,中国的移动运营商需要勇于承担企业社会责任。一是对用户和消费者的责任;二是对社会的公益责任;三是对国家法律政策的遵守义务。运营商只有承担起这些责任,才可能真正在将来的竞争中始终获得用户和社会的信赖。

【**典型案例3**】A建设集团有限公司(以下简称A公司)因与被申请人周口市B工程有限公司(以下简称B公司),一审被告、二审被上诉人C有限公司X高速X合同段项目经理部、C公司建设工程合同纠纷一案①。

申请再审人(一审被告、二审上诉人):A建设集团有限公司(原名L(集团)总公司)。住所地:北京市XX大街XX号。法定代表人:WXX,该公司董事长。

被申请人(一审原告、二审上诉人):周口市B工程有限公司。住所地:周口市XX街XX号。法定代表人:ZXX,该公司董事长。

一审被告、二审被上诉人:C有限公司X高速X合同段项目经理部(原名L总公司X高速公路X合同项目经理部)。负责人:FXX,经理。

一审被告、二审被上诉人:C公司。住所地:河南省周口市XX路XX号。法定代表人:SXX,该公司董事长。

申请再审人A建设集团有限公司(以下简称A公司)因与被申请人周口市B工程有限公司(以下简称B公司),一审被告、二审被上诉人C有限公司X高速X合同段项目经理部(以下简称X6标项目部)、C公司公司)建设工程合同纠纷一案,不服周口市中级人民法院(2008)周民终字第324号民事判决,向本院申请再审。本院于2009年元月2日作出(2008)豫法民申字第04455号民事裁定,提审本案。本院依法组成合议庭,公开开庭审理了本案。A公司委托代理人,B公司委托代理人买某某、王某某,X6标项目部委托代理人TXX,C公司委托代理人李某某、赵某到庭参加诉讼。本案现已审理终结。

2007年5月16日,一审原告B公司起诉至周口市川汇区人民法院称:C公司系X高速公路的建设单位(即业主),A公司及X6标项目部系X高速公路太康县路段的施工单位,B公司系此工程A公司及其项目部的分包施工单位。2005年7月,双方签订了工程承包意向协议。我公司在施工中,严格按照协议的约定及X6标项目部的要求进行施工,并进行了工程量的计量报送。2006年11月,X6标项目部单方撕毁协议,强行中断我公司施工,我公司无奈被迫撤离施工工地。事后,我公司多次要求X6标项目部对我公司离场前的施工工程按约进行计量付款,对方置之不理。截止目前,X6标项目部尚拖欠我公司计量工程款280余万元。综上所述,A公司与X6标项目部应当共同偿付我公司计量工程款2 817 443元并赔偿我公司相应的损失,C公司应负连带责任,并承担本案的诉讼费用。A公司、X6标项目部辩称:B公司启动本次诉讼属滥用诉权,本案应中止审理。在B公司提起的320万元保证金的诉讼中,我公司就工程款的问题提起反诉,周口市中级人民法院未受理反诉,我公司已经向河南省高院提起上诉,本案应等省高院的判决下达后再恢复审理。B公司主张所欠工程款无事实依据。工程变更的大部分工程均是B公司私自变更,这部分应由其公司自己承担。B公司对工程款的计算有误,在周口市中级人民法院审理建设工程承包合同追偿保证金纠纷一案中,B公司主张分包无效,工程款就应按无效合同来计算,我公司已多付B公司工程款,谈不上拖欠工程款。B公司擅自停工,原因不在我公司。综上所述,应依法驳回B公司诉请。C公司辩称:一、涉案工程施工招标行为符合法定程序,该项目X标段中标单位与我公司所签订的《工程建设施工合同》合法、有效;二、X6标项目部与B公司签订的《工程承包意向协议书》属无效合同。首先,《工程建设施工合同》未约定A公司可以进行分包,我公司也从未同意路桥公司进行分包。根据招投标法第48条规定,A公司如将工程进行分

① 参见河南省高级人民法院民事判决书,(2009)豫法民提字第00133号。

包,须有合同约定或经我公司同意,而A公司的分包行为既不符合合同约定又未经我公司同意。其次,分包合同因分包人B公司不具备相应资质而无效。再次,分包合同违反了主体工程不允许分包的强制性规定。三、B公司与我公司之间不存在任何法定或约定的权利和义务关系。首先,双方不存在合同上的权利与义务关系。其次,A公司在未经我公司同意的情况下与B公司签订合同,将工程的主体部分进行分包,违反了法律的强制性规定,不受法律保护。四、该案工程未竣工验收,不具备取费的基本前提。五、我公司已向A公司全面履行《工程建设施工合同》所约定的付款义务。截止2006年12月26日,我公司应付款30 156 710元,实际付款31 600 186.34元,我公司不但不欠A公司工程款,实际付款还超出应付金额。综上所述,非法分包所发生的纠纷,我公司不应承担任何责任。请求依法驳回B公司对我公司的诉讼请求。

周口市川汇区人民法院一审查明:2004年10月,周口恒大高速公路有限公司(现更名为C公司)发布许昌至亳州高速公路(太康段)土建工程施工招标文件。2005年4月8日,周口恒大高速公路有限公司与L(集团)总公司(现更名为A公司)签订了《工程建设施工合同》,由A公司承包该工程X合同段。2005年7月27日,A公司在C公司不知情的情形下,以X6标项目部名义与B公司岳某某签订了《工程承包意向协议书》,将其承包的许昌至亳州高速公路X合同段K36+300~K40+700段土建工程所有内容交由B公司承包施工,双方对工程项目、承包方式、双方责任作了详细约定。B公司在施工中,依照协议约定及X6标项目部的要求进行施工,同时进行了工程量的计量报送,A公司陆续给付工程款。该工程在施工到分包工程量的一半时,双方产生纠纷,B公司于2006年11月底撤离施工现场。事后,B公司多次要求X6标项目部给付剩余工程款,X6标项目部以种种理由拒付,双方酿成纠纷,诉至法院。另查明,B公司分包总工程量款为35 365 523元,实际完成工程量款为12 428 697.80元(完成计量工程量款为10 166 419.80元,完成未计量工程量款为486 117元,完成变更未计量工程量款为1 776 161元),A公司已支付B公司工程款为11 026 561.02元。A公司在承包许昌至亳州高速公路X合同段时,委托江苏东南监理有限公司负责监理、测量工程,附其中工作人员名单。

周口市川汇区人民法院一审认为:X6标项目部将其承包的工程在未经业主授权许可下分包给不具备相应资质条件的B公司,双方所签订的承包协议违反法律、行政法规的规定,属无效合同。X6标项目部系A公司承建许昌至亳州高速公路(太康段)X合同段工程而设立的临时机构,是A公司的授权代表,所产生的法律后果应由该公司承担。鉴于B公司按协议完成了一定的工程量,并且此涉案工程已竣工验收通车使用,故B公司要求A公司支付工程款的请求依法应予支持。B公司要求A公司支付奖励款76 970.80元,因为协议属无效协议,故此主张不予采纳。B公司主张完成未计量工程量中的7-7,7-8系复印件,此诉请不予采信。A公司辩称不欠并且超付B公司工程款,从庭审及A公司提交的证据上显示,除B公司认可及一审法院认定B公司工作人员岳某某、王某某、陈某某、范某某签字部分,下余部分均未有B公司签字字样,也无双方协议约定款项由谁支付的证据加以印证,故此抗辩理由不予支持。C公司抗辩此涉案工程是在未经其授权许可下签订的无效合同,不应由其承担民事责任的理由,予以采纳。周口市川汇区人民法院于2008年1月14日作出(2007)川民初字第443号民事判决:一、A建设集团有限公司于判决生效之日起10日内支付周口市B工程有限公司工程款1 279 880.93元(已扣除税金)。二、C公司不承担本案的民事责任。三、驳回周口市B工程有限公司的其他诉讼请求。如果未按本判决指定的期间履行给付金钱义务,应当依照《中华人民共和国民事诉讼法》第二百三十二条之规定,加倍支付迟延履行期间的债务利息。案件受理费29 510元,由A建设集团有限公司承担。

B公司不服一审判决,向周口市中级人民法院提起上诉称:一、一审认定B公司完成的未计量工程价款数额不对;二、一审多认定了A公司支付B公司的工程款数额;三、奖励款76 790.80元,A公司应当给付B公司;四、C公司一直拖欠A公司工程款,C公司应承担连带偿还责任;五、A公司拖欠B公司工程款,经B公司多次催要拒付,故应从欠款之日赔偿B公司相应的滞纳金损失。请求:一、加判A公司支付B公司1 015 293元工程款,A公司对所欠工程款承担相应的滞纳金;二、C公司对A公司所欠B公司工程款及滞纳金承担连带偿还责任;三、上诉费由A公司承担。

A公司不服一审判决,向周口市中级人民法院提起上诉称:一、一审判决主要事实不清:1. 对证据的采信不清。B公司提供的证据6,7,8,A公司提供的证据1-2,证据2-1,证据2-3,证据3,6,7,均为证明本案事实的重要证据。在庭审质证中,就B公司提交的证据,哪些是工程监理的签字,哪些是项目经理FXX的签字,双方分歧很大,然而一审判决不直接对这些证据本身作出肯定与否的评判,而是笼统地认为"监理人员签字、项目经理FXX签字"予以确认。一审法院认定哪些为监理人员签字;哪些不认定为监理签字,哪些认定为项目经理FXX签字,哪些不认定为项目经理FXX签字,一审判决表述方式模糊不清。一审判决在对我公司提交的证据认定时,不直接明确表示对证据的哪些具体内容予以确认,而是以"部分""部分税金"的表述方式认定。2. 一审判决对B公司实际完成工程量的认定不清。一审判决没有对B公司完成了哪些工程量、确认这些工程量的依据和理由作出明确的认定。3. 一审判决对工程价款的计价标准和依据认定不清。一审中,B公司以我公司与业主达成的计量清单和调价函来主张作为工程的计价标准和依据。我公司基于分包合同的无效主张B公司完成的工程量不能按有效合同的计价标准来计价,应剔除价格构成中的间接费、施工技术装备费、计划利润、税金部分共14%后的余额为B公司的计价标准。然而,一审判决没有就其确认的计价标准和依据作出明确的认定。4. 一审判决对我公司已支付的款项认定不清。我公司先后付给B公司款项13 318 897.52元,但由于一审判决在证据认定时采用了"部分""部分税金"的模糊概念,究竟确认的是哪几笔以及具体到每一笔数额是多少不清。5. 高速公路工程造价是专业性很强的问题。一审中,B公司并没有申请工程造价司法鉴定,仅凭其提供的证据根本不能支持其诉讼主张,理应承担举证不能的法律后果。二、原审认定部分事实错误:一审判决认定我公司仅支付B公司工程款11 026 561.02元与实际情况不符。事实上,我公司共付给B公司工程款(包括垫付的工资、材料款、租赁费等)为13 318 897.52元。一审判决认定B公司实际完成工程量款为12 428 697.8元与实际情况不符。事实上,B公司实际完成的工程量已经全部得到工程监理的确认,其价款为8 978 873元,不存在已施工未计量部分。一审判决认定B公司完成变更未计量工程价款为1 776 161元毫无根据。一审判决认定B公司委托江苏东南监理有限公司负责监理、测量工程与实际情况不符。一审判决认定我公司将部分工程分包给B公司施工未经业主授权许可与实际情况不符。事实上,我公司将6标段的部分工程分包给B公司施工,是原业主周口恒大高速公路有限公司强令干预的结果。三、一审判决结果没有根据:1. 一审判决我公司支付工程款1 279 880.93元没有根据。我公司不仅不欠B公司工程款,而且还超付(包括垫付)B公司6 674 431.5元。2. 一审判决C公司在本案中不承担民事责任,没有根据。假定我公司欠B公司127万元工程款属实的话,C公司理应承担连带偿付责任。截至目前,我公司中标的工程已经施工完毕并交付使用，但是山东高速至今仍欠我公司工程款约2 000万元。我公司在本案中如果应承担民事责任的话，山东高速应当在欠付我公司工程款范围内承担连带责任。3. 一审判决案件受理费29 510元由我公司承担没有根据。请求：1. 撤销一审判决，发回重审或依法改判我公司不欠B公司工程款，驳回B公司的诉讼请求。2. 本案一、二审诉讼费用由B公司承担。

X6标项目部辩称：工程款多算了，也超付了，而不是拖欠。

C公司辩称：A公司将工程分包给B公司，C公司并不知情，也不存在强令分包行为，分包合同无效。C公司并不拖欠A公司工程款，一审判决C公司不承担责任正确。请求驳回针对C公司的上诉请求。

周口市中级人民法院二审查明：B公司提供太康县逊母口镇五所楼行政村支部书记李某某、村委会主任王某某出庭作证，证明B公司系被迫撤离工地、小型预制块（即一审中B公司主张的7－7证据未计量工程）是B公司完成的。A公司提供太康县劳动和社会保障局劳动监察大队2008年3月10日出具的证明一份，王某某、陈某某、欧某某起诉状及太康县人民法院立案审批表、送达回证三份，证明A公司代B公司支付拖欠工程款、工资情况；提供周口恒大高速公路有限公司与X6标项目部施工补充协议书及相关工程报表，证明X6标项目部代付的材料款应予扣除。二审庭审后，A公司要求证人郑某某、李某、赵某某出庭作证，证明B公司接收材料情况，但在法院指定的期间内证人均未到庭接受当事人质证。A公司于2008年3月13日向周口市中级人民法院提起诉讼，要求判令B公司返还多支付的工程款3 010 312.3元，垫付的民工工资498 048元，材料款2 938 063.22元，闫某租赁费及冲地压麦赔偿款149 094元（准确数额以川汇区法院受理的B公司诉A公司支付工程款纠纷案件终审判决确认的数额为准）。判令B公司赔偿A公司损失100万元并承担诉讼费。二审查明的其他事实与一审相同。

周口市中级人民法院认为：B公司完成的工程量包含已完成施工并已计量支付过工程款与已完成施工但未进行计量两部分。由于已完成施工并已计量支付过8 978 873元的工程款与工程量双方无争议，B公司也未主张该部分工程价款，本案中对此部分工程不予审理。对于已完成施工但未进行计量的工程量，本院认为应以监理和项目部相关工作人员签字认可的工程量为准。在工程施工过程中，监理工程师是受业主委托对施工合同的履行实行监督和管理，并根据监理规范和合同规定，通过计量来核定工程量和确定价值。B公司和X6标项目部是分包关系，施工过程中B公司接受X6标项目部领导并根据项目部的指示安排开展施工，因此监理和X6标项目部相关工作人员签字认可的工程量应予认定。

关于6－1主线（K36＋300～K40＋730段）清理现场和天桥（许庄Ⅱ号天桥、张石白天桥）清理现场工程量。双方对施工面积存在争议。A公司认为主线（K36＋300～K40＋730段）清理现场是X6标项目部完成的，业主也已支付过工程款，B公司后来虽然也进行过清表，但不可能再支付价款；B公司认为第一次主线清表是X6标项目部完成的，但由于业主不能支付征地款、群众阻止施工，X6标项目部下文件要求再次清表，B公司根据X6标项目部要求再次清表，应当支付价款。二审认为由于B公司根据X6标项目部的要求进行清表，总工程师丁某某也签字认可，该项工程A公司应当支付价款。关于天桥（许庄Ⅱ号天桥、张石白天桥）清理现场工程，A公司认可是B公司完成，但已支付过工程款。二审认为，B公司提供的施工资料有监理李某某签字认可，且监理签字的工程检验认可书在B公司处。因此，A公司关于该项工程价款已支付的抗辩与事实不符，不予采信。一审中，A公司称B公司只完成3 000多平方米，下余工程是由其完成的，但未提供其完成该工程的证据，对其抗辩不予采信。

关于6-2,6-3主线(K36+300~K40+730段)、天桥(许庄Ⅱ号天桥、张石白天桥、五里口天桥段)砍伐树木、挖除树根工程量。对于天桥(许庄Ⅱ号天桥、张石白天桥、五里口天桥段)砍伐树木、挖除树根，双方对工程量无争议，B公司与A公司均主张是其完成的。从双方提供的证据材料看，B公司提供的施工资料有监理李某某、王某某签字认可，而A公司不能提供监理签字认可的施工资料，因此该工程应当认定为由B公司完成。对于主线(K36+300-K40+730段)砍伐树木、挖除树根工程，由于B公司不能提供监理签字的施工资料，因此B公司关于该项工程的主张不予采信。

关于6-4(K36+759~K36+774段、K36+812~K36+827段、K38+600~K38+635段)碎石垫层工程量。A公司认可K36+759~K36+774段、K36+812~K36+827段是B公司完成的，但认为该部分工程价款已计量并付过工程款；对于K38+600~K38+635段工程，A公司一审中称正等待业主批复，二审中称业主未批准变更，不能支付工程价款。二审认为，B公司提供的施工资料有监理李某某、李某、陈某某、王某某签字认可，而且工程检验认可书也得到监理签字认可，该工程应当认定是B公司完成的。A公司称K36+759~K36+774段、K36+812~K36+827段工程款已支付过，对此并未提供确凿充分的证据证明，不予采信。

关于7-1(K36+300~K40+730段)挖边沟土方工程。A公司认为此工程属附属工程，不应单独计量，价款包含在土方工程中，B公司未提供监理签字认可的施工资料，工程量也无法计算。二审认为，B公司仅提供了监理陈某某出具的一份证明，证明该项工程是其完成的，但由于未提供监理签字的施工资料，具体工程量无法计算，对其要求A公司支付该项工程价款的诉讼请求不予支持。

关于7-2大许庄天桥三根基桩工程。A公司认为是其完成的，但对此并未提供证据证明，而B公司提供了监理陈某某证明一份，证明该项工程是其完成的，且A公司向业主提交的施工资料显示的施工时间为B公司完成的，应当认定该项工程是B公司完成的。

关于7-3(K40+200)线外改河工程。A公司认为该工程根本就未施工，而B公司仅提供了监理陈某某证明一份，证明该项工程是B公司完成的，但由于B公司未提供监理签字认可的施工资料，具体工程量无法计算。因此，B公司要求A公司支付该项工程款的诉讼请求不予支持。

关于7-4(K38+796.0段)钢筋砼园管涵工程。A公司认为B公司未完成工程就退场了，只能得到一半工程款，而B公司主张要求的工程款也是该项土程款的一半，即14.75 m长的工程款，对此予以认定。

关于7-5(K37+835),7-6(K39+500)钢筋砼盖板涵工程。A公司认为B公司只完成了墙身和基础工程，只能按50%计算价款，B公司认为完成了大部分工程，只有盖板没有预制，应按70%计算价款。由于B公司提供的施工资料得到监理欧阳某、李某某、陈某某、杨某某签字认可，应当认定该工程是B公司完成的。而A公司主张B公司只完成50%的工程量，对此未提供证据证明，不予采信。

关于7-7小型预制块工程。二审中A公司认为小型预制块是B公司做的，但没有用到工程上。由于A公司已认可小型预制块是B公司完成的，该项工程应当认定是B公司完成的。但B公司未提供充分证据证明小型预制件被X6标目部用到工程上，不予支持。

关于7－8(K36＋300～K36＋450)段灰土工程。A公司认为B公司施工质量不合格，没有工程检验认可书，后被业主要求返工；B公司认为后来业主变更为碎石与B公司无关。二审认为，由于B公司未提供施工质量合格证明，其要求A公司支付该项工程款的诉讼请求缺乏法律依据，不予支持。

关于7－9未上报的土方工程。A公司认为该工程是B公司完成的，但不能按土层计算价款，工程款已支付给B公司。二审认为，从B公司提供的施工资料看，施工资料原件、工程检验认可书仍然在B公司处，A公司称工程款已支付给B公司与事实不符，也未提供充分的证据证明其已支付给B公司，对此抗辩理由不予采信。

关于8－1填前碾压5%灰土工程。A公司认为，B公司提供的K360＋450～K360＋750段工程检验认可书有改动现象，K36＋827～K37＋000段是B公司完成的，但业主批复的土方为1 187m^3；K37＋417～K37＋828段是B公司完成的，但业主批复的土方量为3 371 m^3；K40＋500～K40＋730段是B公司完成的，但业主批复的上方量为1 685 m^3；B公司认为B公司是根据项目部文件和实际施工情况计算的。二审认为，根据项目部文件[2006]036号文件，B公司计算的工程量与项目部文件相一致，而且该文件确认的王程量得到监理签字认可，因此该工程应以监理签字认可的工程量为准。

关于8－2填前碾压8%灰土工程、8－3水沟5%灰土处理工程。A公司认为工程是B公司完成的，但业主最终批复的土方量减少；B公司认为应以监理签字的施工资料为准。二审认为，根据项目部[2006]036号文件，B公司计算的工程量与项目部文件相一致，而该文件确认的工程量得到监理签字认可，因此该工程应以监理签字认可的工程量为准。

关于8－4碎石桩工程。A公司认为该工程是B公司完成的，但业主批复的是21 694 m，该项工程款已支付给B公司；B公司认为业主批复的工程量与实际施工情况不符，少计算1 101 m的工程量，应以监理签字认可的工程量为准。由于B公司提供的施工资料得到监理的签字认可，因此应以监理签字认可的工程量为准。

关于8－5土工格栅工程。A公司认为没有施工资料，不能反映出工程量；B公司认为该工程量已在项目部[2006]036号文件中得到确认。二审认为，该工程在项目部[2006]036号文件中得到确认，应当认定是B公司完成的，A公司应当支付该项工程款。

关于8－6土工布工程。A公司对614 m^{3}无异议，对3 889 m^{3}认为业主未批准。B公司认为应以有关资料为准。二审认为，3 889 m^{3}的工程量在项目部[2006]036号文件中已得到确认，且得到监理的签字认可，应当认定是B公司完成的，A公司应当支付该项工程款。

关于8－7片石工程。A公司对于K40＋147～K40＋350段、K38＋637～K38＋747段无异议，对于K38＋600～K38＋640段认可262 m^3，对于K38＋596涵洞回填片石认为不应单独计价。二审认为，对于k38＋600～K38＋640段工程，B公司提供的施工资料完备，有监理签字的工程检验认可书，A公司应当支付该项工程款，A公司只认可262 m^{3}无任何事实依据，不予采信。K38＋596涵洞回填片石是2006年6月19日经业主工程处处长王某某、驻地监理工程师XX、项目部经理XX为保证基础稳定而做的交更，并不包含在涵洞工程价款内，因此A公司应支付该笔工程价款。

关于8－8碎石工程。A公司认为K360＋300～K36＋450段业主批复的工程量为1 944.28 m^3，K38＋637～K38＋747段业主批复的工程量为652.48 m^3，对于K40＋147～K40＋350段、K37＋402～K40＋350段工程量无异议，认为K37＋835涵洞台背填碎石不能

单独计量。二审认为，K360 + 300 ~ K36 + 450 段、K38 + 637 ~ K38 + 747 段碎石工程量在项目部[2006]036 号文件中已得到确认，应当依据该文件认定 B 公司完成的工程量，A 公司应当按照文件确认的工程量支付工程款。A 公司认为 K37 + 835 涵洞台背填碎石不能单独计量，但对此未提供证据证明，不予采信。

关于 8 - 9 挖淤泥工程，A 公司认为 K36 + 557 ~ K36 + 750 段正确，K40 + 147 ~ K40 + 350 段无工程检验认可书，不予认可。由于 B 公司不能提供 K40 + 147 ~ K40 + 350 段工程检验认可书，缺乏详细的施工资料，无法证明其完成了该工程，不予采信。

综上所述，B 公司完成的工程价款共计 11 968 801.89 元。

关于 A 公司已付工程款问题，一审中，A 公司提供了 88 组单据证明，对其中的 2 ~ 7，11 ~ 25，27 ~ 32，36，37，40 ~ 43，46 ~ 55，58 ~ 61，63，66，69，70，72，84 ~ 88，税金 375 820.38 元客观真实，予以认定；对 39 组证据中的 2，10，14，15，18，19，40 ~ 46 共计 408 587.35 元，71 组证据中的 17 200 元、75 组证据中的 74 029 元、79 组证据中范某某和王某某签字的 595 元、81 组证据中韩某某机械租赁费 2 万元、83 组证据中马某某机械租赁费 2 万元 B 公司认可属实的，予以认定。其他单据无 B 公司财务专用章或相关人员签字，B 公司又不予认可，不予认定。原判认定 8，9，10，26，33，35，45，56 为 A 公司付工程款证据不当，对此予以纠正。A 公司以各种方式共计支付工程款 10 836 547.42 元。

A 公司认为依据分包合同第六条规定，A 公司向 B 公司支付的工程价款应扣除管理费 10%，由于 A 公司和业主签订的合同中约定，分包工程不得压低单价，分包管理费视工程情况限制在分包合同价的 1% 以内，因此 A 公司要求扣除 10% 的管理费请求不予支持，管理费可按 1% 扣除，即 119 687.02 元。

关于工程价款的计算问题。由于业主和承包商在签订承包合同时对合同计价方式已作约定，双方应依据合同约定的计价方式计算工程价款。本案中，业主和 A 公司采取的是单价合同，即由业主开列有工程细目的工程量清单，然后交投标方投标报价，中标后双方签订合同，工程付款将根据所完成的工程量与工程清单中的单价结算。而且在已结付的工程款中 B 公司和 X6 标项目部也是根据工程量清单中的单价计算工程款的。因此本案中依据工程量清单中的单价计算工程价款即可。

关于 C 公司是否应当承担连带偿还责任。A 公司上诉称 C 公司尚欠其工程款 2 000 万余元，但对此未提供证据证明，C 公司又不予认可，因此 A 公司要求 C 公司承担连带责任缺乏事实依据，不予支持。关于分包合同的效力。A 公司 X6 标项目部将其承包的工程在未经业主授权许可下分包给不具备相应资质务件的 B 公司，双方所签订的承包协议违反法律、行政法规的规定，属无效合同。

二审庭审后，A 公司申请法院对证人调查取证，但上述证人均无法找到。因此 A 公司关于扣除材料款的主张不予支持。

综上所述，一审判决认定事实基本清楚，但关于 B 公司完成工程量价款和 A 公司实际已支付工程价款的计算有误，对此应予纠正。除已支付的工程款及应扣除的管理费，A 公司仍欠下 B 公司工程款 1 012 566.45 元。由于 B 公司与 X6 标项目部所签订的分包合同无效，故所谓的奖励条款当然无效。B 公司要求 A 公司支付奖励款缺乏事实依据，依法不予支持。由于 A 公司未提供证据证明 C 公司仍下欠其工程款 2 000 多万，因此 B 公司要求 C 公司承担连带责任的上诉请求缺乏事实依据，不予支持。B 公司上诉理由部分成立，予以支持。A 公司上诉理由部分成立，予以支持。周口市中级人民法院于 2008 年 8 月 19 日作出

(2008)周民终字第324号民事判决:一、维持周口市川汇区人民法院(2007)川民初字第443号民事判决第二项、第三项。二、变更周口市川汇区人民法院(2007))川民初字第443号民事判决第一项为:A建设集团有限公司于本判决生效之日起10日内支付周口市B工程有限公司工程款1 012 566.45元(已扣除税金)。如果未按本判决指定的期间履行给付金钱义务,应当依照《中华人民共和国民事诉讼法》第二百三十二条之规定,加倍支付迟延履行期间的债务利息。一审案件受理费29 510元,二审案件受理费29 510元,共计59 020元,B公司负担29 510元,A公司负担29 510元。

A公司申请再审称:一、原审判决认定B公司实际完成的工程量错误。B公司主张实际完成的工程量为12 974 125.8元,我公司认为B公司实际完成的工程量为9 341 717元,两者相差3 632 407.8元。高速公路施工的工程量认定是专业性很强的技术问题,不通过专门的司法鉴定机构进行鉴定根本认定不清。B公司在一、二审中不申请司法鉴定,致使对案件争议的事实无法通过鉴定结论予以认定,应当对该事实承担举证不能的法律后果。二审法院在没有对工程量进行司法鉴定的情况下,仅凭B公司提供的几乎全部为复印件、没有证明效力的证据对B公司完成的工程量进行了错误认定。第一,多计算工程量:1.6-1主线(K36+300~K40+730段)清理现场工程,非B公司施工。二审判决认定系B公司施工,没有根据。2.6-2,6-3天桥(许庄Ⅱ号天桥、张石白天桥、五里口天桥段)砍伐树木、挖除树根1550棵,非B公司施工。二审认定系B公司施工没有根据。3.6-4(K38+600~K38+640段)碎石垫层工程量,工程监理及业主最终在变更(BG-06-036)文件中并未确认此工程量,二审判决认定B公司完成此段碎石工程量468 m^3没有根据。4.7-2大许庄天桥三根基桩工程,非B公司施工。二审判决认定B公司完成Ⅰ级钢筋454 kg、Ⅱ级钢筋3 193 kg、基桩长93 m,没有根据。5.7-5(K37+835),7-6(K39+500)钢筋砼盖板涵工程。B公司只完成了工程的50%,二审判决认定其完成70%,多计算20%的工程量。6.8-1填前碾压5%灰土工程。业主批复得少,B公司主张得多,应按业主批复计量。7.8-2填前碾压8%灰土工程、8-3水沟5%灰土处理工程,业主批复得少,B公司主张得多,应按业主批复计量。8.8-5土工格栅工程,工程监理及业主对此工程量不予认可(详见BG-06-029变更),二审判决认定B公司完成土工格栅3 889 m^3,没有根据。9.8-6土工布工程,工程监理及业主对此工程量不予认可(详见BG-06-029变更),二审判决认定B公司完成土工布3 889 m^3没有根据。10.8-7片石工程。根据《公路工程国内招标文件范本》第5篇420.05条计量与支付的规定,所有垫层和基础、洞口建筑,包括八字墙、一字墙、帽石、锥坡、跌水井、洞口及洞身铺砌以及基础挖方、地基处理、回填土等作为承包人应做的附属工作,均不单独计量。业主根据此规定对此部分也没有给我公司计量。二审判决认定B公司完成K38+596涵洞回填片石工程262 m^3,没有根据。11.8-8碎石工程。依据《公路工程国内招标文件范本》第5篇420.05条计量与支付的规定,均不单独计量。K37+835涵洞台背填碎石,属于台背回填,不能单独计量。二审判决认定B公司完成K37+835涵洞台背回填碎石工程194.8 m^3,没有根据。第二,重复计算工程量:1.天桥(许庄Ⅱ号天桥、张石白天桥)清理现场工程,业主及监理最终确认为33 145 m^3(第14期计量第14页),该工程量已包含在X六标一工区清单支付报表中,并已实际结算,二审判决认定B公司完成天桥清理现场工程量45 336 m^3属重复计算。2.6-4碎石垫层工程(K36+759~K36+774及K36+812~K36+827段),业主及监理最终确认为334 m^3(第6期计量第39页),此工程量已包含在X六标一工区清单支付报表中,并已实际结算,二审判决认定其工程量334 m^3属重复计算。3.7－9未上报的土方工程7 853.2 m^3，该工程量已包含在X六标一工区清单支付报表中，并已实际结算，二审判决认定其完成土方工程量7 853.2 m^3，属于重复计算。4.8－4碎石桩工程，已包含在X六标一工区清单支付报表中，并已实际结算。二审判决认定未计量碎石桩数量1 101 m，属重复计算。综上，二审判决错误认定B公司完成工程量11 968 801.89元，比B公司实际完成的工程量多认定了2 627 084.89元。二、判决认定B公司应得的工程款数额错误。1.二审判决采用的计价方法没有根据。我公司与B公司签订的《工程承包意向协议书》无效，二审判决在计算B公司的工程款时，却采用了我公司与业主之间的工程计价标准扣减1%的计价方法。该计价方法是基于分包合同有效，分包人具备相应的资质等为前提的《公路工程国内招投标文件范本》所称的分包管理费应控制在1%以内，也是在分包合同有效时分包管理费的计提标准。而本案分包无效，应当按照无效合同的处理原则来进行计价，不应当依无效合同获得非法利益，应在对B公司工程量计价时，剔除价格构成中的利润、税金、间接费、施工技术装备费共14%后的余额为B公司的计价标准。2.二审判决未按约定的工程计价标准计价。双方签订的《工程承包意向协议书》第六条约定"计量单价为甲方（即我公司）中标单价，扣除甲方管理费10%及税金、质保金"。该条正是双方对工程价款计价标准的约定，按照《最高人民法院关于审理建设工程施工合同纠纷案件适用法律问题的解释》第二条的规定，即便是B公司主张参照合同约定支付工程价款，也应当按照约定的计价标准来计算工程价款。3.二审判决多认定B公司工程款2 627 084.89元。4.B公司应得到的工程价款为其实际完成的工程量9 341 717元扣减10%管理费及税金4%后的余额，即8 033 876.62元。三、原判认定我公司已支付的工程款数额错误。一审之前，我公司付给B公司工程款（包括垫付的工资、材料款、租赁费等）13 318 897.52元（庭审中，A公司变更为13 317 652.06元）。二审期间，太康县人民法院以（2007）太民初字第673号民事判决书判决我公司偿付徐州振源工程机械有限公司设备租赁费5万元、诉讼费1 050元（已执行完毕）。该债务系B公司拖欠的债务，我公司依判决替B公司偿还。然而二审判决仅认定10 836 547.42元（庭审中，A公司变更为10 826 546.88元）。其中：1.代垫材料款923 914.27元（证据39）；2.五所楼征地款192 950元（证据1）；3.修便道款17 576元（证据8，9，10），为B公司垫付50%即8 788元；4.路拌机运费1400元（证据26）；5.挖掘机租金及运费56 800元（证据33）、路拌机租金42 000元（证据34）、开封压路机款1 000元（证据35）；6.材料结算款43 358元（证据38）；7.机械租金225元（证据44）；8.下水道管1 440元（证据45）；9.压路机租金6 066元（证据56）；10.劳务费240元（证据57）；11.工程结算款71 460元（证据62）；12.压路机租金17 000元（证据64）；13.片石11 947.6元（证据65）；14.工程款500元（证据67）、工程款5 000元（证据68）；15.部分工资12 660元（证据71）；16.董某某及五所楼民工工资245 600元（证据73）；17.钢筋、混凝土、沙款482 640元（证据74）；18.代付土方二队机械费（部分）3万元（证据75）；19.刘某某队工资46 940元（证据76）；20.测桩费65 021元（证据77）；21.生活费4 774元（证据78）；22.广告牌10 323元（证据79）；23.彭某某机械租赁费75 296元（证据80）；24.韩某某机械租赁费62 179元（证据81）、李某某部分材料款5 000元（证据82）、马某某材料款27 000元（证据83）；25.太康县人民法院（2007）太民初字第673号民事判决书判决51 050元；26.闫某机械费126 474元（证据89，该款项系庭审时增加款项）。综上，一、二审判决认定事实及判决结果错误，请求撤销一、二审判决，驳回B公司的诉讼请求。

B公司辩称：一、本案工程量及工程款不需要通过司法鉴定进行确认。1.业主和A公司在签订承包合同时对合同计价方式已作了约定,双方应依据合同约定根据所完成的工程量按工程量清单中的每一项工程的单价进行结算即可。承包方给业主的《调价函》列表中详细列明了工程的每一个细目、计价单位、计价数量、单价及合价。如何计算工程价款一清二楚,不需要再通过司法鉴定的形式确定工程价款。2. 已经结付B公司的800多万元工程款,X6标项目部都是根据合同约定按工程量清单中的每一项单价计算的工程价款。3. 本案工程量由监理或A公司项目部工作人员签字认可,根本无须鉴定。二、分包合同无效应该怎样计价的问题。分包协议无效的过错责任完全在A公司:1. 没有经过业主同意授权就将工程予以分包;2. 明知岳某某个人不具备承包的主体和资质。但鉴于本案工程X高速6标段已经竣工验收,X高速已于2007年12月份全程通车。A公司及业主C公司对于本案所涉的工程的质量没有异议,B公司所施工工程的质量及工程量均得到业主委派的监理工程师的认可。因此,可以确认B公司所施工的道路工程属于质量合格工程。根据最高人民法院《关于审理建设工程施工合同案件适用法律问题的解释》的规定,B公司所建工程价款可以参照分包协议的约定予以计算。X6标项目部和岳某某签订的《工程承包意向协议书》约定:"在该项目的实施过程中,甲方对业主的权利和义务即为乙方对甲方的权利和义务,甲方与业主的合同对乙方具有同等的约束力。"因此管理费的确认应依A公司与业主的合同进行确认。三、关于工程量和工程价款的确认。本案一审对账进行了两天,二审也进行了详实的核对和质证。B公司均提供了证据的原件进行了核对。对于B公司提供的仅有的2张工程量的复印件及监理签字不全的均没有认定。A公司所说B公司提交的全都是复印件,歪曲了事实。2008年7月1日的法院《调查笔录》中,A公司对这些工程量大部分都予以认可,而且二审判决对其再审中提出的这些问题均进行了清楚的论述。因此应依法驳回A公司的再审请求。

C公司辩称:再审申请书并没有对我公司提出请求,原一、二审判决对我公司的部分是正确的。A公司将工程分包,我公司既不知道,也不同意,分包情况也不清楚,本案的纠纷与我公司无关。

X6标项目部辩称:同意A公司的意见。

本院再审查明的事实除与原审一致外,另查明:周口恒大高速公路有限公司与L(集团)总公司在2005年4月8日签订的合同协议书第2条约定:下列文件应视为构成并作为阅读和理解本协议书的组成部分,即:……e. 合同通用条款……。《公路工程国内招标文件范本》(2003版)中的转让与分包中规定:事先未报监理工程师审查并取得业主批准,承包人不得将本合同工程的任何部分分包出去……分包工程不准压低单价,分包管理费视工程情况限制在分包合同价的1%以内……。X6标项目部与B公司岳某某签订的《工程承包意向协议书》第二条承包方式第六项约定:本工程实行单价承包,乙方(指岳某某,下同)在施工中发生的清单项目按单价计量,计量单价为甲方(指X6标项目部,下同)中标单价,扣除甲方管理费10%及税金、质保金。税金、质保金以实际发生额为准。A公司在承包许昌至亳州高速公路X合同段时,业主C公司委托江苏东南监理有限公司负责监理、测量工程。

本院再审认为:本案双方争执的焦点问题为应如何计算工程价款、B公司实际完成的工程量、工程价款是多少?X6标项目部已支付B公司多少工程款?

关于本案应如何计算工程价款的问题。X6标项目部将其承包的工程在未经业主授权许可下分包给不具备相应资质条件的B公司,双方所签订的承包协议违反法律、行政法规规定,属无效合同。由于该建设工程已竣工验收通车,依据《最高人民法院关于审理建设工程施工合同纠纷案件适用法律问题的解释》第二条的规定,在B公司请求参照合同约定支付工程价款的情况下,应予支持。由于X6标项目部与B公司岳某某签订的《工程承包意向协议书》第二条承包方式第六项约定了计价方法,根据《最高人民法院关于审理建设工程施工合同纠纷案件适用法律问题的解释》第十六条的规定,应按照约定结算工程价款。本案中,业主和A公司采取的是单价合同,即由业主开列有工程细目的工程量清单,然后交投标方投标报价,中标后双方签订合同,工程付款将根据所完成的工程量按工程清单中的单价结算。而且在已结付的工程款中B公司和X6标项目部也是根据工程量清单中的单价计算工程款的。一审中,A公司称对未计量的工程量,有监理签字的认可,有项目部公章或FXX签字的也认可。另再审过程中各方当事人均无提出鉴定的申请,故本案原判不通过鉴定而依据工程量清单中的单价进行工程价款计算并无不当。

关于B公司实际完成的工程量、工程价款是多少的问题。已完成施工并已计量支付过工程款双方无争议的工程价款为8 978 873元。除此之外的已完成施工但未进行计量的工程量,原审认为应以监理和项目部相关工作人员签字认可的工程量为准并无不妥。

关于6-1主线(K36+300~K40+730段)清理现场工程,A公司认为非B公司施工。根据L集团X高速太康段X标项目经理部2005年9月14日印发的中路桥XBX[2005]010号文件对2005年9月14,15,16日工作安排的通知内容、丁某某作为项目部副总工在2005年9月13日~22日的工程进展情况一览表签字的事实,结合L(集团)总公司X高速公路X合同段项目部2005年12月14日《关于近期六标叶岗段村民阻挠施工的情况汇报》的"从第四次清表开始"内容,可以认定6-1主线(K36+300~K40+730段)清理现场不只一次,原审认定该次清表工程A公司应当支付价款并无不当。

关于6-2,6-3天桥(许庄Ⅱ号天桥、张石白天桥、五里口天桥段)砍伐树木、挖除树根1 550棵,A公司认为非B公司施工。B公司提供的施工资料有监理李某某、王某某签字认可,而A公司不能提供监理签字认可的施工资料,因此原审认定该工程为B公司完成并无不当。

关于6-4(K38+600~K38+640段)碎石垫层工程量,A公司认为工程监理及业主最终在变更(BG-06-036)文件中并未确认此工程量,二审判决认定B公司完成此段碎石工程量468 m^3没有根据。A公司一审中称正等待业主批复,二审中称业主未批准变更,不能支付工程价款。B公司提供的施工资料不仅有监理李某某、李某、陈某某、王某某签字认可,而且工程检验认可书也得到监理签字认可,另外工程报验单加盖有L总公司X高速公路X合同段项目经理部印章,经理FXX予以签名。A公司所指变更(BG-06-036)文件为编号为BG-06-036的《X高速公路太康工程设计一般二类变更备忘录》,该备忘录显示碎石垫层变更后工程量为549 m^3,该数据高于468 m^3,另该文件总监签字时间为2007年12月30日。故该工程原审认定为B公司完成并无不当。

关于7-2大许庄天桥三根基桩工程。A公司认为非B公司完成。B公司提供了监理葛正荣证明一份,证明该项工程是B公司完成的,且A公司向业主提交的施工资料显示的施工时间为B公司完成的,但A公司并未提供证据证明所主张的事实。故原审认定该项工程是B公司完成并无不当。

关于7-5(K37+835),7-6(K39+500)钢筋砼盖板涵工程。A公司认为B公司只完成了工程的50%,B公司认为完成了大部分工程,只有盖板没有预制,应按70%计算价款。B公司提供的施工资料不仅得到监理欧阳某、李某某、陈某某、杨某某签字认可,而且工程报验单加盖有L总公司X高速公路X合同段项目经理部印章，经理FXX予以签名。本次庭审后B公司特别授权委托代理人买某某表示为了案子尽快结案而对如认定60%以上即使有意见也不再提其他要求；A公司再审中也无充分证据证明B公司仅干50%的工程，其主张的50%是工程款支付的进度而非工程量的进度。考虑上述状况及对相关专家的咨询意见，本院认为7－5，7－6可以60%计算工程价款。故原审认定B公司完成工程量的70%纠正为60%。

关于8－1填前碾压5%灰土工程。A公司认为业主批复得少，B公司主张得多，应按业主批复计量。X6标项目部中路桥XBX[2006]036号文件所列工程量与B公司主张的工程量相一致，该文件确认的工程量监理也签字认可；B公司提供的施工资料不仅得到监理签字认可，而且工程报验单加盖有L总公司X高速公路X合同段项目经理部印章，经理FXX予以签名。故原审认定该工程应以监理签字认可的工程量为准并无不当。

关于8－2填前碾压8%灰土工程、8－3水沟5%灰土处理工程。A公司认为业主批复的少，B公司主张得多，应按业主批复计量。根据X6标项目部中路桥XBX[2006]036号文件，B公司计算的工程量与该文件相一致，而该文件确认的工程量得到监理签字认可，因此该工程应以监理签字认可的工程量为准。B公司提供的施工资料不仅得到监理签字认可，而且工程报验单加盖有L总公司X高速公路X合同段项目经理部印章，经理FXX予以签名。故原审认定该工程应以监理签字认可的工程量为准并无不当。

关于8－5土工格栅工程。A公司认为工程监理及业主对此工程量不予认可(BG－06－029变更)，二审判决认定B公司完成土工格栅3 889 m^3没有根据。该工程在X6标项目部中路桥XBX[2006]036号文件中已得到确认，B公司提供的施工资料不仅得到监理签字认可，而且建筑材料报验单加盖有L总公司X高速公路X合同段项目经理部印章，经理FXX予以签名。A公司所指变更(BG－06－029)文件为编号为BG－06－029的《X高速公路太康工程设计一般二类变更备忘录》，该备忘录未显示土工格栅工程，但该备忘录显示的总监签字时间为2007年12月30日，显示的区段为K38＋650～K38＋747，而X6标项目部中路桥XBX[2006]036号文件显示土工格栅3 889 m^3的区段为K38＋637～K38＋747，该区段长于编号为BG－06－029的《X高速公路太康工程设计一般二类变更备忘录》显示的区段。故原审认定该工程应以监理签字认可的工程量为准并无不当。

关于8－6土工布工程。A公司认为工程监理及业主对此工程量不予认可(BG－06－029变更)，二审判决认定B公司完成土工布3 889 m^3没有根据。该工程在X6标项目部中路桥XBX[2006]036号文件中已得到确认，B公司提供的施工资料不仅得到监理签字认可，而且建筑材料报验单加盖有L总公司X高速公路X合同段项目经理部印章，经理FXX予以签名。A公司所指变更(BG－06－029)文件为编号为BG－06－029的《X高速公路太康工程设计一般二类变更备忘录》，该备忘录显示土工布工程变更后工程量为3 405.5 m^3，但该备忘录显示的总监签字时间为2007年12月30日，显示的区段为K38＋650～K38＋747，而X6标项目部中路桥XBX[2006]036号文件显示土工布3 889 m^3的区段为K38＋637～K38＋747，该区段长于编号为BG－06－029的《X高速公路太康工程设计一般二类变更备忘录》显示的区段。故原审认定该工程应以监理签字认可的工程量为准并无不当。

关于8－7片石工程。A公司认为二审判决认定B公司完成K38＋596涵洞回填片石工程262 m^3没有根据。K38＋596涵洞回填片石工程情况在L总公司X高速公路X合同段项目经理部加盖印章的《X高速公路太康段工程设计一般一类变更备忘录》记载：在已将

80 cm厚片石回填到位的情况下。2006 年 6 月 19 日,为保证基础稳定,经业主工程处处长王某某、驻地监理工程师王某某、项目部经理薛某某在80 cm 厚片石上现场所作变更。故原审认定该部分工程并无不当。

关于8－8 碎石工程。A 公司认为 K37＋835 涵洞台背填碎石,属于台背回填,不能单独计量。二审判决认定 B 公司完成 K37＋835 涵洞台背回填碎石工程 194.8 m^3 没有根据。《公路工程国内招标文件范本》第 5 篇 420.05 条计量与支付的规定,所有垫层和基础、洞口建筑,包括八字墙、一字墙、帽石、锥坡、跌水井、洞口及洞身铺砌以及基础挖方、地基处理、回填土等作为承包人应做的附属工作,均不单独计量。由于该段工程系变更工程,又经过监理签字,故 A 公司主张不应单独计量的理由不能成立。

天桥(许庄Ⅱ号天桥、张石白天桥)清理现场工程,A 公司认为业主及监理最终确认为33 145 m^3(第 14 期计量第 14 页),该工程量已包含在《X 六标一工区清单支付报表》中并已实际结算,二审判决认定 B 公司完成天桥清理现场工程量 45 336 m^3 属重复计算。B 公司提供的施工资料有监理李某某签字认可,且监理签字的工程检验认可书在 B 公司处。A 公司所指第 14 期计量为合同工程月计量申报表(第 6－14 号),该申报表显示为 2007 年 5 月份完成合同工程,而《X 六标一工区清单支付报表》显示的截止日期为 2006 年 10 月 25 日,截止 6－08 期完成。本次开庭后,A 公司又提供了第 8 期计量的 2006 年 10 月 25 日监理签字的中间交工证书显示许庄Ⅱ号天桥、张石白天桥完成清表 45 337 m^3,相应的中间计量表显示清理现场 33 145 m^3。A 公司所提供的材料不足以证明该工程量重复计算。故二审认定该工程并无不当。

6－4 碎石垫层工程(K36＋759～K36＋774 及 K36＋812～K36＋827 段),A 公司认为业主及监理最终确认为 334 m^3(第 6 期计量第 39 页),此工程量已包含在《X 六标一工区清单支付报表》中,并已实际结算,二审判决认定其工程量 334 m^3 属重复计算。B 公司提供的施工资料有监理李某某、李某、陈某某、王某某签字认可,而且工程检验认可书也得到监理签字认可。在《X 六标一工区清单支付报表》中显示的碎石垫层为 279.28 m^3,A 公司所指第 6 期计量为《支表 13 中间计量表》,该表显示 K36＋759～K36＋774 碎石垫层 169 m^3,K36＋812～K36＋827 碎石垫层 165 m^3,相加为 334 m^3,与《X 六标一工区清单支付报表》显示的 279.28 m^3 并不一致,A 公司又无其他证据佐证,故二审认定该工程量并无不当。

7－9 未上报的土方工程 7 853.2 m^3,A 公司认为该工程量已包含在《X 六标一工区清单支付报表》中,并已实际结算,二审判决认定其完成土方工程量 7 853.2 m^3,属于重复计算。《X 六标一工区清单支付报表》中并无该工程量数据记载,并监理签字时间有 4 段在《X 六标一工区清单支付报表》的时间 2006 年 10 月 25 日之后,2 段在 2006 年 10 月 23 日,故二审认定该工程量并无不当。

8－4 碎石桩工程,A 公司认为已包含在双方认可的《X 六标一工区清单支付报表》中,并已实际结算。二审判决认定未计量碎石桩数量 1 101 m,属重复计算。B 公司提供的碎石桩工程量为 22 795 m,《X 六标一工区清单支付报表》显示已计量 21 694 m,另有 1 101 m 未计量,故二审认定该工程量并无不当。

综上,B 公司所完成的工程款为 11 864 062.63 元。虽然 A 公司以 X6 标项目部名义与 B 公司岳某某签订的《工程承包意向协议书》约定工程实行单价承包,乙方(指岳某某,下同)在施工中发生的清单项目按单价计量,计量单价为甲方(指 X6 标项目部,下同)中标单价,扣除甲方管理费 10% 及税金、质保金。税金、质保金以实际发生额为准。但管理费的约定违背了周口恒大高速公路有限公司与L(集团)总公司在2005年4月8日签订的合同中约定分包工程不准压低单价,分包管理费视工程情况限制在分包合同价的1%以内的规定。故二审认定A公司应当扣除管理费的比例应为1%,即118 640.62元。

关于A公司已付工程款问题。A公司主张少认定的代垫材料款923 914.27元。对于39组证据,二审认定B公司有王某某、范某某、陈某某三人签字的手续,未认定A公司没有B公司财务专用章或相关工作人员签字的手续并无不当。A公司主张的五所楼征地款192 950元、为B公司垫付修便道款8 788元、路拌机运费1 400元、路拌机租金42 000元、开封压路机款1 000元、机械租金225元、下水道管1 440元、压路机租金6 066元、劳务费240元、工程结算款71 460元、压路机租金17 000元、片石11 947.6元、工程款500元、工程款5 000元、部分工资12 660元、董某某及五所楼民工工资245 600元、代付土方二队机械费(部分)3万元、刘某某队工资46 940元、测桩费65 021元、生活费4 774元、广告牌10 323元、彭某某机械租赁费75 296元、李某某部分材料款5 000元、马某某材料款27 000元、闫某机械费126 474元,A公司提供的证据不能证明上述款项应由B公司承担,原审判决并无不当。证据38材料结算款43 358元,一审中,B公司质证后A公司明确该笔款项不再主张,故原审不予认定并无不当。A公司主张证据74少认定钢筋、混凝土、沙款482 640元,经查阅一审卷宗,该证据一审时,B公司主张未见原件,对复印件不予认可,故原审对该款项不予认定并无不当。A公司主张证据81少认定韩某某机械租赁费62 179元,二审认定韩某某机械租赁费2万元,A公司的证据不能证明另有机械租赁费,原审认定并无不当。太康县人民法院(2007)太民初字第673号民事判决书判决偿付设备租赁费5万元、案件受理费1 050元。该款项是否应由B公司承担,A公司未提供证据,是否应由B公司承担,本案不予审理,本案不予扣除工程款。挖掘机租金及运费56 800元,A公司提供了B公司的证明显示"项目部给一工区土方一队二队租的神钢和小松挖掘机干活一个月",故该款项应抵工程款。故原审认定A公司已支付工程款10 836 547.42元应纠正为10 893 347.42元。

综上,A公司仍欠B公司工程款852 074.59元。原审认定部分事实不清,应予纠正。根据《中华人民共和国民事诉讼法》第一百八十六条、第一百五十三条第一款第三项之规定,判决如下:

一、维持周口市中级人民法院(2008)周民终字第324号民事判决第一项。

二、变更周口市中级人民法院(2008)周民终字第324号民事判决第二项为A建设集团有限公司于判决生效之日起10日内支付周口市B工程有限公司工程款852 074.59元(已扣除税金)。如果未按本判决指定的期间履行给付金钱义务,应当依照《中华人民共和国民事诉讼法》第二百二十九条之规定,加倍支付迟延履行期间的债务利息。

一审案件受理费29 510元,二审案件受理费29 510元,共计59 020元,周口市B工程有限公司负担29 510元,A建设集团有限公司负担29 510元。本判决为终审判决。

案例简评:本案虽属于合同纠纷,但双方争执的焦点问题与计量问题密不可分,甚至可以说问题就出在计量问题上。本案的焦点为应如何计算工程价款、B公司实际完成的工程量、工程价款是多少?X6标项目部已支付B公司多少工程款?这都涉及到计量标准问题。计量标准是用以定义、实现、保持、复现单位或一个甚至多个已知量值的实物量具、测量仪器或测量系统,其目的是通过比较把该单位或量值传递到其他测量器具。广义地说,计量标准还可以包括用以保证测量结果统一和准确的标准物质、标准方法和标准条件。可见计量标准在合同中是如此的重要。

第三章　计量器具管理

第一节　计量器具概述

一、计量器具概念与特征

计量器具是一种特殊的产品,其质量直接关系到工农业生产和贸易活动的正常进行,对安全、健康、环保及许多社会管理产生直接或间接的影响。计量器具是计量学研究的一个基本内容,是测量的物质基础。在国际上,计量器具与测量仪器是同义术语,它被定义为:"单独地或连同辅助设备一起用以进行测量的器具。在中国,计量器具是计量仪器(也称主动式计量器具)和量具(也称被动式计量器具)以及计量装置的总称。按技术性能及用途,计量器具可分为基准标准和普通计量器具。计量器具是能用以直接或间接测出被测对象量值的装置、仪器仪表、量具和用于统一量值的标准物质。计量器具广泛应用于生产、科研领域和人民生活等各方面,在整个计量立法中处于相当重要的地位。因为全国量值的统一,首先反映在计量器具的准确一致上,计量器具不仅是监督管理的主要对象,而且是计量部门提供计量保证的技术基础。

计量器具一般有下列特征:标称范围,即上下限;测量不确定度,即测量结果的可信程度;灵敏度,即器具响应的变化与被测量值的变化之比;鉴别力,即器具对微小变化的响应能力;鉴别力域,即对器具的响应而言被测量的最小变化值;分辨力,即能够肯定区分的指示器示值的最邻近值;作用速度,即单位时间内测量的最大次数;稳定度,即器具保持计量特性不变的能力。

二、计量器具的分类

首先,计量器具按结构特点可以分为以下三类:其一,量具,即用固定形式复现量值的计量器具,如量块、破码、标准电池、标准电阻、竹木直尺、线纹米尺等;其二,计量仪器仪表,即将被测量的量转换成可直接观测的指标值等效信息的计量器具,如压力表、流量计、温度计、电流表、心脑电图仪等;其三,计量装置,即为了确定被测量值所必需的计量器具和辅助设备的总体组合,如里程计价表检定装置、高频微波功率计校准装置等。

其次,按计量学用途分类,计量器具也可以分为以下三类:计量基准器具,计量标准器具,工作计量器具。

第一,基准计量器具。计量基准就是在特定领域内具有当代最高计量特性、其值不必参考相同量的其他标准而被指定的或普遍承认的测量标准。经国际协议公认在国际上作为给定量的其他所有标准定值依据的标准称为国际基准,经国家正式确认在国内作为给定量的其他所有标准定值依据的标准称为国家基准,基准计量器具通常有主基准、作证基准、副基准、参考基准和工作基准之分。第二,计量标准器具。计量标准是指为了定义、实现、保存或复现量的单位或一个或多个量值,用作参考的实物量具、测量仪器、标准物质或测量系统。中国习惯性为基准高于标准，这是从计量特性来考虑的各级计量标准器具，必须直接或间接地接受国家基准的量值传递而不能自行定度。第三，普通计量器具。普通计量器具是指一般日常工作中所用的计量器具，它可获得某给定量的计量结果。

第二节 制造、修理计量器具的要求

一、对企业、事业单位的要求

《计量法》第十二条第一款规定：制造、修理计量器具的企业、事业单位，必须具备与所制造、修理的计量器具相适应的设施、人员和检定仪器设备，经县级以上人民政府计量行政部门考核合格，取得《制造计量器具许可证》或者《修理计量器具许可证》。第二款规定：制造、修理计量器具的企业未取得《制造计量器具许可证》或者《修理计量器具许可证》的，工商行政管理部门不予办理营业执照。

本条是对企业、事业单位制造、修理计量器具必须具备的条件和必须履行的法律手续的规定。"相适应的设施、人员和检定仪器设备"是指与其制造、修理计量器具相适应的生产、检定条件。具体包括生产设施、出厂检定条件、人员技术状况以及有关技术文件和计量规章制度。中国对制造、修理计量器具实行许可证制度。对制造、修理计量器具的企业、事业单位进行考核，颁发许可证，是对其制造、修理计量器具资格的计量认证。企业、事业单位制造计量器具，必须按规定履行法律手续，申请办理制造计量器具许可证。在具体应用本条规定时，企业、事业单位向与其主管部门同级的人民政府计量行政部门申请考核发证。其中乡镇企业向当地县级人民政府计量行政部门申请考核发证。"修理计量器具"是指面向社会开展经营性修理业务。企业、事业单位修理计量器具，必须按规定履行法律手续，申请办理修理计量器具许可证。在具体应用本条规定时，企业、事业单位向当地县(市)级人民政府计量行政部门申请考核发证。当地不能考核的，向上一级地方人民政府计量行政部门申请。新开业或扩大、改变经营范围制造、修理计量器具的企业单位，应先取得制造、修理计量器具许可证，否则工商行政管理部门不予办理营业执照或扩大、改变经营范围的登记。

制造计量器具的单位在生产新的计量器具时须经考核。《计量法》第十三条规定：制造计量器具的企业、事业单位生产本单位未生产过的计量器具新产品，必须经省级以上人民政府计量行政部门对其样品的计量性能考核合格，方可投入生产。

本条是对企业、事业单位制造计量器具新产品必须履行法律手续的规定。"本单位未生产过的计量器具新产品"是指在全国范围内从未生产过的(含对原有产品在结构、性能、材质、技术特征等方面做了重大改进的)，或者在全国范围内虽已定型生产，而本单位未生产过的计量器具。企业、事业单位制造计量器具新产品，必须按规定履行法律手续，向省级以上人民政府计量行政部门申请对其计量器具新产品的样品考核合格，即对计量器具新产品的样品进行定型或样机试验合格。制造在全国范围内从未生产过的计量器具新产品，必须进行计量器具新产品定型，包括定型鉴定和型式批准。定型鉴定由国务院计量行政部门授权的技术机构进行；型式批准向当地省级人民政府计量行政部门申请办理。省级人民政府计量行政部门批准的型式，经国务院计量行政部门审核同意后，作为全国通用型式，予以公布。制造在全国范围内虽已定型生产而本单位未生产过的计量器具新产品，必须进行样机试验。样机试验由所在地方的省级人民政府计量行政部门授权的技术机构进行。企业、事业单位未履行本条规定的法律手续,不得制造计量器具新产品。

二、非法定计量单位的禁止性要求

法定计量单位(Legal Unit of Measurement)是强制性的,各行业、各组织都必须遵照执行,以确保单位的一致。中国的法定计量单位是以国际单位制为基础并选用少数其他单位制的计量单位来组成的。《计量法》第十四条规定:未经国务院计量行政部门批准,不得制造、销售和进口国务院规定废除的非法定计量单位的计量器具和国务院禁止使用的其他计量器具。

本条是对中国不准制造、销售和进口的计量器具的规定。不得制造、销售和进口的计量器具,包括非法定计量单位的计量器具和国务院禁止使用的其他计量器具。"国务院禁止使用的其他计量器具"是指经实践证明结构不合理或计量性能已不符合法制管理要求,由国务院明令禁止的计量器具。因特殊需要,必须制造、销售或进口非法定计量单位的计量器具和国务院禁止使用的其他计量器具,本条规定由国务院计量行政部门审核、批准。此处的"特殊需要",是指在用英制设备需要的一部分英制计量器具,以及应外商要求需要制造出口的非法定计量单位的计量器具和国务院明令禁止的计量器具等。

三、计量器具的检定与监督

检定是查明和确认计量器具是否符合法定要求的程序。包括检查、测试、加标记和(或)出具检定证书。《计量法》第十五条规定:制造、修理计量器具的企业、事业单位必须对制造、修理的计量器具进行检定,保证产品计量性能合格,并对合格产品出具产品合格证。县级以上人民政府计量行政部门应当对制造、修理的计量器具的质量进行监督检查。

本条是对保证制造、修理计量器具的质量的规定。制造、修理计量器具的企业、事业单位应对制造、修理计量器具的质量负责。该条中的"必须对制造、修理的计量器具进行检定"是指必须对制造、修理的计量器具按计量检定规程执行"出厂检定"。"保证产品计量性能合格"是指保证制造、修理的计量器具的质量符合计量检定规程的要求。合格证是指单对于产品的零件是合格的证明。"出具产品合格证"是指对制造的计量器具出具产品合格证或修理后的计量器具出具检定合格证。县级以上人民政府计量行政部门负责对制造、修理计量器具的质量进行监督检查。监督检查的形式包括抽样检定和监督试验。

对进口以销售为目的的计量器具必须实施计量法制监督。《计量法》第十六条规定:进口的计量器具,必须经省级以上人民政府计量行政部门检定合格后,方可销售。

本条是对进口以销售为目的的计量器具实施计量法制监督的规定。"进口的计量器具"是指企业、事业单位和个人进口以销售为目的的计量器具。凡进口以销售为目的的计量器具的单位和个人,必须向所在省、自治区、直辖市人民政府计量行政部门申请检定,由其指定的计量检定机构执行检定。当地不能检定的,向国务院计量行政部门申请检定。

计量中的准确度至关重要。准确度用来表示系统误差的大小。在误差较小时,也可通过多次平行测定的平均值作为真值的估计值。在实际工作中,通常用标准物质或标准方法进行对照试验,在无标准物质或标准方法时,常用加入被测定组分的纯物质进行回收试验来估计和确定准确度。《计量法》第十七条规定:使用计量器具不得破坏其准确度,损害国家和消费者的利益。本条是对使用计量器具的作弊行为实施计量法制监督的规定。使用计量器具破坏其准确度是指为牟取非法利益，通过作弊故意使计量器具失准。

四、对个体工商户的要求

对个体工商户制造、修理计量器具的范围和必须履行的法律手续的规定。《计量法》第十八条规定：个体工商户可以制造、修理简易的计量器具。制造、修理计量器具的个体工商户，必须经县级人民政府计量行政部门考核合格，发给《制造计量器具许可证》或者《修理计量器具许可证》后，方可向工商行政管理部门申请营业执照。个体工商户制造、修理计量器具的范围和管理办法，由国务院计量行政部门制定。

本条是对个体工商户制造、修理计量器具的范围和必须履行的法律手续的规定。国家允许个体工商户制造、修理简易计量器具。简易计量器具是指产品结构简单，制造、修理容易。

个体工商户是从事工商业经营的自然人或家庭。自然人或以个人为单位，或以家庭为单位从事工商业经营，均为个体工商户。根据法律有关政策，可以申请个体工商户经营的主要是城镇待业青年、社会闲散人员和农村村民。根据中国当前个体工商户的一般技术水平和生产、检定条件，能够制造、修理并可以保证质量的计量器具。具体范围由国务院计量行政部门制定的《个体工商户制造、修理计量器具管理办法》确定。制造、修理计量器具的个体工商户，必须按规定履行法律手续，向当地县（市）级人民政府计量行政部门申请考核，办理制造或修理计量器具许可证后，方可向工商行政管理部门申请办理营业执照。在具体应用本条规定时，"县级人民政府计量行政部门"是指县、旗、市辖区以及不设区的市人民政府计量行政部门。个体工商户主要以商铺门店为经营方式，通过零售商品和提供民生服务为手段获得收入，一个注册个体工商户，背后至少有一个个体工商户主。有的个体户在生意做大后雇佣了许多员工，甚至超过 100 人，年业务规模超过 1 000 万，基本已经形成小型企业的稳定规模，但只要没有注册公司，在统计意义上他（或她）就依旧是个体工商户。从一些专业市场上的"大户"，如服饰市场、建材市场、家具市场、水产市场、邮币卡市场、茶叶市场等上，都可以看到经营规模大、实力雄厚的"个体工商户"，有的甚至早已有"前店后工厂"，因为有一个在专业市场上的窗口，他们可以继续享受国家给予个体工商户的优惠政策。国家允许个体工商户制造、修理简易计量器具，不仅仅因为简易计量器具是指产品结构简单，制造、修理容易，更是适应了社会主义市场经济的要求。

【典型案例 4】计量的准确性——技术监督局计量处罚案件①

原告：盐城市 A 加油城

被告：江苏省 B 质量技术监督局

原告盐城市 A 加油城（下称 A 加油城）诉被告江苏省 B 质量技术监督局（下称 B 质监局）不服质量技术监督处罚一案，原告于 2007 年 8 月 3 日向本院提起行政诉讼。本院于同日受理后，于 2007 年 8 月 6 日向被告 B 质监局送达了起诉状副本及应诉通知。本院依法组成合议庭于 2007 年 9 月 6 日公开开庭审理了本案。本案现已审理终结。

被告 B 质监局于 2006 年 10 月 8 日作出（盐）质技监罚字（2006）第 0091 号行政处罚决定，以原告单位使用计量器具破坏其准确度为由，根据《中华人民共和国计量法》第十七条、《中华人民共和国计量法实施细则》第五十一条的规定，决定给予原告以下行政处罚：1. 没

① 江苏省盐城市亭湖区人民法院行政判决书，（2007）亭行初字第 0059 号。

收16台电脑加油机;2.没收全部违法所得703 895.24元;并处2 000元罚款。

被告B质监局在答辩期间内向本院提供了作出被诉具体行政行为的证据:

第一组证据:

1.举报投诉登记表。

2.立案审批表。

3.行政处罚告知通知书。

4.原告的听证申请书及法人证明书、授权委托书。

5.听证通知书。

6.听证会主持提纲。

7.听证笔录。

8.听证意见书。

9.处罚决定、通知书、告知书的送达回证。

以上证据证明被告的办案程序合法,且让原告充分行使了自己的权利。

第二组证据:

1.2006年6月9日现场检查笔录1份。证明原告存在使用遥控装置控制加油机的实际出油量的违法行为以及办案人员在现场查获作案工具和使用方法的情况。

2.郑某某、夏某某、孙某某、王某、吴某某、彭某某调查笔录6份。证明原告的违法行为客观存在,违法行为的起始时间、作案工具的位置等事实及检测报告向加油城相关负责人送达,负责人表示无异议的事实。

3.6月9日和6月11日的抽样取证单2份。证明原告违法行为的作案工具被被告提取。

4.检定结果通知书6份。证明对现场正在使用中的6台加油机经检验,在初始状态下合格,输入密码后出油量误差达百分之十几到百分之二十八点多。同时亦证明检定结果通知书已送达给原告。

5.密码复印件1份,系调整脉冲当量的密码。

6.2006年6月18日(2006)盐市证民内字第2095号公证书。证明对现场执法情况,包括作案工具现场取证情况进行了公证。

7.检验委托书及检验报告。证明经北京市计量检测科学研究院对16块加油机主板进行检验,原告存在对加油机计量进行破坏,人为控制出油量的行为。

8.16台加油机的全部加油记录和金额记录。

9.现场录像。

法律、法规依据:

1.《中华人民共和国计量法》。

2.《中华人民共和国计量法实施细则》。

3.国家技术监督局技监局法发(1992)491号文件、(1999)质技监法便字第019号文件以及原国家质量监督检验检疫总局质检法函(2004)215号复函。

原告A加油城诉称:

1.处罚决定认定违法所得为703 895.24元没有事实依据,被告认定原告从2005年11月开始使用有计量作弊功能的加油机,认定出油量为196 753.46 L,证据不足,违法所得为703 895.24元的认定是推算出来的,没有事实依据。

2.将原告的全部销售成本认定为“全部违法所得”没有法律依据。

3. 没收全部违法所得没有法律依据。原告认为被告在行政执法过程中,无事实依据和法律依据地加大对原告的处罚幅度,侵害了原告的合法权益。请求人民法院依法撤销被告于2006年10月8日作出的(盐)质技监罚字(2006)第0091号行政处罚决定。

原告A加油城在庭审中向本院提供以下证据:

1. 被告B质监局答辩状。证明被告自认用"自认规则"认定事实,证明其没有证据。

2. 国家技术监督局(1992)第491号文件。

3. 国家质量监督检验检疫总局(2004)215号复函。

以上2,3号证据,证明不是《处罚法》和《诉讼法》所规定适用的法律依据,不具有拘束力。

4. 检验结果情况说明。证明此证明违反检验程序,不符合规定格式和鉴定程序。

5. 王某、郑某某、吴某某、彭某某的调查笔录。证明被告违法采取诱供及误导的方式收集证据,不是从2005年11月使用具有作弊功能的加油机,加油城是2006年2月恢复营业后承包给孙某某的。

6. 案例8份。证明计量违法所得的认定应当以克扣的量作为违法所得。

被告B质监局辩称:2006年6月9日被告的执法人员依法对原告A加油城进行检查,原告破坏加油机计量准确度的违法事实清楚,证据确凿;对违法行为的起始时间是按行政相对人的自认,且对其最有利的时间计算的,对其违法所得的认定是依据法定检测机构的检测记录和原国家技术监督局的相关解释确定的。故我局作出的行政处罚,事实清楚、证据确凿、程序合法、适用法律、法规准确,请求人民法院依法维持我局作的(盐)质技监罚字(2006)第0091号行政处罚。

经庭审质证,本院对证据作如下确认:原告对被告所举第一组证据中有关立案、告知、听证的证据没有异议,但对被告在办案过程中会同公安部门检查计量违法行为认为是违法的,且认为在听证过程中被告没有出示违法所得没收的法律依据;对被告所举第二组证据,认为对破坏加油机准确度的事实没有异议,但对被告认定其违法行为的起始时间有异议,认为从相关的证人证言看,只是陈述见到用塑料袋盖住的东西挂在小卖部后面仓库的墙上,并没有明确地表示就是控制加油机的发射器。且动用公安人员到场,逼迫当事人作陈述,证词的内容不具有客观真实性;对检定结果没有异议,但对从05年11月份始计算出油量为违法所得有异议。本院认为:被告所举第一组证据,能够证明被告的办案程序是合法的,依法予以确认。第二组证据,系被告对原告使用遥控装置控制加油机出油量的违法行为进行现场检查、调查、抽样取证并送法定检测部门进行检验的证据材料,能够证明原告破坏加油机的计量准确度的事实客观存在,符合证据真实性、合法性、关联性的要求,亦是被告认定违法行为的起始时间,出油量和违法所得的依据,予以确认。

被告对原告在庭审中所举的证据1~5,认为均是被告向法院提交的证据,不能作为原告的证据,证据4系被告暗访时取的证,并不是被告处罚的依据;对证据6认为案例没有可比性,被告对原告的处罚是按法律、法规进行的,与本案没有关联性。本院认为,原告向法院提交的证据1,不能证明原告所称的被告的处罚没有证据的事实;证据4,并非被告处罚的依据,与本案无关联性,不予认定;证据2,3系国家有关部门的文件和答复,应予认定;证据5同被告第二组证据中的证据2,应予认定;证据6与本案无关联性,不予采信。

经审理查明:2006年6月9日,被告B质监局根据举报依法对A加油城进行检查,该加油城内共有16台电脑加油机,加油机均标注:型号TA-3160,流量范围5~50 L/min,允许吸程 5 m，计量准确度：±0.25%，电源电压：380 V±15%，最小被测量 5 L，进口真空度：54 kPa，防爆合格证号 54074－99，税控功能合格证号；税控准字 99Y002，出厂日期均为 2000 年 1 月，中国方圆认证中心 Mc 国制 00000002 ISO9001：94 质量体系认证企业沈阳新阳石油设备制造公司制造。在检查过程中，执法人员发现在用的加油机出现了反复断电、通电现象，经排查，发现该加油城职工用遥控装置控制加油机的断电、通电。执法人员当即会同公安人员对加油城的职工宿舍及其他部位进行检查，在职工宿舍发现两张纸条，均写有：调整脉冲当量 8910 编程－5858 编程－按 1 少 1%；按 5 少 5%（可调整多次）－按自检－808－自检。在加油城的小卖部后的仓库内发现有用蛇皮袋包裹并悬挂在墙壁上的无线遥控接收装置，顺着信号线在小商店货架下发现控制装置，并与加油城的配电房内加油机的控制开关连接。随后计量检定人员对在用的 6 台加油机进行多次计量检定，发现 6 台加油机都存在示值误差。被告随即对 16 台电脑加油机的主板现场拆封并送北京市计量检测科学研究院检测，检验结论为：16 台电脑加油机都存在可调整脉冲当量，调整范围可从 5 875～5 895，最大误差可为 27%。该研究院并对 16 台加油机主板的税务数据进行了检测，出具了 16 台加油机的全部加油记录和金额记录。被告经过调查取证，认定原告的 16 台电脑加油机是通过遥控器装置控制，在反复断电、通电下用查获的数据公式输入后均显示不同数据值，构成了使用计量器具破坏其准确度的违法行为，其使用具有计量作弊功能的加油机的时间应从 2005 年 11 月起计算，计 7 个月，总累计出油量为 196 753.46 L，销售金额 703 895.24 元。被告于 2006 年 8 月 23 日向原告送达行政处罚告知通知书，同年 8 月 25 日原告向被告提出听证申请，被告于 2006 年 9 月 12 日举行了听证。被告根据《中华人民共和国计量法》第十七条、《中华人民共和国计量法实施细则》第五十一条的规定，于 2006 年 10 月 8 日作出（盐）质技监罚字（2006）第 0091 号行政处罚决定。原告不服，于 2006 年 12 月 5 日向盐城市人民政府申请行政复议，盐城市人民政府于 2007 年 7 月 17 日作出盐政复决字（2007）第 14 号行政复议决定，维持被告作出的行政处罚决定。原告于 2007 年 8 月 3 日向本院提起行政诉讼，请求依法撤销被告作出的行政处罚决定。

法院认为，根据《中华人民共和国计量法》第四条规定："国务院计量行政部门对全国计量工作实施统一监督管理，县级以上地方人民政府计量行政部门对本行政区域内的计量工作实施监督管理。"故 B 质监局作为盐城市人民政府的计量行政监督部门，对本行政区域内计量器具有监督的职能。该法第十七条规定："使用计量器具不得破坏其准确度，损害国家和消费者的利益"。本案中，原告通过加装遥控器，控制加油机的断、通电，输入密码调整脉冲当量的方式，破坏加油机的准确度的违法事实清楚，证据确凿，应当受到行政处罚。关于处罚决定中，被告认定原告使用有计量作弊功能的加油机的起始时间有无依据问题，本院认为，被告认定原告违法行为从 2005 年 11 月起计算的依据是证人证言中对发现小卖部里用于控制加油机通断电的发射器的时间的陈述，虽然各证人对发现该发射器的时间的陈述不一致，但被告从对原告最有利的角度考虑，采纳了陈述时间最少的证言作为认定的依据并无不当，亦是充分保护了原告的合法权益。关于被告在处罚中将原告在违法行为期间的全部经营额作为违法所得，没有减去合法成本有无法律依据问题，本院认为，原国家技术监督局技监局法发（1992）491 号"关于对《技术监督行政案件'违法所得''非法收入'计算的意见》具体实施的复函中"明确规定，在办理技术监督行政案件过程中，对行政相对人故意违法的，可以认定其全部经营额为违法所得、非法收入。该局（1999）质技监法便字第 019 号文件以及原国家质量监督检验检疫总局质检法函（2004）215 号复函对上述规定又作了明确解释，该相关文件解释应当作为被告在行政执法过程中的依据。本案中，原告是通过人为的方式利用遥控器控制加油机的断、通电，输入密码调整脉冲当量，破坏加油机的准确度的，是明显的故意违法行为，被告以其全部经营额作为违法所得是正确的。被告在作出处罚前对原告履行了告知义务，并根据原告的申请进行了听证，程序是合法的，适用《中华人民共和国计量法实施细则》第五十一条之规定予以处罚，适用法律准确。综上所述，被告B质监局作出的行政处罚决定，认定事实清楚、程序合法、适用法律法规正确。据此，依照《中华人民共和国计量法》第十七条、《中华人民共和国计量法实施细则》第五十一条、《中华人民共和国行政诉讼法》第五十四条第(一)项之规定，判决如下：

维持被告江苏省B质量技术监督局于2006年10月8日作出的(盐)质技监罚字(2006)第0091号行政处罚。

案件受理费人民币50元，由原告A加油城负担(已交)。

如不服本判决，可在判决书送达之日起15日内，向本院递交上诉状，并按对方当事人的人数提交副本，上诉于江苏省盐城市中级人民法院。

案例简评：本案争议的焦点是被告对原告的行政处罚是否有合理的法律依据问题。被告B质监局于2006年10月8日作出的行政处罚决定，以原告单位使用计量器具破坏其准确度为由，根据《计量法》和《计量法实施细则》规定，决定给予原告以下行政处罚。但是原告认为：处罚决定认定违法所得没有事实依据，被告认定原告从2005年11月开始使用有计量作弊功能的加油机，认定出油量为196 753.46 L，证据不足，违法所得的认定是推算出来的，没有事实依据。将原告的全部销售成本认定为“全部违法所得”没有法律依据。没收全部违法所得没有法律依据。这就涉及到计量的问题。根据《计量法》的规定：“国务院计量行政部门对全国计量工作实施统一监督管理，县级以上地方人民政府计量行政部门对本行政区域内的计量工作实施监督管理。”故B质监局作为盐城市人民政府的计量行政监督部门，对本行政区域内计量器具有监督的职能。该法第十七条规定：“使用计量器具不得破坏其准确度，损害国家和消费者的利益”。本案中，原告通过加装遥控器，控制加油机的断、通电，输入密码调整脉冲当量的方式，破坏加油机的准确度的违法事实清楚，证据确凿，应当受到行政处罚。原告是通过人为的方式利用遥控器控制加油机的断、通电，输入密码调整脉冲当量，破坏加油机的准确度的，是明显的故意违法行为，被告以其全部经营额作为违法所得是正确的。

依照《计量法》第17条、《计量法实施细则》所作出的判决是公正、合法的。

第四章　计 量 监 督

第一节　计量监督概述

一、计量监督与计量监督员制度

计量监督是计量活动中不可缺少的组成部分。按计量法律法规的要求所进行的计量管理,就是计量监督。中国《计量法》对计量监督作了专门的规定。

《计量法》第十九条规定:县级以上人民政府计量行政部门,根据需要设置计量监督员。计量监督员管理办法,由国务院计量行政部门制定。本条是对县级以上人民政府计量行政部门设置计量监督员的规定。

计量监督员是县级以上人民政府计量行政部门任命的具有专门职能的计量执法人员,在规定的区域内执行计量监督任务。

计量监督员的设置及其职责,由国务院计量行政部门制定的《计量监督员管理办法》确定。计量监督员在销售计量器具和使用强制检定的工作计量器具的场所,进行巡回检查,调解计量纠纷,组织仲裁检定,监督计量法律、法规的实施。

县级以上地方人民政府计量行政部门设置的计量监督员可在规定的权限内进行现场处理,执行行政处罚,计量监督员在现场处以罚款的限额为50元以下。计量监督员应忠于职守,公平正直,正确执行计量法律、法规。

中国设置了不同级别、不同部门机构计量监督员的业务条件及任职规定。

首先,省级以上人民政府计量行政部门的计量监督员应具备以下业务条件:(1)具有大专或相当于大专以上文化程度;(2)熟悉计量法律,法规;(3)具备监督工作范围内的专业知识;(4)掌握有关的检定规程和计量器具的检定技术;(5)从事计量工作三年以上,具有较强的组织能力和较高的政策水平。

其次,省、自治区、直辖市和县级人民政府计量行政部门的计量监督员应具备以下业务条件:(1)具有中专(高中)或相当于中专(高中)以上文化程度;(2)熟悉计量法律、法规;(3)具备监督工作范围内一般的专业知识;(4)掌握有关的检定规程,能正确地检定有关计量器具;(5)从事计量工作二年以上,具有一定的组织能力和政策水平。

县级以上地方人民政府计量行政部门设置计量监督员,由当地人民政府计量行政部门考核合格后任命并颁发计量监督员证件和标志。

国务院计量行政部门设置计量监督员,由国务院计量行政部门考核合格后任命并颁发计量监督员证件和标志。

县级以上人民政府计量行政部门,根据需要可在法定计量检定机构任命计量监督员,作为政府计量行政部门的派出人员,执行规定的计量监督任务。

在国家专业计量机构任命专业计量监督员,由国务院计量行政部门按本办法第六条规定的条件主持考核,在其分支机构任命专业计量监督员,由当地省级人民政府计量行政部门按本办法第七条规定的条件主持考核。

县级以上地方人民政府计量行政部门设置的计量监督员应登记造册，并向上一级人民政府计量行政部门备案。

计量监督员应有统一的标志，执行监督检查和进行现场处理时，必须出示证件。计量监督员依法执行计量监督任务，受法律保护，以暴力或威胁的方法阻碍计量监督员依法执行职务的，提请司法部门追究法律责任。计量监督员调离监督工作岗位，应收回计量监督员证件和标志。计量监督员利用职权受贿赂、营私舞弊、违法失职的，由所在单位给予行政处分，或由有关人民政府计量行政部门撤消其计量监督员职务；构成犯罪的，由司法部门依法追究刑事责任。计量监督员证件、标志由国务院计量行政部门统一制定。

二、计量监督与计量检定机构

计量监督离不开实际的富有实效的计量检定机构。《计量法》第二十条规定：县级以上人民政府计量行政部门可以根据需要设置计量检定机构，或者授权其他单位的计量检定机构执行强制检定和其他检定、测试任务。执行前款规定的检定、测试任务的人员，必须经考核合格。

本条是对县级以上人民政府计量行政部门实施计量法制监督所需要的计量检定机构和计量检定人员的规定。

县级以上人民政府计量行政部门依法设置的计量检定机构，为国家法定计量检定机构。

"计量检定机构"是指承担计量检定工作的有关技术机构。"其他检定、测试任务"，在具体应用时，是指本法规定的计量标准考核，制造、修理计量器具条件的考核，定型鉴定，样机试验，仲裁检定，产品质量检验机构的计量认证，法定计量检定机构进行的非强制检定，以及政府计量行政部门授权的机构面向社会进行的非强制检定。

"授权其他单位的计量检定机构，执行强制检定和其他检定、测试任务"，在具体应用时，采取以下形式：(1)授权专业性或区域性计量检定机构，作为法定计量检定机构；(2)授权有关技术机构建立社会公用计量标准；(3)授权某一部门或某一单位的计量检定机构，对其内部使用的强制检定的计量器具执行强制检定；(4)授权有关技术机构，承担法律规定的其他检定、测试任务。

执行强制检定和本条解释的第4项"其他检定、测试任务"的人员，必须经县级以上人民政府计量行政部门考核合格，发给计量检定证件，取得执行检定、测试任务的资格。

第二节　计量监督的运行

首先，要明确计量纠纷及处理依据。《计量法》第二十一条规定：处理因计量器具准确度所引起的纠纷，以国家计量基准器具或者社会公用计量标准器具检定的数据为准。

本条是对作为处理计量纠纷所依据的检定数据的规定。因计量器具准确度所引起的纠纷，为计量纠纷。以计量基准或社会公用计量标准检定的数据作为处理计量纠纷的依据，具有法律效力。用计量基准或社会公用计量标准所进行的以裁决为目的的计量检定、测试活动，统称为仲裁检定。仲裁检定，即以裁决为目的的检定。计量器具按照管理性质的不同，可以分为强制检定和非强制检定，两者又统称为计量法制检定。

其次,要明确对为社会提供公证数据的产品质量检验机构,实施计量法制监督的必要性。《计量法》第二十二条规定:为社会提供公证数据的产品质量检验机构,必须经省级以上人民政府计量行政部门对其计量检定、测试的能力和可靠性考核合格。

本条是对为社会提供公证数据的产品质量检验机构,实施计量法制监督的规定。

省级以上人民政府计量行政部门对产品质量检验机构计量检定、测试的能力和可靠性考核合格,即为产品质量检验机构的计量认证。对产品质量检验机构的计量认证,是证明其在认证的范围内,具有为社会提供公证数据的资格。为社会提供公证数据的产品质量检验机构,是指面向社会从事产品质量评价工作的技术机构。

对为社会提供公证数据的产品质量检验机构的计量检定、测试的能力和可靠性的考核,具体包括:第一,计量检定、测试设备的性能;第二,计量检定、测试设备的工作环境和人员的操作技能;第三,保证量值统一、准确的措施及检测数据公正可靠的管理制度。

对产品质量检验机构进行计量认证,由省级以上人民政府计量行政部门负责;具体考核工作,由其指定所属的计量检定机构或授权的技术机构进行。在具体应用时,属全国性的产品质量检验机构,向国务院计量行政部门申请计量认证;属地方性的产品质量检验机构,向所在的省、自治区、直辖市人民政府计量行政部门申请。

"必须经省级以上人民政府计量行政部门对其计量检定、测试的能力和可靠性考核合格",是指未取得计量认证合格证书的,不得开展产品质量检验工作。

【典型案例5】:河南省A建设(集团)有限公司与B有限公司建设工程施工合同纠纷一案①

原告:河南省A建设(集团)有限公司

被告:B有限公司

原告河南省A建设(集团)有限公司(以下简称A公司)与被告B有限公司(以下简称B公司)建设工程施工合同纠纷一案,A公司于2008年10月7日向本法院提起诉讼,并于2008年10月8日向本院申请保全B公司价值1 100万元的财产,本院于当日作出(2008)南民三初字第61号民事裁定,查封、扣押或冻结B公司价值1 100万元的财产。B公司于2009年1月15日以该案依照合同约定应由"河南省仲裁委员会"仲裁解决为由向本院提交了"驳回起诉意见书"。后于2009年3月13日向本院提出不再要求用仲裁的方法解决纠纷。本院依法组成合议庭于2009年3月13日公开开庭审理了本案。本案现已审理终结。

A公司诉称,2002年B公司为修建南邓高速南阳周营至万新庄高速公路进行公开招标,A公司对该工程No3A合同进行了投标,经过依法招标由A公司中标,经过平等协商于2002年12月18日双方达成了施工合同协议书。合同签订后A公司全面正确履行了协议,并于2005年完成了协议约定的施工任务,于2005年12月南邓高速公路全程通车。但B公路公司违约,迟迟不与A公司全面进行工程决算,经A公司单方决算,B公司尚欠10 417 088元工程款未支付。B公路公司的行为严重侵害了A公司的合法权益,据此请求:1.判令B公司支付欠款10 417 088元并承担违约责任。2.诉讼费由B公司负担。诉讼中,A公司进一步明确其诉讼请求为请求支付拖欠工程款17 142 091.8元,并自2005年12月8日起按中国人民银行同期贷款利率支付利息。具体为:1.合同内未计量款4 377 172元;2.工程保留金2 407 141元;3.开工典礼未支付款181 569元;4.计日工未计算部分款11 026元;5.借土

① 河南省南阳市中级人民法院民事判决书,(2008)南民商初字61号。

填方超运距未计量部分款 520 147 元;6. 南阳至新野公路改道及拆除款 1 353 230 元;7. 不当罚款及应奖未奖费用 561 000 元;7. 永久征地款和施工补偿费等 243 400 元;9. 膨胀土变更引起的人员窝工与机械停驶费 911 991 元;10. 小中仓天桥变更工程增加费用 2 944 163 元;11. 索赔费用 1 868 007 元;12. 材料差价 1 899 093 元,13. 未确定单价的变更工程款 14 440 673元。以上各项合计 31 718 612 元,减去借支款项 14 576 520. 2 元,诉请应付工程款数额为 17 142 091. 8 元。

B 公司辩称,A 公司所请求支付工程款额与事实不符,无证据支持,实际上 B 公司已经超付工程款 4 277 614. 14 元,对 A 公司 13 项具体诉请分项答辩如下:1. 合同内未计量款 4 377 172元数额无异议,但其中的 1 989 907 元未依合同约定办完中期支付审批手续,不应支付,其余 2 367 265 元具备支付条件,可以抵扣其借支款。2. 工程保留金 2 407 141 元数额无异议,但依合同约定该款项不具备回收条件。3. 开工典礼 181 596 元计量申报手续不合约定且报价虚高。4. 对未确定单价的变更工程款 14 440 673 元中我方签字的工程量予以确认,但对 A 公司确定的单价不予认可,应以业主批准的单价计算。5. 计日工 11 026 元依照合同约定不应另行支付。6. 借土填方超运距未计算部分 520 147 元,对运距无异议,但对计算方法有异议,应依合同约定计算。7. 南阳至新野公路的改道及拆除费用 1 353 230 元,南新公路改道属于临时改道,依照合同约定不能另行计算,此项费用包含在总价款范围内。7. 不当罚款和应奖未奖款项 561 000 元,已落实多年,当时并未提出异议,不应支付。9. 永久征地款和施工补偿费等 243 400 元,无证据支持,不应计算。10. 膨胀土变更引起的人员窝工和机械停驶费 911 991 元根本就不存在,不应计算。11. 小中仓天桥变更增加费用 2 944 163元,依照约定该部分变更后造价为 405 万元,双方均已认可并已支付完毕,其又诉请的增加部分不应支持。12. 索赔费用 1 868 007 元,因违约事实和违约损失都不存在,该项诉请不能成立。13. 材料差价 1 899 093 元,依合同约定,在投标标报价时,承包人应综合考虑人工、机械使用费和材料的价格涨落以及影响工程成本的全部因素,全部合同执行期间不考虑费用增减问题,据此,该款项不应补给。综上 B 公司认为,A 公司诉请的多是抛开合同明确约定,掩盖业主已履行的事实无理提出的,不体现"诚实信用"精神,请求法院甄别真伪,公平裁判。

A 公司向本院出示了以下证据:第一组:1. 营业执照复印件;2. 公证书,证实河南省 A 建设(集团)与"河南省南阳市公路工程处"是同一个单位。第二组:1. 施工合同协议书;2. 施工协议补充协议;3. 合同附件;4. 招标文件。第三组:1. 交工报告;2. 2005 年 12 月 19 日已通车的事实,证实 A 公司已履行合同的约定。第四组:1. 工程款结算表及结算资料,证实欠付工程款数额为 171 420. 92 元。其中,工程总额为 80 361 182 元,已实际支付 48 642 570 元,合同内未计量工程款、保留金、开工典礼合计为 6 965 882 元,已借支款项为 14 576 520. 2 元。2. 第 20 期和 21 期工程报表,证实双方已认可并计量的工程量。

B 公司对 A 公司出具的第一组、第二组证据无异议。对第三组证据的交工报告和 2005 年 12 月 19 日已通车的事实亦未提出异议。对第四组中的已支付工程款 48 642 570 元无异议,对合同内未计量款、保留金、开工典型总计 6 965 880 元及借支工程款 14 576 520. 2 元的数额无异议,但认为:1. 合同内未计量的第一项资料费因 A 公司未交付施工资料不应支付;2. 合同内未计量部分有 200 余万元需完善手续方可支付;3. 保留金因工程是否达到优良等级不确定不能支付;4. 开工典礼的支付申请报表中仅有高速公司副总签字,无法定代表人签字,报价高需要进一步核定、完善手续。对第四组证据第二项第 20,21 期工程报表中记载的工程量无异议。

合议庭认为:对A公司出具的第一组、第二组、第三组证据,B公司无异议,且与本案的处理有关联性,本院予以采信。对A公司出具的第四组证据中的已实际支付工程款48 642 570元,合同内未计量工程款、保留金、开工典礼数额共计6 965 882元,已借支款项数额14 576 520.2元,第20期和21期工程报表中已计量的工程量未提出实质异议,本院亦予以认定。

对A公司提出的4~13项请求双方出示了以下主要证据:1.针对计日工未计算部分。A公司所举证据为计日工申报表、申报说明和计日工统计报表3份,证实未计量应支付计日工款项为11 026元。2.针对借土填方超运距未计量部分。A公司出示的证据为承包商申报表、南邓高速公路NO.3合同段路基填土运距一览表、南邓高速公路NO.3合同段王营土场土方运输路线图、南邓高速公路NO.3合同段关于借土填方超运距运费计量问题的报告。B公司所举举证为,宛字速2004年5月5号文件(47号)、申报超运距计量审批表、计量申请表。3.针对南阳至新野公路改道及拆除款部分。A公司出示的证据为,2002年12月29日会议纪要、承包商申报表、施工协议。4.针对不当罚款及应奖未奖费用。A公司出示的证据为:(1)南邓高速公路A总监代表代表处A总监(合)字(2003)第01号文件,对A公司罚款10万元。(2)B有限公司宛高速(04)100号文件,罚款3万元。(3)B有限公司宛高速(2004)123号文件罚款2万元。(4)B有限公司宛高速(2005)57号文件罚款10万元。(5)B有限公司宛高速(2005)70号文件罚款13.2和10万元,共计23.2万元。(6)B有限公司宛高速(2005)13号文件罚款2万元,统计为5万元,多罚款3万元。(7)2005年工地会议纪要,应奖励2万元。(8)B有限公司宛高速(2005)42号文件应奖励2.9万元。5.针对永久征地款和施工补偿费等。A公司出示的证据为万新庄天桥引线施工情况报告,应奖励10万;关于修建集水坑费用的报告,应补偿4万元;关于请求支付永久征地款的报告和河南省宛城区黄台岗镇政府收据,垫支款4.4万元;基桩钻空取芯协议、5.94万元收据、基桩钻空取芯申报表。其中,万新庄天桥引线施工情况报告、关于修建集水坑费用的报告、请求支付永久征地款的报告,无监理、业主签字,B公司亦不认可。基桩钻空取芯申报表,B公司签署了情况属实的意见。6.针对膨胀土变更引起的人员窝工与机械停驶费。A公司出具的证据为河南省交通厅豫交工(2003)540号文件、2002年12月29日会议纪要、土方路基工程(填筑第一层)中间交工证书。B公司出示的证据为沿线土地质调查研究报告、高速公路质检部文件、路基土方试验段申报表、计划表。7.针对小中仓天桥变更工程增加费用。A公司出具的证据为原设计图纸、变更后的设计图纸、A公司制作的施工预算表。B公司出具的证据为南邓高速公路工程设计变更申请表、河南省交通厅(2004)208号批复、第12,20期变更工程支付报表。8.针对索赔费用。A公司出具的证据为承包商索赔申报表4份、施工进度计划、工程机械设备记录起止时间与施工协议、机械设备租赁合同。9.针对材料差价。A公司出具的证据为材料价差计算表、B公司发放的宛高速(2007)28号文件、会议纪要、河南省交通工程定额站豫交定(2004)2号文件。10.针对未确定单价的变更工程款。A公司出具的证据为变更工程单价申报表001~025,以及B公司下发的材料计算表、设计图纸。

B公司对A公司出具的证据的真实性均未提出异议,但对无业主签字部分的证据不予认可,对部分有业主签字部分认为需要进一步核对,在法庭限定的期间内未提出核对异议。A公司对B公司出示的证据的真实性未提出异议。合议庭认为A公司出具的万新庄天桥引线施工情况报告、关于修建集水坑费用的报告系单方制作,无任何人签字,亦无其他证据予以印证,B公司亦不予认可,不予认定。其余证据双方对其真实性均未提出异议,均与本案处理有关联性,应予认定。

在本案审理中,双方对A公司诉请的以下六项工程款数额有争议:1.未定价变更工程总造价;2.借土填方超运距未计量部分价款;3.南新公路改道及拆除费用;4.膨胀土变更引起的人员窝工、机械停驶费;5.小中仓天桥变更后总造价;6.A公司的索赔费用。A公司申请对以上六项工程款数额进行司法鉴定。本院委托河南海天工程造价咨询事务有限公司对以上六项工程款数额进行了司法鉴定,鉴定结果为:1.未定价变更工程总造价20 483 398元(含已支付部分9 536 776元);2.借土填方超运距未计算部分520 147元;3.南新公路改道及拆除费用1 296 631元;4.膨胀土变更引起的人员窝工、机械停驶费732 940元;5.小中仓天桥变更后总造价4 993 350元;6.索赔费用751 637元。

A公司对以上鉴定结论的质证意见为,第1,2,4,5,6部分有异议,认为鉴定部门少计算了工程款,对第3部分的鉴定结果无异议。B公司的质证意见为,无鉴定必要,依合同应该都能解决,单价应按合同约定和业主批复为准,鉴定中的部分单价提高了合同约定的子母单价,部分工程量比报表中的增加了。

河南海天工程造价咨询事务有限公司在双方对鉴定结果质证后又对部分工程量进行了核对,并出具了调整鉴定结果的函,调整的内容为:“未定价变更部分”总造价为20 433 104元(含已支付部分9 536 776元)。A公司和B公司对调整后的鉴定部分的工程量均无异议。

对以上证据合议庭认为,河南海天工程造价咨询事务有限公司依据双方认可的工程量参照相关法律法规的规定作出的鉴定,鉴定程序合法,鉴定结果客观,应予认定。

经审理查明:1.A公司经招投标程序于2002年12月18日与B公司签订了《施工合同协议书》及《合同补充协议书》,双方约定:鉴于业主为修建南阳周营至万新庄高速公路并接受承包人对该项工程No3A合同段的投标书,现有B公司为一方和河南省南阳市公路桥梁公司(后更名为河南省A建设(集团)有限公司以下统称A公司)为另一方共同达成并签订本施工合同协议。约定的No3A合同段由K19+000~K23+600,长约4.6 km,技术标准高速公路。有立交3处,大中桥4座,计长227.16 m,以及其他构造物工程。根据工程量清单所列的预计数量和单价或总额价计算的合同总价为人民币48 142 814元。协议签订后,A公司组织对该工程进行了施工,工程完工后,2005年12月8日A公司向B公司提交了交工报告,2005年12月19日南邓高速全线通车。施工过程中双方分期对工程价款进行结算,即由A公司分期上报中期支付报表,由业主审批,双方已结算至第20期,第21期双方未进行最终结算。第21期结算前B公司已支付工程款48 642 570元,A公司借支工程款14 576 520.2元。因双方对部分工程款的数额和计算办法发生纠纷,A公司诉至法院。2.A公司已完成的合同内未计量工程价款为4 377 172元。其中的2 367 265元的清单支付报表已经B公司签字确认,另1 989 907元工程款和20 000元竣工资料费共计2 009 907元的清单支付报表经驻地监理、总监代表处工程师签字,但B公司未签字确认。3.施工过程中,B公司依施工合同的约定,从每期应支付给A公司的工程款中共扣除保留金2 407 141元。施工合同通用条款60.4约定,在整个合同工程缺陷责任期满并发给缺陷责任终止证书14天内,由监理工程师核证将保留金一次性退还给承包人。施工合同专用条款15.49.1款约定的缺陷责任期为36个月。4.2003年5月7日,A公司向B公司递交了《南邓高速公路开工典礼仪式费用支付申请报告》,申请费用为332 639元,B公司副总经理及相关人员在该报告上签署了同意的意见。B 公司已支付 151 070 元，下欠 181 569 元未予支付。5. A 公司在施工期间，由于征地、拆迁不到位，路基清表及土方填筑导致临近村庄的灌溉、排水系统受到损坏，为化解与沿线群众的矛盾，对原有排灌、排水系统进行了修复，共使用计日工 11 026元。对使用的该计日工 A 公司向 B 公司进行了申报，并附有三份计日工统计表，申报表和三份计日工统计表中均有项目监理工程师、驻地监理工程师及业主的签字。6. 双方签订的《施工合同协议书》附件二《承包人履约评价及奖罚办法》中约定，由业主和承包人各提供当月工程结算金额的 1% 作为奖励基金，按履约评价办法对承包人的罚款作为补充的奖励基金。同时约定了奖励和处罚的具体标准。在施工过程中，B 公司分期从 A 公司当期工程款中按 2% 扣除奖励基金共计 995 438 元。截止施工完毕，B 公司对 A 公司共计罚款 879 880 元，奖励 1 577 384 元。A 公司对其中的部分罚款认为是不当罚款，对部分工程认为是应当奖励而没有奖励，具体为：(1) 南邓高速公路 A 总监代表代表处 A 总监(合)字(2003)第 01 号文件，对 A 公司罚款 10 万元，罚款原因为实际工程进度滞后于工程计划，A 公司的异议理由为造成工程滞后的原因是路基不能使用膨胀土，就去考察哪里的土符合要求，工程滞后的原因不在 A 公司，不应罚款。(2) B 有限公司宛高速(04)100 号文件，罚款 3 万元。(3) B 有限公司宛高速(2004)123 号文件罚款 2 万元。(4) B 有限公司宛高速(2005)57 号文件罚款 10 万元。(5) B 有限公司宛高速(2005)70 号文件罚款 13.2 万元、10 万元，共计 23.2 万元。以上 2 ~5 项罚款原因均为天桥施工进度滞后，A 公司的异议理由为造成天桥施工进度滞后的原因是桥梁工程的征地、拆迁工作不到位，原因不在 A 公司，不应罚款。(6) B 有限公司宛高速(2005)13 号文件罚款 5 万元，罚款原因是 3A 标实验室主任擅自离开工地，A 公司的异议理由是文件上确认的罚款数额为 2 万元，但统计表中错误的统计为 5 万元，多罚款 3 万元。(7) 2005 年工地会议纪要记载，2005 年 7 月 1 日前对工地现场清理保证无杂物、无污染奖励 2 万元，但后该负责人调走，未实际奖励，应奖励 2 万元。(8) B 有限公司宛高速(2005)42 号文件奖励 2.9 万元，但按该文件报计量时业主未予批复。7. 2004 年 5 月 12 日，B 公司以宛高速(2004)47 号文件的形式下发了《关于加快计量支付程序、规范超运距核定工作的通知》，该通知规定了超运距的计算办法为土场中心到上施工便道口的距离减去 2 km。该文件发出后，A 公司提出异议，向 B 公司递交了《关于借土填方超运距运费计量问题的报告》，认为超运距的计算办法不包含经便道运输距离不当，主要理由为按合同约定和相关规定，2 km 以内的为免费运距，沿主便道运输，只要超过合同约定的 2 km都应按超运距计算。并按其实际运距(含便道距离)减去 2 km 制作了路基填土运距一览表，进行了申报，驻地监理工程师、代表处合同部等相关人员在申报表上签署了运距属实，同意上报的意见，B 公司相关人员亦在该申报表上签署了运距属实的意见，但注明了超运距为 5.5 km(按 B 公司文件规定的方法计算)，B 公司在分期结算工程款时仍按照通知规定的土场中心到上施工便道口的距离减去 2 km 的计算办法计算超运距，并未按该报告确认的超运距结算。另查明，河南海天工程造价咨询事务有限公司的鉴定结论中借土填方超运距未计算部分数额与 A 公司制作的路基填土运距一览表中注明的未计算部分数额一致，均为 520 147 元。8. (1) 2003 年 5 月 10 日，A 公司因需对中仓河中桥基桩 0# ~1.0# ~2 取芯做水泥混凝土抗压强度试验，与河南省路通物探科技开发有限公司签订了基桩钻孔取芯协议，约定的价款为 59 400 元，2003 年 6 月 5 日取芯后经试验合格，2003 年 12 月 31 日，A 公司支付合同价款 59 400 元。2003 年 6 月 5 日 A 公司就该费用向 B 公司申报，B 公司相关负责人在申报表上签署了情况属实的意见。(2) 2005 年 8 月 9 日，A 公司向南阳市宛城区黄台岗乡人民政府支付小中仓天桥引线征地协调费 4.4 万元，南阳市宛城区黄台岗乡人民政府向 A 公司出具了行政事业收费票据。(3) A 公司称 2005 年 7 月，因万新庄天桥引线施工任务重、时间紧，项目公司王士教总经理要求可采取多种方法从水中捞沙进行路基填筑，确保在通车前完成，则给予 10 万元的奖励，否则给予处罚。A 公司提前完成了任务，应奖励 10 万元；因小中仓村西侧地势较低，高速公路建成后附近农田排水不畅，项目公司同意在该处设置积水坑，但由于当地村民对占地要价过高原因局部征地未完成，项目公司王士教总经理了解情况后同意给 4 万元机械补偿费。但除 A 公司单方制作的报告外(无监理方和业主方的签字)，未出示其他证据予以证实，B 公司亦不予认可。9. 施工合同签订后，B 公司要求各标段施工单位于 2003 年 3 月 10 日全面开工。由于南邓高速大部分路段位于膨胀土地区，原设计方案是采用弱膨胀土处置后填筑路基，后由于 B 公司在沿线 10 ~ 20 km 运距范围内找到非膨胀土土源，变更原方案为在 66 km 的膨胀土路段也采用非膨胀土填筑路基。河南省交通厅于 2003 年 8 月 5 日以豫交工(2003)540 号文件的形式同意该变更意见，并注明因方案变更增加的费用在批准概算的范围内调剂解决。A 公司施工路段处于以上变更路段，2003 年 3 月 10 日 A 公司人员及机械设备按要求进入施工现场后由于以上方案变更，需寻找非膨胀土土源，无法按期组织施工，后寻找到合格土源后于 2003 年 5 月 27 日开始进行施工，于 2003 年 5 月 30 日完成第一层路基填筑工程并申请交验。依据河南海天工程造价咨询事务有限公司鉴定结论，2003 年 3 月 10 日至 5 月 27 日期间 A 公司的人员窝工、机械停驶费为 732 940 元。10. A 公司为修建合同段内的万新庄天桥，需将原豫 22 线(南新公路)进行改道。2003 年 6 月 25 日，A 公司向 B 公司申报了万新庄天桥及引道尽快落实拆迁及永久占地的申请和万新庄天桥引线改道施工方案。监理工程师在申报表上签字同意上报。之后 A 公司组织对以上改道及拆除工程进行了施工。A 公司单方核算的工程价款为 1 353 230元。同时 A 公司在进行南新路改道及拆除工程的施工中与桐柏土方施工队签订了施工协议，约定由桐柏土方施工队完成南新路改道及拆除的部分工程，约定的工程价款为 70 000 元。因以上工程费用系 A 公司单方核算，B 公司不予认可，依据 A 公司的委托，本院委托河南海天工程造价咨询事务有限公司对南新路改道及拆除费用进行了鉴定，鉴定结果为南新公路改道及拆除费用为 1 296 631 元。另查明，双方签订的施工协议通用条款第 29.1 条约定，在合同许可的范围内，实施和完成本合同及缺陷修复工程中的一切施工作业，应不影响临近建筑物、构造物的安全与正常使用，也不干扰群众的通行方便(难以避免的一定程度的干扰除外)。如发生上述情况，并由此导致索赔、赔偿、诉讼费用及其他开支时，应由承包人承担一切责任和费用。但由于业主或监理工程师对本工程提供的设计所引起的必然结果除外。11. A 公司合同段内的小中仓天桥原设计方案为连续半圆桥梁，该桥梁施工前 B 公司经河南省交通厅批准将原设计方案变更为斜拉桥，该桥梁原预算费用为 185.77 万元。为报请河南省交通厅批准变更后设计方案，填报了南邓高速公路工程设计变更申报表，申报的变更设计后的预算费用为 405.18 万元，B 公司和监理单位、设计单位均在申报表上签字同意变更方案，后经河南省交通厅批复变更后的预算价款为 410.34 元。B 公司分别于第 12 期向 A 公司支付小中仓天桥工程款 1 531 034 元，第 20 期支付小中仓天桥工程款 2 296 551元，共计 3 827 585 元。A 公司认为变更设计方案后的预算费用低于实际费用，并单方对变更设计方案后的小中仓天桥工程款进行了预算，预算价款数额为 6 771 748 元。诉讼中本院委托河南海天工程造价咨询事务有限公司对小中仓天桥变更设计后的总造价进行了鉴定，鉴定的总造价为 4 993 350 元。12. 施工过程中，根据 B 公司的变更指令，变更和增加了部分合同外工程。B公司于2007年5月25日向各施工单位发放了宛高速(2007)28号《关于工程计量有关问题处理意见的通知》,对变更工程的计量办法分项提出了处理意见,其中对变更工程的单价要求各施工单位按照当期市场价、定额发布价或合同价等不同方式进行申报,经监理审核由业主批准后执行,之后A公司先后向B公司填报了25份变更工程单价申报表,监理及总监代表均在变更表上签字同意上报单价,B公司对其中的20份申报表申报的单价进行了审批,审批价大部分低于申报价,另5份至今未予审批。双方对变更和增加的工程量经核对均无异议,但对变更工程的工程单价发生争议,A公司认为应当按照其申报的价款计算,B公司认为其申报的单价过高应按其审批的单价计算。B公司已按其审批的单价支付了部分变更工程款,数额为9 536 776元。诉讼中本院委托河南海天工程造价咨询事务有限公司对变更工程的总造价进行了鉴定,鉴定的总造价为20 433 104元。13.双方签订的施工合同通用条款42.2条约定,如果由于业主未能按照42.1条的规定办妥永久占地征用手续,影响承包人及时使用而导致承包人延误工期或增加费用时,则监理工程师在与承包人和业主协商后应确定:根据第44条规定承包人应得的延长工期和应该加到合同价格上的此类费用的款项。上述确定应通知承包人,并抄送业主。施工过程中,由于B公司未能按照计划办妥永久性占地征用手续等原因,影响A公司及时使用而导致延误了施工工期,A公司依据以上合同的约定向B公司填报了索赔申请表5份,分别为:(1)2003年4月20日至2003年9月期间,由于万辛庄、小中仓天桥征地问题未得到解决,造成4台钻机停驶3.5月,索赔费用426台班×900=383 400元;(2)截止2004年5月由于万辛庄、小中仓天桥征地问题未得到解决造成三台钻机、一台混凝土拌合楼、一台装载机停驶8个月,索赔费用为914 700元;(3)2004年12月10日,路面底基层和基础层施工时,万辛庄和小中仓村民以南邓高速修筑造成其出路阻断为由阻止该路段施工,造成机械、人工停驶6天,索赔费用共计176 360元;(4)2005年4月21日,路面基层施工时,小中仓村民以南邓高速修筑造成其出路阻断为由阻止该路段施工,机械、人工停驶8天,索赔费用共计199 947元;(5)2005年月4日,万辛庄天桥引线工程施工时,万辛庄和小中仓村民以南邓高速修筑造成其出路阻断仍未得到解决为由阻止施工,机械、人工停驶22天,索赔费用共计193 600元。以上合计索赔费用为1 868 007元,以上5份索赔申报表均有监理工程师签署了情况属实,同意上报的意见,B公司未签署意见。诉讼中本院委托河南海天工程造价咨询事务有限公司对索赔费用的总价款进行了鉴定,鉴定的总价款为751 637元。14.2007年5月25日B公司发放的宛高速(2007)28号《关于工程计量有关问题处理意见的通知》第20条对关于建设期内因工程材料价格上涨,施工单位要求调补材料差价的问题提出了处理意见,意见为,根据2006年1月15日会议纪要意见办理,按照省厅文件规定的上限补差。施工单位根据省厅文件要求、定额站发布的当期价格编制补差资料。……材料价格确定:按相应材料的综合平均单价与业主在施工(材料)招标时间时计算标的采用的相应材料单价比较计算差价。经监理审核、业主确认后双方签订材料补差合同,手续完善后计量。第21条意见为,施工单位对批复单价有异议且为新申报单价,由公司外聘造价人员进行审定、复核、确定后由施工单位进行计量。2006年1月15日会议纪要形成的意见中对材料差价的意见为,要按省厅文件规定的上限补差。A公司依照以上意见和河南省交通工程定额站豫交定(2004)2号《关于调整在建高速公路建设项目材料价格的指导性意见》的规定,制作了材料差价计算表,该表计算的水泥、碎石、钢筋的材料差价总计为1 899 093元,A公司按该价款向B公司进行申报,B公司认可收到了申报表,但至今未予审批。

法院认为,A 公司经招投标程序于 2002 年 12 月 18 日与 B 公司签订的《施工合同协议书》及《合同补充协议书》为有效协议。协议签订后 A 公司依协议约定组织进行了施工,该工程现已施工完毕,并已实际交付使用,B 公司应依协议约定向 A 公司支付下欠工程款。A 公司和 B 公司双方对第 20 期前已结算并已支付的 48 642 570 元工程款均无异议,对第 20 期结算后,A 公司又借支工程款 14 576 520.2 元的事实亦无异议,本院予以确认。该案争议的主要问题是 A 公司请求的 13 项未结算工程款数额是否属实,应否支持。以下分别予以评述。

1. 关于合同内未计量部分款项。A 公司已完成的合同内未计量工程价款中的 2 367 265元的清单支付报表已经 B 公司签字确认,B 公司亦予以认可,本院予以确认。另 1 989 907元工程款和 20 000 元竣工资料费共计 2 009 907 元虽然 B 公司未签字确认,但该部分属合同内工程,竣工资料费也已实际发生,清单支付报表也已经驻地监理、总监代表处工程师签字确认,B 公司对该部分数额亦未提出异议。故 B 公司应向 A 公司支付合同内未计量款项 4 377 172 元。

2. 关于保留金部分的款项。B 公司依施工合同的约定,从每期应支付给 A 公司的工程款中共扣除保留金 2 407 141 元。依照施工合同约定,在整个合同工程 36 个月的缺陷责任期满并发给缺陷责任终止证书 14 天内,由监理工程师核证将保留金一次性退还给承包人。南邓高速公路已于 2005 年 12 月 19 日全线通车,约定的缺陷责任期至 2008 年 12 月 18 日已届满,B 公司应依合同的约定将保留金退还给 A 公司。

3. 关于开工典礼未支付款项。2003 年 5 月 7 日,A 公司向 B 公司递交的《南邓高速公路开工典礼仪式费用支付申请报告》已有 B 公司副总经理及相关人员签署了同意的意见,下欠费用 181 569 元应予支付。

4. 关于计日工未计量部分款项。A 公司向 B 公司申报的计日工申报表和三份计日工统计表中均有项目监理工程师、驻地监理工程师和 B 公司工作人员的签字。同时,该部分计日工的使用是由于征地、拆迁不到位引起的,不属双方签订的施工协议通用条款第 29.1 条约定的应有 A 公司承担费用的范围。故该部分款项 11 026 元应予支付。

5. 关于不当罚款和应奖未奖费用。双方签订的《施工合同协议书》附件二《承包人履约评价及奖罚办法》中约定,有业主和承包人各提供当月工程结算金额的 1% 作为奖励基金。但在施工过程中,B 公司分期从 A 公司当期工程款中按 2% 扣除奖励基金共计 995 438 元。对多扣除的 1% 计 497 719 元,是何原因,应否予以返还,因 A 公司在庭审结束前未提出主张,本院不予审查,可另行处理。A 公司主张的不当罚款(1 ~5 项),罚款原因均为工期滞后,A 公司对工期滞后的事实予以认可,但认为工期滞后不是 A 公司的原因造成的,所罚款项应予退还。本院认为,《施工合同协议书》附件二《承包人履约评价及奖罚办法》,是 B 公司为保证各标段施工合同正常实施约定的内部奖惩措施,施工过程中各合同段均按该办法执行。A 公司主张的 1 ~5 项奖罚是 B 公司按照约定的奖罚办法实施的奖罚措施,文件下发后,A 公司并未提出异议,并在当期结算中予以履行。同时,A 公司就 B 公司因拆迁、征地不到位等原因造成的损失已在本案中提出了主张。故对 A 公司请求返还 1 ~5 项所罚款项的理由本院不予支持。A 公司主张的第 6 项不当罚款为文件列表中统计错误,多计算 3 万元,应予纠正。第 7 项应奖未奖费用 2.9 万元为文件已确认,但未实际履行,应予支付。综上,B 公司应向 A 公司返还因统计错误多收取的 30 000 元罚款,支付已确认的奖励费用29 000 万元,共计 59 000 元。

6. 关于借土填方超运距未计量部分。虽然B公司下发的《关于加快计量支付程序、规范超运距核定工作的通知》规定的超运距的计算办法为，土场中心到上施工便道口的距离减去2 km，但该通知系B公司单方作出的，该文件确认的计算办法未经A公司同意对A公司不产生效力。A公司向B公司递交的《关于借土填方超运距运费计量问题的报告》是按其实际运距(含便道距离)减去2 km计算的，该计算办法较为合理，且已经驻地监理工程师、代表处合同部等相关人员签字确认。故A公司主张应按其实际发生的运距(含便道距离)计算超运距费用的请求能够成立，应予支持。该部分未支付费用经河南海天工程造价咨询事务有限公司鉴定的数额与A公司主张的数额一致，为520 147元。

7. 关于永久征地款和施工补偿款。基桩钻孔取芯系A公司为做水泥混凝土抗压强度试验，经B公司同意后进行的，之后A向B公司进行了申报，B公司亦签署了同意意见，实际支出费用59 400元应由B公司负担；A公司向南阳市宛城区黄台岗乡人民政府支付的小中仓天桥引线征地协调费4.4万元，已实际发生，而征地任务是B公司应当履行的义务，故该部分费用应当认定为A的代支款项，B公司应予返还。A公司诉称的10万元奖励费用和4万元机械补偿款因无证据证实，本院不予支持。以上B公司应向A公司支付款项为103 400元。

8. 关于膨胀土变更引起的人员窝工、机械停驶费。A公司的人员和机械设备按B公司的要求于2003年3月10日进场后，由于B公司变更了原设计方案，致使A公司无法组织施工，致找到合格土源后才于2003年5月27日组织进行施工，由于造成无法按时组织施工的原因是因B公司变更设计方案引起的，该期间造成A公司人员窝工、机械停驶的损失应由B公司负担。赔偿数额依据河南海天工程造价咨询事务有限公司鉴定结论为732 940元。

9. 关于南新路改道费用。双方签订的施工协议通用条款第29.1条约定，在合同许可的范围内，实施和完成本合同及缺陷修复工程中的一切施工作业，应不影响临近建筑物、构造物的安全与正常使用，也不干扰群众的通行方便(难以避免的一定程度的干扰除外)。如发生上述情况，并由此导致索赔、赔偿、诉讼费用及其他开支时，应由承包人承担一切责任和费用。但由于业主或监理工程师对本工程提供的设计所引起的必然结果除外。A公司在修建万新庄天桥时对南新路的改道，应当属于以上约定的除外因素，同时，A公司亦就该项目的施工向B公司进行了申报，监理工程师亦在申报表上签署同意上报的意见。故南新路改道所需费用应由B公司负担。依据河南海天工程造价咨询事务有限公司鉴定结论，该部分费用为1 296 631元。

10. 关于小中仓天桥变更增加费用。因小中仓天桥是由B公司经河南省交通厅批准变更的设计方案，因该变更增加的费用应由B负担。虽然向河南省交通厅填报的南邓高速公路工程设计变更申报表中申报的变更设计后的预算费用为405.18万元，但该表格中填报的是预算价，填报的目的是申请河南省交通厅批准该变更方案，并不是最终的结算价款。之后A公司依据变更后的图纸又向B公司申报了预算价款，但B公司对该预算价款不予认可。依据河南海天工程造价咨询事务有限公司的鉴定结论，小中仓天桥变更设计后的总造价为4 993 350元，B公司应按该价款与A公司进行结算，减去已支付的3 827 585元，下欠1 165 765元应予支付。

11. 关于未定价变更工程费用。在合同履行过程中，B公司变更和增加了部分合同外工程，同时对变更和增加工程的计量和计价提出了按照当期市场价、定额发布价或合同价等不同方式进行申报，经监理审核和业主批准后执行。双方对申报的工程量无异议，但对价格有异议,A 公司申报的 B 公司不予认可,B 公司批准的 A 公司认为价太低。本项工程经河南海天工程造价咨询事务有限公司的鉴定其结论为 20 433 104 元,减去已付的 9 536 776 元,尚有 10 896 328 元应由 B 公司向 A 公司支付。

12. 关于索赔费用。在施工过程中由于 B 公司没有按合同办妥永久占地征用手续,导致 A 公司延误工期和增加费用,A 公司分别制作了五份索赔申报表和相关资料,上述资料均有监理工程师签署了情况属实的意见,上述索赔共计 1 868 007 元。B 公司对上述赔偿数额不予认可,经河南海天工程造价咨询事务有限公司的鉴定,其结论为 751 637 元,应由 B 公司向 A 公司支付。

13. 关于材料差价费用。根据 B 公司下发的文件和 2006 年 1 月 15 日的会议纪要精神,A 公司按照 B 公司要求制作了材料差价计算表,数额总计为 1 899 093 元,该价款 A 公司已向 B 公司进行了申报,B 公司也认可收到了申报,但未置可否。本院认为该款项是 A 公司按照 B 公司的要求申报的,B 公司辩解不应支付的理由不能成立。

综上,B 公司应向 A 公司支付:1. 合同内未计量款项 4 377 172 元;2. 保留金 2 407 141 元;3. 开工典礼仪式费用 181 569 元;4. 计日工未计量部分费用 11 026 元;5. 因统计错误多收取的 30 000 元罚款,已确认的奖励费用 29 000 万元,共计 59 000 元;6. 借土填方超运距未计量部分费用 520 147 元;7. 基桩钻孔取芯费用和征地协调费共计 103 400 元;8. 膨胀土变更引起的人员窝工、机械停驶费费用 732 940 元;9. 南新路改道费用 1 296 631 元;10. 小中仓天桥变更增加费用 1 165 765 元;11. 未定价变更工程费用 10 896 328 元;12. 索赔费用 751 637 元;13. 材料差价费用 1 899 093 元。以上共计 24 401 849 元,减去 A 公司借支款 14 576 520.2元,应支付工程款为 9 825 327.8 元。依照《中华人民共和国合同法》第六十条、第二百八十四条和《最高人民法院关于审理建设工程施工合同若干问题的解释》第十六条第二款、第十九、第二十条的规定判决如下:

B 有限公司于本判决生效 15 日内向河南省 A 建设(集团)有限公司支付工程款 9 825 327.8元及利息(利息自 2005 年 12 月 19 日起按中国人民银行同类借款利率计算至本判决确认的给付之日止)。

如未按本判决指定的期间履行给付金钱义务,应当依照《中华人民共和国民事诉讼法》第二百二十九条的规定,加倍支付迟延履行期间的债务利息。案件受理费 84 303 元,保全费 5 000 元,鉴定费 150 000 元,共计 239 303 元,由 B 有限公司负担。如不服本判决可在判决书送达之日起 15 日内向本院提交上诉状及副本一式八份,预交上诉费 84 303 元,上诉至河南省高级人民法院。

案例简评:本案争议的焦点之一便是计量上存在的差异。本案涉及诸多计量问题。比如说合同内未计量款、借土填方超运距未计量部分款、开工典礼 181 596 元计量申报手续不合约定且报价虚高、第 20 期和 21 期工程报表证实双方已认可并计量的工程量、关于借土填方超运距运费计量问题的报告、申报超运距计量审批表、计量申请表。这些在双方当事人之间有的问题上产生了不同的理解。另外还有《关于加快计量支付程序、规范超运距核定工作的通知》《关于借土填方超运距运费计量问题的报告》《关于工程计量有关问题处理意见的通知》等。虽然 B 公司下发的《关于加快计量支付程序、规范超运距核定工作的通知》规定的超运距的计算办法为土场中心到上施工便道口的距离减去 2 km,但该通知系 B 公司单方作出的,该文件确认的计算办法未经 A 公司同意对 A 公司不产生效力。这一点是可以理解的。A 公司向 B 公司递交的《关于借土填方超运距运费计量问题的报告》到底是按照什么标准计算的,原有的计算办法是否合理,这也关系到双方当事人之间的利益。《关于工程计量有关问题处理意见的通知》,对变更工程的计量办法分项提出了处理意见,其中对变更工程的单价要求各施工单位按照当期市场价、定额发布价或合同价等不同方式进行申报,虽然最后双方对变更和增加的工程量经核对均无异议,但对变更工程的工程单价发生争议,这种对标准的不同理解导致了A公司与B公司产生了争议。

第五章　计量法律责任

第一节　计量法律责任概述

计量法律责任,一般是指由于违反计量法律、法规,而应当承担的法律后果。计量法律责任包括计量行政法律责任、计量民事法律责任、计量刑事法律责任。

计量行政法律责任在计量法律责任中表现的比较突出。大多计量违法行为一般由计量行政部门处理,主要有责令改正、责令停止生产、责令停止销售、责令停止营业、责令停止使用、没收计量器具、没收违法所得和罚款,这些行政处罚可以单独处理,也可以并处。计量刑事法律责任是指由于违反计量法律、法规,同时触犯刑法要由司法部门处理的法律后果。主要有三个行为:一是制造、销售、使用以欺骗消费者为目的的计量器具,情节严重的;二是制造、修理、销售的计量器具不合格,造成人身伤亡或重大财产损失的;三是计量监督人员违法失职,情节严重的。计量民事法律责任在中国计量法中无明确规定,是指由于违反计量法律、法规而给对方造成经济损失而需要承担的责任,主要有责令赔偿损失。

法律责任的承担与不法行为相关。常见计量违法行为主要表现在以下几个方面:第一,未取得许可证制造、修理计量器具(指列入《依法管理的计量器具目录(型式批准部分)》内);第二,销售未经省级政府计量行政部门检定合格的进口计量器具(指列入《依法管理的计量器具目录(型式批准部分)》内);第三,制造、修理、销售的计量器具不合格;第四,属于强制检定的计量器具不申请检定或经检定不合格继续使用;第五,使用不合格的计量器具或破坏计量器具准确度,给国家、消费者造成损失;第六,制造、销售、使用以欺骗消费者为目的的计量器具;第七,定量包装商品未按照规定真实、清晰地标注商品的净含量的,或者净含量的规格,数列选择不符合国家规定的;最后,计量器具的配备和使用不符合国家和当地规定等。

中国根据《计量法》《计量法实施细则》及有关法律、法规的规定,制定了《计量违法行为处罚细则》。县级以上地方人民政府计量行政部门负责对违反计量法律、法规的行为执行行政处罚。法律、法规另有规定的,按法律、法规的规定执行。处理违反计量法律、法规的行为,必须坚持"以事实为依据,以法律为准绳",做到事实清楚,证据确凿,适用法律、法规正确,符合规定程序。

第二节　计量法律责任的具体体现

计量法律责任包括计量行政法律责任、计量民事法律责任、计量刑事法律责任。县级以上地方人民政府计量行政部门负责对违反计量法律、法规的行为执行行政处罚。法律、法规另有规定的,按法律、法规的规定执行。

一、行政法律责任

违反计量法律、法规行为的行政处罚包括:(1)责令改正;(2)责令停止生产、营业、制造、出厂、修理、销售、使用、检定、测试、检验、进口;(3)责令赔偿损失;(4)吊销证书;(5)没收违法所得、计量器具、残次计量器具零配件及非法检定印、证;(6)罚款。

根据《计量法》第二十三条规定:未取得《制造计量器具许可证》《修理计量器具许可证》制造或者修理计量器具的,责令停止生产、停止营业,没收违法所得,可以并处罚款。本条是对违反本法第十二条、第十八条的行为,追究行政法律责任的规定。

本条规定的行政处罚适用于制造、修理计量器具的企业、事业单位和个体工商户。其中停止生产的行政处罚,适用于制造计量器具的企业、事业单位和个体工商户;停止营业的行政处罚,适用于修理计量器具的企业、事业单位和个体工商户。本条规定的各项行政处罚,可单独适用,也可合并适用。处以停止生产、停止营业的期限,罚款的限额,没收违法所得和罚款的处理等,按《计量法实施细则》或有关管理办法的规定执行。

根据《计量法》第二十四条的规定:制造、销售未经考核合格的计量器具新产品的,责令停止制造、销售该种新产品,没收违法所得,可以并处罚款。

该条是对违反本法第十三条的行为,追究行政法律责任的规定。本条规定的行政处罚适用于制造、销售计量器具的企业、事业单位和个体工商户。“未经考核合格的计量器具新产品”是指未经省级以上人民政府计量行政部门型式批准或样机试验合格的计量器具新产品。其他解释内容同本法第二十三条解释的第3,4项。

根据《计量法》第二十五条的规定:制造、修理、销售的计量器具不合格的,没收违法所得,可以并处罚款。

本条是对违反本法第十五条和销售不合格计量器具的行为,追究行政法律责任的规定。“制造、修理、销售计量器具不合格”是指出厂或交付用户的计量器具不合格或者没有合格证。本条规定的行政处罚适用于制造、修理和销售计量器具的企业、事业单位和个体工商户。其他解释内容同本法第二十三条解释的第3,4项。

《计量法》第二十六条规定:属于强制检定范围的计量器具,未按照规定申请检定或者检定不合格继续使用的,责令停止使用,可以并处罚款。

本条是对违反本法第九条第一款的行为,追究行政法律责任的规定。“强制检定范围”是指本法第九条第一款规定的范围,其中强制检定的工作计量器具,由《中华人民共和国强制检定的工作计量器具目录》确定。“未按照规定申请检定”是指未按照《计量法实施细则》和《中华人民共和国强制检定的工作计量器具检定管理办法》申请检定,以及未按照地方人民政府计量行政部门实施强制检定的有关规定申请检定。本条规定的行政处罚适用于使用强制检定的计量器具的任何单位和个人。其他解释内容同本法第二十三条解释的第3,4项。

《计量法》第二十七条规定也涉及到行政责任的问题。该条规定:使用不合格的计量器具或者破坏计量器具准确度,给国家和消费者造成损失的,责令赔偿损失,没收计量器具和违法所得,可以并处罚款。

本条是对违反本法第十七条和使用不合格的计量器具,给国家和消费者造成损失的行为,追究行政法律责任和民事法律责任的规定。本条规定的行政处罚适用于任何单位和个人。“使用不合格的计量器具”是指使用无检定合格印、证或者超过检定周期,以及经检定不合格的计量器具。其他解释内容同本法第二十三条解释的第 3,4 项。

另外,根据《计量法》第二十八条相关部分内容规定:制造、销售、使用以欺骗消费者为目的的计量器具的,没收计量器具和违法所得,处以罚款。本条是对制造、销售、使用以欺骗消费者为目的的计量器具的行为,追究行政法律责任的规定。依据《计量法》第三十条的相关规定:计量监督人员违法失职,情节轻微的,给予行政处分。给予行政处分,由违法者所在单位决定或由其上级领导机关决定。

另外,《计量违法行为处罚细则》规定,违反计量法律、法规使用非法定计量单位的,按以下规定处罚:(1)非出版物(指公文、统计报表、商品包装物、产品铭牌、说明书、标签标价、票据收据等)使用非法定计量单位的,责令其改正。(2)出版物(是指公开或内部发行的,除古籍和文学书籍以外的图书、报纸、期刊,以及除文艺作品外的音像制品)使用非法定计量单位的,责令其停止销售,可并处一千元以下罚款。

《计量违法行为处罚细则》第七条规定:损坏计量基准,或未经国务院计量行政部门批准,随意拆卸、改装计量基准,或自行中断、擅自终止检定工作的,对直接责任人员进行批评教育,给予行政处分。《计量违法行为处罚细则》第八条规定:社会公用计量标准,经检查达不到原考核条件的,责令其停止使用,限期整改;经整改仍达不到原考核条件的,由原发证机关吊销其证书。

《计量违法行为处罚细则》第九条规定更为具体,部门和企业、事业单位使用的各项最高计量标准,违反计量法律、法规的,按以下规定处罚:

(1)未取得有关人民政府计量行政部门颁发的计量标准考核证书而开展检定的,责令其停止使用,可并处一千元以下罚款。

(2)计量标准考核证书有效期满,未经原发证机关复查合格而继续开展检定的,责令其停止使用,限期申请复查;逾期不申请复查的,由原发证机关吊销其证书。

(3)考核合格投入使用的计量标准,经检查达不到原考核条件的,责令其停止使用,限期整改;经整改仍达不到原考核条件的,由原发证机关吊销其证书。

《计量违法行为处罚细则》第十条则规定了被授权单位违反计量法律、法规的,按以下规定处罚:

(1)被授权项目经检查达不到原考核条件的,责令其停止检定、测试,限期整改;经整改仍达不到原考核条件的,由授权机关撤销其计量授权。

(2)超出授权项目擅自对外进行检定、测试的,责令其改正,没收全部违法所得,情节严重的,吊销计量授权证书。

(3)未经授权机关批准,擅自终止所承担的授权工作,给有关单位造成损失的,责令其赔偿损失。

《计量违法行为处罚细则》第十一条规定:未经有关人民政府计量行政部门授权,擅自对外进行检定、测试的,没收全部违法所得。第十二条则规定了使用计量器具违反计量法律、法规的,按以下规定处罚:

(1)社会公用计量标准和部门、企业、事业单位各项最高计量标准,未按照规定申请检定的或超过检定周期而继续使用的,责令其停止使用,可并处五百元以下罚款;经检定不合格而继续使用的,责令其停止使用,可并处一千元以下罚款。

(2)属于强制检定的工作计量器具,未按照规定申请检定或超过检定周期而继续使用的,责令其停止使用,可并处五百元以下罚款;经检定不合格而继续使用的,责令其停止使用,可并处一千元以下罚款。

(3)属于非强制检定的计量器具,未按照规定自行定期检定或者送其他有权对社会开展检定工作的计量检定机构定期检定的,责令其停止使用,可并处二百元以下罚款;经检定不合格而继续使用的,责令其停止使用,可并处五百元以下罚款。

(4)在经销活动中,使用非法定计量单位计量器具的,没收该计量器具。

(5)使用不合格的计量器具给国家或消费者造成损失的,责令赔偿损失,没收计量器具和全部违法所得,可并处二千元以下罚款。

(6)使用以欺骗消费者为目的的计量器具或者破坏计量器具准确度、伪造数据(单位或个人使用合格的计量器具,进行不诚实的测量,出具虚假数据或者定量包装商品实际量与标注量不符的违法行为),给国家或消费者造成损失的,责令赔偿损失,没收计量器具和全部违法所得,可并处二千元以下罚款;构成犯罪的,依法追究刑事责任。

根据《计量违法行为处罚细则》第十三条规定,进口计量器具,以及外商(含外国制造商、经销商)或其代理人在中国销售计量器具,违反计量法律、法规的,按以下规定处罚:

(1)未经国务院计量行政部门批准,进口、销售国务院规定废除的非法定计量单位的计量器具或国务院禁止使用的其他计量器具的,责令其停止进口、销售,没收计量器具和全部违法所得,可并处相当其违法所得百分之十至百分之五十的罚款。

(2)进口计量器具,未经省级以上人民政府计量行政部门指定的计量检定机构检定合格而销售的,责令其停止销售,封存计量器具,没收全部违法所得,可并处其销售额百分之十至百分之五十的罚款。

(3)进口、销售列入《中华人民共和国进口计量器具型式审查目录》内的计量器具,未经国务院计量行政部门型式批准的,封存计量器具,责令其补办型式批准手续,没收全部违法所得,可并处相当其进口额或销售额百分之三十以下的罚款。

根据《计量违法行为处罚细则》第十四条规定,制造、修理计量器具,违反计量法律、法规的,按以下规定处罚:

(1)未经批准制造国务院规定废除的非法定计量单位的计量器具和国务院禁止使用的其他计量器具的,责令其停止制造、销售,没收计量器具和全部违法所得,可并处相当其违法所得百分之十至百分之五十的罚款。

(2)未取得制造、修理计量器具许可证,制造、修理计量器具的,责令其停止生产、停止营业、封存制造、修理的计量器具,没收全部违法所得,可并处相当其违法所得百分之十至百分之五十的罚款。

(3)未取得制造计量器具许可证而擅自使用许可证标志和编号制造、销售计量器具的,责令其停止制造、销售,没收计量器具和全部违法所得,可并处相当其违法所得百分之二十至百分之五十的罚款。

(4)取得制造、修理计量器具许可证后,其制造、修理条件已达不到原考核条件的,限期整改;经整改仍达不到原考核要求的,由原发证机关吊销其制造、修理计量器具许可证。

(5)制造、销售未经型式批准或样机试验合格的计量器具新产品的,责令其停止制造、销售,封存该种新产品,没收全部违法所得,可并处

(6)企业、事业单位制造、修理的计量器具未经出厂检定或经检定不合格而出厂的,责令其停止出厂,没收全部违法所得;情节严重的,可并处三千元以下罚款。个体工商户制造、修理计量器具未经检定或经检定不合格而销售或交付用户使用的,责令其停止制造、修

理或者重修、重检，没收全部违法所得；情节严重的，可并处五百元以下的罚款。

(7)个体工商户制造、修理，国家规定范围以外的计量器具或者不按规定场所从事经营活动的，责令其停止制造、修理，没收全部违法所得，可并处五百元以下的罚款。

根据《计量违法行为处罚细则》第十五条相关规定：制造、修理、销售以欺骗消费者为目的的计量器具的，没收计量器具和全部违法所得，可并处二千元以下罚款。

《计量违法行为处罚细则》第十六条规定：已取得制造许可证的计量器具，在销售时，没有产品合格印、证或没有使用制造许可证标志的，责令其停止销售；销售超过有效期的标准物质的，没收该种标准物质和全部违法所得。

《计量违法行为处罚细则》第十七条规定：经营销售残次计量器具零配件的，使用残次计量器具零配件组装、修理计量器具的，责令其停止经营销售，没收残次计量器具零配件及组装的计量器具和全部违法所得，可并处二千元以下的罚款；情节严重的，由工商行政管理部门吊销其营业执照。

《计量违法行为处罚细则》第十八条规定，为社会提供公证数据的产品质量检验机构，违反计量法律、法规的，按以下规定处罚：

(1)未取得计量认证合格证书或已经取得计量认证合格证书，新增检验项目，未申请单项计量认证，为社会提供公证数据的，责令其停止检验，没收全部违法所得，可并处一千元以下罚款。

(2)已取得计量认证合格证书，经检查不符合原考核条件的，限期整改，经整改仍达不到原考核条件的，由原发证机关吊销其计量认证合格证书，停止其使用计量认证标志。

(3)经计量认证合格的产品质量检验机构，失去公正地位的，由原发证机关，吊销其计量认证合格证书，停止其使用计量认证标志。

《计量违法行为处罚细则》第十九条规定：伪造、盗用、倒卖检定印、证的，没收其非法检定印、证和全部违法所得，可并处二千元以下罚款。

对相关责任人员的处罚《计量违法行为处罚细则》也进行了规定。根据第二十条规定：计量监督管理人员违法失职，情节轻微的，给予行政处分，或由有关人民政府计量行政部门撤销其计量监督员职务。根据《计量违法行为处罚细则》第二十一条相关规定：负责计量器具新产品定型鉴定、样机试验的单位，泄漏申请单位提供的样机和技术文件、资料秘密的，按国家有关规定，赔偿申请单位的损失，并给予直接责任人员行政处分。《计量违法行为处罚细则》第二十二条规定：计量检定人员有下列行为之一的，给予行政处分：(1)违反检定规程进行计量检定的；(2)使用未经考核合格的计量标准开展检定的；(3)未取得计量检定证件进行计量检定的；(4)伪造检定数据的。

《计量违法行为处罚细则》第二十三条规定：计量检定人员出具错误数据，给送检一方造成损失的，情节轻微的，给予计量检定人员行政处分。第二十四条规定：执行强制检定的工作计量器具任务的机构无故拖延检定期限的，送检单位可免交检定费；给送检单位造成损失的，情节严重的，给予直接责任人员行政处分。

处罚有分别处罚和合并执行两种方式。《计量违法行为处罚细则》第二十五条规定：同一单位或个人，有两种以上违法行为的，分别处罚，合并执行。同一案件涉及两个以上单位或个人的，根据情节轻重，分别处罚。

对计量违法行为，法律也设定了从轻或免于处罚的情形以及从重处罚的情形。《计量违法行为处罚细则》第二十六条规定，有下列情况之一的，可以从轻或免予处罚：(1)情节特别轻微的;(2)初次违法,情节较轻的;(3)认错态度好,能积极有效地配合查处工作的;(4)主动改正的。同时《计量违法行为处罚细则》第二十七条规定:有下列情况之一的,按规定处罚幅度的上限从重处罚:(1)屡教不改的;(2)明知故犯的;(3)借故刁难监督检查或检定的;(4)后果严重、危害性大的;(5)转移、毁灭证据或擅自改变与案件有关的计量器具原始技术状态的;(6)作假证、伪证或威胁利诱他人作假证、伪证的。

行政处罚,由县级以上地方人民政府计量行政部门决定。本法第二十七条规定的行政处罚,也可以由工商行政管理部门决定。这适用本法各项行政处罚的专门机关的规定。一般而言,适用本法各项行政处罚的专门机关是县级以上地方人民政府计量行政部门。适用本法第二十七条,即使用不合格的计量器具或者破坏计量器具准确度,给国家和消费者造成损失的,行政处罚的机关,也可以是工商行政管理部门。

《计量法》也规定了当事人对行政处罚决定不服的救济手段。第三十二条规定:当事人对行政处罚决定不服的,可以在接到处罚通知之日起十五日内向人民法院起诉;对罚款、没收违法所得的行政处罚决定期满不起诉又不履行的,由作出行政处罚决定的机关申请人民法院强制执行。本条是关于当事人对行政处罚决定不服,向人民法院诉讼或强制其履行处罚决定的规定。本条的含义是当事人对行政处罚不服,允许其向人民法院起诉;对罚款、没收违法所得的行政处罚,如当事人逾期不起诉,则处罚决定生效。对不履行处罚决定的,由作出行政处罚决定的机关申请人民法院强制其执行。而《计量违法行为处罚细则》第二十九条规定略有不同:当事人对行政处罚决定不服的,可在接到处罚通知之日起 15 日内向作出处罚决定机关的上一级机关申请复议;对复议结果不服的,可向人民法院起诉。对处罚决定逾期不申请复议或不起诉,又不履行的,由作出处罚决定的机关申请人民法院强制执行。

二、刑事法律责任

刑事责任的承担是情节严重的体现。刑事责任是依据国家刑事法律规定,对犯罪分子依照刑事法律的规定追究的法律责任。刑事责任与行政责任不同之处:一是追究的违法行为不同,追究行政责任的是一般违法行为,追究刑事责任的是犯罪行为;二是追究责任的机关不同,追究行政责任由国家特定的行政机关依照有关法律的规定决定,追究刑事责任只能由司法机关依照刑法的规定决定;三是承担法律责任的后果不同,追究刑事责任是最严厉的制裁,可以判处死刑,比追究行政责任严厉得多。依照中国刑法的规定,刑罚包括主刑和附加刑两种。主刑有管制、拘役、有期徒刑、无期徒刑和死刑;附加刑有罚金、剥夺政治权利和没收财产。

制造、销售、使用以欺骗消费者为目的的计量器具的,除了没收计量器具和违法所得,处以罚款以外,若情节严重的,应按照刑律对个人或者单位直接责任人员按诈骗罪追究刑事责任。根据《计量法》第二十八条规定:制造、销售、使用以欺骗消费者为目的的计量器具的,没收计量器具和违法所得,处以罚款;情节严重的,并对个人或者单位直接责任人员按诈骗罪追究刑事责任。本条是对制造、销售、使用以欺骗消费者为目的的计量器具的行为,追究行政法律责任或刑事法律责任的规定,其中后半部分即是承担刑事责任的体现。按本条的规定,情节严重需追究刑事法律责任的,适用《中华人民共和国刑法》(以下简称《刑法》)第 151 条、117 条。本条涉及的卅法条款:第 151 条盗窃、诈骗、抢夺公私财物数额较大的,处 5 年以下有期徒刑、拘役或者管制。第 117 条违反金融、外汇、金银、工商管理法规,投机倒把，情节严重的，处3年以下有期徒刑或者拘役，可以并处、单处罚金或者没收财产。其他解释内容同本法第二十三条解释的第3,4项。

制造、修理、销售的计量器具不合格，造成人身伤亡或者重大财产损失的，应承担刑事责任。根据《计量法》第二十九条规定：违反本法规定，制造、修理、销售的计量器具不合格，造成人身伤亡或者重大财产损失的，比照《刑法》第187条的规定，对个人或者单位直接责任人员追究刑事责任。本条是对违反本法第十五条和销售的计量器具不合格，并造成人身伤亡或重大财产损失的行为，追究刑事法律责任的规定。本条对中国刑法做了补充规定。按本条规定需追究刑事法律责任的，比照《刑法》第187条执行。《刑法》第187条规定："国家工作人员由于玩忽职守，致使公共财产、国家和人民利益遭受重大损失的，处五年以下有期徒刑或者拘役。""制造、修理、销售的计量器具不合格"的含义，同本法第二十五条解释的第2项。

《计量法》第三十条的相关规定：计量监督人员违法失职，情节严重的，依照《刑法》有关规定追究刑事责任。本条是对计量执法人员失职的行为，追究刑事法律责任的规定。按本条规定需追究刑事法律责任的，适用《刑法》第187条。另外，《计量违法行为处罚细则》第七条规定：损坏计量基准，或未经国务院计量行政部门批准，随意拆卸、改装计量基准，或自行中断、擅自终止检定工作的，对直接责任人员进行批评教育，给予行政处分；构成犯罪的，依法追究刑事责任。《计量违法行为处罚细则》第十五条规定：制造、修理、销售以欺骗消费者为目的的计量器具的，没收计量器具和全部违法所得，可并处二千元以下罚款；构成犯罪的，对个人或单位直接责任人员，依法追究刑事责任。《计量违法行为处罚细则》第十九条规定：伪造、盗用、倒卖检定印、证的，没收其非法检定印、证和全部违法所得，可并处二千元以下罚款；构成犯罪的，依法追究刑事责任。

计量监督管理人员以及负责计量器具新产品定型鉴定、样机试验的单位都可能承担刑事责任。《计量违法行为处罚细则》第二十条计量监督管理人员利用职权收受贿赂、徇私舞弊，构成犯罪的，依法追究刑事责任。《计量违法行为处罚细则》第二十一条规定：负责计量器具新产品定型鉴定、样机试验的单位，泄漏申请单位提供的样机和技术文件、资料秘密的，构成犯罪的，依法追究刑事责任。

计量检定人员若有犯罪行为，需承当刑事责任。《计量违法行为处罚细则》第二十二条规定，计量检定人员有下列行为之一，构成犯罪的，依法追究刑事责任：(1)违反检定规程进行计量检定的；(2)使用未经考核合格的计量标准开展检定的；(3)未取得计量检定证件进行计量检定的；(4)伪造检定数据的。

依据《计量违法行为处罚细则》第二十三条规定：计量检定人员出具错误数据，给送检一方造成损失的，构成犯罪的，依法追究其刑事责任。

另外，对执法行为的非法干涉可能涉及刑事责任。《计量违法行为处罚细则》第二十八条规定：围攻、报复计量执法人员、检定人员，或以暴力威胁手段阻碍计量执法人员、检定人员执行公务的，提请公安机关或司法部门追究法律责任。

三、民事法律责任

民事法律责任是指违反民事法律规范，无正当理由不履行民事义务或因侵害他人合法权益所应承担的法律责任。《计量法》第二十七条规定也涉及到民事责任的问题。该条规定：使用不合格的计量器具或者破坏计量器具准确度，给国家和消费者造成损失的，责令赔偿损失,没收计量器具和违法所得,可以并处罚款。其中的赔偿损失即是民事责任的体现。本条是对违反本法第十七条和使用不合格的计量器具,给国家和消费者造成损失的行为,追究民事法律责任的规定。

《计量违法行为处罚细则》第十一条规定:未经有关人民政府计量行政部门授权,擅自对外进行检定、测试的,没收全部违法所得。同时规定了给有关单位造成损失的,责令其赔偿损失的民事责任。《计量违法行为处罚细则》第二十三条规定:计量检定人员出具错误数据,给送检一方造成损失的,由其所在的技术机构赔偿损失。《计量违法行为处罚细则》第二十四条规定:执行强制检定的工作计量器具任务的机构无故拖延检定期限的,送检单位可免交检定费;给送检单位造成损失的,应赔偿损失。

【典型案例 6】计量刑事责任①

2002 年,宁波 A 化工公司开始与大庆 B 工厂有业务往来,购买大庆的石油化工产品,同时与北京红方化工厂有业务关系。A 化工公司从 B 工厂购进石脑油,出售给红方化工厂。高路公司总经理李某为了谋取不义之财,想在进货和销售数量上做文章。他指使业务员到大庆 B 工厂找有关人员商量,看是否可以在出售石脑油时少算一些数量,当然,多赚的钱"人人有份"。让他们没有想到的是,这些大庆人不吃这一套,他们只好另想办法。

于是,李某让公司业务员任某在红方化工厂工作人员身上下工夫。经过反复观察,决定从红方化工厂负责计量的总调度室计量站寻找突破口,最后选中了 45 岁的站长兰某。兰某在化工厂工作多年,业务熟练,人缘也好,就是总有一种怀才不遇的劲儿。任某私下找到他,转达了高路公司总经理李某的问候,同时请他在验收计量时给予关照:"保证数量不亏,还要适当地增一点。"二人一拍即合,越谈越投机,共同的利益把他们紧紧地拴在了一起。从这时开始,在验收 A 化工公司销售的石脑油后,兰某指使统计员朱女士、邓女士、胡女士等人调高数据,虚报数量。结果,石脑油在运输过程中,不但没有损耗,而且红方化工厂的到货数还高于 B 工厂的发货数。因此,兰某对李某表白说:"不仅没亏,还都超了!"

后来,兰某指定与他关系密切的统计员陶某给 A 化工公司更改检测参数,使"计量"的到货数多于实际数量。宁波 A 化工公司向红方化工厂结算货款时就以这些"计量单"为依据,从中获取高额利润。而这些数字不是在对方厂家的发货计量单上增加一点,而是兰某按照任某指定的数据修改的。高路公司从红方化工厂多结算货款后,经理李某也说话算数,从中拿出一部分给兰某作为回报。2002 年春节前夕,李某让任某给兰某送去 2 万元现金。自然,兰某是乐此不疲。年底,他给李某打电话说:"家里要买商品房,能不能'借'点钱?"李某则心领神会,问兰某需要多少。兰某说:"先拿 10 万吧。"过了几天,李某让任某给送去了 10 万元。

在 2003 年春节期间,李某又给兰某 5 万元用来装修房子。5 月,任某碰见兰某,还说起春节期间李某给了他钱款的事情,再一次表示感谢。2004 年春节前,李某又给兰某 2 万元。

2005 年春节过后,兰某和陶某一起来到宁波 A 化工公司,李某给了兰某 2 万元。过后,兰某把这笔钱交给陶某保管。春天,李某请兰某到公司来一趟,又给了他 1 万元。兰某回去后把这笔钱也交给陶某。夏天,李某安排兰某和陶某去秦皇岛游玩,让任某给了他们 1 万元。在兰某有病住院和买手机时,李某让任某先后给兰某送去 3 000 元和 4 000 元。

---

① 翊文:《黑心的计量主任》,http://bjgy.chinacourt.org/public/detail.php? id=44843,2012 年 5 月 9 日访问。

在2002年3月至2005年2月间，兰某指使陶某及多名统计员篡改原始检测记录数据，累计多计量石脑油达1 658吨，致使红方化工厂向宁波A化工公司多结算货款291.7万余元。在这期间，兰某收受宁波A化工公司经理胡柄强给予的17.7万元，用于个人购买住房预付款及装修款等费用。胡某某也因此被判刑。

34岁的陶某受兰某指使，篡改原始检测记录数据，个人累计多计量石脑油870余吨。二人收受宁波A化工公司胡某某给予的4万元，其中二人共同挥霍3万元，陶某将1万元以个人名义存入了银行。

根据红方化工厂职工举报，兰某、陶某于2005年3月17日被抓获归案。在不到3年的时间，二人给单位造成经济损失291.7万余元已追缴。

北京市通州区检察院指控兰某、陶某犯受贿罪，提起公诉。通州法院认为，兰某、陶某身为国有企业从事公务人员，利用职务上的便利条件，非法收受他人财物，为他人谋取利益，二人的行为均已构成受贿罪，且给国有企业造成290万余元的经济损失，应予处罚。鉴于二人都能自愿认罪，给国有企业造成的经济损失已全部追缴等情节，在量刑时可酌情考虑。法院于2006年3月，分别以受贿罪判处兰某有期徒刑10年零6个月；陶某有期徒刑1年零2个月；继续追缴兰某17.7万元赃款，兰某、陶某3万元赃款，陶某已冻结的1万元赃款一并予以没收。一审法院判决后，兰某不服，上诉到二中院。二中院经审理认为，一审法院根据两人犯罪的事实、性质、情节和对社会的危害程度所作判决，定罪及适用法律正确，量刑适当，对在案款项处理无误，继续追缴二人的赃款并予以没收也是正确的，审判程序合法，应予维持。2006年6月，市二中院终审裁定驳回兰某的上诉，维持原判。

案例简评：通过对本案事实和法院判决的分析，不难发现计量检定人员在计量活动中若有犯罪行为，需承担刑事责任。根据《计量违法行为处罚细则》第二十二条规定，计量检定人员有下列行为之一，构成犯罪的，依法追究刑事责任：(1)违反检定规程进行计量检定的；(2)使用未经考核合格的计量标准开展检定的；(3)未取得计量检定证件进行计量检定的；(4)伪造检定数据的。本案中，兰某指使陶某及多名统计员篡改原始检测记录数据，累计多计量石脑油达1 658吨，致使红方化工厂向宁波A化工公司多结算货款291.7万余元，属于严重的伪造检定数据行为，是犯罪行为，应依法追究其刑事责任。

第四编

标准化法律知识

第一章 标准与标准化

第一节 标准概说

一、标准的界定

标准原意为目的，也就是所谓的标靶。只是以后衍生出一个“如何与其他事物区别的规则”的意思。标准宜以科学、技术的综合成果为基础，科学性的要求较为严格，标准以促进最佳的共同效益为目的。根据现代汉语词典的解释，标准有三重含义：其一，标准是衡量事物的准则或依据，如技术标准、道德标准、实践是检验真理的唯一标准；其二，标准为本身合于准则，可供同类事物比较核对的事物，如标准音、标准时；其三，标准指样榜，规范。如杜甫在诗中提及：“示我百篇文，诗家一标准。”这充分说明了标准一词的多重含义。

根据 GB/T 20000.1—2002《标准化工作指南第 1 部分：标准化和相关活动的通用词汇》中对标准的定义，标准是为了在一定范围内获得最佳秩序，经协商一致制定并由公认机构批准，共同使用的和重复使用的一种规范性文件。该定义与国际标准化组织（ISO）的界定基本相同。

二、标准的特征

首先，从目的上看，标准是为了在一定范围内获得一个最佳秩序。为了实现其目的，第一，“标准宜以科学、技术和经验的综合成果为基础，以促进最佳的共同效益为目的”；第二，标准宜由参加制定标准的各利益方协调一致，并由公认机构批准发布；第三，标准作为国家提供给社会的“公共资源”，因此，它必须符合并维护公共利益。唯有将这三点统一起来，才能获得并保证最佳秩序。这也是标准目的性的保证。

其次，从表现形式上看，标准的载体即标准的表现形式是一种规范性文件。标准既然是供有关各方共同重复使用的规则，就需要有它的核心内容，包括技术指标、技术要求、检测方法规则以及实现形式等。这些内容是标准的核心，是它的重要内涵。但是仅有这些内在要求还不行，还要有它的传递形式，有它的载体，所以，无论什么标准，总要表现为一种文件。所以，标准的制定、内容和形式都必须符合一定的要求，这就是标准本身所具有的规范性。

再次，从作用与功能上看，标准作为国际交往的技术语言和国际贸易的技术依据，在保障产品质量、提高市场信任度、促进商品流通、维护公平竞争等方面发挥了重要作用。随着经济全球化进程的不断深入，标准在国际竞争中的作用更加凸显，继产品竞争、品牌竞争之后，标准竞争成为一种层次更深、水平更高、影响更大的竞争形式。标准可以有效地规避竞争，提高竞争门槛，淘汰不符合标准的企业。①

---

① 彭微香，姚勤：《加强标准制定 促进企业发展》，《中国石油和化工标准与质量》，2011 年第 6 期。

最后，从标准的性质上看，标准一般可以分为两种。其一，强制性国家标准。强制性标准是国家技术法规的重要组成，它符合世界贸易组织贸易技术壁垒协定关于“技术法规”的定义。其范围严格限定在：国家安全、防止欺诈行为、保护人身健康与安全、保护动植物的生命和健康以及保护环境五个方面。现在的绝大部分标准还是推荐性标准，如果说是企业自己制定的标准，在企业内部执行就没有推荐和自愿一说，是一种强制性的标准，在企业里执行的标准，无论是自行制定的，还是自愿采用的上级推荐性标准，都具有强制的性质，必须认真执行，因为只有这样才能严格把握质量控制。其二，推荐性标准。推荐性标准是指导性标准，自愿性文件，即“由公认机构批准的，非强制性的，为了通用或反复使用的目的，为产品或相关生产方法提供规则、指南或特性的文件”。标准也可以包括或专门规定用于产品、加工或生产方法的术语、符号、包装标志或标签要求。

第二节 标　准　化

标准是科学、技术和实践经验的总结。为在一定的范围内获得最佳秩序，对实际的或潜在的问题制定共同的和重复使用的规则的活动，即制定、发布及实施标准的过程，称为标准化。举个更通俗点的例子，吃过麦当劳快餐的人都知道，在任何一个麦当劳店，你所得到的汉堡都是一样的。这就是麦当劳的连锁标准化管理。麦当劳的人力资源管理也同样有一套标准化管理模式。钱学森曾提出要加强标准、标准化工作及其科学研究以应对现代化、国际化的发展环境。通过标准及标准化工作，以及相关技术政策的实施，可以整合和引导社会资源，激活科技要素，推动自主创新与开放创新，加速技术积累、科技进步、成果推广、创新扩散、产业升级以及经济、社会、环境的全面、协调、可持续发展。

标准化是现代名词，但它的产生却由来已久。标准化起源于人们的生产生活实际需要。几十万年以前的旧石器时期，人类所制作的石器，如斧头、大砍刀等都比较规范。人们已认识到在生产中使用标准会省时、省力。书面语言、图形和符号，都需要统一才可能相互交流。秦始皇下令简化赋税，统一度量衡、货币和制服，统一了汉字，所有的马车都要有同样尺寸的车轴，所有这些改革措施都鼓励了地区间的贸易，增强了国力。古代早就存在简单的计量标准，比如说“结绳记事”“滴水记时”“伸掌为尺”“手捧为升”“迈步立亩”。公元前 221 年，秦始皇统一中国，统一度量衡，推行“书同文、车同轨、统一驰道、统一货币、统一兵器”等重大政策。标准化发展史上的里程碑——北宋活字印刷术，成功运用了标准件、互换性、分解组合、重复利用等标准化原则和方法。

中国记述春秋战国史实的《周礼·考工记》中载：“审曲面势，以饬五材，以辨民器”，是说制作器物要规定型式，选定材料，适合人民需要。南北朝时北魏信都芳所撰《器准》，“聚浑天、欹器、地动、铜乌、漏刻、候风诸巧事并图画为器准”，被称为历史上科学仪器的一部标准图谱。唐令中有“其造弓矢长刀，官为立样”。明嘉靖年间的《龙江船厂志》说：“夫板之厚薄，每船具有定式……一尺三钉，原有成规。”“立样”“定式”“成规”，均指标准。从秦朝起，历代皇朝不仅用法律规定度量衡及其他一些器物的标准，还具体规定了违反标准的罚则。古代标准化建立在社会分工的基础上，以计量和手工业标准为主要内容。中国古代的标准化在世界上具有相当水平，产生了深远影响。

现代标准化是近二三百年发展起来的。资本主义社会的机器大工业阶段，机器得到了广泛的使用，劳动生产率提高了，大量剩余产品需要销往国外市场。原料需要经国外进口。

在频繁的国际交往中，需要相互的、准确的传递信息。这就需要对语言、名词、术语、计量、图形符号、尺寸规格、技术要求等进行国际协调，制定统一的国际规范。18 世纪工业革命，机器大生产取代手工劳动，标准化蓬勃发展。蒸汽机的出现和工业革命的开始，将标准化问题提上了日程。最早开展国际标准化活动体现在 1870 年和 1872 年召开了两次国际会议，就米原器及其复制问题进行协商。会议规定：长度测量用的新标准，是在摄氏零度时保持 1m 长的铂铱合金米原器；在巴黎设立国际计量局。1875 年 5 月在巴黎召开了以法国为中心的外交会议，签订了《米制公约》。国际标准化活动的开端于 1889 年，国际计量大会将米和公斤国际原器作为长度和质量标准采用。宣布进入工业化时代的法国大革命的第一个行动，是首先把在工业化以前欧洲普遍使用的杂七杂八的度量单位加以改革，使用了“米制”和新的历法，统一的度量制度很快普及全世界。18 世纪 90 年代，法国科学家承担建立公制计量制度任务，是较早涉及标准化领域的一项基础性标准。大约同一时期，在美国，由于实现了零件的互换性，出现了大批量生产，这就构成了向现代标准化迈进的另一重要步骤。1898 年，美国成立了第一个行业性的标准化组织美国试验和材料学会（ASTM）。1901 年，世界上出现第一个国家标准化团体英国标准学会（BSI），同年，该会制定了第一个英国国家标准——螺纹。1906 年，根据国际电工会议的决议，创立了世界范围的标准化组织国际电工委员会（IEC）。在 1918 ~ 1928 年 10 年间，有 18 个国家正式成立了国家标准团体。这些机构成立后不久，就开始意识到通过共同协作来达到标准化的国际性协调与统一的必要。1921 年，比利时、加拿大、荷兰、挪威、瑞士、英国和美国 7 个国家达成协议，定期交流有关标准情报。1926 年，国际标准化协会（ISA）成立。从 1943 年到 1947 年，它临时由联合国标准协调委员会（UNSCC）代替。同年，成立了国际标准化组织（ISO）。这一组织成立后即同国际电工委员会达成协定，由国际电工委员会担负电气与电子工程领域的标准化工作，并由国际标准化组织担负包括除电气与电子工程以外所有技术领域的标准化工作。这是两个专门从事标准化工作的国际组织。它们的活动范围不仅仅在工业领域，而且在某种程度上包括农业和其他经济领域。现在，国际标准化组织有 89 个国家的标准化团体成员。中国标准化协会于 1978 年重新参加这一组织。该组织每 3 年举行 1 次大会。在 1982 年 9 月的第 12 次大会上，中国被选为理事会成员。国际电工委员会现有 43 个成员国，中国于 1957 年参加，1980 年 6 月被选为这个组织的执行委员。

GB/T 20000.1—2002《标准化工作指南第 1 部分：标准化和相关活动的通用词汇》对标准化的界定是：“为了在一定范围内获得最佳秩序，对现实问题或潜在问题制定共同使用和重复使用的条款的活动。”标准化包括制订标准和贯彻标准的全部过程，由此，标准化是一项活动，更是一个过程。各国对于标准化的管理以及标准的性质，基本上有两种类型：一种是，在经济集中管理的国家中（如苏联等），标准化是由政府的一个部门集中管理。在这类国家里，每一种标准都具有一个法律上的地位；另一种是，在经济上不集中管理的国家中（如美国、日本等），除少数国家外，多数国家的标准不是强制性的，而主要是自愿性的。在这些国家中的标准化管理机构，有的是政府的一个部门或办事机构，有的是政府参与的民间团体，有的则是纯粹的民间团体。

【典型案例 1】面点王标准化①

深圳面点王公司成立于 1996 年 11 月，以经营中国传统的面食为主，以白领阶层和家庭

---

① http://www.cffw.net/zhkcw/1406.html，2012 年 6 月 12 日访问。

消费群体为市场定位目标,现已发展成为年销售额超亿元、拥有40多家直营连锁分店、一个食品配送中心的现代大型中式快餐连锁企业,并先后连续多年荣获"中华餐饮名店""最具影响力深圳知名品牌"等多项荣誉称号。

面点王突破了中式连锁快餐的发展瓶颈——标准化问题。其工业化的生产、大型食品配送中心的建立,保证顾客在任何一家分店都能享用同样的产品。这种具有面点王特色的中式快餐规模化、标准化和连锁化发展经营模式,使其有了进一步复制和扩张的基础。

从装修角度看:面点王所有的店面都是简单、明快、统一的装修风格。以传统的样式和简洁的八仙桌、木椅为主,突出了国人喜欢团圆、围坐的心理特征。

从供货角度看:面点王食品的原材料都有专门的厂家,而且进货之前都要查验卫生许可证、经营许可证和食品检验许可证,供货商都是有名的具备一定规模的大厂,比如牛肉供应点有山东和陕西两处,都是国家定点的大型屠宰厂。猪肉选择清远的双汇——中国最大的肉食类食品加工基地的产品,醋是从山西进货,面粉是深圳面粉厂供货,食用油是南海油脂厂的产品,豆腐是方群豆腐。而且所有原料,都有仓库、调度室和生产的人员三方共同验货。面点王还有一支专门的供货厂家暗访队,负责到供货单位的生产制作现场观察了解卫生质量的真实情况,一旦发现操作不规范的企业,就中断合作。

配送中心的"干炸类"食品和部分配料是每周送往分店,而像"水饺馅""凉菜""饼类"等半成品则是每天生产、每天配送。分店的出品都要在指定售卖时间出售,过期必须倒掉。在这方面有一个"十不准"条例,专门来规定食品的使用期限。

从生产角度看:面点王对食品的管理近乎到了苛刻的地步,菜、面、粥共计130多个品种的80%已经实行了标准化管理:一斤面做多少个水饺,一斤米煮多少碗粥,每个"蒸包"中含多少克盐、多少克味精都有严格规定。操作间熟食、生食、半成品的原材料全部分门别类存放。拌熟食有一个专门的小房间,不锈钢的储物柜、拌菜餐具都是干干净净的。制作"生煎包"的面团,操作规程里要求必须压24次,包出来的包子大小规格一致;洗蔬菜都是经过滤的纯净水;所有馅料的半成品都是由总公司的配送中心统一管理和配送的,在分店中只是完成最后制熟的过程。面点王80%的食品是在半成品的情况下,从配送中心送到各个分店,然后面点厨师再按标准制作。

这样的运作模式带来了顾客与员工之间的和谐服务与消费,带来的是卫生、文明、效率和品牌。

从管理角度看:深圳面点王制定了完善的管理办法。对人的管理,新员工几乎都是从内地招进的大中专生,上岗前要进行半个月的专门培训,上岗后实施老员工带新人,在面点王员工统一着装、统一发式、统一用语。

例如,他们设置了9个不同场景的专业用语,对顾客点菜或询问出品等情况都制定了详细、文明礼貌的用语。对员工的要求是标准化管理,非常严格。进入制作间的每一个工作人员在更衣室里都有一个衣帽柜,进工作间和仓库都要更衣戴帽。要进入厨房,必须穿上厨师制服,还要戴上厨师帽,否则按照规定一律不可以进入。

面点王对厨房工作人员进入工作场地要换制服,并戴上一次性口罩。平时要做到"四勤",就是勤洗手、勤剪指甲、勤理发、勤洗澡。为此,公司的管理人员每半个月就要对厨师进行一次大检查,并登记每位厨师上次剪头发的时间,头发不能超过公司规定的长度,而且,指甲的长度也要严格检查。分店里每一位厨师的制服都要定时消毒,而女性工作人员则要求"长发盘头,短发不过耳",严格的管理保证了服务的质量。

案例启示:近年来,中国的快餐连锁业实行的是低成本抢滩型快速发展,这种战略为今后的发展赢得了宝贵的时间和经营经验。但是,随着国际经济全球化的发展,快餐连锁企业必须善于把已经取得的市场先机转化为与国际商业竞争的优势,为此就要把快速发展转变成高技术投入、标准化发展战略。

在连锁经营管理中,各种管理系统共用的基本原则是3S主义(3SPRINCIPLES):简单化,标准化,专业化。缺哪一个,连锁经营系统都难以形成。

标准化,指为持续性生产,销售预期品质的商品而设定既合理又较理想的状态,条件以及能反复运作的经营系统。一般来讲,设定最佳品质商品的规格较容易,但是,确保持续性地生产,销售最佳品质商品的企业基本没有。

因为作业工艺、作业方法、作业条件等要求得过高,不易得到作业人员的维持和遵守,作业人员无论如何也不能实现生产,销售预期品质的商品。因此,作为快餐连锁经营企业,在判定标准化时,要确保其作业工艺、作业方法、作业条件等能够持续性地执行,作业人员能根据这个作业标准开展持续性的作业。这样,就能向顾客提供所期望的品质的商品,还能在标准时间内提供商品,既能减少顾客的等待时间,也能减少制造成本,还能因有效率的服务,加快客流量的流动。

另外,在快餐连锁企业网点建设和发展过程中,标准化也很重要,如在店铺的规模、结构、服务标识、职能等所有系统都标准化的情况下,A店的工作人员调到B店工作,不受任何障碍影响,可以正常地开展工作。其结果来自科学、合理的标准化。

采取连锁经营的快餐企业,需要设定较理想的、高标准的模式,为达到较高标准的要求,企业必须开展训练、培训,一旦连锁店(或加盟店)达到标准化要求的水准,就会给消费者留下"只要到连锁企业的任何一家连锁店,都能得到同样质量商品和服务"的好印象以及产生依赖感。

标准化有益于快餐连锁企业的店铺选址,开店简单,店铺建设时间缩短,使店铺损益计划及投资回收计划更加确切。另外,通过公司统一大量地订购机械、设备等,可以降低成本,以减少每一店铺的设备投资额,进而加速连锁化的形成。

在国际上,采取连锁经营的企业都非常重视标准的水平和适用性。在设定了标准化的同时,还不断地修改、试用,努力克服个人随意性的修改,防止在标准化系统中支离破碎现象出现。

传统中式快餐与西式快餐的最大区别就在标准化的控制上。国外快餐店在进货、产品、价格、形象、宣传甚至店内色调亮度、成本核算的观念以及每一个环节所需的时间都作出了规定。

管理系统是驱动快餐企业连锁经营规模发展的轴心主动轮。管理是为经营服务的,没有一个严格、科学和运转有序的管理系统,中式快餐连锁企业连锁店开得越多,规模越大,失败一定越快。管理系统是对总部各职能部门和分店各业务环节管理权限的界定与控制。管理制度的建立和管理方法的设定,强调的是对业务流程的专业协调管理;每项业务流程的科学化管理,强调的是门店的每个人员、每个岗位合理设定,每个人员作业流程的定时、定量的简单化管理。

实际上,管理系统的核心就是管理标准化。管理的标准化是连锁经营的前提条件和基本保证。

离开规范标准,就不可能有真正意义上的连锁经营,不可能产生规模优势和规模效益,只有坚持标准化原则，才能不断"输出"和重复利用连锁企业的管理技术和无形资产，充分发挥出连锁企业在经营、管理、竞争等方面的整体优势。国外快餐连锁企业对管理标准化是非常重视的，并以契约和制度来加以保证。标准化管理既是连锁企业的特征之一，也是中式快餐连锁企业持续发展的内在要求。

国内有一些中式快餐连锁企业片面地认为，按照连锁经营所提供的方案将店面装修一致，就算是连锁经营了。其实这就是一种曲解，仅有外部一致只是具备了连锁经营的"形"，真正连锁经营的"神"在于管理制度的一致。麦当劳、肯德基连锁经营成功的一个根本原因就在于操作规范，有一个高质量的加盟手册和可操作的运营手册，使其在全世界各地的店铺都能够较好地保持一致的形象与风格。然而，有一项调查表明，在国内快餐连锁经营企业中有近30%没有加盟手册，20%以上的快餐连锁企业没有运营手册。连锁经营中，特许者不能向被特许者提供规范化的技术输出与管理，所带来的负面效应及后果将是严重的。

因此，中式快餐连锁企业在扩大组织规模，发展加盟店，开展日常经营活动当中，无论是连锁企业的决策管理层，还是一般的操作人员，都要坚持标准化管理。

首先，中式快餐连锁企业要建立严格的统一采购、统一配送、统一企业形象、统一营销等管理制度，强化中式快餐连锁企业内部管理机制，完善连锁企业内部监督机制，坚持"以人为本，教育在先"的原则，连锁经营的科学管理必须形成可以传授的系统性知识，形成一整套专业化、规范化、标准化的适用技术。其专业化可使中式快餐连锁企业的管理活动成为一种分工进行的、连续的过程；其规范化可作为一整套的制度，规定每个人在连锁企业中的行为规范；其标准化使连锁企业的经营环节、经营过程、管理制度成为一种可继承的机能，从而保证企业经营管理的连续性和一致性。

同时，中式快餐连锁企业还要加快制度手册化建设，制度手册化有利于建立企业管理制度体系，关系到每个快餐连锁企业的经营水平和未来发展，它覆盖中式快餐连锁企业日常经营的各个环节，使之操作起方便易行，同时又有规范的作用，是快餐连锁企业营销经验的结晶和宝贵的无形资产。当中式快餐连锁企业快速扩张时，制度手册化能使员工统一服务质量。

第二章 标准化法概述

第一节 标准化法的历史与发展

标准化法是国家对现代化生产进行科学管理的有关标准化的法律规范的总称。标准化法律制度,大体可划分为“标准管理法”与“标准化活动管理法”两个部分。前者属于行政法的范畴,后者可归纳为经济法范畴。作为国家对现代化生产进行科学管理的有关标准化法律规范,标准化法的主要内容包括:标准化机构的设置和权限;标准编制的对象和程序;标准化的纲要和计划;标准的应用范围;推广新标准的时间;贯彻标准化的制度、责任以及违反标准化规定时的处罚等。

标准化法和经济建设与发展的关系极为密切。从国际上看,许多国家都很重视标准化的立法。第二次世界大战以后,日本于1949年和1950年先后制定了《工业标准化法》和《农林物资标准化法》。南斯拉夫1977年7月颁布了《标准化法》,确立了标准化在国家法律和经济领域里的地位,保护了消费者的利益,加强了南斯拉夫商品在国际市场上的竞争能力。1954年,民主德国颁布了第一个标准化条例和成立标准化局的法律,规定国家标准和专业标准都是经济合同的组成部分。1960年,保加利亚人民共和国通过的政府法令,确定了国家标准的法律性质,规定了对不采用或不遵守国家标准的负责人追究法律责任。在另外一些国家,虽然标准制度是自愿性的,但某些标准(如安全、卫生、环境保护等方面的标准)也以立法形式加以强制实行。美国农业部环境保护署、食品和药物管理局、消费品安全委员会等制定的标准,有相当一部分是强制性的。1972年10月,美国总统签署了一项《消费品安全保障法》。根据这项法令,1973年5月成立了消费品安全委员会,负责制订和批准消费品安全方面的标准。这些标准是强制性的,一旦发现有违反安全标准的消费品,该委员会有权禁止销售。进口消费品,也必须符合该委员会制订的规范和标准。

回顾中国标准化发展历史,在中华民国时期,国民党政府1946年曾制订《标准法》,规定国家标准必须“全国共同遵守”,实行合格产品的标志制度。

中华人民共和国成立后,政府十分关心标准化工作。1949年中华人民共和国成立时,国家就在中央技术管理局设置了标准规格处,专门负责工业生产和工程建设标准化工作。新中国第一个国家标准:1949年10月《中华人民共和国家标准——工程制图》。从1949年后开始到1955年间着手建立了企业标准和部门标准。

1957年,在国家科学技术委员会内设立标准局,主管全国的标准化工作。1958年颁布了第一批国家标准。1962年11月10日国务院通过了《工农业产品和工程建设技术标准管理办法》,规定中国技术标准体制,分为国家标准、部标准和企业标准三级,“各级生产、建设管理部门和各企业单位,都必须贯彻执行有关的国家标准、部标准”。1963年召开了全国第一次标准化工作会议,确定32个研究院、所和设计单位为国家标准化核心机构,使标准化工作有了进一步推进。“文化大革命”的十年内乱,中国的标准化事业也受到了强烈的冲击。拨乱反正后,1978年国务院颁布《工业二十三条》,对搞好标准化工作又提出了明确要求。

不久国务院颁布了《中华人民共和国标准化管理条例》,并于1978年,批准成立了国家标准总局。1979年7月,国务院颁发了《中华人民共和国标准化管理条例》,规定了标准化的方针、政策、任务、机构和工作方法。该条例指出:"标准化是组织现代化生产的重要手段,是科学管理的重要组成部分。在社会主义建设中推行标准化,是国家的一项重要技术经济政策。"该条例还规定了标准的法律性质,"标准一经批准发布,就是技术法规。各级生产、建设、科研、设计管理部门和企业、事业单位,都必须严格贯彻执行,任何单位不得擅自更改或降低标准。对因违反标准造成不良后果以至重大事故者,要根据情节轻重,分别予以批评、处分、经济制裁,直至追究法律责任。"对产品质量的监督检验制度,条例中规定:"一切生产企业对于原料、材料和协作件的验收,半成品的检查,以及成品的检验,都必须按照标准进行。符合标准的产品由检验部门填发合格证;不符合标准的产品,一律不列入计划完成数,不计产值,不准出厂。"1988年7月,在原国家标准局、国家计量局基础上组建了国家技术监督局。

1988年12月29日,第七届全国人民代表大会常务委会第五次会议通过了《中华人民共和国标准化法》(以下简称《标准化法》),使标准化工作在新中国的历史上正式纳入了法制轨道。1990年通过了《中华人民共和国标准化法实施条例》(以下简称《标准化法实施条例》),进一步完善了中国的标准化法制。不过,早有学者指出:《标准化法》自1988年12月29日经七届全国人大常委会第五次会议通过,并于1989年4月1日施行以来,对于发展社会主义市场经济,促进技术进步,改进产品质量,提高社会经济效益,维护国家和人民的利益,都发挥了重要作用。但是,随着中国社会主义市场经济的不断发展,《标准化法》在施行过程中已表现出了一些不完善之处,难以适应社会主义现代化建设和对外经济发展的需要,应予以修订完善。标准化工作改革里程碑式标志——《标准化法(修改草案)》第九稿(以下简称《草案》)终于揭开了她神秘的面纱。《草案》以1990年《标准化法实施条例》为基础,结合现行《标准化法》等部分现行标准化行政法规作了重大修订,内容丰富、科学,设置紧跟形势发展,特别是在内容上增加了标准的知识产权和农产品、服务业等具体内容。更可贵的是立法指导思想发生改变,由过去的服务生产型转变为服务市场型,这是一个根本的转变,是一部难得的紧跟形势发展需要的技术性基础法律。《标准化法》修法的"草案起草说明"中明确了修法的指导思想和基本原则。指导思想是:以科学发展观为指导,坚持标准化工作"服务经济建设、服务社会发展、服务民生需求"的宗旨,围绕标准制定、组织实施、监督检查和适用有效性后续管理4项任务,着眼于创新和发展,吸收多年来标准化工作改革实践和制度建设的成果,体现标准化工作"协调统一、广泛参与、鼓励创新、国际接轨、服务发展"的工作方针,更好地服务经济社会又好又快发展。期望不久的将来,崭新的《标准化法》能面向社会。

第二节 标准化法的原则性规定

一、《标准化法》的立法宗旨

社会主义商品经济需向前发展,这离不开标准化的问题,立法必须在最初的目的上加以明确化。《标准化法》第一条开门见山地指出:"为了发展社会主义商品经济,促进技术进步,改进产品质量,提高社会经济效益,维护国家和人民的利益,使标准化工作适应社会主义现代化建设和发展对外经济关系的需要，制定本法。这是关于标准化法立法宗旨的规定。“标准化”的含义具体而言，是在经济、技术、科学及管理等社会实践中，对重复性事物和概念通过制定、实施标准，达到统一，以获得最佳秩序和社会效益的过程。国家制定标准化法的目的是，“发展社会主义商品经济，促进技术进步，改进产品质量，提高社会经济效益，维护国家和人民的利益”。标准化立法的作用是，通过标准化立法，“使标准化工作适应社会主义现代化建设和发展对外经济关系的需要”。

二、《标准化法》的技术要求

《标准化法》第二条规定：对下列需要统一的技术要求，应当制定标准：

(1)工业产品的品种、规格、质量、等级或者安全、卫生要求。

(2)工业产品的设计、生产、检验、包装、储存、运输、使用的方法或者生产、储存、运输过程中的安全、卫生要求。

(3)有关环境保护的各项技术要求和检验方法。

(4)建设工程的设计、施工方法和安全要求。

(5)有关工业生产、工程建设和环境保护的技术术语、符号、代号和制图方法。重要农产品和其他需要制定标准的项目，由国务院规定。

这是关于制定标准的对象的规定。“标准”的含义是，对重复性事物和概念所作的统一规定。它以科学、技术和实践经验的综合成果为基础，经有关方面协商一致，由主管机构批准，以特定形式发布，作为共同遵守的准则和依据。“工业产品的品种、规格、质量、等级或者安全、卫生要求”是指对工业产品本身的技术要求。“工业产品的设计、生产、检验、包装、储存、运输、使用的方法或者生产、储存、运输过程中的安全、卫生要求”是指对工业产品生产、流通、使用过程中的技术要求。“有关环境保护的各项技术要求和检验方法”是指环境保护的安全、卫生指标和检验方法，环境质量、污染物排放要求及其检验方法。“建设工程的设计、施工方法和安全要求”，包括建设工程的勘察、设计、施工、验收的技术要求和方法。“有关工业生产、工程建设和环境保护的技术术语、符号、代号和制图方法”是指各种技术术语、有特定含义的图形、标志、符号，代表某种概念或事物的字母或数字和文件格式、设计绘图方法。“重要农产品”是指重要的农业、林业、牧业、渔业产品(含种子、种苗、种畜、种禽)。“其他需要制定标准的项目”，包括信息、能源、资源、交通运输的技术要求，交通运输和工农业生产、工程建设的管理技术要求，互换配合的技术要求。这和《标准化法实施条例》第二条的规定相印证。这里的农业(含林业、牧业、渔业，下同)产品(含种子、种苗、种畜、种禽，下同)的品种、规格、质量、等级、检验、包装、储存、运输以及生产技术、管理技术的要求，都应当制定标准。

三、标准化的任务与国家标准、国际标准

标准化工作的任务是制定标准、组织实施标准和对标准的实施进行监督。标准化工作应当纳入国民经济和社会发展计划。这是关于标准化工作任务和国家有计划发展标准化事业的规定。制定标准、组织实施标准和对标准的实施进行监督是标准化工作的主要任务。“制定标准”是指标准制定部门对需要制定标准的项目，编制计划，组织草拟，审批、编号、发布的活动。“组织实施标准”是指有组织、有计划、有措施地贯彻执行标准的活动。“对标准的实施进行监督”是指对标准贯彻执行情况进行督促、检查和处理的活动。“标准

化工作应当纳入国民经济和社会发展计划”是指各级人民政府应当将标准化工作纳入国民经济和社会发展计划。标准化工作纳入国民经济和社会发展计划的项目是:制定标准的项目,实施标准和对标准实施监督的措施,以及标准化事业发展项目等。

国家鼓励积极采用国际标准。这是关于国家对采用国际标准政策的规定。这里所指“采用国际标准”包括采用国外先进标准。国际标准是指国际标准化组织(ISO)、国际电工委员会(IEC)所制定的标准、国际电信联盟(ITU)以及ISO所出版的国际标准题内关键词索引(KWIC Index)中收录的其他国际组织制定的标准等。国外先进标准包括有影响的区域标准、工业发达国家的标准和国际公认为有权威的团体标准和企业标准等。“采用国际标准”的含义是指,把国际标准和国外先进标准的技术内容通过分析,不同程度地纳入中国标准,并贯彻执行。采用国际标准的产品,技术水平相当于国外先进水平或国际一般水平。“国家鼓励”是指各级人民政府对采用国际标准的产品制定必要的鼓励政策和提供必要的优惠条件。《标准化法实施条例》第四条还进一步规定:国家鼓励采用国际标准和国外先进标准,积极参与制定国际标准。

国际标准在世界范围内统一使用。而采用国际标准则包括采用国外先进标准,是指把国际标准和国外先进标准的内容纳入中国的各级标准中,并贯彻实施以取得最佳效果的活动。

目前,被国际标准化组织确认并公布的其他国际组织包括:国际计量局(BIPM)、国际人造纤维标准化局(BISFA)、食品法典委员会(CAC)、时空系统咨询委员会(CCSDS)、国际建筑研究实验与文献委员会(CIB)、国际照明委员会(CIE)、国际内燃机会议(CIMAC)、国际牙科联盟会(FDI)、国际信息与文献联合会(FID)、国际原子能机构(IAEA)、国际航空运输协会(IATA)、国际民航组织(ICAO)、国际谷类加工食品科学技术协会(ICC)、国际排灌研究委员会(ICID)、国际辐射防护委员会(ICRP)、国际辐射单位和测试委员会(ICRU)、国际制酪业联合会(IDF)、万围网工程特别工作组(IETF)、国际图书馆协会与学会联合会(IFTA)、国际有机农业运动联合会(IFOAM)、国际煤气工业联合会(IGU)、国际制冷学会(IIR)、国际劳工组织(ILO)、国际海底组织(IMO)、国际种子检验协会(ISTA)、国际电信联盟(ITU)、国际理论与应用化学联合会(IUPAC)、国际毛纺组织(IWTO)、国际动物流行病学局(OIE)、国际法制计量组织(OIML)、国际葡萄与葡萄酒局(OIV)、材料与结构研究实验所国际联合会(RILEM)、贸易信息交流促进委员会(TarFIX)、国际铁路联盟(UIC)、经营交易和运输程序和实施促进中心(UN/CEFACT)、联合国教科文组织(UNESCO)、国际海关组织(WCO)、国际卫生组织(WHO)、世界知识产权组织(WIPO)、世界气象组织(WMO)等。

四、国家标准化工作管理体制

国务院标准化行政主管部门统一管理全国标准化工作。国务院有关行政主管部门分工管理本部门、本行业的标准化工作。省、自治区、直辖市标准化行政主管部门统一管理本行政区域的标准化工作。省、自治区、直辖市政府有关行政主管部门分工管理本行政区域内本部门、本行业的标准化工作。市、县标准化行政主管部门和有关行政主管部门按照省、自治区、直辖市政府规定的各自的职责,管理本行政区域内的标准化工作。

这是关于国家标准化工作管理体制的规定。国家对标准化工作采用统一管理与分工管理相结合的管理体制。

“国务院标准化行政主管部门统一管理全国标准化工作”是指:组织贯彻国家有关标准

化工作的法律、行政法规、方针、政策；组织制定全国标准化工作规划、计划；组织制定国家标准；指导国务院有关行政主管部门和省、自治区、直辖市人民政府标准化行政主管部门的标准化工作，协调和处理有关标准化工作问题；组织实施标准；对标准的实施情况进行监督检查；统一管理全国的产品质量认证工作；统一负责对有关国际标准化组织的业务联系。

"国务院有关行政主管部门分工管理本部门、本行业的标准化工作"是指：贯彻国家标准化工作的法律、行政法规、规章、方针、政策，并制定在本部门、本行业实施的具体办法；制定本部门、本行业的标准化工作规划、计划；承担国家下达的草拟国家标准的任务，组织制定行业标准；指导省、自治区、直辖市有关行政主管部门的标准化工作；组织本部门、本行业实施标准；对标准实施情况进行监督检查；经国务院标准化行政主管部门授权，分工管理本行业的产品质量认证工作。

"省、自治区、直辖市人民政府标准化行政主管部门统一管理本行政区域的标准化工作"是指：贯彻国家标准化工作的法律、行政法规、规章、方针、政策，并制定在本行政区域实施的具体办法；制定地方标准化工作规划、计划；组织制定地方标准；指导本行政区域有关行政主管部门的标准化工作，协调和处理有关标准化工作问题；在本行政区域组织实施标准；对标准实施情况进行监督检查。

"省、自治区、直辖市有关行政主管部门分工管理本行政区域内本部门、本行业的标准化工作"是指：贯彻国家和本部门、本行业、本行政区域标准化工作的法律、法规、规章、方针、政策，并制定实施的具体办法；制定本行政区域内本部门、本行业的标准化工作规划、计划；承担省、自治区、直辖市人民政府下达的草拟地方标准的任务；在本行政区域内组织本部门、本行业实施标准；对标准实施情况进行监督检查。

市、县标准化行政主管部门和有关行政主管部门的职责分工，由省、自治区、直辖市人民政府规定。

【典型案例 2】工业产品标准的法律认定①

案情简介：1996 年 6 月徐州高新技术研究所开发出一种 PCXFL1000 型立轴复合式超细破碎机，并获得实用新型专利。1999 年 2 月，该研究所将其委托徐州朋飞机械厂生产的一台 PCXFL1000 型复合超细破碎机以单价 7 万元销售给某水泥厂，在其提供的产品合格证上，注明其产品标准为代号 JC445－91 的立轴锤式破碎机的行业标准。该水泥厂使用这台复合式超细破碎机不久，就因出现质量故障而停止使用，并于 1999 年 10 月向法院起诉，认为该产品系无标产品，要求研究所退货、退款。研究所认为其产品是立轴锤式破碎机的改进产品，享有专利权，仍执行立轴锤式破碎机的生产标准，同时主张水泥厂购买的破碎机系样品。在诉讼期间，研究所到当地标准化行政主管部门将立轴锤式破碎机的行业标准 JCT445－91 进行备案登记。

争议焦点：本案经过一审、二审、发回重审、重审后再审等波折，主要争议焦点在于标的物作为获实用新型专利的工业产品是否仍执行技术改造前的产品标准，及对产品标准在标准化行政主管部门备案的效力的理解问题。

一种意见认为，该产品系专利产品，在原产品的基础上进行了技术改造，但未改变主要工作原理，仍可执行原产品的质量标准，不能认定为无标产品。

---

① 单云娟：《从本案看工业产品标准的法律认定》，http://www.110.com/ziliao/article－43572.html，2012 年 7 月 1 日访问。

另一种意见认为,该复合式超细破碎机虽然获得了实用新型专利,但在成批量生产时,仍应当遵照产品标准化管理的规定,对该产品制定标准,现该产品并未有生产标准,备案标准的产品与生产的产品不一致,该产品是无标产品。

在第一种意见的主导下,法院委托当地产品检测检验机构对标的物是否符合立轴式破碎机的行业标准进行检测,检验机构未作出是否合格的结论,仅对产品机械故障作了表面化的描述,法院据此作出了该产品系合格产品的认定。在重审中,合议庭对产品标准的认识发生了变化。法院审理后认为,PCXFL1000型复合超细破碎机是技术改进产品,企业应当依法制定企业标准并向当地标准化行政主管部门进行标准化审查后方可组织生产,研究所将其换代前产品的推荐性行业标准进行备案的行为不能掩盖该新型产品没有质量标准的事实。虽然研究所在诉讼中主张其销售给水泥厂的产品为样机,但不能举出证据加以证明,因此认定研究所销售的产品系无标产品,由于无标产品没有检验其是否合格的标准与依据,因此无标产品不能作为交易的标的物,双方关于无标产品的买卖合同应认定无效。

案例简评:第一,关于对产品标准的理解。

"标准"(Standard),指对重复性事物和概念所作的统一规定,它以科学、技术和实践经验的综合成果为基础,经有关方面协商一致,由主管机构批准以特定形式发布,作为共同遵守的准则和依据。国标中"规范"(Specification)"规程"(Code)也是标准的一种形式。而标准化(Standardization)则是在经济、技术、科学及管理等社会实践中,对重复性事物和概念通过制定、发布和实施标准达到统一,以获最佳秩序和社会效益。一个企业的经济活动、技术活动和科研活动具有重复性,如果同一事物和概念在反复多次进行时没有统一的标准,就会因失去准绳而陷于混乱,而且影响办事的效率。而标准化工作使同种类的工作遵循统一的标准,提高了工作效率,避免了工作重复中的不统一。在其他国家,标准的编制是一种建立在市场经济基础上的自愿行为,任何一个组织包括专业协会、学会、制造商等,都可以自己投资编制有市场需求的技术标准,作为任何一项标准在得到标准化学会或其他权威性机构的认可前,实际上是一种无人问津的技术资料。中国的标准编制主要由标准主管部门或行政主管部门提出,国家标准由国务院标准化行政主管部门制定,行业标准由国务院有关行政主管部门制定并报国务院标准化行政主管部门备案,地方标准由省、自治区、直辖市标准化行政主管部门制定,并报国务院标准化行政主管部门和国务院有关行政主管部门备案,企业标准由企业制定,并报当地政府标准化行政主管部门和有关行政主管部门备案。因此中国的标准化管理是一种以行政为主导的政府行政行为,企业的参与能动性小,这与国外企业等经济组织主动参与制定产品标准能突出其在行业中的地位相比,显然缺乏适应市场需求的主动性。在中国的标准化工作中,企业是消极适用产品标准的,并非作为提高其产品质量的杠杆。

第二,制定产品标准的意义。

从经济学角度,产品的标准化能获得最佳秩序和社会效益,最佳秩序是指一定环境、一定条件最合理秩序,最佳秩序是企业进行高效率生产和管理的前提条件,标准化的目的之一,就是企业建立起最佳的生产秩序、安全秩序、管理秩序,企业的各个环节都建立起相互配套的标准体系。标准化的另一目的,是获得最佳社会效益,标准的制定不仅要考虑标准在技术上的先进性,还要考虑经济上的合理性,使企业获得最佳经济效益。从交易安全与效率角度,标准是确定用于交易的产品的质量、性能是否与合同、样品所承诺的一致的检测方法、依据。根据中国《合同法》的规定,在交易活动中,标的物的质量是合同的重要内容,如果当事人在合同中对标的物的质量没有约定或约定不明的，事后也不能达成补充意见的，按照国家标准、行业标准履行，没有国家标准、行业标准的，按照通常标准或符合合同目的的标准履行。可见，任何一项产品都必须有标准。根据中国《标准化法》的规定，标准分为强制性标准和推荐性标准，强制性标准必须执行，对于不符合强制性标准的产品禁止生产、销售和进口；推荐性标准，企业一经采用，必须严格执行。这样使《产品质量法》第七条关于"产品质量应当检验合格，不得以不合格产品冒充合格产品"的规定有了执行依据，不符合标准的产品就是不合格产品，没有标准的产品是无标产品，"江苏省产品标准管理办法"中规定，无标产品按假冒伪劣产品论处。

第三，对中国标准体制的理解。

根据中国《标准化法》的规定，工业产品的品种、规格、质量、等级或其设计、生产、检验等需要统一的技术要求，应当制定标准。标准有国家标准、行业标准、地方标准和企业标准四类，企业标准是指企业生产的产品没有国家标准和行业标准时制定的企业标准或虽有国家标准或行业标准，但企业实施高于国家标准、行业标准的标准时制定的企业标准。企业标准必须报当地政府标准化行政主管部门和有关行政主管部门备案后作为组织生产的依据。

本案中，研究所开发的新型破碎机属工业产品，该产品是在立轴锤式破碎机的基础上改进而来，立轴锤式破碎机的执行标准是行业推荐性标准 JC445－91，复合式破碎机的产品说明书中关于产品的性能、结构、原理与立轴锤式破碎机相比，有了较大改进，如更换了锤头材质，由高锰钢换为高铬钢，扩大了锤头回转直径，工作方法也发生了变化，立轴式破碎机通过锤头打击作用达到破碎效果，复合式破碎机是活动锤头与移动式板锤共同作用达到破碎效果，其技术要求与立轴式破碎机的行业标准中的技术要求存在较大差异，该产品并未按立轴式破碎机的生产标准执行，由于这是获得实用新型专利的新型产品，国家尚未制定相关的国家标准或行业标准，如果企业需组织生产，应当制定相应的企业标准，并报当地标准化行政主管部门备案后方可生产，中国《标准化法》第十七条规定，企业研制新产品、改进产品、进行技术改造，应当符合标准化的要求。《企业标准化管理办法》第十九条规定，企业研制新产品、改进产品、进行技术改造和技术引进，都必须进行标准化审查。该复合式破碎机属于技术改进产品，应当进行标准化审查。研究所未制定企业标准，而是将立轴式破碎机的行业标准到当地标准化行政主管部门进行备案，但并未生产，故该备案行为与其生产复合式新型超细破碎机行为无关。

【典型案例3】从一则商标侵权案看植脂奶油的行业标准和国家标准

XX 食品有限公司与深圳市 YY 实业发展有限公司商标侵权纠纷案①

上诉人（原审原告）：XX 食品（苏州）有限公司。

被上诉人（原审被告）：深圳市 YY 实业发展有限公司。

XX 食品（苏州）有限公司（以下简称 XX 公司）因与深圳市 YY 实业发展有限公司（以下简称 YY 公司）商标侵权纠纷一案，不服江苏省苏州市中级人民法院（2002）苏中民二初字第 008 号民事判决，向本院提起上诉。本院于 2005 年 3 月 23 日立案受理，并依法组成合议庭，于 2005 年 7 月 25 日公开开庭审理了本案。XX 公司委托代理人到庭参加诉讼，YY 公司经本院合法传唤，无正当理由拒不到庭，本院依法缺席审理。本案现已审理终结。

原审法院查明：里奇公司自 1994 年推广植脂奶油商品进入中国市场，其植脂奶油产品

① 江苏省高级人民法院民事判决书，（2005）苏民三终字第 0056 号。

采用了方柱形,上、下部金黄底色,中部白色底色包装,以"RICH'S"注册商标加以"GoldLabel""金钻石""金钻"等标志销售。1997年,里奇公司在江苏苏州投资设立XX公司,从事植脂奶油生产、销售。1998年4月起,里奇公司在烘焙专业会刊《中华烘焙》上数期以"RICH'S"商标配以"金钻"标志植脂奶油商品进行广告宣传,并多次参展行业展览会。1999年10月后,由XX公司为主体进行同内容产品推广宣传。2001年,XX公司成为国内植脂奶油主要供应商之一,"RICH'S"商标配以"金钻"标识植脂奶油商品具有一定市场知名度。

1998年至1999年间,里奇公司与YY公司达成代理协议,由YY公司代理里奇公司钻石牌植脂奶油商品为中国华南地区销售代理商。1999年7月,因里奇公司在中国投资设立XX公司投产,YY公司与里奇公司间终止销售代理关系。1999年8月25日,YY公司向国家商标局申请注册"金钻"商标,于2001年2月7日经核准注册;商标注册证第1518667号;核定使用商品第29类☆食用油脂,可可脂,可可油,涂面包片用脂肪混合物,玉米油,食用棕榈果仁油,食用棕榈油,食用板油☆;注册有效期自2001年2月7日至2011年2月6日。其后,YY公司采用与里奇公司"RICH'S"系列植脂奶油商品相同形状、色彩构成包装,以"金钻"注册商标加以"金钻"标志行销系列植脂奶油商品。

里奇公司于2001年11月14日经核准注册"金钻"商标;核定使用商品第30类☆不含奶油的甜食装饰品(可食用)☆;注册有效期自2001年11月14日至2011年11月13日。2001年12月4日,里奇公司书面授权XX公司在中国使用其注册之"金钻"及"XX"等商标(第1667270号、第993556号)。XX公司以"RICH'S"注册商标加"金钻"注册商标生产、销售系列植脂奶油商品。

2001年11月,YY公司向工商行政管理部门投诉其注册"金钻"牌植脂奶油商品遭相同注册商标同类产品侵权,请求予以查处。工商行政处理中,天津市工商行政管理局向国家商标局提出《关于XX公司生产的"金钻"牌植脂奶油是否构成商标侵权的请示》。国家商标局批复:"YY公司注册第1518667号'金钻'商标,核定使用商品范围不含植脂奶油商品。里奇公司注册了第1667270号商标。XX公司在经里奇公司授权后在植脂奶油商品上使用'金钻'商标的行为,未侵犯YY公司的第1518667号'金钻'商标专用权。"

2001年11月,里奇公司就YY公司注册的第1518667号"金钻"商标向国家商标局提出撤销注册不当商标申请,国家商标局于2001年12月立案受理。

就植脂奶油商品属性,YY公司举证全国食品工业标准化技术委员会《关于"植脂奶油"归类问题的答复》,认为"植脂奶油"是"人造奶油"的同义词。根据国标GB—15196《人造奶油卫生标准》所作定义为"以氢化后的精炼食用植物油为主要原料,添加水和其他辅料,经乳化、急冷而制成的具有天然奶油特色的可塑性制品,可供直接食用或加工食品"。XX公司举证中国焙烤食品糖制品工业协会出具的《关于"植脂奶油"属性及行业使用的说明》,认为"植脂奶油"不是奶或乳制品,也不是食用油脂。

原审法院认为:商标注册人或者利害关系人因他人实施侵犯其注册商标专用权的,有权提起诉讼。里奇公司依法注册商品和服务国际分类第30类不含奶油的甜食装饰品(可食用)"金钻"商标后,书面授权XX公司使用,双方虽未及时办理备案手续,但该授权系双方真实意思表示,并已为国家商标局相关文件所认可。因此,该商标使用许可成立,XX公司作为第30类"金钻"商标许可使用权人,有权就相关商标侵权行为提起诉讼。XX公司在本案中的诉讼主体地位依法成立,应予以确认。

根据全国食品工业标准化技术委员会所作相关答复及国家标准定义,“植脂奶油”亦称“人造奶油”,是一种“奶油”而不非“不含奶油”。由此可以看出,本案双方争涉之植脂奶油商品显然非第30类之不含奶油的甜食装饰品(可食用)同一概念,两者间呈现截然相反的商品属性。XX公司所主张第30类“金钻”商标,其核定使用范围显然不能包括以“奶油”为根本定义的植脂奶油(人造奶油)商品。同时,基于“奶油”与“不含奶油”两个显见性判别定义所造成的规范性概念,第30类不含奶油的甜食装饰品(可食用)商品与植脂奶油亦不成为类似商品,两者的差别是显而易辨的。因此,XX公司以第30类“金钻”商标专用权指诉YY公司在植脂奶油商品上使用“金钻”商标侵权,缺乏依据。

关于XX公司提出里奇公司及XX公司为植脂奶油商品生产、销售创设“金钻”未注册商标,经连续多年市场推广、销售而具有一定市场影响,为行业内所熟知的在先使用主张,根据中国《商标法》规定,中国实行注册商标保护制度,除驰名商标能以不经注册予以保护外,其他商标一律实行注册保护制度,在先使用不能当然取得商标专用权。因此,本案中里奇公司及XX公司不能因在先使用“金钻”标志而享有植脂奶油商品“金钻”注册商标的专用权利。至于本案中存在的XX公司或里奇公司相关在先使用“金钻”标志及产品形成知名商品的名称、包装、装璜的权利保护,则因XX公司已另案诉讼,不属本案审理范围。

综上,本案XX公司指诉YY公司商标侵权,缺乏依据,不予支持。据此,依照《中华人民共和国商标法》第五十一条、第五十三条及《中华人民共和国民事诉讼法》第六十四条第一款之规定,判决:驳回XX公司的诉讼请求;案件受理费35 010元,由XX公司负担。

XX公司不服原审法院判决,向本院提起上诉称:1.原审判决适用证据错误。原审判决采信的XX公司提供的国家商标局《关于“金钻”商标问题的批复》及中国焙烤工业协会《关于“植脂奶油”属性及行业使用的说明》两份证据,已经确定和证明了植脂奶油的商业属性及权属归类,但在事实认定上,原判未说明任何理由,完全背离上述已经采信的证据,对技术概念进行随意性解释,作出自相矛盾的解释。2.原审判决事实认定错误。原审判决误解基本自然常识和科学常识,将动物奶油同植物制品混为一谈,认定植脂奶油为一种奶油,并导致错误判决。植脂奶油不是奶油,没有天然奶油成分,而是一种具有天然奶油特点的纯粹植物制品。《语言大典》对奶油的定义为:“牛乳的淡黄色部分,或者混合牛奶。”这完全不同于纯植物制品的植脂奶油。因此,植脂奶油属于第30类不含奶油的甜食装饰品(可食用)商品商标权的保护范围,符合该商品的固有特点和基本属性。故请求:1.撤销原审判决;2.依法改判YY公司停止商标侵权,赔偿XX公司经济损失500万元,并承担上诉费。

YY公司未作答辩。

本案二审争议焦点是:YY公司在植脂奶油商品上使用“金钻”商标的行为,是否侵犯了XX公司“金钻”商标专用权。

双方当事人二审均未提供证据。

当事人对原审法院查明的事实无异议,本院予以确认。

本院另查明:中国焙烤食品糖制品工业协会出具的《关于“植脂奶油”属性及行业使用的说明》中,认为植脂奶油是以植物油脂(氢化棕榈油、椰子油等)为主要原料,再加入水、甜味剂、乳化剂、增稠稳定剂、香精、色素等配料加工而成。植脂奶油是可食用的,目前主要用途是作为蛋糕裱花和糕点、面包涂饰的食品原料。

全国食品工业标准化技术委员会出具的《关于“植脂奶油”归类问题的答复》中,认为植脂奶油不是从牛乳(或羊乳)中分离出来的乳脂肪(天然奶油),它是人工模仿天然稀奶油的性状而制成的类似天然稀奶油,具有营养价值的模拟奶油。国家标准称之为“人造奶油”,近些年商业上习惯上称为“植脂奶油”。

本院认为:注册商标专用权,以核准注册的商标和核定使用的商品为限。本案中,YY公司虽然在第29类食用油脂等商品上注册了“金钻”商标,但其实际使用在植脂奶油商品上,而植脂奶油并不包含在其注册商标核定使用的食用油脂等商品范围内,且被控侵权的商标与XX公司合法使用的注册商标相同。因此,YY公司在植脂奶油商品上使用“金钻”商标是否构成对XX公司“金钻”商标专用权的侵犯,关键在被控侵权商标所使用的商品与XX公司合法使用的注册商标所核定使用的商品是否相同或类似,如果两类商品属于相同或类似商品,则构成商标侵权,反之则不构成侵权。本案中,XX公司合法使用的“金钻”商标核定使用的商品为不含奶油的甜食装饰品(可食用),YY公司“金钻”商标实际使用的商品是植脂奶油,这两类商品构成类似商品,主要理由是:

首先,根据《辞海》的解释,“奶油”是指以牛乳脂肪为主的一种乳制品;“人造奶油”是指油的仿制品。同时,根据全国食品工业标准化技术委员会出具的答复意见,植脂奶油(又称人造奶油)不是从牛乳(或羊乳)中分离出来的乳脂肪(天然奶油)。由此可知,“人造奶油”不是“奶油”,两者并非同一概念,不含奶油的甜食装饰品(可食用)中的“奶油”应当仅指以牛乳脂肪为主的乳制品(也即天然奶油),而不包括人造奶油。因此,不含奶油的甜食装饰品(可食用)与植脂奶油在商品属性上并不矛盾。

其次,不含奶油的甜食装饰品(可食用)属于第30类,参考《类似商品和服务区分表》的注释,本类主要包括日用或储藏用的来自植物内的食品,以及调味佐料。由此可知,不含奶油的甜食装饰品(可食用)主要指来自植物内的食品,而植脂奶油(亦称人造奶油)恰恰是以氢化后的精炼食用植物油为主要原料制成的食品,亦属于来自植物内的食品。因此,从原料来看,两者均来自于植物。

再次,植脂奶油是可食用的,其目前主要用途是制作蛋糕、糕点等食品的装饰材料或面包涂饰的食品原料,具有装饰性功能。而不含奶油的甜食装饰品(可食用),从其文字表述,并结合《类似商品和服务区分表》第30类商品具体的类似群中包括可食用的蛋糕饰品、可食用的蛋糕饰物来看,其是可食用的,具有装饰功能,用途可以作为甜食(包括蛋糕等食品)的饰品。

综上所述,植脂奶油与不含奶油的甜食装饰品(可食用)从商品属性、原料、用途、功能等方面均相同,构成类似商品。因此,YY公司在植脂奶油商品上使用“金钻”商标构成对XX公司“金钻”商标专用权的侵犯。XX公司对此的上诉理由成立,本院予以支持,原审判决关于本案不构成侵权的认定错误,应予改判。

XX公司主张YY公司赔偿损失的主要依据是因YY公司的申请,工商部门查封XX公司的商品从而导致其损失达750万元,故要求赔偿500万元。由于该损失与YY公司因其商标侵权行为给XX公司造成损失的性质并不相同,救济途径也不相同,故XX公司以此作为索赔的依据理由不充分。鉴于本案中因侵权行为造成的损失和侵权所得利益均无法查清,本院根据侵权行为的情节、性质、期间等因素综合确定赔偿数额。

综上,XX公司的上诉理由成立,本院予以采纳。原判认定事实清楚,但适用法律错误,应予改判。依照《中华人民共和国民事诉讼法》第一百五十三条第一款第(二)项及《中华人民共和国商标法》第五十一条、第五十二条第(一)项、第五十六条的规定,判决如下:1. 撤销江苏省苏州市中级人民法院(2002)苏中民二初字第008号民事判决;2. YY公司立即停止侵犯XX公司商标专用权的行为;3. YY公司于本判决生效后10日内赔偿XX公司经济损失人民币50万元。一、二审案件受理费各35 010元,由YY公司负担(XX公司预交的上诉费本院不予退还,由YY公司直接给付XX公司)。本判决为终审判决。

案例简评:本案的焦点问题之一是对植脂奶油标准的认定,这直接关系到双方当事人的利益。植脂奶油是用大豆等植物油和水、盐、奶粉等加工而成的,也称"氢化油",俗称"植物奶精""植脂末""起酥油""植物奶油""植物黄油"。在面包、奶酪、人造奶油、蛋糕和饼干等食品焙烤领域广泛使用。油炸食物如炸鸡、薯条、盐酥鸡等。除此之外,氢化油还藏身于巧克力、冰淇淋、奶油饼干、方便面、蛋黄派、咖啡伴侣(奶精)和奶油面包等食品中。速食食品中大都含有此添加剂。这些让人嘴馋的食物,要美味也都得靠氢化油。乳脂奶油通常称为动物奶油,主要从天然新鲜牛奶中提取,无任何色素和不添加化学稳定剂。乳脂奶油比植物奶油贵很多,口感更甜润地道,不含对人体有害的反式脂肪酸,更富含维生素钙,铁等微量元素。稳定性、可塑性和视觉效果均不如植脂奶油。但如果比较口感,乳脂奶油远胜于植脂奶油。而且由于乳脂奶油不含反式脂肪酸(植脂奶油的主要成分,导致肥胖的重要原因)对人体更健康。植脂奶油的色泽来自食用色素,其牛奶的风味来自人工香料。植脂奶油由于含有大量反式脂肪酸,一旦进入体内很难代谢,增加患心血管疾病、糖尿病等疾病的风险,世界各国已纷纷对其在食品中的使用进行限制。中国焙烤食品糖制品工业协会出具的《关于"植脂奶油"属性及行业使用的说明》中,认为植脂奶油是以植物油脂(氢化棕榈油、椰子油等)为主要原料,再加入水、甜味剂、乳化剂、增稠稳定剂、香精、色素等配料加工而成。植脂奶油是可食用的,目前主要用途是作为蛋糕裱花和糕点、面包涂饰的食品原料。全国食品工业标准化技术委员会出具的《关于"植脂奶油"归类问题的答复》中,认为植脂奶油不是从牛乳(或羊乳)中分离出来的乳脂肪(天然奶油),它是人工模仿天然稀奶油的性状而制成的类似天然稀奶油,具有营养价值的模拟奶油。国家标准称之为"人造奶油",近些年商业上习惯上称为"植脂奶油"。确立了这样一个标准,在法律纠纷的解决上才显得有依据可循。

第三章 标准的制定

第一节 标准的分类及适用范围

制定标准一般指制定一项新标准,是指制定过去没有而现在需要进行制定的标准。它是根据生产发展的需要和科学技术发展的需要及其水平来制定的,因而它反映了当前的生产技术水平。中国的标准分为国家标准、行业标准、地方标准和企业标准四个等级。根据《标准化法》的相关规定,对需要在全国范围内统一的技术要求,应当制定国家标准。国家标准由国务院标准化行政主管部门制定。对没有国家标准而又需要在全国某个行业范围内统一的技术要求,可以制定行业标准。行业标准由国务院有关行政主管部门制定,并报国务院标准化行政主管部门备案,在公布国家标准之后,该项行业标准即行废止。对没有国家标准和行业标准而又需要在省、自治区、直辖市范围内统一的工业产品的安全、卫生要求,可以制定地方标准。地方标准由省、自治区、直辖市标准化行政主管部门制定,并报国务院标准化行政主管部门和国务院有关行政主管部门备案,在公布国家标准或者行业标准之后,该项地方标准即行废止。企业生产的产品没有国家标准和行业标准的,应当制定企业标准,作为组织生产的依据。企业的产品标准须报当地政府标准化行政主管部门和有关行政主管部门备案。已有国家标准或者行业标准的,国家鼓励企业制定严于国家标准或者行业标准的企业标准,在企业内部适用。法律对标准的制定另有规定的,依照法律的规定执行。

以上是对国家标准、行业标准、地方标准和企业标准的制定部门和各类标准的适用范围的规定。

对需要在全国范围内统一的下列技术要求,应当制定国家标准(含标准样品的制作):通用技术术语符号代号(含代码)、文件格式、制图方法等通用技术要求和互换配合要求;保障人体健康和人身、财产安全的技术要求;基本原料、燃料、材料的技术要求;通用基础件的技术要求;通用的试验、检验方法;工农业生产、工程建设、信息、能源、资源和交通运输等通用的管理技术要求;工程建设的勘察、规划、设计、施工及验收的重要技术要求;国家需要控制的其他重要产品和工程建设的通用技术要求。国家标准由国务院标准化行政主管部门编制计划,组织草拟,统一审批、编号、发布。其中,药品、兽药的国家标准,分别由国务院卫生主管部门、农业主管部门审批编号、发布;食品卫生、环境保护国家标准分别由卫生主管部门、环境保护主管部门审批;国务院标准化行政主管部门编号、发布;工程建设国家标准,由工程建设主管部门审批,由国务院标准化行政主管部门统一编号,由国务院标准化行政主管部门和工程建设主管部门联合发布。法律对国家标准的制定另有规定的,依照法律的规定执行。

对没有国家标准而又需要在全国某个行业范围内统一的技术要求,可以制定行业标准(含标准样品的制作)。制定行业标准的项目由国务院标准化行政主管部门确定的行业标准主管部门确定。行业标准由国务院有关行政主管部门编制计划，组织草拟，统一审批、编号、发布，并报国务院标准化行政主管部门备案。行业标准在相应的国家标准实施后，自行废止。

对没有国家标准和行业标准而又需要在省、自治区、直辖市范围内统一的工业产品的安全、卫生要求，可以制定地方标准。制定地方标准的项目，由省、自治区、直辖市人民政府标准化行政主管部门确定。地方标准由省、自治区、直辖市人民政府标准化行政主管部门编制计划，组织草拟，统一审批、编号、发布，并报国务院标准化行政主管部门和国务院有关行政主管部门备案。法律、行政法规对地方标准的制定另有规定的，依照法律的规定执行。地方标准在相应的国家标准或行业标准实施后，自行废止。

企业生产的产品没有国家标准、行业标准的，应当制定相应的企业标准，作为组织生产的依据。企业标准由企业组织制定，并按省、自治区、直辖市人民政府的规定备案。

行业标准、地方标准和企业标准要求"备案"的含义是指负责制定标准的部门、单位，在规定的时间内，按规定的要求，向规定的部门备案；受理备案的部门有权对与相关法律、行政法规、上一级标准相抵触的行业标准、地方标准、企业标准提出修改建议，责令备案的部门或企业限期改进或停止执行。制定标准的部门应对标准实施的后果承担责任。

"企业的产品标准须报当地政府标准化行政主管部门和有关行政主管部门备案"是指按企业的隶属关系，向企业的主管部门和与主管部门同级的政府标准化行政主管部门备案。国务院有关行政主管部门所属企业的企业产品标准，报国务院有关行政主管部门和企业所在省、自治区、直辖市标准化行政主管部门备案，国务院有关行政主管部门和省、自治区、直辖市双重领导的企业，企业产品标准还要报省、自治区、直辖市有关行政主管部门备案。县(含县)属以下企业的企业产品标准，向县级标准化主管部门备案。

"作为组织生产的依据"是指企业生产的产品必须执行相应的标准，即有国家标准、行业标准或地方标准的，必须执行；没有国家标准、行业标准或地方标准的，应当制定企业标准作为组织生产的依据。组织生产依据的标准，除合同另有规定的外，应是交货所依据的标准，也是监督检查所依据的标准。

"已有国家标准或者行业标准的，国家鼓励企业制定严于国家标准或者行业标准的企业标准，在企业内部适用"，此处所指的国家标准或行业标准是指国家标准或行业标准中的强制性标准。"内部适用"是指标准可以不公开，也不要求备案。如果该标准作为交货依据，该标准必须备案。同时该标准也是监督检查的依据。

国家标准、行业标准分为强制性标准和推荐性标准。下列标准属于强制性标准：

(1)药品标准，食品卫生标准，兽药标准；

(2)产品及产品生产、储运和使用中的安全、卫生标准，劳动安全、卫生标准，运输安全标准；

(3)工程建设的质量、安全、卫生标准及国家需要控制的其他工程建设标准；

(4)环境保护的污染物排放标准和环境质量标准；

(5)重要的通用技术术语、符号、代号和制图方法；

(6)通用的试验、检验方法标准；

(7)互换配合标准；

(8)国家需要控制的重要产品质量标准。

国家需要控制的重要产品目录由国务院标准化行政主管部门会同国务院有关行政主

管部门确定。强制性标准以外的标准是推荐性标准。省、自治区、直辖市人民政府标准化行政主管部门制定的工业产品的安全、卫生要求的地方标准,在本行政区域内是强制性标准。

第二节　标准的性质与制定

一、标准的性质

从本质属性上看,标准是一种“统一规定”。这种统一规定是作为有关各方“共同遵守的准则和依据”。根据《中华人民共和国标准化法》规定,中国标准分为强制性标准和推荐性标准两类。强制性标准必须严格执行,做到全国统一。推荐性标准国家鼓励企业自愿采用。但推荐性标准如经协商,并计入经济合同或企业向用户作出明示担保,有关各方则必须执行,做到统一。国家标准、行业标准分为强制性标准和推荐性标准。保障人体健康,人身、财产安全的标准和法律、行政法规规定强制执行的标准是强制性标准,其他标准是推荐性标准。省、自治区、直辖市标准化行政主管部门制定的工业产品的安全、卫生要求的地方标准,在本行政区域内是强制性标准。这是关于国家标准、行业标准和地方标准性质的规定。下列标准属于强制性标准:药品标准,食品卫生标准,兽药标准;产品及产品生产、储运和使用中的安全、卫生标准,劳动安全、卫生标准,运输安全标准;工程建设的质量、安全、卫生标准及国家需要控制的其他工程建设标准;环境保护的污染物排放标准和环境质量标准;重要的涉及技术衔接的通用技术术语、符号、代号(含代码)、文件格式和制图方法;国家需要控制的通用的试验、检验方法标准;互换配合标准;国家需要控制的重要产品质量标准。强制性标准以外的标准是推荐性标准。地方标准是关于工业产品的安全卫生要求,在制定地方标准的地方是强制性标准。

二、制定标准的原则

制定标准是指标准制定部门对需要制定标准的项目,编制计划,组织草拟、审批、编号、发布的活动。它是标准化工作任务之一,也是标准化活动的起点。正如有学者认为:标准制定是将科学、技术、管理的成果纳入标准的过程,也是集思广益、体现全局利益的过程。

标准制定的对象是重复性事物和概念。这里讲的“重复性”指的是同一事物或概念反复多次出现的性质。例如批量生产的产品在生产过程中的重复投入,重复加工,重复检验等;同一类技术管理活动中反复出现同一概念的术语、符号、代号等被反复利用,等等。只有当事物或概念具有重复出现的特性并处于相对稳定时才有制定标准的必要,使标准作为今后实践的依据,以最大限度地减少不必要的重复劳动,又能扩大“标准”重复利用范围。制定标准要发扬技术民主,与有关方面协商一致,做到“三稿定标”,即征求意见稿—送审稿—报批稿。如制定产品标准不仅要有生产部门参加,还应当有用户、科研、检验等部门参加共同讨论研究,“协商一致”,这样制定出来的标准才具有权威性、科学性和适用性。标准文件有其自己一套特定格式和制定颁布的程序。标准的编写、印刷、幅面格式和编号、发布的统一,既可保证标准的质量,又便于资料管理,体现了标准文件的严肃性。所以,标准必须“由主管机构批准,以特定形式发布”。我们通过标准及标准化工作,以及相关技术政策的实施,可以整合和引导社会资源,激活科技要素,推动自主创新与开放创新,加速技术积累、科技进步、成果推广、创新扩散、产业升级以及经济、社会、环境的全面、协调、可持续发展。

首先，制定标准应当有利于保障安全和人民的身体健康，保护消费者的利益，保护环境。也就是说，在制定标准时，必须充分考虑有关的安全、卫生要求，以便在实施标准中和实施标准后，能消除或减弱有害因素对人体的危害，保护生产者、消费者的根本利益；并能保护环境免受破坏和污染。

其次，制定标准应当有利于合理利用国家资源，推广科学技术成果，提高经济效益，并符合使用要求，有利于产品的通用互换，做到技术上先进，经济上合理。合理利用国家资源是中国一项重要的技术经济政策。“合理利用国家资源”的含义是，尽量利用本国、本地资源，合理和节约使用资源。标准是科学技术成果转化为生产力的桥梁。制定标准应注意吸收先进科学成果和先进技术，推动技术发展，提高社会经济效益。“符合使用要求”是指标准能满足社会需要，具有广泛的适应性和可行性。

再次，制定标准应当做到有关标准的协调配套。“有关标准的协调配套”是指各种相互关联的标准之间，同类标准之间，产品标准与基础标准之间，原材料标准与工艺标准之间，相互衔接，相互协调。

最后，制定标准应当有利于促进对外经济技术合作和对外贸易。“制定标准应当有利于促进对外经济技术合作和对外贸易”是指制定标准应积极采用国际标准和国外先进标准，充分考虑经济技术合作和对外贸易的需要。

关于采用国际标准和国外先进标准，需要提及的是企业是采用和应用国际标准和国外先进标准的主体。企业采用和应用国际标准和国外先进标准不仅可以促进自身改进技术，提高产品质量，而且可以开拓市场，扩大对外贸易，最终提高企业的综合竞争力。国际标准和国外先进标准代表了先进技术的发展方向，是先进技术和成功经验的结晶和总结。积极采用国际标准和国外先进标准一方面可以使我们的标准化工作和国际接轨，另一方面可以促进我们的标准水平的提高。积极采用国际标准和国外先进标准是中国的一项重要的技术经济政策，是技术引进的重要组成部分。它对促进技术进步，提高产品质量，发展社会主义市场经济，适应国际贸易规则，具有重要的作用。① 对于国内来讲，可以吸取国外先进的标准理念，比如说在太阳能热水器方面制定相关标准。中国标准与国际标准的一致性程度分为三种：等同、修改和非等效。等同表示我们国家将国外制定的标准直接翻译过来用，只是允许在编辑过程中有一些小的改动，其主体也就是所有的技术指标完全和国外的一致。修改是指可以根据国家的具体情况适当地对标准进行一些修改，但是总体的框架和主要的技术参数都不允许变化，包括在结构编排上都必须一致，在最后必须要注明修改的依据和出处。非等效是指我们参照国外标准中主要的技术要求和技术指标、检验方法等做相应的修改，根据国家的实际状况来编写。一般来说，与国际标准的一致性程度为“等同”和“修改”的中国标准被视为采用了国际标准，而与国际标准的一致性程度为“非等效”程度的中国标准不被视为采用了国际标准，仅表明中国标准与国际标准有对应关系。

二、制定标准的程序

制定标准的工作大致可分为三个阶段，一是确定制定标准计划项目阶段，二是进行标

---

① 《标准制定时为什么要积极采用国际标准和国外先进标准》，《国防技术基础》2010 年第 7 期。

准的编写、审定阶段,三是标准审批、发布阶段。三个阶段又都有不同的程序和要求。① 下面分别加以说明。

首先,确定制定标准计划项目阶段。

依中国当前的标准化工作管理体制,确定制定国家标准计划项目的程序如下:

第一,国务院标准化行政主管部门,根据经济发展需要和科学技术发展情况以及标准化发展规划,提出年度的制定标准的原则和要求,发给国务院各经济主管部门和直接领导的全国专业标准化技术委员会;第二,国务院各经济主管部门结合本部门的情况,提出若干补充制定标准计划项目的原则和要求,将上述的年度制定标准的原则和要求同时下达给所属的各全国专业标准化技术委员会或专业标准归口单位(归口组织);第三,全国各专业标准化技术委员会和专业标准归口单位,依据上述的年度制定标准的原则和要求,组织人员讨论,提出制定标准计划的项目(建议)。当遇到一些重大的、内容不易确定的标准项目,应进行论证、初拟标准内容和制定标准工作大纲,认为要求明确,且具备条件制定时,才将它列为制定标准计划的项目(建议)。所有的制定标准计划项目(建议)都应明确负责单位、协作单位、工作起止时间、需要上级或有关单位解决的技术措施以及其他须明确的事项列表随同制定标准任务书,按隶属关系上报国务院经济主管部门。第四,国务院各经济主管部门应对下属单位报来的制定标准计划项目进行综合、汇总、平衡、协调、审核,认为项目选择适当,任务明确,条件和工作单位落实,无重复和遗漏的项目后,上报国务院标准化行政主管部门。第五,国务院标准化行政主管部门对各经济主管部门报来的制定标准计划项目(建议)进行复核、审定,认为所列项目符合制定标准计划的原则和要求,即将上述制定标准的项目作为制定标准计划项目发送国务院各经济主管部门转发各全国专业标准化技术委员会和标准化归口组织,一些由国务院标准化行政主管部门直接领导的全国专业标准化技术委员会所负责的标准计划项目,由国务院标准化行政主管部门直接下达。第六,各全国专业标准化技术委员会和标准化归口组织接到制定国家标准计划项目后,即行安排标准的编写、审定工作。制定行业标准、地方标准、企业标准的程序和要求与上述大致相同,只是在具体执行上依其实际情况有所简化和具体的执行单位须作相应的变更。

其次,标准的编写、审定阶段。

这阶段的主要工作程序是:分别提出标准征求意见稿、送审稿和报批稿,并依规定程序和要求上报。一般说来,制定国家标准时,应上报所属国务院经济主管部门,经审定后再转报国务院标准化行政主管部门。制定行业标准时,只须报所属的国务院经济主管部门。制定地方标准时,应报所属省、自治区、直辖市的所属经济主管部门审定后,再转报当地相应的标准化行政主管部门。制定企业标准时,应报所属厂、车间、科室、部门审核后报企业一级技术管理部门。

最后,标准的审批、发布阶段。

国家标准由国务院标准化行政主管部门对各国务院经济主管部门报来的国家标准(报批稿)复核、认可后,批准、编号、发布。行业标准由各国务院经济主管部门批准、编号、发布。

地方标准由省、自治区、直辖市标准化行政主管部门对该省、自治区、直辖市经济主管

① 河北省农业厅:《制定标准应按哪些程序进行》,http://www.heagri.gov.cn/hbagri/detail.jsp?articleId=38700,2012 年 6 月 30 日访问。

部门报来的地方标准复核、批准、编号、发布。

企业标准由企业标准化管理部门对各工厂、车间、科室、部门报来的企业标准复核，报企业技术负责人批准后编号、发布。

对于药品、兽药、食品卫生、环境保护和工程建设的国家标准计划，均由国务院行政有关主管部门报国务院标准化行政主管部门审查后下达；这类标准的审批，也均由国务院行政有关主管部门负责。即：药品、兽药国家标准，分别由国务院卫生主管部门、农业主管部门审批、编号、发布；食品卫生、环境保护国家标准，分别由国务院卫生主管部门、环境保护主管部门审批，国务院标准化行政主管部门编号、发布；工程建设国家标准由国务院工程建设主管部门审批，国务院标准化行政部门统一编号，国务院标准化行政主管部门和工程建设主管部门联合发布。

第三节　制定标准的组织形式

制定标准应当发挥行业协会、科学研究机构和学术团体的作用。制定标准的部门应当组织由专家组成的标准化技术委员会，负责标准的草拟，参加标准草案的审查工作。这是关于制定标准组织形式的规定。“制定标准时应当发挥行业协会、科学研究机构和学术团体的作用”是指制定标准的部门或单位应当吸收有关的行业协会、科学研究机构和学术团体参加标准的草拟、审查工作，或充分听取他们的意见。“制定标准的部门应当组织由专家组成的标准化技术委员会，负责标准的草拟，参加标准草案的审查工作”。标准化技术委员会是草拟标准、审查标准的有效组织形式。标准化技术委员会应当由用户、生产单位、行业协会、科学技术研究机构、技术检验机构、学术团体及有关部门的专家组成。

一般来说，制定国家标准、行业标准和地方标准的部门应当组织由用户、生产单位、行业协会、科学技术研究机构、学术团体及有关部门的专家组成标准化技术委员会，负责标准草拟和参加标准草案的技术审查工作。未组成标准化技术委员会的，可以由标准化技术归口单位负责标准草拟和参加标准草案的技术审查工作。制定企业标准应当充分听取使用单位、科学技术研究机构的意见。

标准实施后，制定标准的部门应当根据科学技术的发展和经济建设的需要适时进行复审，以确认现行标准继续有效或者予以修订、废止。这是关于标准复审的规定。首先，这里要求适时性，复审是制定标准的部门对标准的重新审查。其次，复审的原则是综合考虑标准是否还适应科学技术的发展和经济建设的需要。复审的结果是对标准予以确认、修订或废止。根据《标准化法实施条例》的规定，标准复审周期一般不超过五年。

【典型案例4】从校车安全引发的标准问题思考

中国校车安全事故频发，引发了“到底什么标准的校车才安全”的思考。让我们看这样一组数据：

2011年7月8日，西安西郊一所幼儿园7座的校车里，竟然坐17了个人。这辆满载着小朋友的面包车，为了躲避行人发生了事故。

2011年8月2日，安徽省安庆市宜秀区育才双语幼儿园3岁女童颜某被遗忘在校车上8小时窒息而亡。

2011年8月29日，海南省三亚市吉阳镇博爱双语幼儿园3岁男童强某被遗忘校车内窒息而亡。

2011年9月9日，河北省迁安市交警在执勤时拦下一辆车牌为“冀B·00R16”的小面包车，本来只有8座的面包车密密麻麻塞下了64名小孩，加上司机和老师共66人。

2011年9月13日，湖北省荆州市荆州区紫荆花幼儿园两名4岁女童被发现滞留校车。医院在抢救无效后宣布二人死亡。

2011年9月26日，山西灵石县冷泉村一接送学生的微型面包车与一辆大货车相撞，造成7名初中生死亡。

2010年7月1日，国家质检总局和国家标准化管理委员会联合发布的专门规范小学生校车安全的强制性国家标准GB 24406—2009《专用小学生校车座椅及其车辆固定件的强度》和GB 24407—2009《专用小学生校车安全技术条件》正式实施。这2项新标准成为中国校车在未来一段时期内的重要指导规范，新标准的实施也为中国校车的规范发展提供了有力保障，但这是不是也意味着中国的校车时代即将来临呢？校车发展速度慢，“黑校车”仍存在。专用小学生校车（以下简称校车）作为一种具有特殊功能的客车，由于车内乘客并非一般的成年人，而是并不具备良好判断和应急能力的学童，除了兼具运送乘客的功能，更应当具备良好的安全性能。多年来，中国校车市场几乎停滞不前，而最近几年校车的兴起，也完全是建立在中国客车行业逐渐强大的基础之上。2011年下半年，由于校车事故频发，校车标准引起社会极大关注。在政府主管部门的要求下，原有校车标准必须尽快完善。此前，中国政府已就《校车安全条例》公开征求意见。中央和地方相关部门亦多措并举，出台新举措遏制校车事故频发态势。不过有的学者也提出了自己的看法，深刻探讨了校车标准编制中存在法律依据和程序问题。

校车：标准编制中存在法律依据和程序问题①

第一，校车标准名称的反复变更，反映出国家标准编制中存在程序问题。

备受争议的校车标准再一次出现戏剧性的变化，中国“校车”标准名称又变了。从现行的专用小学生校车标准、专用幼儿校车标准到正在修订的校车标准和幼儿校车标准，又新冒出一套专用校车标准。据新华网报道：《专用校车安全技术条件》和《专用校车座椅系统及其车辆固定件的强度》两项标准已经通过全国汽车标准化技术委员会组织客车分技术委员会审查。

根据《国家标准制定程序的阶段划分及代码》（GB/T 16733—1997），国家标准制定程序划分为预阶段、立项阶段、起草阶段、征求意见阶段、审查阶段、出版阶段、复审阶段和废止阶段共9个，国家标准化管理委员会是国务院授权统一管理全国标准化工作的主管机构，工业和信息化部是汽车行业国家标准的主管机构。已经颁布和实施的两项专用小学生校车强制性国家标准是《专用小学生校车安全技术条件》（GB 24407—2009）和《专用小学生校车座椅系统及其车辆固定件的强度》（GB 24406—2009），正在制定的两项专用幼儿校车强制性国家标准是《专用幼儿校车安全技术条件》和《专用幼儿校车座椅、约束系统及车辆固定件的强度》，是国家标准化管理委员会下达给郑州宇通客车股份有限公司等单位的强制性标准制定项目计划任务（国标委综合［2009］93号）。

工业和信息化部公开征求对《校车安全技术条件》等四项国家标准的意见，其中前两项是修订强制性国家标准《校车安全技术条件》和《校车座椅系统及其车辆固定件的强度》，由

① 王健：《校车：标准编制中存在法律依据和程序问题》，http://auto.sohu.com/20120118/n332539943_2.shtml，2012年6月30日访问。

国家标准化管理委员会下达标准修订项目计划任务给工业和信息化部(国标委综合[2009]93号),拟代替现行《专用小学生校车安全技术条件》(GB 24407—2009)和《专用小学生校车座椅系统及其车辆固定件的强度》(GB 24406—2009)(请注意标准名称的变更);后两项是新制定的强制性国家标准《幼儿校车安全技术条件》和《幼儿校车座椅系统及其车辆固定件的强度》,它们分别替换了制定中的强制性国家标准《专用幼儿校车安全技术条件》和《专用幼儿校车座椅、约束系统及车辆固定件的强度》(也请注意标准名称的变更)。

有趣的是,在公开征求意见的四项强制性国家标准中,前后两项的编制说明表述各不相同,其任务来源都是国家标准化管理委员会所下达的国家标准制修订计划项目,后两项标准的编制说明似乎要隐含某些资讯。查阅国标委综合[2009]93号文件,仔细分析发现:国家标准的项目名称发生了微妙的变化,原项目计划任务中的专用幼儿校车术语被修改为幼儿校车,但未说明是国家标准化管理委员会或工业和信息化部同意修改这两项强制性国家标准的名称。

奇怪的是,《校车安全技术条件》等四项强制性国家标准在公开征求意见,并通过全国汽车标准化技术委员会组织客车分技术委员会审查后,被缩减为两项强制性国家标准《专用校车安全技术条件》(送审稿)和《专用校车座椅系统及其车辆固定件的强度》(送审稿)(特别注意标准名称的变更)。工业和信息化部负责人解说:新的《专用校车安全技术条件》和《专用校车座椅系统及其车辆固定件的强度》国家标准综合了公开征求意见的四项标准内容,涵盖3周岁以上学龄前幼儿及九年制义务教育阶段在校学生,提出幼儿专用校车、小学生专用校车和中小学生专用校车的安全技术要求以及幼儿、小学生和中小学生专用校车座椅的尺寸和强度等安全技术要求。

获得通过审查的两项“校车”国家标准突然使人一头雾水,这里不是简单地对“校车”术语咬文嚼字,而是依照《标准化工作导则第1部分:标准的结构和编写》(GB/T 1.1—2009)要求进行的学术讨论。制定标准的目标是规定明确且无歧义的条款,以便促进贸易和交流(总则),国家标准中最基本的组成部分就是“术语和定义”,如果对“校车”术语都没有一个社会共识,标准中的相关条款就难以达成“统一性”(总则),也无法与现行基础标准的有关条款保持“协调性”(总则),更难与国际文件保持“一致性”,这些都是标准化工作应当遵守的基本原则。

如果说政府机构的官员对“校车”基本概念理解不准确,或只是为了简化管理工作而要求分别制定专用小学生校车和专用幼儿校车系列标准,混淆了“校车”概念;作为国家标准的编制者,如果坚持了以科学、技术和实践经验的综合成果为基础的标准编制原则,还有美国联邦机动车安全标准(FMVS)作为参照(采标号FMVSS213,220,221,222和225),完全不应该出现对校车标准相关术语缺乏“统一规定”的问题,更不会出现国家标准名称随意改变的情况。

无人查证已获得通过审查的两项“校车”国家标准在标准名称上的变化是否获得国家标准化管理委员会的批准。显然,全国汽车标准化技术委员会组织客车分技术委员会是无权变更标准名称的,工业和信息化部同样也无权变更标准名称,已获得通过审查的两项“校车”国家标准中明显存在程序问题,需要国家标准化管理委员会发文撤销已下达的标准修订项目计划任务(包括国标委综合[2009]93号中专用幼儿校车相关标准、国标委综合[2009]93号中的校车相关标准),并重新发文下达标准修订项目计划任务(专用校车相关标准),这是国家行政机构应当遵守的基本行政法规的基本原则。

《关于中国校车标准的批改建议》一文批评：国家标准的编制者已沦落为政府官员精神意愿的演绎者，而不再是基于科学原则提供决策建议的“社会良知”。

第二，校车条例和标准中某些条款缺乏法律依据，必须先行修改《道路交通安全法》。

新闻媒体纷纷报道校车两项技术标准通过审查，专业人士惊奇地发现，此“专用校车”已涵盖幼儿专用校车、小学生专用校车和中小学生专用校车。有人开玩笑地调侃说，中国“校车”标准的编制过程就像做游戏一般，说变就变。从法规与标准的视角来分析制定《校车安全条例》法规和修订《校车安全技术条件》等标准，这些强制性国家标准的编制过程中都存在某种程度的违反上位法的问题。《关于学生安全运输的法理思考》一文已经指出：国务院法制办编制的《校车安全条例》(草案征求意见稿)中存在一些违反上位法《道路交通安全法》的条款。具体来讲，“校车”作为一种特殊的机动车辆(或客车)，其标志、装备和通行规则都必须体现在《道路交通安全法》中，从公开征求意见的《校车安全技术条件》等四项强制性国家标准的征求意见稿来分析，至少需要修改《道路交通安全法》中两个方面的条款：一是车辆和驾驶人(第二章)的相关条款中对校车装备作出规定，二是道路通行规定(第四章)的相关条款中对校车的装备的使用作出规定。

换句话讲，正在制定的《校车安全条例》(草案征求意见稿)，要求“校车”装备统一的校车标志灯和停车指示牌、装备停车信号臂等装置；规定校车在道路上停车上下学生，应当靠道路右侧停靠，开启危险报警闪光灯，由驾驶人将停车指示牌伸出车窗，后方车辆应当停车等待，不得超越(第31条)。这项新的行政法规所作出的这些规定，没有说明其法律依据，且不符合现行国家法律《道路交通安全法》中的相关规定，依照《立法法》的规定，必须修改《道路交通安全法》中的相关条款作为编制《校车安全条例》(草案征求意见稿)的法律依据，否则，国务院法制办所编制的《校车安全条例》(草案征求意见稿)就是无效的。

类似《校车安全条例》(草案征求意见稿)目前所面临的缺乏法律依据困境，《专用校车安全技术条件》(送审稿)和《专用校车座椅系统及其车辆固定件的强度》(送审稿)所规定的装备统一的校车标志灯和停车指示牌、装备停车信号臂等装置等条款，也面临与现行强制性国家标准《机动车运行安全技术条件》(GB 7258—2004)等保持一致性的问题，以及缺乏相关法律依据的问题。具体来讲：(1)修订《机动车运行安全技术条件》术语和定义中相关校车条款。(2)修订《机动车运行安全技术条件》整车中相关校车标识条款。(3)修订《机动车运行安全技术条件》照明、信号装置和其他电器设备中相关校车标志灯条款。(4)修订《机动车运行安全技术条件》消防车、救护车、工程救险车和警车的附件中相关校车条款，这些修订都必须经国家标准化管理委员会以修改单的形式批准并公告；否则，工业和信息化部或全国汽车标准化技术委员会组织客车分技术委员会审查通过的任何“校车”相关标准都是无效的。

这不是“先有鸡还是先有蛋”的哲学问题，而是法规中实实在在的程序问题。基于以上分析可以判断，已通过审查阶段的“专用校车”系列强制性国家标准，不可能在近期内颁布实施，尚需修订现行基础标准《机动车运行安全技术条件》的有关条款，以及修改现行《道路交通安全法》中的相关条款作为法律依据，这是国家行政机关制定行政法规和编制国家标准过程中应当解决的问题，也是属于程序性的问题，期待完善的学生运输安全条例和标准正式出台。

第三，校车不能单独承载学生运输的安全之重，更重要的是建立和完善学生运输安全法规体系。

“校车”问题不是简单的车辆技术标准、交通运营行业管理或教育界的问题，正在制定中的《校车安全条例》法规和修订中的《专用中小学生校车安全技术条件》等系列强制性国家标准过程中，所暴露出来的一些程序问题和缺乏相关法律依据的问题，反映了政府有关部门领导急于建立学生运输安全制度的良好意愿，但在国家政策、法规和管理体制上却呈现出一种混乱状况。国务院法制办公室编制的《校车安全条例》（征求意见稿），目标是为了加强校车安全管理，保障乘车幼儿、学生的人身安全，却把学生运输安全的重任寄托在“校车”身上，误导《校车安全技术要求》等标准设置“最高水平”，似乎只要把标准提高到“装甲车一般的结构水平”就可以确保学生运输安全，忽视这是一项社会系统工程的基本事实。

学生运输安全制度的建立涉及校车技术标准、车辆运营与维修、驾驶员选择与管理，以及道路交通法规、政府管理机构、财政补贴政策等许多方面。显然，“校车”不能单独承载学生运输的安全之重。客观地讲，“校车”就是配置一些特殊装置的客车，车身统一喷涂黄色作为一种标志，并配备一些警示和安全装置，以适应学生安全运输的特点。学生运输安全问题涉及学校规划布局、公共交通发展、校车使用对象、校车资金筹措、财政支持范围以及校车运营模式等方面，因此，要制定出符合国情的校车服务政策，作为学生运输安全管理的专门法规名称应当是《学生运输安全条列》或《校车服务安全条例》，而不该是《校车安全条例》。以学生运输或校车作为这一法规的主体，会导致不同的司法解释，仅从一般的学术上解读，前者更加人性化，后者更加物质化。

校车是北美国家（美国、加拿大等）专门运送学生的客车，联邦和州（省）法律规定校车的设计特征与其他类型的巴士有区别，美国联邦机动车安全标准（FMVSS）要求校车喷漆铬黄色的车身并配备特定的警示和安全装置。美国的校车服务几乎都是免费提供的，只有5%的校区收取少量费用，主要由州政府为校车服务提供资助，2010 年的资助金额为 6 604 301 317 美元、基本建设投资为 297 687 174 美元。全美拥有 472 126 辆校车，2 426 335 855个校车运营商，每天为公立学校的23 398 088名学生和私立学校的1 284 912名学生提供上下学的运输服务，校车的年运营里程为584 468 312 km(363 171 772 mi)。

校车制（Busing）是美国当代反种族隔离的一项强制性措施，政府用校车强行把学生运送到学校以实现黑白合校的目的，这项制度源自联邦最高法院的裁决：学校委员会有责任以强迫性措施来实现黑白合校来加速废除黑白分校制度，现在的美国法典已禁止强制性校车制（第 20 篇（教育）第 37 章《学生分配与运输》第 1652 条规定）。

欧盟指令（EC DIRECTIVE）和日本汽车工业协会标准（JASO）中，没有单项或专门的校车法规与标准，但有专门的学生运输服务，其法规与标准就无从借鉴；分析美国学生运输法规与校车安全标准，可为制定中国《校车安全条例》法规和编制《校车安全技术要求》提供一套完善的参照体系。

美国法典(23 USC 402)授权各州制定公路安全项目，全国性的《各州公路安全项目指南统一指南》（Uniform Guidelines for State Highway Safety Programs），其中第 17 章为《学生运输安全》（Pupil Transportation Safety），它为各州提供了学生运输的行政管理、标志与装备、运营（包括人员和车辆方面）、车辆维护及其他方面的基本安全指南框架。

在法规方面，正在制定的《校车安全条例》（草案征求意见稿）类似美国国会通过的《机动车与校车安全修正案》（Motor Vehicleand School Bus Safety Amendments），总统要求把学生运输安全水平提升到最高，该法案授权国家公路交通安全管理局（NHTSA）编制联邦校车安全标准（FMVSS for School Buses），直接推动在紧急出口、车内乘员保护、地板强度、座椅系统、车身和框架的耐撞性、车辆操作系统、挡风玻璃、车窗及燃油系统8个方面,建立或提高了校车安全标准,颁布了5项专门的联邦校车安全标准,引用29项联邦机动车安全标准(包括避免碰撞、耐撞性和碰撞后的标准),有的标准适用小型校车,有的标准适用大型校车,有的标准则适用所有的校车。

美国法典(49 CFR Parts 393 and 396)授权联邦公路管理局(FHWA)编制《联邦汽车客运安全规则》(Federal Motor Carrier Safety Regulations,49 CFR part 391)和编制《商用车驾驶员执照标准》(Commercial Driver's License Standards,49 CFR part 383);美国法典(49 CFR Part 605)授权联邦公共交通管理局(FTA)编制《校车运营》(School Bus Operations)。这些联邦规则典章(CFR)为学生运输安全管理提供法律支持,校车服务商、合同校车运营商和校车驾驶员的管理分别适用相关条款的规定。

正在修订的《专用中小学生校车安全技术条件》等国家标准,主要参照4项专门的联邦校车安全标准(采标号 FMVSS 213,220,221,222 和 225)。美国国家公路交通安全管理局(NHTSA)认为校车应当尽可能地安全,建立了公共巴士和校车都必须满足的"最低安全标准"(Minimum Safety Standards),且未禁止学校使用载客量超过10人的面包车(Van)出售或租赁作为符合安全标准的校车使用,有趣的是中国校车标准中居然出现"校车应为两箱式结构"的规定。

在管理体制方面,美国交通运输部及下属机构国家公路交通安全管理局(NHTSA)、联邦公路管理局(FHWA)和联邦公共交通管理局(FTA)都是学生运输管理的法定机构,它们分别依据相关的联邦规则典章进行行业管理;而国务院法制办编制的《校车安全条例》(草案征求意见稿)中,交通运输部的职责只是依照法律、行政法规和国务院的规定,负责校车安全管理的有关工作,实际上,却没有专门的校车法规可依据;国务院发展改革部门会同国务院财政、教育行政、工业和信息化等部门,按照"保障安全、方便学生,明确范围、突出重点,政府主导、社会参与"的原则,制定与经济社会发展水平相适应的校车服务总体规划和分阶段实施方案,县级以上地方政府则对本行政区域的校车安全管理工作负总责,统一领导、组织、协调本级政府有关部门履行校车安全管理职责,仍然沿袭政府包揽一切的行政管理模式。

在校车服务补贴方面,美国各州对校车服务提供的资助形式和金额各不相同。5个州不提供任何资金补贴给校车服务;9个州依据校区的学生运送比例提供一次资助;9个州依据支出项目及资助比例标准提供补贴;19个州按学生运输辆和车辆行驶里程建立的单位成本来分配补贴,其中10个州还依据地理条件调整补贴;8个州依据学生载运量、车辆行驶里程和地理差异等多种因素的公式提供补贴。《校车安全条例》(草案征求意见稿)提出:支持校车服务所需的财政资金由中央财政和地方财政分担,具体办法由国务院财政部门制定;支持校车服务的税收优惠办法由国务院财政、税务主管部门制定。这张支票如何兑现还有待观察,1993年中央政府确定要将国内生产总值(GDP)的4%投入到教育事业中,20年过去了仍然没有实现这个基本的目标。

在大众媒体方面,各种利益关系者对制定《校车安全条例》和《校车安全技术要求》标准所表现出来的行为和各种观点都值得尊重,而法规和标准的编制就是一个公共协商过程。让人担忧的是各种政治口号式的观点越来越高调,一些人对推广校车表达出"不缺钱",似乎就很有"良知";一些人强调"校车标准安全第一",似乎应当达到装甲车水平;还有一些人执迷"长鼻子",似乎这就是唯一的校车型式;他们大多是从道听途说的经验出发,缺乏科学分析和解释数据为基础的态度。

以科学、技术与实践经验的综合成果为基础，校车试验表明，车身结构对乘员保护的程度至关重要。车辆发生碰撞事故时确保乘员安全的措施包括两方面：一是要有合理的车身构造来保证在事故中产生变形后仍能确保乘员的生存空间；二是车辆要配置性能良好的乘员约束装置以减轻二次碰撞的损害。美国联邦机动车安全标准《校车翻覆保护》(FMVSS 220)要求校车进行压顶试验(Roof Compression Test)，而联合国欧洲经济委员会(ECE)《关于大客车上部结构强度认证的统一技术规定》(ECE R 66)要求客车进行倾翻试验(Roll-over Test)，中国标准《客车结构安全要求》(GB 13094—2007)是参照欧盟指令编制的，要求客车进行侧倾稳定性试验，有趣的是修订中的《校车安全技术要求》仍然采用欧盟指令中的倾翻试验，未采用美国校车的压顶试验。

交通工程的研究表明，车辆技术装备只是引发校车事故的次要因素，主要因素是驾驶员和道路环境。以道路交通死亡人数作为衡量指标，美国国家公路交通安全管理局(NHT-SA)实施的死亡分析报告系统(FARS)，统计分析各种交通事故的人员死亡情况(30天内)。按机动车型式分类统计结果表明：巴士的死亡事故率是最低的(0.5%)，其中以城际巴士的死亡率最低为0.11%，校车与公共巴士的死亡率都是0.2%；而乘用车和轻型卡车的死亡率最高，分别为40.4%和39.4%。欧洲道路交通事故数据库(CARE)的统计数据表明：巴士与客车每亿公里的乘客死亡率是0.02人，而私人小汽车每亿英里的乘客死亡率为0.56，欧洲国家普遍利用公共巴士运送学生上下学，少数国家提供特别的校车服务。

中国连续发生的“校车”悲惨事故，人们在情绪之中把未来的学生运输安全都寄托在“校车”身上，我们必须清晰地认识到，“校车”不能单独承载学生运输的安全之重，更重要的是建立和完善学生运输安全法规体系，这才是科学的发展观。

【典型案例5】北京XX中标电子信息技术有限公司诉微软公司等侵犯计算机软件、美术及汇编作品著作权纠纷案①

原告：北京XX中标电子信息技术有限公司。

被告：微软公司(Microsoft Corporation)。

被告微软(中国)有限公司，住所地中华人民共和国北京市海淀区知春路49号希格玛大厦六层。

原告北京XX中标电子信息技术有限公司(简称XX中标公司)和北京XX电子公司(简称XX电子公司)诉被告微软公司、微软(中国)有限公司(简称微软中国公司)侵犯计算机软件、美术及汇编作品著作权纠纷案，本院于2007年4月24日受理后，依法组成合议庭进行审理。2008年1月7日，被告微软公司、微软中国公司以本案涉及商业秘密为由，向本院提出不公开审理申请。本院经审查后，分别于2008年1月15日、2月26日不公开开庭对本案进行了审理。原告XX中标公司的委托代理人郑某、郭某某及其原代理人方某某，XX电子公司的委托代理人林某某、李某某，被告微软公司和微软中国公司的委托代理人丛某某、赵某某到庭参加了诉讼。2009年7月20日，XX电子公司向本院申请撤回对被告微软公司、微软中国公司的起诉。本院经审查认为XX电子公司申请撤诉的意思表示真实，未违反有关法律规定，于2009年11月11日裁定予以准许。本案现已审理终结。

原告XX中标公司诉称：1993年12月24日，中国国家技术监督局发布了包含2万余个

① 北京市第一中级人民法院民事判决书，(2007)一中民初字第5362号。

汉字字型及其编码的“通用多八位编码字符集”GB 13000.1—93 国家标准；之后在其基础上又发布了兼容原 GB 2312—80 编码的 GBK 汉字内码扩展规范。XX 电子公司基于“GB 13000.1/GBK”规定的汉字字型，于 1994 年 5 月设计、研发及制作了拥有独立知识产权的作品及其产品：XX“GB 13000.1/GBK”宋体和黑体两副 95 TrueType 字库（简称“XX 字库”）。两副字库的汉字加字符共计 43 000 多个字模。XX 电子公司对其设计研发制作的“XX 字库”作品及产品享有以下三项知识产权：(1) 美术作品著作权。“XX 字库”是 XX 电子公司按照“GB 13000.1/GBK”规定的汉字字型，对每个汉字和字符的笔画形状及部件与部件之间形成的字形结构所赋予的美术创作，从而创作出几万个规范、美观、独特的汉字和字符。因此，“XX 字库”中的每个汉字和字符都是 XX 电子公司独创的美术作品，受《中华人民共和国著作权法》（简称《著作权法》）保护。(2) 计算机软件著作权。“XX 字库”中每一个汉字和字符都是由一系列代码指令构成，即通过一系列代码指令来完成移动点、画的直线和曲线等操作，描绘出每个汉字和字符特有的美术字形。这些指令在被字体解释软件转换成可执行的代码化指令序列后，显示或打印出相应汉字和字符的字形结果。“XX 字库”作为计算机中文操作系统的系统字库，属于系统资源程序。因此，“XX 字库”是用于汉字显示和打印的计算机程序，受《著作权法》和《计算机软件保护条例》的保护。(3) 汇编作品著作权。“XX 字库”是 XX 电子公司按照“GB 13000.1/GBK”规定的汉字字型和编码，将自行创作的宋体和黑体的相应汉字和字符集合汇编成两副字库，共计 43 000 多个汉字和字符。汇编兼顾到整幅版面显示或打印时，字与字组合效果的和谐与统一；“XX 字库”又是几万个汉字和字符代码指令序列的汇编。因此，“XX 字库”既是一个将 43 000 多个独创的字形美术作品分别汇编形成的美术汇编作品，又是一个将 43 000 多个自行开发的指令代码分别汇编形成的数据库作品，受《著作权法》及相关国际公约、条约的保护。

1995 年，全国信息技术标准化技术委员会根据国家技术监督局和原国家电子工业部的指示，组织专家对全国各企业开发制作的字库产品进行测试和评优，而后向国内外厂商推荐，最后由微软公司确定优选使用“XX 字库”。双方签订了协议，XX 电子公司许可微软公司在其 Windows 95 中文版中使用“XX 字库”。但自 1998 年前后至今，微软公司在其先后开发的 Windows 98，Windows 2000，Windows XP，Windows 2003（简称 Windows 98/2000/XP/2003）等系列操作系统中均使用了“XX 字库”，微软公司和微软中国公司均销售了上述操作系统，被告的上述行为不仅没有征得权利人的许可，亦没有支付相应的许可使用费，依据《著作权法》《计算机软件保护条例》以及《伯尔尼保护文学和艺术作品公约》等相关国际公约和条约的规定，其行为构成对原告合法权利的侵犯，因此，两被告应当就其侵权行为承担相应的法律责任。根据 1999 年 12 月 30 日 XX 电子公司的股东签署协议，XX 电子公司的全部资产、技术成果及产品，均由北京 XX 郑码新技术有限公司（简称 XX 郑码公司，后更名 XX 中标公司）承接。因此原告 XX 中标公司就两被告的上述侵权行为享有请求司法保护的诉讼权利。

综上所述，两被告未经原告许可，在 Windows 98/2000/XP/2003 等操作系统中使用“XX 字库”，并且大量销售上述操作系统的行为，严重侵害了原告的知识产权及相关权益。为此，原告请求人民法院判决：1. 确认微软公司生产、微软公司和微软中国公司销售的 Windows 98/2000/XP/2003 等操作系统，使用原告所拥有的 XXGB 13000.1/GBK 宋体和黑体两副 95 True Type 字库产品的行为，构成对原告著作权的侵犯；2. 微软公司立即停止生产、微软公司和微软中国公司立即停止销售上述 Windows 98/2000/XP/2003 等操作系统。

被告微软公司和微软中国公司辩称:1.被告使用“XX字库”,是与中国相关部门协商后的结果,有法律依据和政策依据。同时XX电子公司与微软公司于1995年签订的《字体许可协议》(简称1995年字体协议)也证明被告的使用行为征得了权利人的许可。2.1995年字体协议许可范围不仅限于Windows 95中文版,而是包括之后版本的操作系统及其他任何微软产品。软件需要更新换代是众所周知的,微软公司不可能将字库协议限制在单一版本上。微软公司已经支付了相应协议中约定的使用费,履行了合同义务。2001年微软公司再次与XX电子公司签订字体许可使用协议是因为国家标准进行了改进。3.即使如原告所述,被告在Windows 98等操作系统上使用“XX字库”超出协议许可范围,但是在其后将近10年时间里,原告却在明知这一事实的情况下一直保持与微软公司的合作,没有对“XX字库”的使用提出任何异议,相反却进一步与微软公司签订2001年协议,这一事实难以让人理解。即使超出许可范围,原告的诉讼请求已经超过了中国法律规定的诉讼时效,应当被驳回。4.没有证据证明原告已经成为“XX字库”的合法所有人,其不具有原告主体资格。综上,被告请求驳回原告的诉讼请求。

本院经审理查明:

一、关于XX中标公司与XX电子公司之间法律关系的事实

1992年4月18日,中国标准技术开发公司、中国科学技术馆的代表和“郑码”的代表郑某签订《协议书》,约定联合组成新技术电子公司“北京XX电子公司”。1993年2月10日,XX电子公司登记成立。1997年,XX电子公司因未进行年检被吊销企业法人营业执照。

1999年12月30日,中国科学技术馆、中国标准技术开发公司和“郑码”发明的代表郑某三方共同签订《协议书》,其中载明:1992年9月,中国科学技术馆、中国标准技术开发公司和《郑码》专利发明人郑某某、郑某三方,在中国科学技术馆申办下,共同组建北京XX电子公司。……1997年由于各种原因,公司未能参加年检,被自行注销,北京XX电子公司至此解体,鉴于具体情况,中国科学技术馆退出该公司。中国科学技术馆退出后,原北京XX电子公司的善后工作和固定资产、技术成果、人员、债权、债务等,由XX郑码公司承接。该协议附有附件,附件由中国科学技术馆和XX郑码公司于《协议书》签订当日签订,其中明确《协议书》有关具体事项按附件执行。附件约定了XX郑码公司承接XX电子公司的善后工作和固定资产、技术成果、人员、债权、债务等的一些具体事宜。

2001年12月7日,中国科学技术馆和XX电子公司共同出具《产权证明》,主要内容为:北京XX电子公司原为中国科学技术馆主办,在1999年中国科技馆正式退出。原有北京XX电子公司署名的固定资产、技术成果(软件方面的无形资产)、人员、债权、债务等全部由XX郑码公司承接。

2004年7月21日,XX郑码公司变更企业名称为XX中标公司。

上述事实有1992年4月18日中国标准技术开发公司、中国科学技术馆的代表和郑某签订的《协议书》,XX电子公司企业法人营业执照,XX电子公司法定代表人出具的声明,1999年12月30日中国科学技术馆、中国标准技术开发公司和郑某三方共同签订的《协议书》及其附件,《产权证明》,北京市工商行政管理局昌平分局2004年7月28日出具的《企业名称变更证明》等证据在案佐证。

二、关于“XX字库”及两被告使用XX字库的相关情况

在本案中原告明确其主张权利的为1995年“XX字库”,其中包括:XX“GB 13000.1/GBK”宋体和黑体两副95 TrueType字库。在庭审中,原、被告双方均认可每副字库有21 000多

个字符,每个字符有对应的代码指令。被告承认"XX字库"的著作权人为XX电子公司。

2006年5月、6月和2007年4月,原告的代理人在公证机关的监督下,在微软公司授权的销售商处购买了Microsoft Windows 98第二版(中文版)、Microsoft Windows 2000中文专业版、Microsoft Windows XP中文家庭版、Microsoft Windows XP中文专业版、Microsoft Windows XP(Home Edition)、Microsoft Windows XP(Professional)、Microsoft Windows Server 2003 R2中文标准版、Microsoft Windows Server 2003(Standard Edition)8个版本的操作系统(以下统称被控版本操作系统)。上述操作系统软件产品由微软公司生产。在微软公司的互联网网站(http://www.microsoft.com/china)上载明,上述被控版本操作系统的销售商均系经过微软中国公司的认证。公证机关对互联网网页内容出具了相应的公证书。

在公证人员的监督下,经安装显示,被控版本操作系统中均安装、使用了XX"GB13000.1/GBK"宋体和黑体两副95 TrueType字库(即"XX字库")。在上述版本操作系统中还明确标明字体的著作权人是XX电子公司。对上述过程,公证机关出具了相应的公证书。

2007年9月28日,微软公司签署《母公司与附属公司委托合同确认书》,主要内容为:微软中国公司为微软公司的全资子公司,微软公司授权其在中国生产、经销和复制微软公司的产品,包括但不限于微软Windows 95、微软Windows 98、微软Windows 2000、微软Windows XP以及微软Windows Server 2003。

在开庭审理过程中,原告明确在本案中仅主张被告在上述8个版本的操作系统中安装、使用"XX字库"并销售上述操作系统软件的行为侵犯了原告对"XX字库"所享有的著作权;被告承认在其正版操作系统中使用了"XX字库"。

上述事实有"XX字库"及部分汉字的指令打印件,(2006)京证经字第17116,17117,17119,17121号公证书,(2006)长证内经字第4444,4445,4447号公证书,(2007)京证经字第09351,09352,09353,09354,09355,09356号公证书,微软公司签署的《母公司与附属公司委托合同确认书》,庭审笔录及当事人陈述等证据在案佐证。

三、与本案有关的协议的签订背景、协议内容及履行情况

1. 在Windows 95之前,Windows操作系统如3.1等都是基于DOS操作系统而运行,需要另行运行中文汉化软件。1994年,微软公司推出Windows 95操作系统,首次实现非基于DOS的视窗型操作系统。为了适应中国市场,该系统中必须安装中文字库和中文输入法。而1991年《计算机软件保护条例》第二十八条规定:中国籍的软件著作权人将其在中国境内开发的软件的权利向外国人许可或者转让时,应当报请国务院有关主管部门批准并向软件登记管理机构备案。同时中国政府基于中国汉字的特殊性,对汉字进行规范化管理,先后颁发了如GB 2312,GB 13000,GBK等国家标准,外国企业使用中文字库必须符合相关规范。为此中国电子工业部代表中国政府与微软公司就Windows中文版的字库和输入法的许可使用问题进行谈判,并于1994年12月8日签订了"Windows 95中文版项目合作备忘录"。

2. 之后,中国电子工业部和国家技术监督局对全国信息产业企业的中文字库和汉字输入法系统进行了规范和标准化工作。1995年7月,两主管部门委托全国信息技术标准化技术委员会(简称CITS)在全国范围内进行评选,并将优选产品推荐给微软公司。1995年9月8日,CITS发布(1995)信标字060号《关于全国信息技术标准化技术委员会向社会推荐首批TrueType汉字字型的通知》,其中提到"为了加速国内汉字信息技术向标准化、规范化方向发展,维护用户利益,CITS根据电子工业部和国家技术监督局的有关指示,开展了面向社会的TrueType汉字字型优选推荐工作……在送选的TrueType字型中评出了较好的字型,

供国内、外厂商和用户选用。”推荐的 GB 13000/GB 2312 TrueType 汉字字型中包括 XX 电子公司的宋体和黑体等。

3. 1995 年 9 月 20 日中国国家技术监督局标准化司、中国电子工业部计算机与信息化推进司、微软公司三方共同签订《Windows 95 中文版项目标准规范合作协议书(合作备忘录的补充)》(简称《政府协议》),内容如下:根据中国电子工业部和微软公司于 1994 年签订的“Windows 95 中文版项目合作备忘录”,中国国家技术监督局标准化司、中国电子工业部计算机与信息化推进司共同与微软公司协商,就 Windows 95 中文版项目标准规范和有关中国合作伙伴等事宜达成如下协议:(1)中国技术监督局和中国电子工业部责成 CITS 和中文平台特别技术委员会具体执行本协议。微软公司尊重中国政府对中文信息基础技术市场的规范管理和双方共同商定的技术转让程序(具体事项见附录 A 和附录 B)。…… (4)对于 Windows 95 中文版所使用的中文字型,微软公司应选择 CITS 推荐的规范化 TrueType 中文字型;CITS 将根据中国政府有关部门的规定以合理的方式和价格向微软公司进行技术转让。推荐的开发商名单及条款见附录 A。(6)中国国家技术监督局和中国电子工业部将指定测试机构对 Windows 95 中文版进行检测,以确认其中文部分是否符合中国政府的有关标准规范的要求。……(7)中国电子工业部、中国国家技术监督局同意将符合中文标准规范的 Windows 95 中文版作为推荐产品推荐给用户。(8)中国电子工业部和中国技术监督局声明,其有权根据《计算机软件保护条例》第二十八条批准和许可中国公民转让在中华人民共和国境内开发的计算机软件的著作权。对于微软公司与中国合作开发伙伴按照以上第 4 款和第 5 款签订的协议所规定的计算机软件著作权的转让和许可,中国电子工业部应予批准。(9)关于微软公司与中方公司签定的 TrueType 字型和输入法的技术转让合同,如果其合同所转让的内容与 CITS 推荐内容一致,中国技术监督局和中国电子工业部将支持其合同的执行,但不包括这些技术类似于 GB 2312 到 GB 13000 的扩展情况和改型版本。(10)合作备忘录的补充和它们的附件将作为《Windows 95 中文版项目合作备忘录》的一个组成部分。

附录 A 列明推荐的 GB 13000 字型包括 XX 电子公司的宋体和黑体,并明确:在 Windows 95 中文版采用 CITS 推荐的汉字字型应遵照以下条款:CITS 推荐的中文字型开发商应提供 GB 13000 字符集所有汉字字型。CITS 统一负责管理所推荐的中文字型的版权和技术使用费。微软公司、CITS 及 CITS 推荐的中文字型开发商将联合签定中文字型技术转让合同。合同应包括许可微软公司在微软公司所指定的微软公司产品中使用有关技术。合同应提供足够的许可,允许微软公司对有关技术拥有必要的使用权……微软公司将对微软公司出售的 Windows 95 中文版或使用这些字型的其他微软公司产品(包括升级版本)的每个合法拷贝的每种字型付技术使用费 1.20 美元,对每种字型的技术使用费总数将限制在 50 万美元……微软公司对 CITS 推荐的字型付技术使用费的义务到微软公司停止销售使用这些字型的 Windows 95 中文版及其他微软公司产品后终止。

4. 1995 年 11 月 10 日,微软公司和 XX 电子公司签订《字体许可协议》(即 1995 年字体协议),1996 年 1 月 24 日,CITS 在该协议上签字,批准了协议。协议内容如下:鉴于微软公司和中国电子工业部之间就开发微软 Windows 95 中文版,于 1994 年 12 月 4 日和 1995 年 9 月 20 日分别签订了一份谅解备忘录及补充备忘录……鉴于 XX 电子公司已开发某些字体,这些字体微软公司要求由 XX 电子公司许可用于微软公司 Windows 95 中文版或任何其他微软产品,双方约定:(1)本协议中“字体”系指根据本协议由 XX 电子公司开发并且许可给微软公司、具有附录 A 中所列规格和功能的字体;“许可产品”系指集成字体的每个微软软件产品或微软公司或 OEM 映射设备或外围设备。(2)自生效日期开始,XX 电子公司授予微软公司永久性的、非独家、全球性、不可撤销的许可,用于:①以目标和源代码格式对字体使用、修改、翻译和创造衍生作品;②以目标和源代码格式复制、分销或许可(直接或间接)或销售、租赁或外借字体和/或衍生作品……(3)除非本文另有规定,根据本协议授予微软公司的许可,自微软 Windows 95 中文版中华人民共和国境内最终商业发布之日起,微软公司对提供给经销商或交付服务合作伙伴的每个许可产品,应向 XX 电子公司支付 2.4 美元,按两种字体中每一种 1.2 美元计算……在任何情况下,支付给 CITS 和 XX 电子公司的字体使用费不超过 100 万美元(字体使用费上限)。各方同意,达到字体使用费上限后,XX 电子公司在本协议下许可授予将免收使用费……附录 1 明确 XX 宋体和黑体应完全符合国标扩展规范(GBK)的定义,并完全包含 GBK 所定义的每一个汉字和字符……保证字体的正确性和与中文 Windows 95 的兼容性……

5. 1995 年字体协议签订后,微软公司依照协议约定自 1996 年 2 月 16 日起,分 11 次向 XX 电子公司支付 1995 年字体协议约定的使用费上限 100 万美元。

6. 2000 年国家颁布 GB 18030—2000 标准。XX 电子公司在该标准的基础上开发完成了 2001 年“XX 字库”,与 1995 年“XX 字库”相比,不仅增加了新的汉字,而且对字形重新进行了设计。2001 年 9 月 5 日,微软公司与 XX 电子公司签订《字体开发和许可协议》(简称 2001 年协议),约定 XX 电子公司为微软公司设计和开发 GB 18030—2000 的宋体、黑体、楷体和仿宋体等字体,并许可微软公司使用,授予微软公司全球性、非排他性、永久有效、不可撤销、全额交付的权利,许可费为 13 万美元。2002 年 2 月至 3 月,微软公司将上述许可费 13 万美元支付给 XX 电子公司。

以上事实有(1995)信标字 060 号《关于全国信息技术标准化技术委员会向社会推荐首批 Truetype 汉字字型的通知》,“Windows 95 中文版项目标准规范合作协议书(合作备忘录的补充)”,1995 年字体协议,2001 年协议,普华永道会计师事务所关于微软公司付款事实的声明及其附件,庭审笔录及当事人陈述等证据在案佐证。

本院认为:根据原、被告的诉辩主张和本院查明的事实,本案的处理主要涉及以下几个问题:

一、“XX 字库”是否可以作为作品获得著作权法的保护

原告主张“XX 字库”每个汉字和字符构成美术作品,同时每个汉字和字符的指令代码属于计算机程序,而“XX 字库”本身是对上述美术作品和计算机程序的汇编,属于汇编作品,对此,本院认为:

1. 美术作品,是指绘画、书法、雕塑等以线条、色彩或其他方式构成的有审美意义的平面或者立体的造型艺术作品。为了规范汉字,国家颁布了 GB 13000 等国家标准,统一汉字的基本字型、笔画。在国家标准的基础上,各个字库的生产者可以根据自己的审美,对每个汉字字符进行创作,此制作体现出作者的独创性。“XX 字库”中的每个汉字和字符正是在国家标准的基础上,经过独立创作而形成,具有其独特的汉字风格、笔型和结构特点。此外,由于“XX 字库”为印刷体字库,不仅要求其中的每个汉字和字符具有美感,并且要求保证任何汉字、字符搭配起来均能体现统一的风格并富有美感,因而在进行计算机字库设计时,需要对每个汉字和字符反复进行排列、组合,不断修改和完善字形的间架结构,以满足印刷体字库的需求,这一过程也必然要求设计者付出独创性劳动。因此,“XX 字库”中的每个汉字和字符均具有独创性,属于以线条构成的具有审美意义的书法作品,具备《著作权

法》规定的美术作品的构成要件,原告关于“XX 字库”中的每个汉字和字符构成美术作品的主张成立,本院予以支持。

2. 根据《计算机软件保护条例》的规定,计算机程序是指为了得到某种结果而可以由计算机等具有信息处理能力的装置执行的代码化指令序列,或者可以被自动转换成代码化指令序列的符号化指令序列或者符号化语句序列。“XX 字库”中的每一个汉字字符所对应的代码指令为坐标数据和函数算法,是对字型笔画所进行的客观描述;在运行时,通过特定软件的调用、解释,这些坐标数据和函数算法被还原为可以识别的字型。字库中对数据坐标和函数算法的描述并非计算机程序所指的指令,并且字库只能通过特定软件对其进行调用,本身并不能运行并产生某种结果,因此,字库不属于《计算机软件保护条例》所规定的程序,也不是程序的文档。同时,字库中的坐标数据、函数算法与相应的字型是一一对应的,是同一客体的两种表达。在《著作权法》上,应作为一个作品给予保护。因此原告所主张每个汉字和字符的指令代码构成计算机程序的主张不能成立。

3. 根据《著作权法》第十四条的规定,汇编若干作品、作品的片段或者不构成作品的数据或者其他材料,对其内容的选择或者编排体现独创性的作品,为汇编作品,其著作权由汇编人享有。可见,构成汇编作品必须在内容的选择或者编排上具有独创性。“XX 字库”整体上仅是 XX 电子公司根据国家标准而创作的所有的字型的集合,在内容上是执行国家标准,且没有进行编排,因此不构成汇编作品。原告所称其对每个字符、字型进行了选择,以便整体风格更为一致,更为美观,但这种选择的独创性最终体现在每个字符的字型上,而并非体现在“XX 字库”的内容选择或者编排上,且通过对每个汉字和字符的保护已经保护了其相应的独创性劳动成果,因此原告关于“XX 字库”构成汇编作品的主张不能成立。

综上所述,“XX 字库”是美术作品的集合,其中的每个汉字和字符系经 XX 电子公司独立创作完成,构成美术作品,应当受到《著作权法》的保护。原告有关“XX 字库”属于计算机软件,并构成汇编作品的主张,因无事实和法律根据,本院不予支持。

二、关于原告主体资格问题

本案中,原告主张的是“XX 字库”的相关权利,而“XX 字库”是 XX 电子公司在 1995 年前开发创作的,XX 电子公司是“XX 字库”的原始著作权人,对此被告也予以认可,因此 XX 电子公司享有“XX 字库”相关的著作权。

XX 电子公司是中国标准技术开发公司、中国科学技术馆的代表和“郑码”三方共同组建成立的公司,在 XX 电子公司被吊销企业法人营业执照的情况下,三方可以在协商一致的情况下对公司包括“XX 字库”在内的相关财产进行处分。根据上述三方于 1999 年 12 月 30 日签订的协议书,XX 电子公司的债权、债务及技术成果等由 XX 郑码公司承接。通过 XX 郑码公司于同日签订的协议书附件可以证明,XX 郑码公司也明确同意执行上述协议书,承接 XX 电子公司所有的债权债务和包括“XX 字库”在内的技术成果。因此,从 1999 年 12 月 30 日起,XX 电子公司的债权债务由 XX 郑码公司承接,相应地,“XX 字库”的著作财产权由 XX 郑码公司享有。后 XX 郑码公司变更企业名称为 XX 中标公司,即“XX 字库”相关权利的权利人为 XX 中标公司。

本案中,原告主张被告使用“XX 字库”的行为构成侵权,其时间跨度从 1998 年至今。由于“XX 字库”的相关权利以及之前因“XX 字库”而产生的债权、债务自 1999 年 12 月 30 日起已经转移至 XX 郑码公司(即原告 XX 中标公司),因此原告不仅享有“XX 字库”的相关权利,而且享有对此前发生的侵权行为进行追究的权利。根据《中华人民共和国民事诉讼法》(简称《民事诉讼法》)第一百零八条第一款第(一)项的规定,原告应当与案件有直接利害关系。本案中,"XX字库"的著作财产权在1999年12月30日前后分别由XX电子公司和原告享有,如果他人未经许可而使用该字库,必然会影响到XX电子公司和原告享有的相关权益。因原告通过转让取得了XX电子公司的债权、债务,其可以主张XX电子公司的债权,故原告无论作为XX电子公司债权的承继人还是作为"XX字库"的相关权利人,均与本案具备直接利害关系。在此情况下,原告提起本案诉讼符合《民事诉讼法》的上述规定,因此,被告关于XX中标公司不是适格原告的主张不能成立,本院不予支持。

三、关于被告使用"XX字库"的行为是否得到权利人的许可

根据查明的事实及被告的陈述,被控版本操作系统中均安装、使用了"XX字库"。使用他人作品应当取得著作权人的许可。根据《著作权法》第四十六条、第四十七条的规定,未经权利人许可,使用他人作品的行为构成侵权。本案中,被告主张根据1995年字体协议及2001年协议,其使用行为得到了XX电子公司的许可,而原告认为1995年字体协议的许可范围仅限于Windows 95中文版,2001年协议涉及的是针对GB 18030—2000而开发的2001年XX字库,与本案争议的1995年"XX字库"无关,因此,判断被告是否构成侵权的关键在于上述协议的许可范围和许可标的的认定。

首先,关于1995年字体协议的许可范围,原告和被告的理解存在较大分歧。原告主张,从当时的背景和政府协议来看,从标题到内容,针对的均是Windows 95中文版,未涉及之后版本的操作系统,1995年字体协议也只能在此范围内约定,即许可的范围仅限于Windows 95中文版。至于1995年字体协议中所述的任何其他微软产品应当是指操作系统外的其他应用软件,不应理解为其他操作系统版本。被告认为政府协议附录A明确约定XX电子公司应许可微软公司在微软公司所指定的微软产品中使用有关技术。1995年字体协议明确约定许可范围包括任何其他微软产品,应当包括Windows 95中文版的换代产品。在1995年仅存在Windows 95的情况下,未将后来的版本明确写入协议是正常的。从1995年字体协议来看,授权范围是永久性的、全球性的、不可撤销的,不可能仅限于Windows 95中文版。而且从1995年到2001年双方均相安无事,2001年中国出台GB 18030后,双方又再次合作,在改进的基础上又签订了2001年协议,又再次获得所有微软产品使用"XX字库"的授权,显然可以推断之前的协议包括所有版本的操作系统。

对此,本院认为,由于双方当事人对合同许可范围存在争议,根据《中华人民共和国合同法》第一百二十五条的规定,当事人对合同条款的理解有争议的,应当按照合同所使用的词句、合同的有关条款、合同的目的、交易习惯以及诚实信用原则,确定该条款的真实意思。一般地,对于著作权许可使用合同许可范围的理解,应当以双方签订的许可使用合同约定内容为准。但是,因本案具有特殊性,即合同中涉及的标的的许可使用需要国家的审批,因此需要考虑政府协议的有关内容。从政府协议和1995年字体协议的逻辑关系看,1995年字体协议应当是在政府协议的框架下签订的。从政府协议的签订背景看,签订合同的目的是解决Windows 95中文版的中文字库规范和许可审批问题,从政府协议的内容及附录内容看,也均是针对Windows 95中文版约定的,合同很多条款中均明确以Windows 95中文版为前提。从双方签订的1995年字体协议看,"鉴于"条款也明确是针对Windows 95中文版。因此综合上述因素,本院认为,原告的主张比较符合合同目的,对于许可方而言,许可的范围仅限于Windows 95中文版,不包含本案被诉的Windows 98,Windows 2000,Windows XP,Windows 2003等版本。被告主张政府协议附录A中明确"合同应包括许可微软公司在微软

公司所指定的微软公司产品中使用有关技术”，而1995年字体协议中又明确“由卖方许可用于Windows 95中文版或任何其他微软产品”，因此政府协议是允许企业之间约定许可范围，而1995年字体协议约定许可的范围很明确包括微软的任何产品，应当包括被诉的8个操作系统。对此，本院认为，首先政府协议中“合同应包括许可微软公司在微软公司所指定的微软公司产品中使用有关技术”是有前提的，即“在Windows 95中文版采用CITS推荐的汉字字型应遵照以下条款”，可见该约定仍是建立在Windows 95中文版的前提下。至于1995年字体协议中“Windows 95中文版或任何其他微软产品”的表述，虽然所用的连接词是“或(Or)”，但正如原告所主张的“任何其他微软产品”是指当时与Windows 95中文版同时并存的微软公司的其他应用软件(比如Word等Office软件)比较合理。对于微软公司，如果当时的许可范围是任何微软产品，就没有必要特意强调Windows 95中文版，而应直接明确“任何微软产品”。至于1995年字体协议授予微软公司永久性的、非独家、全球性、不可撤销的许可，是对许可的期限、性质和地域范围的约定，是指微软公司可以在Windows 95中文版上永久、全球性地使用“XX字库”，并不涉及许可使用的产品范围的约定，不能据此认为许可范围包括微软公司所有的产品。因此，综合上述条款内容及订立合同的通常习惯，本院认定1995年字体协议许可范围不包括被诉的8个版本操作系统。

被告还以2001年协议来主张获得许可，而原告主张2001年协议涉及的是2001年“XX字库”，该字库是根据GB 18030而重新创作的，与本案所主张的1995年根据GB 13000.1/GBK而创作的1995年“XX字库”属于两个不同的字库，因此才签订2001年协议，该协议与本案没有关系。对此，本院认为，2001年协议明确许可的字库是针对GB 18030—2000而开发的2001年XX字库，2001年XX字库与1995年“XX字库”是针对不同的国家标准而创作的，不仅增加了新的汉字，而且汉字的字形也发生了变化，两字库所指向的标的物不同。而被诉的8个操作系统使用的仍是1995年的“XX字库”，因此2001年协议不能用于证明被告的使用行为获得了原告的许可。

四、关于原告起诉是否超过诉讼时效

本案原告提起的系侵权之诉。最高人民法院《关于审理著作权民事纠纷案件适用法律若干问题的解释》(法释[2002]31号)第二十八条规定：侵犯著作权的诉讼时效为两年，自著作权人知道或者应当知道侵权行为之日起计算。权利人超过两年起诉的，如果侵权行为在起诉时仍在持续，在该著作权保护期内，人民法院应当判决被告停止侵权行为。本案中，由于未经许可使用“XX字库”的被诉8个操作系统在原告起诉时仍在市场上进行销售，被告的被控侵权行为在原告起诉时仍在持续，因此原告要求确认被告行为构成侵权并停止侵权的诉讼请求没有超过诉讼时效，被告的抗辩不能成立，本院不予支持。

综上所述，本案是一个协议双方当事人对于许可范围存在不同认识的案件，综合各种因素，本院认为被告在被诉8个版本操作系统安装、使用“XX字库”的行为以及销售上述操作系统的行为，超出了许可范围，属未经著作权人许可的复制、发行行为，根据《著作权法》的规定，被告微软公司生产、销售以及被告微软中国公司销售被诉8个版本操作系统的行为侵犯了原告对“XX字库”享有的美术作品著作权，应当承担停止侵权的法律责任。根据《中华人民共和国著作权法》第四十七条第一款第(四)项、最高人民法院《关于审理著作权民事纠纷案件适用法律若干问题的解释》(法释[2002]31号)第二十八条之规定，本院判决如下：

一、确认被告微软公司生产、被告微软公司和微软(中国)有限公司销售使用有XXGB

13000.1/GBK 宋体和黑体两副 95 TrueType 字库的 Microsoft Windows 98 第二版(中文版)、Microsoft Windows 2000 中文专业版、Microsoft Windows XP 中文家庭版、Microsoft Windows XP 中文专业版、Microsoft Windows XP(Home Edition)、Microsoft Windows XP(Professional)、Microsoft Windows Server 2003 R2 中文标准版、Microsoft Windows Server 2003(Standard Edition)操作系统的行为,构成对原告北京 XX 中标电子信息技术有限公司就字库中每个汉字字符所享有的著作权的侵犯。

二、自本判决生效之日起,被告微软公司立即停止生产、被告微软公司和微软(中国)有限公司立即停止销售使用有 XXGB 13000.1/GBK 宋体和黑体两副 95 TrueType 字库的 Microsoft Windows 98 第二版(中文版)、Microsoft Windows 2000 中文专业版、Microsoft Windows XP 中文家庭版、Microsoft Windows XP 中文专业版、Microsoft Windows XP(Home Edition)、Microsoft Windows XP(Professional)、Microsoft Windows Server 2003 R2 中文标准版、Microsoft Windows Server 2003(Standard Edition)操作系统。

三、驳回原告北京 XX 中标电子信息技术有限公司的其他诉讼请求。案件受理费人民币 750 元,由被告微软公司、被告微软(中国)有限公司共同负担(本判决生效之日起 7 日内交纳)。如不服本判决,原告北京 XX 中标电子信息技术有限公司和被告微软(中国)有限公司可在本判决书送达之日起 15 日内,被告微软公司可在本判决书送达之日起 30 日内,向本院递交上诉状并按对方当事人的人数提交副本,交纳上诉案件受理费人民币 750 元,上诉于中华人民共和国北京市高级人民法院。

第四章　标准的实施与监督

第一节　标准的实施

标准的实施是指有组织、有计划、有措施地贯彻执行标准的活动,是标准制定部门、使用部门或企业将标准规定的内容贯彻到生产、流通、使用等领域中去的过程。它是标准化工作的任务之一,也是标准化工作的目的。中国标准的管理体制分为三个层面:第一是国务院有关行政主管部门和国务院授权的有关行业协会分工管理本部门、本行业的标准化工作;第二是各省、自治区、直辖市标准化行政主管部门统一管理本行政区域的标准化工作,各省、自治区、直辖市人民政府有关行政主管部门分工管理本行政区域内本部门、本行业的标准化工作;第三是市、县标准化行政主管部门和有关行政部门主管,按照省、自治区、直辖市人民政府规定的各自职责,管理本行政区域内的标准化工作。按照标准化对象,通常把标准分为技术标准、管理标准和工作标准三大类。技术标准是指对标准化领域中需要协调统一的技术事项所制定的标准,包括基础标准、产品标准、工艺标准、检测试验方法标准及安全、卫生、环保标准等。管理标准是指对标准化领域中需要协调统一的管理事项所制定的标准。工作标准是指对工作的责任、权利、范围、质量要求、程序、效果、检查方法、考核办法所制定的标准。

一、强制性标准和推荐性标准实施要求

从事科研、生产、经营的单位和个人,必须严格执行强制性标准。不符合强制性标准的产品,禁止生产、销售和进口。《标准化法》规定:强制性标准,必须执行。不符合强制性标准的产品,禁止生产、销售和进口。推荐性标准,国家鼓励企业自愿采用。

这是关于强制性标准和推荐性标准实施要求的规定。"强制性标准,必须执行"是指从事科研、生产、经营的单位和个人,必须严格执行强制性标准。"推荐性标准,国家鼓励企业自愿采用"包括两层含义:其一,推荐性标准,企业自愿采用;其二,国家将采取优惠措施,鼓励企业采用推荐性标准。推荐性标准一旦纳入指令性文件,将具有相应的行政约束力。"不符合强制性标准的产品,禁止生产、销售和进口"是指在国内销售的一切产品(包括配套设备)不符合强制性标准要求的,不准生产和销售;专为出口而生产的产品(包括配套设备)不符合强制性标准要求的,不准在国内销售;不符合强制性标准要求的产品(包括配套设备),不准进口。

二、产品质量认证

企业对有国家标准或者行业标准的产品,可以向国务院标准化行政主管部门或者国务院标准化行政主管部门授权的部门申请产品质量认证。认证合格的,由认证部门授予认证证书,准许在产品或者其包装上使用规定的认证标志。已经取得认证证书的产品不符合国家标准或者行业标准的,以及产品未经认证或者认证不合格的,不得使用认证标志出厂

销售。

这是《标准化法》关于产品质量认证的规定。“认证”是依据标准和相应要求,经认证机构确认并通过颁发认证证书和标志,以证明某一产品符合相应标准和要求的活动。质量认证也叫合格评定,是国际上通行的管理产品质量的有效方法。质量认证按认证的对象分为产品质量认证和质量体系认证两类;按认证的作用可分为安全认证和合格认证。“产品质量认证”包括合格认证和安全认证。认证所依据的标准是国家标准或行业标准。“认证部门”是指国务院标准化行政主管部门或国务院标准化行政主管部门授权的部门。认证工作由国务院标准化行政主管部门组织或国务院标准化行政主管部门授权的部门建立的行业认证机构实施。取得认证证书的产品准许在产品或其包装上使用规定的标志。不符合认证标准的产品或未经认证的产品,不得使用所规定的认证标志。

质量认证是依据产品标准和相应技术要求,经认证机构确认并通过颁发认证证书和认证标志来证明某一产品符合相应标准和相应技术要求的活动。就是说,产品质量认证的对象是特定产品,包括服务。认证的依据或者说获准认证的条件是产品(服务)质量要符合指定的标准的要求,质量体系要满足指定质量保证标准要求,证明获准认证的方式是通过颁发产品认证证书和认证标志。其认证标志可用于获准认证的产品上。产品质量认证又有两种:一种是安全性产品认证,它通过法律、行政法规或规章规定强制执行认证;另一种是合格认证属自愿性认证,是否申请认证,由企业自行决定。质量体系认证其认证的对象是企业的质量体系,或者说是企业的质量保证能力。认证的根据或者说获准认证的条件是企业的质量体系应符合申请的质量保证标准要求。获准认证的证明方式是通过颁发具有认证标记的质量体系认证证书。但证书和标记都不能在产品上使用。质量体系认证都是自愿性的。不论是产品质量认证,还是质量体系认证都是第三方从事的活动,确保认证的公正性。

安全认证在中国实行强制性监督管理。实行强制性监督管理的认证是法律、行政法规或联合规章规定强制执行的认证。凡属强制性认证范围的产品,企业必须取得认证资格,并在出厂合格的产品上或其包装上使用认证机构发给特定的认证标志。否则,不准生产、销售或进口和使用。因为这类产品涉及广大人民群众和用户的生命和财产的安全。

关于安全认证的电工产品强制性监督管理已在执行中。1992 年 9 月 5 日国家技术监督局、商业部、物资部、机械电子工业部、轻工业部等 10 个单位,按照《标准化法》和《中华人民共和国产品质量认证管理条例》的规定,联合发出《关于实施安全认证的电工产品进行强制性监督管理的通知》。《通知》中指出:电工产品开展安全认证是以等效转化国际电工委员会安全标准的强制性国家标准和行业标准为依据。按此类标准开展的认证必须进行强制性监督管理,未经安全认证的此类产品,不准出厂、销售、进口和使用。

自愿性认证,包括质量体系认证和非安全性产品质量认证,这种自愿性体现在:企业自愿决策是否申请质量认证;企业自愿选择由国家认可的认证机构,不应有部门和地方的限制;企业自主选择认证的标准依据,即可在 GB/T 19000—ISO9000 族标准的三种质量保证模式标准中进行选择,但是在具体选择时,企业和认证机构应就使用哪一个标准作为认证的基准达成一致意见。所选择的质量保证模式应是适宜的,并且不会误导供方的顾客。此外,在产品质量认证中,认证现场审核一般以 ISO9002 为依据,认证产品的产品标准应是达到国际水平的国家标准和行业标准 。

企业在选择体系认证机构时,一般应考虑四个因素:权威性、价格、顾客是否接受和认证机构的业务范围。权威性是指体系认证机构的知名度和影响。目前,国内认证机构收费(审核费)在3万元左右。此外还必须考虑所选择的体系认证机构是否为顾客所接受,通常,顾客对选择体系认证机构并没有国别、行业或地区等的要求,但也不否认某些顾客对此有特定要求,因而在选择认证机构时,必要时也应征询顾客的期望和要求。最后,还应考虑认证机构的业务范围,认证机构必须在国家认可、确定的业务范围内方为有效,超过这个范围的认证一律无效。

三、产品技术标准要求

根据《标准化法》,出口产品的技术要求依照合同的约定执行。这是关于出口产品技术要求的规定。合同要求可以用中国的标准、进口国标准、第三国的标准或国际标准,也可以是其他技术要求。不得单独制定出口标准。

企业研制的新产品、改进产品进行技术改造,也应当符合标准化要求。这关于研制新产品、改进产品和进行技术改造应符合标准化要求的规定。“应符合标准化要求”是指符合国家标准化法律、行政法规、规章和有关强制性标准的要求。

第二节　标准实施的监督

标准实施的监督是国家行政机关对标准贯彻执行情况进行督促、检查、处理的活动。它是政府标准化行政主管部门和其他有关行政主管部门领导和管理标准化活动的重要手段,也是标准化工作任务之一,其目的是促进标准的贯彻,监督标准贯彻执行的效果,考核标准的先进性和合理性,通过标准实施的监督,随时发现标准中存在的问题,为进一步修订标准提供依据。标准体制是与实现某一特定的标准化目的有关的标准,按其内在联系,根据一些要求所形成的科学的有机整体。它是有关标准分级和标准属性的总体,反映了标准之间相互连接、相互依存、相互制约的内在联系。

在中国,县级以上政府标准化行政主管部门负责对标准的实施进行监督检查。这是关于对标准的实施进行执法监督检查的规定。“对标准实施进行监督检查”的含义是对标准执行情况依法进行的监督、检查和处理。“县级以上”的理解,含县级本身。

县级以上政府标准化行政主管部门,可以根据需要设置检验机构,或者授权其他单位的检验机构,对产品是否符合标准进行检验。法律、行政法规对检验机构另有规定的,依照法律、行政法规的规定执行。

处理有关产品是否符合标准的争议,以前款规定的检验机构的检验数据为准。这是关于设置检验机构的规定。“县级以上政府标准化行政主管部门,可以根据需要设置检验机构,或者授权其他单位的检验机构,对产品是否符合标准进行检验”是指县级以上政府标准化行政主管部门,可以根据需要设置检验机构,或者授权其他单位的检验机构,这些检验机构属于法定检验机构,但必须在统一规划下进行,以使检验机构布局合理。检验机构的任务是对产品是否符合标准进行检验和承担其他标准实施的监督检验。其检验机构提供的检验数据具有法律效力,是处理有关产品是否符合标准争议的依据。“法律、行政法规对检验机构另有规定的,依照法律、行政法规的规定执行”是指《进出口商品检验法》《食品卫生法》《药品管理法》《锅炉压力容器安全监察暂行条例》《计量法》等法律和行政法规,对检验机构另有规定,其检验机构的设置依照这些法律、行政法规的规定执行。

【典型案例6】原告Y市A科技通讯发展有限公司诉被告Z市质量技术监督局XX区分局、第三人河南XX通信技术有限公司质量监督行政处罚一案①

原告Y市A科技通讯发展有限公司。

被告Z市质量技术监督局XX区分局。

第三人河南XX通信技术有限公司。

原告Y市A科技通讯发展有限公司诉被告Z市质量技术监督局XX区分局、第三人河南XX通信技术有限公司质量监督行政处罚一案，本院受理后，依法组成合议庭，公开开庭进行了审理。原告Y市A科技通讯发展有限公司的委托代理人XX，被告Z市质量技术监督局XX区分局的委托代理人XX，第三人河南XX通信技术有限公司的委托代理人XX庭参加诉讼。本案现已审理终结。

原告Y市A科技通讯发展有限公司诉称：第三人河南XX通信技术有限公司销售的AHK616手机系原告生产经过国家认证的合法产品，被告认定第三人销售原告生产的手机为伪造认证标志手机，已经严重影响到原告的经济利益和社会声誉，且第三人以被告作出的(XX)质技监罚字[2009]第1003号《质量技术监督行政处罚处罚决定书》为主要证据向Y市湖里区人民法院起诉原告要求赔偿，故此根据《中华人民共和国行政诉讼法》之相关规定和《最高人民法院关于执行〈中华人民共和国行政诉讼法〉若干问题的解释》第十二条之规定，向人民法院提起行政诉讼，以维护原告合法利益。被告作出的涉案行政处罚决定书认定主要事实不清。被告在决定行政处罚前没有通知原告，也没有要求被告提供相应的国家认证证明。被告没收伪造认证标志手机300部存在计量错误，没有没收300部手机。被告应确认伪造认证标志的具体责任人而没有确认。被告行政处罚行为程序存在错误，在处罚第三人的同时应当将处罚决定书同时送达原告，并告知原告享有相应的听证、行政复议和行政诉讼的权利，但被告从未通知原告，剥夺了原告的权利。另外，被告无权在流通领域作出行政处罚。根据《关于印发国家工商行政管理总局职能配置内设机构和人员编制规定的通知》(国发办[2001]57号)第一条"职能调整"的规定"将原由国家质量技术监督局承担的流通领域商品质量监督管理的职能，划归国家工商行政管理总局"，被告在本案中所作出的行政处罚是在流通领域，显属超越其职权范围。综上，被告于2009年6月8日作出的《质量技术监督行政处罚处罚决定书》(XX)质技监罚字[2009]第1003号，于法无据，与事实不符，显属违法行政行为。第三人无理由放弃行政复议、行政诉讼等救济权利，反而向原告提起民事诉讼要求赔偿，原告与该具体行政行为具有确定的法律上的利害关系，请求依法撤销被告于2009年6月8日作出的(XX)质技监罚字[2009]第1003号《质量技术监督行政处罚处罚决定书》。

原告提交的证据有：1. Y市湖里区人民法院应诉通知书(2009)湖民初字第3754号；2. Y市湖里区人民法院传票(2009)湖民初字第3754号；3. 第三人起诉原告的民事起诉状；4. 第三人在民事诉讼中的证据目录表；5. 质量技术监督行政处罚决定书(XX)质技监罚字[2009]第1003号；6.《关于印发国家工商行政管理总局职能配置内设机构和人员编制规定的通知》(国办发[2001]57号)；7. 原告维修被查封的诉争部分手机(AHK616)的维修单；8. 诉争300部手机的PSID编码号；9. 被告处罚第三人时的送达回证。

① 最新国家标准化管理委员判裁案例，http://www.110.com/panli/panli_5330451.html，2012年7月1日访问。

被告Z市质量技术监督局XX区分局辩称:原告起诉已超出起诉期限,丧失胜诉权。本案第三人河南XX通信技术有限公司于2009年7月以被告对其作出的(XX)质技监罚字[2009]第1003号《行政处罚决定书》为据向本案原告提起民事诉讼,该案于2009年10月15日由Y市湖里区人民法院受理。2009年11月6日Y市湖里区人民法院根据原告提出的管辖权异议作出民事裁定前,原告已知道且应当知道被告作出的(XX)质技监罚字[2009]第1003号《行政处罚决定书》及其内容。依据《中华人民共和国行政诉讼法》第三十九条的规定,公民、法人或其他组织直接向人民法院提起诉讼的,应当在知道作出具体行政行为之日起三个月内提出。因此,被告认为本案原告提出行政诉讼已超出诉讼时效,应丧失胜诉权。被告的具体行政行为事实清楚、程序合法。被告作出的(XX)质技监罚字[2009]第1003号《行政处罚决定书》有一系列实体证据相印证,并经本案第三人充分履行陈述申辩、听证告知等合法程序后作出的。根据《中华人民共和国行政处罚法》的相关规定,告知的对象均强调的是具体行政行为的当事人,而从未规定对利害关系人的告知义务。本案中,原告不是被告具体行政行为的当事人,因此,被告对原告不负有告知义务。被告对流通领域的强制认证违法行为负有监管职责。第一,国务院办公厅2001年8月7日发布的《关于印发国家质量监督检验检疫总局及国家认证认可监督管理委员会国家标准化管理委员会职能配置内设机构和人员编制规定的通知》第一条第二款虽原则上将原由国家质量技术监督局承担的流通领域商品质量监督管理职能划归国家工商行政管理总局,但该条第一款首先明确,按照国务院授权,将认证认可和标准化行政管理职能,分别交给国家质检总局管理的国家认监委和国家标准委员会承担。可见对认证认可工作的管理并未划分生产或流通领域,而是统一由国家认监委承担的。第二,《认证认可条例》是按照法律的规定,由国务院颁布实施的、目前调整和规范全国认证认可活动的唯一一部专门的行政法规,该条例就3C认证的执法主体、执法领域等所作出的规定符合国家三定方案的职责划分,与《产品质量法》等法律、法规的规定并不冲突,应当依法适用。《认证认可条例》第七十二条规定,本条例规定的行政处罚,由国务院认证认可监督管理部门或其授权的地方认证监督管理部门按照各自职责实施。国认法函[2004]186号《关于对市县质量技术监督局是否具备认证执法主体资格的复函》规定,《认证认可条例》正式实施后,认证行政执法主体包括省、市、县级质量技术监督部门和国家质量监督检验检疫总局设在地方的出入境检验检疫机构及其分支机构。因此,本案中被告依据《中华人民共和国认证认可条例》第七十一条的规定,适用《中华人民共和国产品质量法》第五十三条实施处罚是有法律依据的。被告作出的(XX)质监罚字[2009]第1003号《质量技术监督行政处罚处罚决定书》事实清楚,程序合法,适用法律正确,应予维持。

被告提交的证据有:1. 福建省Y市湖里区人民法院(2009)湖民初字第3754号民事裁定书复印件1份;2. Y市湖里区人民法院(2009)湖民初字第3754号受理案件通知书复印件1份;3. 执法人员身份证明;4. 质量技术监督现场检查笔录;5. 相关人员身份证复印件;6. 立案审批表;7. 第三人营业执照复印件、授权委托书;8. 第三人提供增值税发票复印件3份;9. 质量技术监督调查笔录;10. 质量技术监督陈述、申辩、听证告知书及送达回证;11. 涉案处罚决定书及送达回证;12. 责令整改、更正通知书;13. 没收物品清单;14. 国务院办公厅《关于印发国家质量监督检验检疫总局及国家认证认可监督管理委员国家标准委员职能配置内设机构和人员编制规定的通知》国办发[2001]56号;15.《关于对市县质量技术监督局是否具备认证执法主体资格的复函》国认法函[2004]186号;16.《中华人民共和国产品质量法》;17.3C 认证证书查询记录;18.《中华人民共和国认证认可条例》;19. 质监通知书及送达回证。

第三人河南XX通信技术有限公司述称:被告在处理时,第三人已多次通知原告提供3C认证手续,但原告一直推脱,后原告告诉第三人该型号手机3C手续正在办理中,现在使用的是其他型号手机的3C认证,第三人得知原告在2009年8月份才办理了该型号手机的3C认证,原告的行为损害了第三人的合法权益。

第三人未向本院提交证据。

上述当事人提交的证据材料经庭审质证,本院对原、被告证据作如下认证:(一)原告提交的证据1~5能够证明第三人因被告作出的行政处罚在福建省Y市湖里区人民法院起诉原告的事实,被告和第三人对以上证据均无异议,符合证据的真实性、客观性、关联性要求,本院予以采信;原告提交的证据6,9被告和第三人均无异议,符合证据的真实性、客观性、关联性要求,本院予以采信;原告提交的证据7,8不符合证据的真实性、客观性、关联性要求,本院不予采信。(二)被告提交的证据1,2能够证明福建省Y市湖里区人民法院受理第三人诉原告买卖合同纠纷一案及原告在民事诉讼中对管辖权提出异议,福建省Y市湖里区人民法院驳回原告对管辖权提出的异议的事实,本院予以采信;被告提交的证据3能够证明被告执法人员的身份,本院予以采信;被告提交的证据4系被告到第三人营业场所检查时制作的现场检查笔录,有第三人工作人员签字认可,符合证据的真实性、客观性、关联性要求,本院予以采信;被告提交的证据5虽系复印件,但能够与本案其他证据相印证,证明第三人相关工作人员的身份情况,本院予以采信;被告提交的证据6,7,8,9,10,11,12,13,17,19客观、真实,符合证据的真实性、客观性、关联性要求,本院予以采信;被告提交的证据14,15,16,18适用于本案。

根据以上有效证据,本院确认以下事实:2009年6月1日,被告接群众举报称第三人销售原告生产的AHK616手机无3C认证。被告决定对第三人进行检查,发现第三人仓库中存放有300部AHK616手机,该手机机身贴有3C标志,第三人工作人员提供不出相关认证手续。该批手机系第三人分两次从原告处购进的,价税合计205 000元。当日被告向第三人送达了质量技术监督通知书,通知第三人负责人于6月2日到被告质量监督科接受调查。2009年6月2日,被告向第三人作出(XX)质技监罚听告字2009第1003号行政处罚听证告知书,拟给予第三人以下行政处罚:1. 责令整改;2. 没收伪造认证标志手机(AHK616)300部;3. 并处货值金额壹拾柒万伍仟贰佰壹拾叁元壹角捌分等值以下60%以上罚款壹拾万零伍仟贰佰元整,告知第三人对上述处罚意见有要求听证的权利。第三人委托处理此案的代理人张杰在告知书上签字表示无意见。被告于同日向第三人作出(XX)质技监罚告字2009第1007号行政处罚陈述、申辩告知书,告知第三人对处罚决定有陈述、申辩的权利。并于同日将听证告知书和陈述、申辩告知书送达给第三人。第三人没有要求听证。2009年6月8日,被告作出(XX)质技监罚字[2009]第1003号质量技术监督行政处罚处罚决定书,决定对第三人给予下列行政处罚:1. 责令整改;2. 没收伪造认证标志手机(AHK616)300部;3. 并处货值金额壹拾柒万伍仟贰佰壹拾叁元壹角捌分等值以下60%以上罚款壹拾万零伍仟贰佰元整。于当日将处罚决定书送达给第三人。同日,被告向第三人发出(XX)质技监责改字[2009]第1007号质量技术监督责令改正(更正)通知书,由当事人和执法人员签名。同日被告出具了质量技术监督没收物品清单,没收第三人销售的AHK616手机300部,由当事人、执法人员、物品保管人签名。2009年10月15日,第三人以买卖合同纠纷向福建省Y市湖里区人民法院起诉原告,该院立案受理。第三人在民事起诉状中的事实与理由部分称,第三人购买被告生产的AHK616手机300台,因无3C认证被被告查扣,后认定该批手机没有国家强制性3C认证而伪造冒用3C认证标识,没收伪造标识手机300部并处105 200元的罚款,请求依法判令原告返还第三人购买手机款205 000元、赔偿原告各项损失105 200元,并承担诉讼费用。原告2009年10月22日收到起诉状,在答辩期内提出管辖权异议,同年11月6日,福建省Y市湖里区人民法院作出(2009)湖民初字第3754号民事裁定书,裁定驳回原告对该案管辖权提出的异议。因此,原告认为被告的上述行政行为与原告有法律上的利害关系,且被告在对第三人作出处罚时未告知原告享有的权利,亦超越职权范围,故原告诉至本院,请求依法撤销被告于2009年6月8日作出的(XX)质技监罚字[2009]第1003号《质量技术监督行政处罚处罚决定书》。

另查明:2009年8月24日,原告取得了涉案型号手机的3C认证。

本院认为:《中华人民共和国产品质量法》第七十条规定,本法规定的吊销营业执照的行政处罚由工商行政管理部门决定,本法第四十九条至第五十七条、第六十条至第六十三条规定的行政处罚由产品质量监督管理部门或者工商行政管理部门按照国务院规定的职权范围决定。法律、行政法规对行使行政处罚权的机关另有规定的,依照有关法律、行政法规的规定执行。《中华人民共和国认证认可条例》第五十五条规定,省、自治区、直辖市人民政府质量技术监督部门和国务院质量监督检验检疫部门设在地方的出入境检验检疫机构,在国务院认证认可监督管理部门的授权范围内,依照本条例规定对认证认可活动实施监督管理;第七十二条规定,本条例规定的行政处罚,由国务院认证认可监督管理部门或者其授权的地方认证监督管理部门按照各自职责实施,法律、其他行政法规另有规定的,依照法律、其他行政法规的规定执行。国认法函[2004]186号《关于对市县质量技术监督局是否具备认证执法主体资格的复函》规定,《中华人民共和国认证认可条例》正式实施后,认证行政执法主体包括省、市、县级质量技术监督部门和国家质量监督检验检疫总局设在地方的出入境检验检疫机构及其分支机构。国务院办公厅《关于印发国家质量监督检验检疫总局及国家认证认可监督管理委员会国家标准化管理委员会职能配置内设机构和人员编制规定的通知》(国办发[2001]56号)和《关于印发国家工商行政管理总局职能配置内设机构和人员编制规定的通知》(国办发[2001]57号),虽然对国家质量监督检验检疫总局和国家工商总局就生产领域和流通领域产品质量监督职能进行了调整分工,但《中华人民共和国认证认可条例》对涉及强制性产品认证的监督管理职能已经授予各级质监行政部门行使,且该行政法规并未对流通领域和生产领域的认证监督管理部门进行区分。根据上述规定,本案被告具有对本辖区内认证认可违法行为调查处理的职权,具备对第三人涉嫌经营伪造"3C"认证标志手机的行为进行查处的行政执法主体资格。

《中华人民共和国行政处罚法》第三十一条规定,行政机关在作出行政处罚决定之前,应当告知当事人作出行政处罚决定的事实、理由及依据,并告知当事人依法享有的权利。第三十七条规定,行政机关在调查或者进行检查时,执法人员不得少于两人,并应当向当事人或者有关人员出示证件。当事人或者有关人员应当如实回答询问,并协助调查或者检查,不得阻挠。询问或者检查应当作笔录。本案中被告从接到群众举报,对第三人营业场所现场检查,调查取证,作出行政处罚听证告知书、行政处罚陈述、申辩告知书并依法送达给第三人,到作出行政处罚决定,处理程序符合上述法律规定。

《中华人民共和国认证认可条例》第七十一条规定,伪造、冒用、买卖认证标志或者认证证书的,依照《中华人民共和国产品质量法》等法律的规定查处。《中华人民共和国产品质量法》第五十三条规定,伪造产品产地的,伪造或者冒用他人厂名、厂址的,伪造或者冒用认证标志等质量标志的,责令改正,没收违法生产、销售的产品,并处违法生产、销售产品货值金额等值以下的罚款;有违法所得的,并处没收违法所得;情节严重的,吊销营业执照。本案中在被告查处第三人销售原告生产的 AHK616 手机时,该型号的手机并未取得国家 3C 认证,但在该批手机机身贴有 3C 标志,被告按照上述相关法律法规规定对第三人作出的处罚决定事实清楚、证据充分,适用法律、法规正确。

关于原告提出行政诉讼是否超出起诉期限的问题。本院认为,因原告不是涉案行政处罚的当事人,被告在作出涉案行政处罚决定时,未告知原告起诉期限,依据《最高人民法院关于执行〈中华人民共和国行政诉讼法〉若干问题的解释》第四十一条第一款的规定,行政机关作出具体行政行为时,未告知公民、法人或者其他组织诉权或者起诉期限的,起诉期限从公民、法人或者其他组织知道或者应当知道诉权或者起诉期限之日起计算,但从知道或者应当知道具体行政行为内容之日起最长不得超过 2 年。故原告的起诉并未超出起诉期限。

综上所述,被告作出的(XX)质监罚字[2009]第 1003 号《质量技术监督行政处罚处罚决定书》事实清楚,证据充分,程序合法,适用法律、法规正确。依据《最高人民法院关于执行〈中华人民共和国行政诉讼法〉若干问题的解释》第五十六条第(四)项的规定,判决如下:驳回原告 Y 市 A 科技通讯发展有限公司的诉讼请求。案件受理费 50 元,由原告 Y 市 A 科技通讯发展有限公司承担。如不服本判决,可在判决书送达之日起 15 日内向本院递交上诉状一式十二份,上诉于河南省 Z 市中级人民法院。

第五章　标准化法律责任

第一节　标准化违法行为及法律责任

法律责任是指因违反了法定义务或契约义务，或不当行使法律权利、权力所产生的，由行为人承担的不利后果。就其性质而言，法律关系可以分为法律上的功利关系和法律上的道义关系，与此相适应，法律责任方式也可以分为补偿性方式和制裁性方式。法律责任是由特定法律事实所引起的对损害予以补偿、强制履行或接受惩罚的特殊义务，亦由于违反第一性义务而引起的第二性义务。在标准化法律问题中，也表现为一定的违法事实，主要有以下几方面。

一、违反强制性标准行为的法律责任

生产、销售、进口不符合强制性标准的产品的，由法律、行政法规规定的行政主管部门依法处理，法律、行政法规未作规定的由工商行政管理部门没收产品和违法所得，并处罚款；造成严重后果构成犯罪的，对直接责任人员依法追究刑事责任。

这是关于对违反强制性标准的行为追究法律责任的规定。"生产、销售、进口不符合强制性标准的产品的，由法律、行政法规规定的行政主管部门依法处理"是指违反规定有强制性标准内容的法律、法规，如《药品管理法》《食品卫生法》《环境保护法》等，由该法所规定的行政主管部门依法处理。县级以上政府标准化行政主管部门的行政处罚权，依据《中华人民共和国标准化法实施条例》规定进行。法律、行政法规未作规定的，其处罚由工商行政管理部门决定。造成严重后果构成犯罪的，对直接责任人员依法追究刑事责任。

二、违规使用认证标志行为的法律责任

已经授予认证证书的产品不符合国家标准或者行业标准而使用认证标志出厂销售的，由标准化行政主管部门责令停止销售，并处罚款；情节严重的，由认证部门撤销其证书。这是关于对已经授予认证证书的产品不符合规定标准而使用认证标志出厂销售的行为追究法律责任的规定。"标准化行政主管部门"是指负责监督的县级以上政府标准化行政主管部门。

产品未经认证或者认证不合格而擅自使用认证标志出厂销售的，由标准化行政主管部门责令停止销售，并处罚款。这是关于对擅自使用认证标志出厂销售的行为追究法律责任的规定。这里所说的"标准化行政主管部门"是指擅自使用认证标志企业所在地的县级以上政府标准化行政主管部门，发现问题的标准化行政主管部门，有权责令其停止销售，并处罚款。

三、标准化工作人员的法律责任

标准化工作的监督、检验、管理人员违法失职、徇私舞弊的，给予行政处分；构成犯罪

的，依法追究刑事责任。这是关于对标准化工作监督、检验、管理人员的违法行为追究法律责任的规定。给予违法人员的行政处分由违法人员所在行政主管部门决定。这里所指“管理人员”，包括从事标准制定、组织标准实施和对标准实施进行监督的管理人员。

四、当事人的权利救济及失效

当事人对没收产品、没收违法所得和罚款的处罚不服的，可以在接到处罚通知之日起15日内，向作出处罚决定的机关的上一级机关申请复议，对复议决定不服的，可以在接到复议决定之日起15日内，向人民法院起诉。当事人也可以在接到处罚通知之日起15日内，直接向人民法院起诉。当事人逾期不申请复议或者不向人民法院起诉又不履行处罚决定的，由作出处罚决定的机关申请人民法院强制执行。这是关于当事人（包括法人）对申请复议、起诉和人民法院强制执行处罚决定的规定。当事人对处罚不服向作出处罚决定的上一级标准化行政主管部门申请复议，或向人民法院起诉，必须在规定时间内进行，超过时限，即失去应有的权利。

第二节　标准化法律责任的体现

违反《标准化法》和《标准化法实施条例》有关规定，有下列情形之一的，由标准化行政主管部门或有关行政主管部门在各自的职权范围内责令限期改进，并可通报批评或给予责任者行政处分：

（1）企业未按规定制定标准作为组织生产依据的；

（2）企业未按规定要求将产品标准上报备案的；

（3）企业的产品未按规定附有标识或与其标识不符的；

（4）企业研制新产品、改进产品、进行技术改造，不符合标准化要求的；

（5）科研、设计、生产中违反有关强制性标准规定的。

生产不符合强制性标准的产品的，应当责令其停止生产，并没收产品，监督销毁或作必要技术处理；处以该批产品货值金额百分之二十至百分之五十的罚款；对有关责任者处以五千元以下罚款。

销售不符合强制性标准的商品的，应当责令其停止销售，并限期追回已售出的商品，监督销毁或作必要技术处理；没收违法所得；处以该批商品货值金额百分之十至百分之二十的罚款；对有关责任者处以五千元以下罚款。

进口不符合强制性标准的产品的，应当封存并没收该产品，监督销毁或作必要技术处理；处以进口产品货值金额百分之二十至百分之五十的罚款；对有关责任者给予行政处分，并可处以五千元以下罚款。此处规定的责令停止生产、行政处分，由有关行政主管部门决定；其他行政处罚由标准化行政主管部门和工商行政管理部门依据职权决定。

生产、销售、进口不符合强制性标准的产品，造成严重后果，构成犯罪的，由司法机关依法追究直接责任人员的刑事责任。

获得认证证书的产品不符合认证标准而使用认证标志出厂销售的，由标准化行政主管部门责令其停止销售，并处以违法所得二倍以下的罚款；情节严重的，由认证部门撤销其认证证书。

产品未经认证或者认证不合格而擅自使用认证标志出厂销售的，由标准化行政主管部门责令其停止销售,处以违法所得三倍以下的罚款,并对单位负责人处以五千元以下罚款。

当事人对没收产品、没收违法所得和罚款的处罚不服的,可以在接到处罚通知之日起15日内,向作出处罚决定的机关的上一级机关申请复议;对复议决定不服的,可以在接到复议决定之日起15日内,向人民法院起诉。当事人也可以在接到处罚通知之日起15日内,直接向人民法院起诉。当事人逾期不申请复议或者不向人民法院起诉又不履行处罚决定的,由作出处罚决定的机关申请人民法院强制执行。

标准化工作主要指制定标准、组织实施标准和对标准的实施进行监督检查。对于企业来说,从原材料进厂到产品生产、销售等各个环节都要有标准,不仅有技术标准,而且还要有管理标准、工作标准等,即要建立一个完整的标准化体系。做好企业标准化工作,对开发新产品、改善经营管理、调整产品结构、开拓国内外市场等方面能够发挥重要作用。标准化工作的监督、检验、管理人员有下列行为之一的,由有关主管部门给予行政处分,构成犯罪的,由司法机关依法追究刑事责任:(1)违反《标准化法实施条例》规定,工作失误,造成损失的;(2)伪造、篡改检验数据的;(3)徇私舞弊、滥用职权、索贿受贿的。

罚没收入全部上缴财政。对单位的罚款,一律从其自有资金中支付,不得列入成本。对责任人的罚款,不得从公款中核销。

【典型案例7】LXX滥用职权一案①

公诉机关:许昌市魏都区人民检察院。被告人LXX,男,58岁。

许昌市魏都区人民检察院以许魏检刑诉(2011)300号起诉书指控被告人LXX犯滥用职权罪、受贿罪,于2011年9月5日向本院提起公诉。本院依法组成合议庭,公开开庭审理了本案。魏都区人民检察院指派检察员郑建业出庭支持公诉,被告人LXX及其辩护人张学功、徐向阳到庭参加诉讼。现已审理终结。

许昌市魏都区人民检察院指控:

一、滥用职权罪

1.2007年10月份,时任XX畜牧局畜牧股股长的被告人LXX,在组织XX生猪规模养殖标准化建设项目申报过程中,明知XX辖区的许昌市兴牧猪场尚未建成,不符合申报条件,却将其认定为符合条件的养猪场予以汇总整理上报,致使该养猪场违规获批40万元补贴资金,且已全部拨付到位,造成国家直接经济损失40万元。

2.2010年初,时任XX畜牧局畜牧股股长的被告人LXX,在组织XX生猪规模养殖标准化建设项目申报过程中,明知鑫牧良种猪场与兴牧猪场系同一养猪场,不符合申报条件,却违反"对同一项目不得重复申报"的规定及相关要求,将其认定为符合条件的养猪场予以汇总整理上报,致使该养猪场违规获批40万元补贴资金。截至案发前已拨付到位28万元,造成国家直接经济损失28万元。

3.2010年初,时任XX畜牧局畜牧股股长的被告人LXX,在组织XX生猪规模养殖标准化建设项目申报过程中,明知许昌市天顺农牧科技有限公司养猪场尚在筹建,不符合申报条件,却将其认定为符合条件的养猪场予以汇总整理上报,致使该养猪场违规获批60万元补贴资金。截至案发前已拨付到位42万元,造成国家直接经济损失42万元。

二、受贿罪

1.2009年,被告人LXX利用其担任XX畜牧局畜牧股股长的职务便利,收受行贿人XX

① 河南省许昌市魏都区人民法院刑事判决书,(2011)魏刑初字第330号。

久峰养殖合作社负责人张某某现金5 000元,为行贿人张某某申请国建生猪标准化规模养殖场建设项目补贴资金谋取利益。

2.2009年,被告人LXX利用其担任XX畜牧局畜牧股股长的职务便利,收受行贿人XX鸿祥养猪场负责人李某某现金5 000元,为行贿人李某某申请国建生猪标准化规模养殖场建设项目补贴资金谋取利益。

3.2010年,被告人LXX利用其担任XX畜牧局畜牧股股长的职务便利,收受行贿人XX华润养猪场负责人朱某某现金5 000元,为行贿人朱某某申请国建生猪标准化规模养殖场建设项目补贴资金谋取利益。

4.2010年,被告人LXX利用其担任XX畜牧局畜牧股股长的职务便利,收受行贿人许昌兴农生态养殖场负责人常某某现金5 000元,为行贿人常某某申请国建生猪标准化规模养殖场建设项目补贴资金谋取利益。

5.2009年,被告人LXX利用其担任XX畜牧局畜牧股股长的职务便利,两次收受行贿人许昌裕泰牧业有限公司负责人王某某现金5 000元、1万元,共计1.5万元,为行贿人王某某申请国建生猪标准化规模养殖场建设项目补贴资金谋取利益。

6.2010年,被告人LXX利用其担任XX畜牧局畜牧股股长的职务便利,收受行贿人许昌洪涛养殖场负责人丁某某现金1万元,为行贿人丁某某申请国建生猪标准化规模养殖场建设项目补贴资金谋取利益。

7.2009年,被告人LXX利用其担任XX畜牧局畜牧股股长的职务便利,收受行贿人许昌大本营蛋鸡场负责人李某某现金2万元,为行贿人李某某申请国建生猪标准化规模养殖场建设项目补贴资金谋取利益。

8.2009年,被告人LXX利用其担任XX畜牧局畜牧股股长的职务便利,收受行贿人XX椹涧乡玉钦蛋鸡场负责人张某某现金1万元,为行贿人张某某申请国建生猪标准化规模养殖场建设项目补贴资金谋取利益。

9.2009年,被告人LXX利用其担任XX畜牧局畜牧股股长的职务便利,收受行贿人XX金谷园牧场负责人魏某某现金5 000元,为行贿人魏某某申请国建生猪标准化规模养殖场建设项目补贴资金谋取利益。

案发后受贿赃款已全部退出。

公诉机关认为被告人LXX的行为已构成滥用职权罪、受贿罪,其中受贿罪中有数额为6.7万元的受贿行为系被告人主动坦白,并提供了相关的证据予以证实,请求依法判处。

被告人LXX对起诉书指控的犯罪事实不表示异议。

辩护人的辩护意见是被告人LXX的行为构不成滥用职权罪,滥用职权罪、受贿罪中部分犯罪系被告人主动坦白,被告人没有受贿的主观恶意,致使没有界定好受贿和收服务费的问题,并积极地退出涉案的款物,请求对被告人从轻处罚。

经审理查明:

一、滥用职权罪

1.2007年10月份,时任XX畜牧局畜牧股股长的被告人LXX,在组织XX生猪规模养殖标准化建设项目申报过程中,明知XX辖区的许昌市兴牧猪场尚未建成,不符合申报条件,却将其认定为符合条件的养猪场予以汇总整理上报,致使该养猪场违规获批40万元补贴资金,且已全部拨付到位,造成国家直接经济损失40万元。

2.2010年初,时任XX畜牧局畜牧股股长的被告人LXX,在组织XX生猪规模养殖标准化建设项目申报过程中，明知鑫牧良种猪场与兴牧猪场系同一养猪场，不符合申报条件，却违反“对同一项目不得重复申报”的规定及相关要求，将其认定为符合条件的养猪场予以汇总整理上报，致使该养猪场违规获批40万元补贴资金。截至案发前已拨付到位28万元，造成国家直接经济损失28万元。

3. 2010年初，时任XX畜牧局畜牧股股长的被告人LXX，在组织XX生猪规模养殖标准化建设项目申报过程中，明知许昌市天顺农牧科技有限公司养猪场尚在筹建，不符合申报条件，却将其认定为符合条件的养猪场予以汇总整理上报，致使该养猪场违规获批60万元补贴资金。截至案发前已拨付到位42万元，造成国家直接经济损失42万元。案发后，该公司退回42万元。

上述犯罪事实，被告人LXX在开庭审理过程中亦无异议，并有被告人LXX的供述，证人刘某某、赵某某、秦某某、王某某、袁某某、赵某某、潘某某、赵某某、杜某某、王某、李某、石某、赵某某、宋某某、王某某的证言，许昌兴牧猪场筹集资金、分红名单，许昌兴牧猪场募集资金使用明细表，班子会记录，许昌兴牧猪场建设合同，甲方为许昌兴牧公司、乙方为许昌裕泰公司的租赁合同，许昌兴牧猪场标准化猪场项目建设实施方案，许昌市天顺农牧科技有限公司标准化建设兴牧实施方案，许昌鑫牧良种猪场项目实施方案，XX生猪标准化规模养殖场建设项目汇总表，许昌市2010年生猪标准化规模养殖场建设项目投资计划申请表，许昌市2007年生猪标准化规模养殖场建设项目汇总表，许昌兴牧猪场国家补助40万，许昌鑫牧良种猪场资金拨付28万凭证，许昌兴牧猪场资金拨付40万凭证，许昌市天顺农牧科技有限公司资金拨付42万凭证，秦建军收到许昌兴牧猪场赵光耀现金40万收到条，河南省发改委、XX畜牧局文件，私营企业基本信息查询单，企业名称预先核准通知书，被告人LXX的身份证明、职责职务证明，许昌市天顺农牧科技有限公司退回42万元的收据等证据证实。以上证据均经当庭查证属实，足以认定。

二、受贿罪

1. 2009年，被告人LXX利用其担任XX畜牧局畜牧股股长的职务便利，收受行贿人XX久峰养殖合作社负责人张某某现金5 000元，为行贿人张某某申请国建生猪标准化规模养殖场建设项目补贴资金谋取利益。

2. 2009年，被告人LXX利用其担任XX畜牧局畜牧股股长的职务便利，收受行贿人XX鸿祥养猪场负责人李某某现金5 000元，为行贿人李某某申请国建生猪标准化规模养殖场建设项目补贴资金谋取利益。

3. 2010年，被告人LXX利用其担任XX畜牧局畜牧股股长的职务便利，收受行贿人XX华润养猪场负责人朱某某现金5 000元，为行贿人朱某某申请国建生猪标准化规模养殖场建设项目补贴资金谋取利益。

4. 2010年，被告人LXX利用其担任XX畜牧局畜牧股股长的职务便利，收受行贿人许昌兴农生态养殖场负责人常某某现金5 000元，为行贿人常某某申请国建生猪标准化规模养殖场建设项目补贴资金谋取利益。

5. 2009年，被告人LXX利用其担任XX畜牧局畜牧股股长的职务便利，两次收受行贿人许昌裕泰牧业有限公司负责人王某某现金5 000元、1万元，共计1.5万元，为行贿人王某某申请国建生猪标准化规模养殖场建设项目补贴资金谋取利益。

6. 2010年，被告人LXX利用其担任XX畜牧局畜牧股股长的职务便利，收受行贿人许昌洪涛养殖场负责人丁某某现金1万元，为行贿人丁某某申请国建生猪标准化规模养殖场建设项目补贴资金谋取利益。

7.2009年，被告人LXX利用其担任XX畜牧局畜牧股股长的职务便利，收受行贿人许昌大本营蛋鸡场负责人李某某现金2万元，为行贿人李某某申请国建生猪标准化规模养殖场建设项目补贴资金谋取利益。

8.2009年，被告人LXX利用其担任XX畜牧局畜牧股股长的职务便利，收受行贿人XX椹涧乡玉钦蛋鸡场负责人张某某（又名张某某）现金1万元，为行贿人张某某申请国建生猪标准化规模养殖场建设项目补贴资金谋取利益。

9.2009年，被告人LXX利用其担任XX畜牧局畜牧股股长的职务便利，收受行贿人XX金谷园牧场负责人魏某某现金5 000元，为行贿人魏某某申请国建生猪标准化规模养殖场建设项目补贴资金谋取利益。

案发后受贿赃款已全部退出。

上述犯罪事实，被告人LXX在庭审过程中亦无异议，并有被告人LXX的供述，涉案人员康某某的供述，证人王某某、刘某某、赵某某、李某某、钱某某、常某某、张某某、李某某、朱某某、魏某某、张某某、张某某、李某某、丁某某、王某某等证人证言，许昌市畜牧局证明，中共许昌纪律检查委员会驻市畜牧局纪检组证明，被告人LXX的身份证明、职责职务证明，LXX退出受贿款的收据等证据证实。以上证据均经当庭查证属实，足以认定。

本院认为，被告人LXX身为国家工作人员，不正确地履行职责，对不符合申报条件的养猪场违规申报，获取国家补贴，滥用职权造成国家直接经济损失110万元，其行为已构成滥用职权罪；被告人LXX利用职务便利，非法收受他人财物8.2万元，为他人谋取利益，其行为又已构成受贿罪。魏都区人民检察院指控被告人LXX犯滥用职权罪和受贿罪的事实清楚，证据确实、充分，指控罪名均称立。被告人LXX一人犯数罪，应实行数罪并罚。辩护人关于被告人LXX不构成滥用职权罪的辩护意见与本院查证的事实和相关的法律规定不符，不予采信。辩护人关于被告人在滥用职权犯罪、受贿犯罪中部分犯罪系被告人主动坦白，并积极地退出涉案的款物，且许昌市天顺农牧科技有限公司的42万元已退回国家，请求对被告人从轻处罚的辩护意见与本案事实和相关法律规定相符，予以采信。依照《中华人民共和国刑法》第三百九十七条第一款，第三百八十三条第一款第（二）项、第二款，第三百八十五条第一款，第三百八十六条，第六十九条第一款，第六十七条第三款之规定，判决如下：

被告人LXX犯滥用职权罪，判处有期徒刑一年零六个月；犯受贿罪，判处有期徒刑五年；数罪并罚，决定执行有期徒刑五年零三个月（刑期从判决执行之日起计算。判决执行以前先行羁押的，羁押一日折抵刑期一日，即自2011年3月23日起至2016年6月22日止）。如不服本判决，可在接到判决书的第二日起十日内，通过本院或者直接向许昌市中级人民法院提出上诉。书面上诉的，应当提交上诉状正本一份，副本二份。

【典型案例8】广西贵港市A造纸厂及长沙B纸业有限公司不服长沙市质量技术监督局行政处罚一案①

上诉人（原审原告）：广西贵港市A造纸厂。

上诉人（原审第三人）：长沙市B纸业有限公司。

被上诉人（原审被告）：长沙市质量技术监督局。

上诉人广西港市A造纸厂及长沙B纸业有限公司因与长沙市质量技术监督局行政处

① 湖南省长沙市中级人民法院行政判决书，(2008)长中行终字第0087号。

罚一案,不服长沙市岳麓区人民法院(2008)岳行初字第9号行政判决,向本院提出上诉。本院受理后,依法组成合议庭审理本案,现已审理终结。

原审查明:长沙市质量技术监督局于2007年9月18日对长沙B纸业有限公司销售的标注"广西贵港市A造纸厂"生产的"舒柔牌"乐家生活用纸进行抽检,抽样地点在该公司黎托仓库,样品数量为3条(10卷/条),该局于当月23日将抽签产品送至浏阳市产品质量监督检验收所,委托该所对样品的水分等7个项目进行检验。该所将样品开封后发现内有《产品合格证》,上面标注有生产日期为2007年5月6日、生产标准为QB 2500—2000等。2007年9月28日,浏阳市产品质量监督检验收所作出检验结论:所检项目标识标注、细菌菌落不符合标准要求。据此检验结论,长沙市质量技术监督局认定广西贵港市A造纸厂2007年5月6日生产的舒柔牌乐家生活用纸不符合其产品标识标注的《QB 2500—2000皱纹卫生纸中华人民共和国轻工行业标准》这一强制标准的要求,系不合格产品。2007年9月30日,长沙市质量技术监督局将《检验报告》送达给了长沙B纸业有限公司,并于当日致函广西贵港市A造纸厂,要求该厂派员携带相关材料于2007年10月9日之前来该局协助调查,配合处理相关事宜。长沙B纸业有限公司收到《检验报告》未在指定期限对《检验报告》提出异议,亦未申请复检。2007年10月10日,长沙市质量技术监督局对长沙B纸业有限公司销售不符合强制性标准的卫生纸一案正式立案查处。期间,该局通过查证两单位的营业执照和向两单位的主要负责人作调查询问,查实了该批被检产品的生产日期、生产厂家、产品数量、进销价格以及没有检验细菌总数的能力等事实。2007年10月25日,长沙市质量技术监督局对长沙B纸业有限公司送达了《行政处罚告知书》,告知了该公司有关行政处罚的内容、依据和其享有的法定权利。长沙市B纸业有限公司未在指定期限内进行陈述、申辩,亦未要求听证。2007年10月29日,长沙市质量技术监督局对长沙B纸业有限公司作出了湘长质监罚字[2007]第565号《行政处罚决定书》,依据《长沙市标准化管理条例》第二十二条的规定,对该公司给予以下行政处罚:1. 责令改正;2. 处以29 180元罚款;3. 没收违法所得320元;4. 对有关责任人陈美仙处以500元罚款,罚没款合计30 000元整。同时责令长沙B纸业有限公司在接到《行政处罚决定书》之日起15日内将罚没款缴至收款人为湖南省非税收入汇缴结算户的指定银行账号上。该局于2007年10月30日将此决定书送达该公司。同日,长沙B纸业有限公司缴纳了上述罚没款。2007年12月20日,长沙B纸业有限公司作为申请人,广西贵港市A造纸厂作为第三人向湖南省质量技术监督局申请了行政复议,该局于2008年1月15日作出了(湘)质监复决字[2008]第02号《复议决定书》,维持了长沙市质量技术监督局的行政处罚决定。另外查明:浏阳市产品质量监督检验所是被湖南省质量技术监督局授予了《计量认证证书》和《验收证书》的检验机构,该单位具有检验资质,涉案的主检人员亦均具有相应检验资格。

原审认为:依照《中华人民共和国产品质量法》《中华人民共和国标准化法》《中华人民共和国标准化法实施条例》和《长沙市标准化管理条例》的相关规定,作为长沙市的标准化行政主管部门和产品质量监督部门,长沙市质量技术监督局有权对其行政区域内的产品质量进行监督,有权管理其辖区内的标准化工作,故其对长沙B纸业有限公司销售的由广西贵港市A造纸厂于2007年5月6日生产的"舒柔牌"乐家生活用纸进行抽样检查是在履行法定职责,原告所谓被告滥用职权的主张不能成立;被告的抽检程序合法,其将样品送交具有检验资质的浏阳市产品质量监督检验所进行检验,符合相关法律规定;本案涉检产品是原告于2007月5月6日生产,原告要求按照2007年6月1日方予实施的《GB20810—2006

卫生纸(含卫生纸原纸)中华人民共和国国家标准》进行检验没有法律依据,应当依照生产之时已在产品标识上标注的标准即《QB 2500—2000 皱纹卫生纸中华人民共和国轻工行业标准》进行检验;浏阳市产品质量监督检验所的检验程序合法,对其检验结论予以采信。第三人销售不符合强制性标准的产品,系违法行为,被告依照法定程序,在履行了法定告知义务之后,依据法律法规的相关规定对其作出相应处罚的具体行政行为没有违反法律的规定;原告所谓被告适用依据错误,认定事实错误的主张无事实依据,不能成立;原告不是本案的行政相对人,其作为利害关系人要求撤销被告作出的行政处罚决定和要求被告退还第三人已缴纳的30 000元罚款的诉讼请求无事实和法律依据。被告长沙市质量技术监督局作出的行政处罚认定事实清楚,证据确凿、程序合法、适用法律法规正确、处罚得当。依照最高人民法院《关于执行 < 中华人民共和国行政诉讼法 > 若干问题的解释》第五十六条第(四)项的规定,判决:驳回原告的诉讼请求。

两上诉人上诉称:长沙市质量技术监督局错误地以上诉人生产的"舒柔牌"乐家生活用纸抽检不合格而不是不合符强制标准为由进行了行政处罚。本案实质是检验样品是否符合国家新、旧细菌菌群总数的强制标准,与样品是否符合强制标准无关的产品等级,其他指标及其检验结论无关。被上诉人以上诉人生产的产品未标注产品等级而认为必须符合最高等级的标准即A等品进行检验,从而使上诉人的产品达不到强制标准是不符合事实的。无论按产品生产时QB 2500—2000的强制标准细菌菌落总数≤200 cfu/g至600 cfu/g,还是抽查检验时有效的GB 20810—2006的强制标准细菌菌落总数≤600 cfu/g,上诉人样品检验细菌菌落总数结果为250 cfu/g,都完全符合QB 2500—2000和GB 20810—2006细菌菌落总数的强制标准。被上诉人超越职权、滥用职权,其没有提出任何法律、国务院行政法规规定,违反强制性标准由质量技术监督部门查处的根据,其行政行为没有法律依据。被上诉人在产品抽检和送检中,不在长沙产品质量监督检验所或湖南省产品质量检验所检测,而跑到百里之外的浏阳进行检验,程序违法。被上诉人作出处罚,并让当事人现金交款给被上诉人,违反了《行政处罚法》第四十六条规定。在被上诉人立案调查中,上诉人提出其产品质量多次检验是合格的,被上诉人依据检验结论是错误的,拒绝上诉人陈诉、申辩,违反《行政处罚法》第四十一条之规定。被上诉人利用长沙B纸业有限公司未支付上诉人广西贵港市A造纸厂货款5万余元,不处罚产品生产商,而处罚经营商,企图规避上诉人广西贵港市A造纸厂依法追诉维护其合法权益。被上诉人长沙市质量技术监督局所作的湘长质监罚字[2007]第565号行政处罚是错误的,请求予以撤销,退还上诉人的经销商长沙B纸业有限公司已缴纳的3万元罚款,请求撤销长沙市岳麓区人民法院(2008)岳行初字第9号行政判决书。

本院查明:原审认定的长沙质量技术监督局依据相关法律法规的规定,对长沙B纸业有限公司销售的标注为"广西贵港市A造纸厂"生产的"舒柔"牌乐家生活用纸进行抽检,将抽检样品送至浏阳市产品质量监督检验所进行检验,检验结果不符合国家强制性标准要求认定其为不合格产品,并对长沙B纸业有限公司进行行政处罚的事实,有长沙市质量技术监督局提供的抽样单、检验报告的送达证、致广西贵港市A造纸厂的函、《行政处罚告知书》及送达证、《行政处罚决定书》《QB 2500—2000中华人民共和国轻工行业标准》等为证,足以认定。原审查明的浏阳市产品质量监督检验所具有相关检验资格和资质,有资质认定的证书予以佐证。

本院认为:根据《长沙市标准化管理条例》第三条第一款和第二十二条的规定,市、县

(市)标准化行政主管部门按照职责管理本行政区域的标准化工作,长沙市质量技术监督局作为长沙市标准化行政主管部门和产品质量监督部门,有权对其行政区域内的产品质量进行监督,有权管理其辖区内的标准化工作。故被上诉人长沙市质量技术监督局对长沙B纸业有限公司销售的由上诉人广西贵港市A造纸厂生产的“舒柔”牌乐家生活用纸进行抽样检验是在履行法定职责,没有超越与滥用职权。上诉人生产的“舒柔”牌乐家生活用纸是在2007年5月6日生产的,检验标准应该按照生产之时并在产品标识上标注的标准即《QB 2500—2000 皱纹卫生纸中华人民共和国轻工行业标准》进行检验。本案涉检产品没有标注产品等级,按照《QB 2500—2000 中华人民共和国轻工行业标准》,产品等级的技术指标既然含有强制性内容,那么就应当标明产品的规格、等级,再者本着对消费者负责的原则,未标注产品等级的产品应视为必须符合全部质量等级指标,经检验,涉检产品的细菌菌落总数超过强制标准要求。被上诉人将抽检产品送至具有检验资格的浏阳市产品质量监督检验所进行检验,不存在程序违法问题,其检验结论应作为本案判断标准。上诉人称被上诉人违反《行政处罚法》第四十六条规定,要求上诉人长沙B纸业有限公司现金缴纳罚款,上诉人没有提出相关证据予以支持。《中华人民共和国行政处罚法》第四十一条规定:行政机关及其执法人员在作出行政处罚决定之前,不依据本法第三十一条、三十二条的规定向当事人告知给予行政处罚的事实、理由和依据,或者拒绝听取当事人的陈述、申辩,行政处罚决定不能成立,当事人放弃陈述或者申辩权利的除外。在本案中,被上诉人提供了在作出行政处罚之前,向上诉人送达《检验报告》《行政处罚告知书》及其送达回证等相关证据,足以证明被上诉人履行了相关义务,对上诉人的行政处罚遵循了法定程序。上诉人提出被上诉人违反《行政处罚法》第四十一条的主张不予支持。上诉人长沙B纸业有限公司在长沙行政区域内销售不符合强制性标准的家用卫生纸属于违法行为,被上诉人长沙市质量技术监督局就有权对其予以处罚,这也是被上诉人的法定职责所在。对上诉人提出的被上诉人企图规避生产商追诉维护其合法权益的说法不予认可。上诉人的请求没有事实和法律依据,原审判决认定事实清楚,适用法律正确,应予维持。根据《中华人民共和国行政诉讼法》第六十一条第一项的规定,判决如下:驳回上诉,维持原判。本案受理费50元由两上诉人共同负担。本判决为终审判决。

第五编

产品质量法律知识

第一章　产品质量法概述

一、产品

产品是指凡与自然物相对的一切劳动生产物。法律上给出的产品定义则对其范围给以更为明确具体的规定。如美国1979年《统一产品责任示范法》将产品定义为：具有真正价值的，为进入市场而生产，能够作为组装整件或作为部件、零件交付的产品。德国1990年《产品责任法》将产品定义为：任何动产，即使已经被装配在另一动产和不动产之内。欧共体指令规定，产品指一切动产，即使被组装或安装在另一动产或不动产中的动产也包括在内，但农业原产品和猎物除外。

我国《中华人民共和国产品质量法》第2条第2款规定："本法所称产品是指经过加工、制作，用于销售的产品"。同时又规定："建设工程不适用本法规定；但是，建设工程使用的建筑材料、建筑构配件和设备，属于前款规定的产品范围的，适用本法规定。"可见，我国关于产品定义的规定，与欧洲共同体关于产品责任的指令和德国等国的产品责任法规定的定义是大体一致的。

这一概念包括以下两层含义：

1.《产品质量法》规定的产品，是经过加工、制作的产品。

从法律的角度来看，只有是生产者、销售者能够对其质量加以控制的产品，即经过"加工、制作"的产品，生产者、销售者才能对其质量承担责任，而不包括内在质量主要取决于自然因素的产品。所以，那些直接来自于自然界，没有经过加工、制作的产品，如种植业、养殖业的初级产品，未经炼制、加工的原矿产品等，都不适用《产品质量法》的规定。

2.《产品质量法》规定的产品，必须是用于销售的产品。

非用于销售的产品，即不作为商品的产品，如自己制作、自己使用或馈赠他人的产品，不属于国家进行质量监督管理的范围，也不能适用《产品质量法》关于产品责任的法律规定。

《产品质量法》中明确规定："建设工程不适用本法规定"，这就将建设工程排除在产品质量法的调整范围之外。建设工程作为一个整体被排除，那么它所使用的建筑材料、构配件、设备是否也都同时被排除在《产品质量法》调整范围之外，这样就引出了进一步的问题。建设工程作为一个整体，有它的特殊性、复杂性，被排除在《产品质量法》之外而由其他的法律进行调整是可行的，但是用于建设工程的建筑材料、构配件、设备，如果作为一个独立的产品而被使用的，则应属于《产品质量法》的调整范围。比如，建筑钢材、门窗、电梯等，虽然用于建设工程成为原材料或者组装件，但并不妨碍将其作为独立的产品进行监督管理，并且在现实中也需要这样去做。因此《产品质量法》特别作出规定："但是，建设工程使用的建筑材料、建筑构配件和设备，属于前款规定的产品范围的，适用本法规定"（《产品质量法》第2条第3款）。即建设工程使用的建筑材料、建筑构配件和设备，属于《产品质量法》所界定的产品范围的，则适用这部法律的规定。因此，质量技术监督部门应当依据《中华人民共和国产品质量法》对上述产品进行监督。

质量技术监督部门可以进入建筑工地进行监督检查和执法检查,发现建设施工单位使用的建筑材料、建筑构配件和设备有质量问题,可以对建设单位和建设施工单位进行调查,以此为线索依法追究生产者的产品质量责任。并将建设施工单位使用有质量问题的建筑材料、建筑构配件和设备的情况通报建设行政主管部门。

二、产品质量

产品质量是产品的生命,是产品生存和发展的前提条件,是市场发展中影响竞争优劣的重要因素。国际标准化组织颁布的 ISO 8402—86 标准,将质量含义定为"产品或服务满足规定或潜在需要的特征和特性的总和"。"规定的需要"是指在标准、规范、图样、技术要求和其他文件中已经作出规定的需要;"潜在的需要"则是指消费者和社会对实体或称产品的期望,人们公认的、不言而喻的、不必明确的需要。产品是为满足消费者和社会的需要而生产的,产品的质量就是满足消费者需要、社会需要的程度。因此,产品的生产应当按照消费者需要、社会需要来进行,充分考虑市场的导向。产品只有具有适用性,符合消费者的需要、社会的需要,才是质量好的产品。所以产品质量如何,最终是要以消费者需要、社会需要以及可以满足这种需要的能力来评定的。

产品质量的内容随经济、科技的发展以及人们需要的变化,也在不断丰富和发展。它包括着产品物体的使用性能、适用性、安全性、可靠性、经济性、可维修性等基本目标。《产品质量法》中的"产品质量"是指由国家的法律、法规、质量标准等所确定的或由当事人的合同所约定的有关产品适用、安全、外观等诸种特性的综合。

产品质量问题大体上说可以分为两个类型:(1)产品不适用;(2)产品不安全。前者多由于产品瑕疵而形成;后者则由于产品缺陷而发生。瑕疵与缺陷是两个不同的有关产品质量的概念。解决产品质量问题,既要靠经济与科技的发展,也要靠法律手段的治理。

我国历来高度重视质量工作。新中国成立尤其是改革开放以来,国家制定、实施了一系列政策措施,初步形成了中国特色的质量发展之路。特别是国务院颁布实施《质量振兴纲要(1996—2010 年)》以来,全民质量意识不断提高,质量发展的社会环境逐步改善,我国主要产业整体素质和企业质量管理水平有较大提高,产品质量、工程质量、服务质量明显提升,原材料、基础元器件、重大装备、消费类及高新技术类产品的质量接近发达国家平均水平,一批国家重大工程质量达到国际先进水平,商贸、旅游、金融、物流等现代服务业服务质量明显改善,覆盖第一、二、三产业及社会事业领域的标准体系初步形成。但是,我国质量发展的基础还很薄弱,质量水平的提高仍然滞后于经济发展,片面追求发展速度和数量,忽视发展质量和效益的现象依然存在。产品、工程等质量问题造成的经济损失、环境污染和资源浪费仍然比较严重,质量安全特别是食品安全事故时有发生。一些生产经营者质量诚信缺失,肆意制售假冒伪劣产品,破坏市场秩序和社会公正,危害人民群众生命健康安全,损害国家信誉和形象。

新世纪的第二个十年,是我国全面建设小康社会、加快推进社会主义现代化的关键时期,是深化改革开放、加快转变经济发展方式的攻坚时期。在这一重要历史时期,以质量为核心要素的标准、人才、技术、市场、资源等竞争日趋激烈。同时,为满足人民群众日益增长的质量需求也对质量工作提出了更高的要求。面对新形势、新挑战,坚持以质取胜,建设质量强国,是保障和改善民生的迫切需要,是调整经济结构和转变发展方式的内在要求,是增强综合国力和实现中华民族伟大复兴的必由之路。

三、产品质量立法

产品质量法是指为了调整产品生产与销售，以及对产品质量进行监督管理过程中所形成的社会关系而由国家制定的法律规范的总称。产品质量法在世界范围内已有上百年的历史，但在我国只有二十年的时间。建国以来，我国比较重视质量立法。自改革开放以来，国家大力加强质量法制建设。邓小平同志明确指出："要提高质量，就必须改革。要立些法，要有一点质量检验标准，而且要有强有力的机构来严格执行。"为了适应进一步改革开放和建立社会主义市场体系的要求，提高产品质量和完善产品质量法律体系，打击假冒伪劣和维护市场经济秩序，1993 年 2 月 22 日第七届全国人民代表大会常务委员会第三十次会议通过并发布了《中华人民共和国产品质量法》。自同年 9 月 1 日起施行。以此法为产品质量的基本法，结合一切有关产品质量的法律、法规、规章、标准，形成了产品质量法体系。

《产品质量法》的颁布实施，标志着国家产品质量工作进一步走上了法治管理的道路，从此我国产品质量有了立法，国家和人民的利益有了保证的依据。这对于提高我国产品质量总体水平，建立产品质量公平竞争机制，保护消费者的合法权益，维护社会主义市场经济秩序，为制裁产品质量的违法行为，提供了强大的法律武器。但是，随着改革的深化、开放的扩大和社会主义经济的发展，出现了新情况、新变化、新要求：第一，在质量监督领域，地方保护主义严重；第二，产品质量监督处罚的力度不够，造假的势头无法遏制；第三，在少数领域，行政执法部门的权力相互交叉，严重影响了产品质量监督管理；第四，在环节上，产品质量法注重产品的生产与流通环节的质量问题，忽视了服务领域的产品质量问题；第五，对社会中介机构在产品质量问题中所扮演的角色缺乏应有的认识，没有通过明确的法律规定限制这些机构向社会推荐产品。为了有效地解决上述突出问题，2000 年 7 月 22 日第九届全国人民代表大会常务委员会通过了《中华人民共和国产品质量法》的修改决定，对 1993 年施行的《产品质量法》进行了修改。新增了 25 条，删除了 2 条，修改了 20 条，近三分之二的条文有所修改。新的《产品质量法》在产品质量的监督和罚则两章中作了较大的修改，是修改《产品质量法》的重点，修改之后这两章的内容更加丰满，操作性更强，各主体的权利、义务更加明确。其主要特点是：进一步明确了各级政府在产品质量工作中的职责，建立了企业产品质量约束机制，加强了行政执法机关的执法手段，特别是对生产、销售违法产品的行为加大了法律制裁的力度。此外，在对产品质量监督部门以及产品质量检验机构、认证机构等社会中介机构赋予质量监督、质量评价等权力的同时，增加了承担相应法律责任和防止滥用权力的规定。

除了《产品质量法》之外，《中华人民共和国计量法》《中华人民共和国标准化法》《中华人民共和国进出口商品检验法》《中华人民共和国国境卫生检疫法》《中华人民共和国进出境动植物检疫法》《中华人民共和国商标法》《中华人民共和国专利法》《中华人民共和国药品管理法》《中华人民共和国反不正当竞争法》《中华人民共和国消费者权益保护法》《中华人民共和国全民所有制工业企业法》《中华人民共和国民法通则》及《中华人民共和国食品安全法》等法律中都有有关产品质量的相关规定，则分别由有关法律进行调整。

《产品质量法》与其他法律、法规的关系，可以从以下几个原则性规定来把握：(1)《产品质量法》是规范产品质量监督和行政执法活动的一般法。按照特殊法优于一般法的原则，《药品管理法》《种子法》等特殊法对产品质量监督和行政执法有规定的，从其规定；特殊法没有规定的，依据《产品质量法》的规定执行。(2)《工业产品质量责任条例》《产品质量监督试行办法》目前仍是有效的行政法规,在适用时应当遵循法的效力等级原则。对同一问题上述行政法规与法律均有规定但相抵触的,应当以《产品质量法》的规定为准;《产品质量法》没有规定,而上述行政法规有规定的,可以依照行政法规的规定执行。(3)《产品质量法》第49条有关生产、销售不符合保障人体健康和人身、财产安全的标准的处罚,与《标准化法》及其实施条例规定的生产、销售不符合强制性标准的处罚不一致。根据后法优先原则,对不符合强制性标准的产品实施处罚,应当适用《产品质量法》第49条的规定。(4)《产品质量法》与《食品安全法》对同一事项均有规定且互有抵触的,按照后法优于前法的原则,应当遵守《食品安全法》。

中共中央、国务院一直十分重视提高产品质量问题。1996年12月24日,国务院发布了《质量振兴纲要(1996—2010)年》,1999年12月5日,又发布了《关于进一步加强质量若干问题的决定》,2012年2月6日又发布了《质量发展纲要(2011—2020年)》。这三部有关产品质量监督管理工作的重要法规性文件,对提高全民质量意识,打击制假、售假活动,起着有效的作用。

四、产品质量法的指导思想和指导原则

(一)产品质量法的指导思想

"质量第一"是我国经济建设的长期战略方针。发展社会主义市场经济,不断提高产品质量,保护用户、消费者的合法权益,是我国的一项基本政策。

我国产品质量立法的指导思想是,从我国客观实际出发,体现我国建立和发展社会主义市场经济的方向,实行政府宏观调控与市场引导相结合的方针,为企业创造良好的外部环境,激励企业提高产品质量的内在动力;借鉴国外的有益经验,采用国际通行的管理模式和现代科学的管理方法;同时,要充分地保护消费者的合法权益。

(二)产品质量法的原则

1. 贯彻"质量第一"的原则

发展社会主义市场经济,不断提高产品质量,满足最广大人民群众日益增长的高水平的物质需要,是我国的一项基本政策,因而"质量第一"应是我国产品质量立法必须长期坚持的战略方针。

2. 贯彻维护消费者合法权益的原则

产品质量法,实质上就是产品质量责任法。而产品质量责任,集中的是对消费者的责任。产品质量法维护消费者的权益,主要通过保护消费者人体健康和人身、财产安全权,知情权,选择权,陈述意见权,请求保护权等体现出来,所有这些均应通过产品质量法予以实现。

3. 实行统一立法、区别管理的原则

为了贯彻这一原则,国家对可能危及人体健康和人身、财产安全的产品,制定并实行强制性标准;对其他产品,主要采取国际通行的企业质量体系认证、产品质量认证等引导方法,加强对市场商品的监督。

4. 实行奖优罚劣的原则

国家一方面要奖励优质产品和质量管理先进的企业和个人;另一方面要严厉制裁制假、售假的生产者和销售者,以维护社会主义市场经济秩序。

五、产品质量法的适用范围和调整对象

（一）适用范围

法律的适用范围，也称法律的效力范围，包括法律的空间效力和时间效力。其中，法律的空间效力，即法律适用的地域范围，以及法律对人的效力，即法律对什么人（即具有法律关系主体资格的自然人、法人和其他组织）适用；法律的时间效力，即法律从什么时候开始发生效力和什么时候失去效力。

《产品质量法》第2条第1款规定："在中华人民共和国境内从事产品生产、销售活动，必须遵守本法。"

《产品质量法》规定的地域范围，是中华人民共和国境内，即中华人民共和国主权所及的全部领域。法律空间效力范围的普遍原则适用于制定它的机关所管辖的全部领域（法律本身对其空间效力范围作出限制性规定的除外）。作为我国最高权力机关的常设机构——全国人大常委会制定的《产品质量法》的效力及于中华人民共和国的全部领域。即凡在我国境内从事产品的生产、销售活动，包括进口产品在我国国内的销售，都必须遵守本法的规定，既要遵守本法对产品质量行政监督的有关规定，同时对因产品存在缺陷造成他人人身、财产损害的，也要依照本法关于产品质量责任的规定承担赔偿责任。根据《中华人民共和国香港特别行政区基本法》第18条、《中华人民共和国澳门特别行政区基本法》第18条的规定，只有列入这两个基本法附件3的全国性法律，才能在这两个特别行政区适用。本法没有列入这两部基本法的附件3中，因此，本法不适用于香港和澳门这两个特别行政区。

《产品质量法》第74条规定："本法自1993年9月1日起施行。"这是关于产品质量法生效日期的规定，即自该日起，在中华人民共和国境内从事产品生产、销售活动的任何单位或个人，都应遵循产品质量法的规定。而按照2000年7月8日通过的《全国人民代表大会常务委员会关于修改〈产品质量法〉的决定》的规定，修改决定自2000年9月1日起施行。经修改的条款，自关于修改本法的决定施行之日起生效施行。按照法律不溯及既往的原则，对本法及对其修改的决定生效前发生的产品质量问题，应适用当时法律的规定。

（二）调整对象

（1）生产者、销售者与用户、消费者的关系。

（2）质量监督管理机构与生产者、销售者的关系。

（3）生产者、销售者之间及其与其他经营者之间的关系。

第二章　产品质量的监督

为了加强对产品质量的监督管理而制定的《产品质量法》，确定了不同主体之间对产品质量实施监督管理的职能分工，形成了产品质量监督管理的基本框架。首先，产品质量管理的主体是企业，产品质量是企业活动的结果，因此规定生产者、销售者应当建立、健全内部产品质量管理制度，依法承担产品质量责任（《产品质量法》第3条、第4条）。其次，政府应当对产品质量实施宏观管理，将提高产品质量纳入国民经济和社会发展规划，加强统筹规划和组织领导，引导、督促生产者、销售者加强产品质量管理，提高产品质量（《产品质量法》第7条）。最后，政府产品质量监督部门主管产品质量监督工作，国家对产品质量实行监督检查制度（《产品质量法》第8条）。

在这种框架中，企业对产品质量管理的权利和义务，政府部门宏观管理的职能，国家对产品质量实施监督的权力都是明确的。政府的监督和企业的自我管理，宏观管理与直接管理之间，各司其职、各负其责，这是符合产品质量特点的，也是符合社会主义市场经济基本要求的，有利于实现对产品质量监督管理的目的。

第一节　产品质量监督体制

在市场经济条件下，企业是产品质量行为的主体，保证产品质量主要是企业的责任。产品质量的提高主要依靠市场竞争机制的作用。但是，政府作为社会经济活动的宏观组织者和管理者，为维护正常的经济秩序，引导经济的健康发展，维护消费者的合法权益，也必须对产品质量问题实施必要的监督和宏观管理。

一、产品质量监督的主管部门

《产品质量法》第8条规定："国务院产品质量监督部门主管全国产品质量监督工作。""县级以上地方产品质量监督部门主管本行政区域内的产品质量监督工作。"

"国务院产品质量监督部门"按照现行的国务院机构设置，是指国家质量监督检验检疫总局。"县级以上地方产品质量监督部门"是指各省、自治区、直辖市人民政府的产品质量监督部门，以及按照国务院2011年10月10日国办发48文件《国务院办公厅关于调整省级以下工商质监行政管理体制加强食品安全监管有关问题的通知》精神，明确"质监省级以下垂直管理改为地方政府分级管理体制，市、县政府的工作部门的质监部门"。

二、负责产品质量监督的有关部门

依据《产品质量法》的规定，"国务院有关主管部门在各自的职责范围内负责产品质量监督工作。县级以上地方人民政府有关部门在各自的职责范围内负责产品质量监督工作"。

"国务院有关主管部门"，包括农业部、工业和信息化部、国家工商行政管理总局等，按照国务院"三定"方案的规定，在各自的职责范围内，负有对产品质量监督职责的相关部门。

"县级以上地方人民政府有关部门"是指按照有关规定，对本行政区域内的有关产品质量工作负有监督职责的政府主管部门。各级政府的产品质量监督部门和其他有关主管部门，对产品质量依法履行监督职责，而不是负责产品质量的具体管理工作。

三、法律另有规定的从其规定

《产品质量法》第8条第3款规定："法律对产品质量的监督部门另有规定的，依照有关法律的规定执行。例如按照《食品安全法》第4条第3款规定，"国务院质量监督、工商行政管理和国家食品药品监督管理部门依照本法和国务院规定的职责，分别对食品生产、食品流通、餐饮服务活动实施监督管理。"国务院卫生行政部门承担食品安全综合协调职责，负责食品安全风险评估、食品安全标准制定、食品安全信息公布、食品检验机构的资质认定条件和检验规范的制定，组织查处食品安全重大事故。《药品管理法》第5条规定："国务院药品监督管理部门主管全国药品监督管理工作"。因此，对食品安全和药品的质量监督，应分别按《食品安全法》和《药品管理法》的规定执行。

第二节　产品质量监督管理制度

国家对产品质量实施监督的基本制度主要包括：(1)对涉及保障人体健康和人身、财产安全的产品实行严格的强制监督管理的制度；(2)产品质量监督部门依法对产品质量实行监督抽查并对抽查结果进行公告的制度；(3)推行企业质量体系认证和产品质量认证的制度；(4)产品质量监督部门和工商行政管理部门对涉嫌在产品生产、销售活动中从事违反本法的行为可以依法实施强制检查和采取必要的查封、扣押等强制措施的制度等。这些法定的基本制度，既为加强对产品质量的监督管理提供了法律依据，又为产品质量监督部门对产品质量监督行政执法活动提供了必须遵守的行为规范。

一、强制监督管理制度

强化国家对产品质量监督的机制，树立国家监督的权威，增强监督的力度，使国家的监督切实有效，是依法治理产品质量的可靠保证。国家之所以重视对产品质量的监督，其根本原因在于：首先，产品质量关系到广大消费者的利益、社会公众的利益、广泛的社会公共利益，必须以国家强制力进行保障；其次，对产品的生产者、销售者，应当强调他们的社会责任，引导他们自觉地管理好产品质量，但是由于他们也有自己的利益，并且管理水平高低不一，所以国家实施的监督是必不可少的，而且应当是强有力的；最后，产品质量问题，关系到国家的整体利益、长远利益，关系民族素质问题，因此必须实施国家对产品质量的监督，确立由国家强制力来保障有效实行的监督产品质量的制度。

在完全实行市场经济的国家，政府也要对涉及人体健康和人身、财产安全的产品实行强制性的监督。

《产品质量法》第13条第1款规定："可能危及人体健康和人身、财产安全的工业产品，必须符合保障人体健康和人身、财产安全的国家标准、行业标准；未制定国家标准、行业标准的，必须符合保障人体健康和人身、财产安全的要求。"

根据法律规定，对可能危及人体健康和人身、财产安全的工业产品，如电器、压力容器、易燃易爆产品、儿童玩具、医疗器械等，都必须符合保障人体健康和人身、财产安全的强制性的国家标准、行业标准。

《标准化法》第 7 条规定:“国家标准、行业标准分为强制性标准和推荐性标准。保障人体健康,人身、财产安全的标准和法律、行政法规规定强制执行的标准是强制性标准,其他标准是推荐性标准。”第 14 条规定:“强制性标准,必须执行。不符合强制性标准的产品,禁止生产、销售和进口。”对于尚未制定强制性的国家标准、行业标准的可能危及人体健康和人身、财产安全的工业产品或产品中的某些安全指标,则必须符合保障人体健康和人身、财产安全的要求,包括符合依法制定的有关地方标准。涉及保障人体健康和人身、财产安全的产品安全与否,直接涉及国家和人民的财产、生命安全,涉及社会公共利益。

《产品质量法》第 13 条第 2 款规定:“禁止生产、销售不符合保障人体健康和人身、财产安全的标准和要求的工业产品。具体管理办法由国务院规定。”不符合保障人体健康和人身、财产安全的国家标准、行业标准的产品,一旦生产并进入流通环节,必将危及消费者的生命和财产安全,必须坚决制止。

二、企业质量体系认证制度

(一)企业质量体系认证的概念

《产品质量法》第 14 条第 1 款规定:“国家根据国际通用的质量管理标准,推行企业质量体系认证制度。企业根据自愿原则可以向国务院产品质量监督部门认可的或者国务院产品质量监督部门授权的部门认可的认证机构申请企业质量体系认证。经认证合格的,由认证机构颁发企业质量体系认证证书。”

企业的质量体系的构成要素有四个方面的内容:保证质量体系有效运行的组织机构;保证质量体系运行的物质和人力等资源;企业有关质量管理的各项规章制度,包括各岗位人员在质量体系运行中应尽的质量职责、质量管理工作的程序等;产品自原材料输入到成品输出的全过程的质量管理和质量保证。

质量体系认证即由认证机构对上述各方面所包含的全部要素进行审查,确认这些要素是否符合相应的标准,从而确定企业是否具有质量保证能力。

企业质量体系认证由国务院产品质量监督部门认可的或者其授权的部门认可的认证机构负责。主要包括国务院产品质量监督部门直接设立的认证委员会和授权其他行政主管部门设立的行业认证委员会。认证机构的主要职责是:制定实施认证的具体规则、程序;受理认证申请;对申请人的质量体系按标准评审;批准认证,颁发认证证书;对证书持有人进行事后监督等。

企业质量体系认证是指依据国家质量管理和质量保证系列标准,由国家认可的认证机构,对自愿申请认证的企业的质量体系,进行检查、确认、颁发认证证书,以证明企业质量体系和质量保证能力符合相应标准要求的活动。企业质量体系认证是一种评价性活动。企业质量体系认证亦称为企业认证、质量体系注册、质量体系评审、质量体系审核等。

企业质量体系认证采取自愿原则,是否进行企业质量体系认证,由企业自主决定,他人不得干涉。

(二)企业质量体系认证的依据

企业质量体系认证的依据是国际通用的质量管理标准,即国际标准化组织(ISO)推荐世界各国采用的 ISO9000“质量管理及质量保证”系列国际标准。根据国际标准化的有关规则和管理,国际标准需要由各国转化为本国的国家标准加以实施。ISO9000 国际标准在中国就是 GB/T 19000—ISO9000 国家标准，编写方法完全一致，是我国开展企业质量体系认证的依据。

（三）企业质量体系认证的目的

企业质量体系认证的目的在于确认企业对其产品的质量保证及控制能力是否符合标准要求，以衡量企业能否持续稳定地保证产品质量。（1）对内，即在非合同条件下可以加强企业内部质量管理，实现质量目标，创优质产品；（2）对外，即在有合同的条件下，可以提高企业（供方）的质量信誉，向需方提供质量担保，增强企业在市场上的竞争能力。

三、产品质量认证制度

（一）产品质量认证的概念

对符合认证标准的产品颁发认证证书和认证标志，一方面便于消费者识别，另一方面也有利于经认证合格的企业和产品的市场销售，增强产品的市场竞争能力，以激励企业加强质量管理，提高产品质量水平，为此，国家推行产品质量认证制度。

《产品质量法》第 14 条第 2 款规定："国家参照国际先进的产品标准和技术要求，推行产品质量认证制度。企业根据自愿原则可以向国务院产品质量监督部门认可的或者国务院产品质量监督部门授权的部门认可的认证机构申请产品质量认证。经认证合格的，由认证机构颁发产品质量认证证书，准许企业在产品或者其包装上使用产品质量认证标志。"

产品质量认证是指依据具有国际水平的产品标准和技术要求，经过认证机构确认并通过颁发认证证书和产品质量认证标志，以证明产品符合相应标准和相应技术要求的活动。产品质量认证分为安全认证和合格认证。产品质量认证必须遵循自愿原则（法律另有规定的除外），任何人不得强迫企业进行认证。就这个方面看，它与企业质量体系认证相同，但有区别，表现在以下三个方面：（1）企业质量体系认证是对企业质量保证体系整体的认证，产品质量认证则只是对企业某一产品的质量认证；（2）申请产品质量认证的企业，其企业质量体系应符合国家质量管理和质量保证标准及补充要求；（3）获得企业质量体系认证，并不意味着就直接获得产品质量认证，后者必须具备必要条件，并根据一定程序获取。

（二）产品质量认证的依据

我国《中华人民共和国认证认可条例》《认证证书和认证标志管理办法》等行政法规、规章，对企业申请产品认证的程序，即申请、审查和检验、批准等具体步骤，做了明确规定。依照《产品质量法》的规定，产品质量认证的依据是有关的国际先进标准和技术要求。对于我国的名、特、优产品，当没有国家标准、行业标准的时候，可以依据国家质量技术监督部门确认的标准和技术要求开展产品质量认证。对于我国与国外有关认证机构签订了双边、多边认证合作协议的产品，依据双边、多边认证合作协议中规定的标准开展认证工作。产品质量认证部门，依法对符合规定条件的企业批准认证，颁发认证证书，并允许企业在该产品上使用认证标志。

四、产品质量监督检查制度

产品质量监督制度，是严格的、多方位的、自成体系的制度。总的说来，产品质量监督分三种基本形式和途径：国家监督、企业监督、社会监督。其中，国家监督的重要形式之一是国家监督抽查制度。

根据《产品质量法》第 15 条的规定，"国家对产品质量实行以抽查为主要方式的监督检查制度，对可能危及人体健康和人身、财产安全的产品，影响国计民生的重要工业产品以及消费者、有关组织反映有质量问题的产品进行抽查。”除抽查方式外，国家对产品质量的监督检查方式还包括产品质量统一监督检查、产品质量定期监督检查、产品质量日常监督检查等方式。

产品质量监督抽查是国家产品质量监督部门及地方产品质量监督部门按照产品质量监督计划，定期在流通领域抽取样品进行监督检查，了解被抽查企业及其产品的质量状况，并按期发布产品质量监督抽查公报，对抽查样品不合格的企业采取相应处理措施的一种国家监督活动。监督检查工作由国务院产品质量监督部门规划和组织。法律对产品质量的监督检查另有规定的，依照有关法律的规定执行。

（一）产品质量监督抽查

1. 监督抽查的种类

产品质量监督抽查包括国家监督抽查和地方监督抽查两种。

国家监督抽查是由国务院产品质量监督部门，依照《产品质量法》《标准化法》《计量法》等有关法律的规定，组织有关省级质量技术监督部门和产品质量检验机构，对企业生产、销售的产品，依据有关规定进行抽样、检验，并对抽查结果依法公告和处理的活动。它是国家对产品质量进行监督并宏观管理的有效手段之一和主要方式，是国家对企业质量管理工作的考核，是对企业能否稳定、持续地生产合格产品的检查，同时也是代表用户和消费者对产品质量的一次验证。国家监督抽查的目的主要是为了增强企业质量意识，促进企业提高产品质量，并为国家加强宏观管理提供真实的产品质量信息，同时，通过向社会公布抽查结果，为广大用户和消费者选购安全、合格产品提供有益的参考。

产品质量国家监督抽查工作起源于20世纪80年代中期。1984年第四季度到1985年第一季度，由于固定资产投资规模扩大，消费基金膨胀，社会总需求大于总供给，一些地方、部门盲目压任务，互相攀速度，导致部分企业没有摆正速度与质量的关系，片面追求产值、利润，放松了质量管理，忽视了产品质量，少数单位甚至见利忘义，掺杂使假，不惜损害国家和消费者的利益，从1984年第四季度起，全国出现了部分工业产品质量下降的趋势。1985年第一季度，这种趋势仍在继续发展。1985年上半年，全国主要工业产品质量稳定提高率比1984年同期下降了11.6个百分点。在一些经济发达地区和过去质量管理工作较好的行业，产品质量也有所下降。

针对这种情况，原国家质量监督管理部门向有关方面报告了产品质量下降的严重状况。对此，国家采取了一系列措施，力图扭转产品质量下降的局面。党中央、国务院、全国人大对产品质量下降的状况也十分关心。国务院、全国人大常委会要求国家经委作出报告。时任国家经委副主任的朱镕基同志代表国家经委向国务院和全国人大常委会作了《关于扭转部分工业产品质量下降状况的报告》（以下简称《报告》）。《报告》中提出了9项为加强质量工作、扭转产品质量下降而采取的措施，其中重要的一条措施便是实行产品质量国家监督抽查制度。国务院转发了国家经委的报告，从1985年第3季度起正式实行产品质量国家监督抽查制度，并授权国家标准局所属质量监督局会同有关部门，组织国家级产品质量监督检验中心具体承担此项工作。1985年9月，国家经委以经质[1985]556号文下发了《关于实行国家监督性的产品质量抽查制度的通知》，并于1986年10月以经质[1986]664号文发布了《国家监督抽查产品质量的若干规定》，对国家监督抽查工作予以规范。自此，国家监督抽查作为质量监督检查制度的一种形式被固定下来。

1985年第3季度第一次产品质量国家监督抽查共抽查了33类产品。1985年10月31日,国家经委发布了第一号产品质量国家监督抽查公报,公布了第一批17类产品的抽查结果。国务院领导同志十分重视这项工作,第一号公报是经过当时国务院几位领导同志审阅批示后,才正式向社会发布的。1985年第一号公报发布在《工业技术》杂志上,朱镕基同志并为此专门发表了题为《加强监督抽查,狠抓产品质量》的文章。

产品质量国家监督抽查工作原来是在国家经委领导下,由国家标准局、质量监督局负责具体组织实施;1988年第4季度以后,由国务院新组建的国家技术监督局负责组织领导,国家技术监督局质量监督司具体组织实施。1991年9月,国家技术监督局根据形势变化,还专门制定并发布了《产品质量国家监督抽查补充规定》(国家技术监督局局长令第23号),对原国家经委制定的《国家监督抽查产品质量的若干规定》作了进一步补充规定;1998年4月,国家技术监督局更名为国家质量技术监督局后,产品质量国家监督抽查工作由国家质量技术监督局负责组织领导,国家质量技术监督局监督司具体组织实施;2001年4月,国家质量技术监督局和国家出入境检验检疫局合并组建为国家质量监督检验检疫总局(以下简称国家质检总局)后,国家监督抽查工作由国家质检总局组织领导,国家质检总局产品质量监督司具体组织实施。

产品质量国家监督抽查分为定期实施的国家监督抽查和不定期实施的国家监督专项抽查两种。定期实施的国家监督抽查一般每季度开展一次。1994年以后,除按季度安排的国家监督抽查外,同时也对一些质量问题突出、社会反映强烈的产品或时令产品,不定期地组织安排国家监督专项抽查。

地方监督抽查是指县级以上地方产品质量监督部门在本行政区域内进行的监督抽查活动。地方抽查不得以"国家监督抽查"的名义进行,发布其质量公报不得冠以"国家监督抽查"字样。重复抽样扰乱企业的正常经营秩序,加重企业负担,必须坚决禁止。为此,《产品质量法》第15条特别规定国家监督抽查的产品,地方不得另行重复抽查;上级监督抽查的产品,下级不得另行重复抽查。

监督检查应当由产品质量监督部门统一规划和组织。国家的产品质量监督检查应由国务院产品质量监督部门统一规划和组织,实践中的做法是由国家质量技术监督部门在每一季度选择部分产品组织一次国家级的产品质量监督抽查。同时县级以上的地方产品质量监督管理部门也可以在本行政区域内组织对产品质量的监督抽查。

涉及药品、食品等某些特殊产品的监督抽查,有关法律、法规另有规定的,依照有关法律、法规的规定执行。如《食品安全法》第60条规定:"县级以上质量监督、工商行政管理、食品药品监督管理部门应当对食品进行定期或者不定期的抽样检验。县级以上质量监督、工商行政管理、食品药品监督管理部门在执法工作中需要对食品进行检验的,应当委托符合本法规定的食品检验机构进行。"

2. 监督抽查的产品范围

产品质量监督抽查的产品范围包括三个方面:(1)可能危及人体健康,人身、财产安全的产品,如食品、药品、医疗器械和医用卫生材料、化妆品、压力容器、易燃易爆产品等;(2)影响国计民生的重要工业产品,如农药、化肥、种子、计量器具、烟草,以及有安全要求的建筑用钢筋、水泥等;(3)消费者、有关社会组织反映有质量问题的产品,包括群众投诉、举报的假冒伪劣产品,掺杂、掺假,以假充真,以次充好,以不合格产品冒充合格产品,造成重大质量事故的产品等。

3. 监督抽样的要求

根据《产品质量法》的规定,"抽取的样品应当在市场上或企业成品仓库内的代销产品中随机抽取"。作为产品质量监督部门代表政府进行的一种市场监督管理活动,其范围一般应仅限于流通环节,而不能扩大到企业内部,并且对于未进入流通的产品,企业也不负质量责任。要求随机抽取样品,则可以防止生产者、销售者弄虚作假,保证抽样检查的客观性、公正性。

4. 监督抽查中的产品检验

根据《产品质量法》的规定,"根据监督抽查的需要,可以对产品进行检验。检验抽取样品的数量不得超过检验的合理需要,并不得向被检查人收取检验费用。监督抽查所需检验费用按照国务院规定列支"。

抽样的数量应当按照检验的合理需要确定。质量技术监督部门实施监督抽查,样品由被检查者无偿提供。检验合格的样品除因检验造成破坏或损耗之外,在检验工作结束且无异议后一个季度内必须返还。同时通知被检查单位解封作备样的封存样品。

为了保证质量监督抽查结果的准确和公正,被抽查的生产者、销售者如果对抽查检验的结果有异议的,有权要求复检。可以自收到检验结果之日起15日内向实施监督抽查的产品质量监督部门或者其上级产品质量监督部门申请复检,由受理复检的产品质量监督部门作出复检结果。

如果是向上级产品质量监督部门申请复检的,上级产品质量监督部门一般不应委托原检验部门检验。

复检合格的,不再收取检验费;复检不合格的,应当缴纳检验费。

5. 禁止拒绝依法进行的产品质量监督检查

《产品质量法》第16条规定:"对依法进行的产品质量监督检查,生产者、销售者不得拒绝。"

产品质量监督部门依法进行监督检查,这是保证产品质量的一项重要的法律制度,也是产品质量监督部门的一项法定职权,是行政执法机关依法履行职责的行为。实践中,发生个别生产者、销售者以阻止检查人员进厂,不许检查人员提取样品等行为,拒绝产品质量监督部门依法对其产品进行监督检查。这种破坏法定的产品质量监督检查制度,扰乱正常的产品质量行政监督秩序的行为,必须予以禁止和制裁。为此,《产品质量法》不仅规定了禁止拒绝依法进行的产品质量监督检查,并规定了拒绝检查行为的法律责任。

行政执法机关在行使产品质量监督检查职权时,应向被检查人履行告知义务,告诉被检查人检查的依据、性质,出示有关证件,对被检查人不理解的,应作出必要的解释,不应简单地按拒检处理。对监督检查只是表现为不积极主动进行配合的,也不能按拒检处理。

对行政机关违法进行的检查,生产者、销售者有权拒绝。

6. 以监督抽查中产品质量不合格的处理

《产品质量法》第17条规定,"依照本法规定进行监督抽查的产品质量不合格的,由实施监督抽查的产品质量监督部门责令其生产者、销售者限期改正。逾期不改正的,由省级以上人民政府产品质量监督部门予以公告;公告后经复查仍不合格的,责令停业,限期整顿;整顿期满后经复查产品质量仍不合格的,吊销营业执照。""监督抽查的产品有严重质量问题的,依照本法第五章的有关规定处罚。"

(1)处理机关

由实施监督抽查的产品质量监督部门依照本条规定处理。实施监督抽查的产品质量监督部门可能是国务院产品质量监督部门,也可能是县级以上地方产品质量监督部门,但对“逾期不改正”行为的公告,应由省级以上人民政府产品质量监督部门负责发布。

(2)处理方式

处理方式包括:①责令限期改正。即由实施监督抽查的产品质量监督部门要求被抽查的单位在一定期限内按照要求改正自己生产、销售不合格产品的行为。②公告。即被抽查的单位没有按照实施监督抽查的产品质量监督部门要求的期限改正的,由省级以上人民政府产品质量监督部门在有关媒介上进行公告,予以曝光,督促其改正。③责令停业,限期整顿。经过由省级以上人民政府产品质量监督部门公告后,监督抽查部门再进行复查时,该产品仍不合格的,由省级以上人民政府产品质量监督部门或者实施监督抽查的产品质量监督部门责令停止生产,要求在一定期限进行整顿。④吊销营业执照。在省级以上人民政府产品质量监督部门或者实施监督抽查的产品质量监督部门要求的期限到期后,经过省级以上人民政府产品质量监督部门或者实施监督抽查的产品质量监督部门再次检查,该产品质量仍不符合法定要求的,由颁发营业执照的工商行政管理机关吊销营业执照。

这里所规定的有严重质量问题是指:①产品存在不符合保障人体健康和人身财产安全的国家标准、行业标准的;②在产品中掺杂、掺假,以假充真,以次充好,以不合格产品冒充合格产品的;③属于国家明令淘汰的产品的;④失效、变质的;⑤伪造产品产地,伪造或者冒用他人厂名厂址的,伪造或者冒用生产日期、安全使用期或者失效日期的,伪造或者冒用认证标志等质量标志的;⑥其他法律法规规定的属于严重质量问题的情形的。除上述情况之外的问题,属于一般质量问题。

7.公布抽查结果

《产品质量法》第24条规定:“国务院和省、自治区、直辖市人民政府的产品质量监督部门应当定期发布其监督抽查的产品的质量状况公告。”

依据对产品依法抽样检验的检验结果,由国务院产品质量监督部门发布全国的产品质量状况公告,省、自治区、直辖市人民政府的产品质量监督部门发布本行政区域内的产品质量状况公告。

对监督抽查的结果,国务院和省级政府的产品质量监督部门应当分别在全国性的媒体上或本省、自治区、直辖市范围内发行的报刊上予以公布。通过发布被监督抽查产品的质量状况公告,警诫对被监督抽查的存在质量问题的企业,也便于人民群众通过公告对一定时期内的产品质量状况有所了解,有利于社会监督。

五、产品质量监督部门行政执法职权

按照一切行政机关必须依法行政的要求,产品质量监督部门、工商行政管理部门在行使调查取证和采取行政强制措施的权力时,必须遵循一些行政法的基本规定:(1)采取调查取证和行政强制措施的主体必须是县级以上产品质量监督部门或者县级以上工商行政管理部门;(2)实施行政强制措施的程序必须合法;(3)有关行政机关已经取得违法嫌疑的证据,或者接到对产品质量违法行为的举报;(4)调查取证的对象只能是与违反本法规定的生产、销售活动有关的人和物,采取行政强制措施的对象只能是有严重质量问题的产品及相关物品。

根据《产品质量法》第18条，县级以上产品质量监督部门或者工商行政管理部门在对涉嫌违反本法的生产、销售活动进行查处时，可以行使的调查取证权包括下列几项内容：

1. 现场检查

县级以上产品质量监督部门或者工商行政管理部门直接进入当事人涉嫌从事违反本法的生产、销售活动的场所进行现场检查。

2. 向有关人员调查、了解有关情况

县级以上产品质量监督部门或者工商行政管理部门在检查过程中，有权向当事人的法定代表人、主要负责人和其他有关人员调查、了解涉嫌从事违反本法的生产、销售活动有关的情况。调查了解情况一般应在检查现场进行，必要时，有关行政执法机关也可以要求有关人员到行政执法机关接受调查，但不得限制被调查人员的人身自由。

3. 查阅、复制有关资料

县级以上产品质量监督部门或者工商行政管理部门在调查时，可以查阅、复制当事人有关的合同、发票、账簿以及其他有关资料。行使调查权的行政执法机关查阅、复制的资料如不属于违法行为证据，并涉及当事人商业秘密的，应当依法为当事人保密。

4. 查封、扣押

为了防止伪劣产品流入市场，给消费者造成损害，同时也为进一步查处违法生产、销售活动保留证据，法律规定，县级以上产品质量监督部门或者工商行政管理部门对涉嫌从事违反本法的生产、销售活动进行查处时，对确有根据认为不符合保障人体健康和人身、财产安全的国家标准、行业标准的产品或者有其他严重质量问题的产品，以及直接用于生产、销售该项产品的原辅材料、包装物、生产工具，有采取查封或者扣押的行政强制措施的权力。

"查封"是指县级以上产品质量监督部门或者工商行政管理部门以张贴封条或其他必要措施，将有关物品封存起来，未经查封部门许可，任何单位和个人不得启封、动用。"扣押"是指县级以上产品质量监督部门或者工商行政管理部门将违法生产、销售的产品等运到另外的场所予以扣留。按照法律规定，查封、扣押的产品范围是《产品质量法》第49条至第53条禁止生产、销售的产品。产品存在的瑕疵问题、标识不规范的问题，不能实施查封、扣押。

采取查封、扣押的行政强制措施应当遵照《中华人民共和国行政强制法》第三章第二节关于查封、扣押的具体实施程序规定，在行政机关采取查封、扣押措施后，应当及时查清事实，在法律规定的期限内作出处理决定。对违法事实清楚，依法应当没收的非法财物予以没收；法律、行政法规规定应当销毁的，依法销毁；应当解除查封、扣押的，作出解除查封、扣押的决定。

六、产品质量的中介机构

在我国，随着改革的深化、社会主义市场经济体制的逐步建立，产品质量活动中出现质量中介机构不但是一种客观的需要，而且在为产品质量提供服务，发挥认证、监督作用方面显示出了更多的重要性。

（一）产品质量检验机构必须具备法定条件

1. 具备相应的检测条件和能力

相应的检测条件和能力包括：应当有健全的内部组织机构；有开展质量检验工作的基本规则、工作程序、管理制度等；有熟悉有关检验业务及其相关知识的检验人员；有与所从事的检验业务相适应的仪器、设备等技术装备；有保证检验工作质量的检验环境等。

2. 须经省、自治区、直辖市人民政府的产品质量监督部门或者省、自治区、直辖市人民政府的产品质量监督部门授权考核的部门考核合格

经过考核，符合规定的条件的，即可允许其从事产品质量检验工作；经过考核，不符合规定的条件的，不得从事产品质量监督检验工作。

3. 产品质量检验、认证的社会中介机构必须依法设立，并不得与行政机关和其他国家机关存在隶属关系或者其他利益关系

为了与社会主义市场经济发展相适应，保证作为中介机构的产品质量检验机构、认证机构的独立性、公正性，不依附于行政机关的权力从事产品质量检验、认证活动，《产品质量法》第20条作出了这样的规定。同时，有关行政机关和其他国家机关也不应违法干预独立的产品质量检验机构、认证机构依法进行的产品质量检验和认证活动。

“不得存在隶属关系”是指产品质量检验、认证的社会中介机构不得与行政机构或其他国家机关有直接的上下级关系；“其他利益关系”主要是指经济利益关系，如中介机构将其收益的一部分上交给有关的行政机关等。

产品质量检验机构的设置有两种情况，一种是由政府机构设置的，另一种则是作为中介机构设置的。从发展社会主义市场经济的要求看，作为社会中介机构的产品质量检验机构将会增多，成为产品质量检验机构的主体。作为政府部门所属的产品质量检验机构，将会有相当一部分逐步与所属部门脱钩，成为独立的社会中介机构。与产品质量检验机构不同，由于产品质量认证是改革开放特别是提出建立社会主义市场经济体制后逐步发展起来的，因此，从事产品质量认证的机构大多数都属于社会中介机构。

（二）产品质量检验、认证活动必须依法进行

1. 产品质量中介机构必须依法检验、认证，客观、公正地出具检验结果或者认证证明，依法进行跟踪检查，并对按照认证标准使用认证标志承担责任。（见《产品质量法》第21条）

2. 产品质量认证中介机构伪造检验结果或者出具虚假证明的，是违法犯罪行为，予以行政处罚或追究刑事责任，不但对单位予以处罚，还要对直接负责的主管人员和其他直接责任人员个人予以处罚。（见《产品质量法》第57条第1款）

3. 产品质量检验机构、认证机构出具的检验结果或者证明不实，造成损失的，应当承担赔偿责任；造成重大损失的，撤销其检验资格、认证资格。（见《产品质量法》第57条第1款）

4. 产品质量认证机构不履行法定的职责，违背应尽的义务，造成不符合认证标准而使用认证标志的情形，导致消费者遭受损失的，应承担连带责任。《产品质量法》确立的这样一条法律原则，是现实所需要的，只有严格地界定责任，才能形成真正让消费者信任的产品质量认证制度，也只有这样才能树立起质量认证的良好形象。（见《产品质量法》第57条第2款）

5. 产品质量检验机构不得向社会推荐产品，不得参与产品经营活动，这样的限制是为了使这些机构保持公正性，防止由于参与某些产品的经营活动而失去公正性。（见《产品质量法》第25条、第58条）

七、产品质量的社会监督

产品质量的社会监督包括用户、消费者监督,社会团体和新闻媒介监督等。产品用户和消费者有权就产品质量问题向产品的生产者、销售者查询,有权向有关产品质量的监督部门、工商行政管理部门及有关的监督职能部门或消费者协会等组织部门提出申诉,由有关部门负责查处。社会团体主要有各级消费者协会和其他消费者组织;新闻媒介主要指各地、各级的电视、广播、报纸、刊物等社会舆论媒介,有权依照国家产品质量法进行监督。

《产品质量法》第10条、第22条、第23条对此作了规定:

第10条规定:"任何单位和个人有权对违反本法规定的行为,向产品质量监督部门或者其他有关部门检举。产品质量监督部门和有关部门应当为检举人保密,并按照省、自治区、直辖市人民政府的规定给予奖励。"

第22条规定:"消费者有权就产品质量问题,向产品的生产者、销售者查询;向产品质量监督部门、工商行政管理部门及有关部门申诉,接受申诉的部门应当负责处理。"

第23条规定:"保护消费者权益的社会组织可以就消费者反映的产品质量问题建议有关部门负责处理,支持消费者对因产品质量造成的损害向人民法院起诉。"

(一)检举人所享有的权利

1. 任何单位和个人有权检举违反《产品质量法》规定的行为

打击制售伪劣产品的行为,维护市场秩序,保护消费者的合法权益,不仅是有关行政部门、司法机关等国家机关的职责,更是一项需由全社会共同努力的事业。捍卫法律,揭露违法行为,保护自身和他人的合法权益,是每个公民的神圣权利和光荣义务。任何单位和个人发现产品质量违法行为的,都有权进行揭发检举,可以向各级产品质量监督部门检举,也可以向工商行政管理部门、食品卫生检验部门、卫生防疫部门等有关部门检举,其检举权依法受到保护。

2. 接受举报的产品质量监督部门、工商部门及其他有关部门负有为检举人保密的义务

国务院在《关于进一步加强产品质量工作若干问题的决定》中要求,要采取有效的措施保护举报人。保护举报人首先要为举报人严格保密。接受举报的有关主管部门及其工作人员不得泄露举报人姓名、住所、举报内容等情况。同时还应根据情况,采取必要的措施,切实保护举报人的生命、财产安全,保证其正常生活不受违法行为人的侵扰。

3. 省、自治区、直辖市人民政府应当就检举产品质量违法行为制定奖励办法,建立检举奖励制度,对举报立功者予以奖励

建立全社会的监督举报机制,实行举报奖励制度是国家严厉打击生产、销售伪劣产品行为的一项重要举措。国务院《质量发展纲要》中规定,"建立健全质量安全有奖举报制度,切实落实对举报人的奖励,保护举报人的合法权益"。国务院发布的《关于进一步加强产品质量工作若干问题的决定》中指出,"各地可制定奖励办法,对举报制假售假有功的单位和个人予以重奖,并采取有效措施保护举报人"。例如,《北京市产品质量监督管理条例》第5条规定,本市鼓励、支持和保护一切组织和个人对产品质量进行社会监督和舆论监督。对举报属实和协助查处违反产品质量法律、法规行为有功的,给予奖励并为其保密。《黑龙江省产品质量监督管理条例》第5条规定,鼓励、支持和保护一切组织和个人对产品质量进行社会监督和舆论监督,对举报属实和协助查处违反产品质量法律、法规行为有功的单位和个人给予奖励,并为其保密。《广东省查处生产销售假冒伪劣商品违法行为条例》第6条规

定，鼓励消费者、企业、新闻单位和其他组织及个人对生产、销售假冒伪劣商品以及为生产、销售假冒伪劣商品提供服务的违法行为进行监督和举报，配合政府部门的打假工作；第19条规定，对举报人，行政执法部门可给予五万元以下或者实际收缴罚没款百分之十以下的奖励，并为其保密。奖金在办案经费中列支。

关于建立产品质量举报制度的问题，各省、自治区、直辖市质量技术监督部门应当及时配合当地政府制定有关举报奖励制度，建立健全举报处理程序。各级质量技术监督部门应当向社会公布举报电话，登记并及时处理举报，不得无故拖延或者推诿。

（二）消费者所享有的权利的规定

《中华人民共和国消费者权益保护法》第7条至第15条，集中规定了消费者的九项权利，包括安全权、知情权、选择权、公平交易权、求偿权、结社权、获得知识权、受尊重权以及监督权。根据《产品质量法》的规定，消费者在产品质量上的权利，有以下几方面内容：

1. 查询权

对产品的质量问题，消费者有权向产品的生产者、销售者查询，通过查询了解产品的质量状况，根据产品的质量状况，自主决定选购所需产品。消费者的此项查询权，受法律的保护。对消费者就产品质量所提出的查询，生产者、销售者有义务如实作出回答。

2. 申诉权

消费者有权就产品质量向产品质量监督部门、工商行政管理部门及有关部门申诉，接受申诉的部门应当负责处理。即消费者发现自己购买的产品存在质量问题时，有权向有产品质量监督部门、工商行政管理部门和其他有关部门反映情况，申诉意见。接受申诉的部门接到消费者的申诉后，应及时依法调查、处理，并向消费者作出答复。

为了保护消费者的合法权益，正确、及时处理产品质量申诉，原国家技术监督局发布了《产品质量申诉处理办法》，取得了很好的社会效果。2011年，国家质检总局收到涉及产品质量申诉事项的行政复议申请22件，占全年总数的42%；2012年第一季度，收到该类复议申请18件，占总数的67%。

（三）保护消费者权益的社会组织所享有的权利

《消费者权益保护法》规定，消费者协会和其他消费者组织是依法成立的对商品和服务进行社会监督，并且保护消费者合法权益的社会团体。同时又在其第32条规定了消费者协会履行的七项职能：(1)向消费者提供消费信息和咨询服务；(2)参与有关行政部门对商品和服务的监督、检查；(3)就有关消费者合法权益的问题，向有关行政部门反映、查询，提出建议；(4)受理消费者的投诉，并对投诉事项进行调查、调解；(5)投诉事项涉及商品和服务质量问题的，可以提请鉴定部门鉴定，鉴定部门应当告知鉴定结论；(6)就损害消费者合法权益的行为，支持受损害的消费者提起诉讼；(7)对损害消费者合法权益的行为，通过大众传播媒介予以揭露、批评。

（四）发挥舆论宣传作用，提高全民质量意识

1. 电视、广播、报刊、网络等媒体，加强对质量工作的宣传。电视、广播、报刊、网络等媒体，要大力宣传质量管理的先进经验和为质量振兴和质量发展作出贡献的单位和个人，介绍有关质量知识，解答消费者提出的质量疑问，形成出良好的社会环境，提高全民质量意识。

2. 国家和省级的主要新闻媒体，特别是电视台，通过各种形式，定期公布产品质量监督抽查结果，并对制假售假的单位和个人以及监督抽查不合格的相关产品及其生产企业和责

任人,予以曝光,形成强有力的舆论监督氛围。

3. 各地区、各有关部门及有关社会团体,要组织开展多种质量服务活动,如“质量月”“质量万里行”“3·15”等活动,动员全社会为质量振兴与发展作出贡献。

八、对国家机关及其他组织机构约束性的规定

产品质量需要国家监督,但对国家机关在产品质量活动中的执法行为则应有一定的规则,以保证符合国家机关的职能、宗旨,对于社会团体、社会中介机构介入产品质量活动,也应当明确其责任,这样,既有利于树立国家监督和管理产品质量的权威,又防止一些机构不顾后果任意界入产品质量特别是产品经营活动。因此,在《产品质量法》中制定了以下禁止性规则:

(一)行政机关参与经营、推荐产品

《产品质量法》第25条规定,产品质量监督部门或者其他国家机关不得向社会推荐生产者的产品,不得以对产品进行监制、监销等方式参与产品经营活动。作为国家机关不应参与产品经营活动的,也不应像广告商那样去推荐产品;作为产品质量的监督者,只有超脱于产品经营活动,才能保证公正地实施监督。

(二)包庇、放纵行为

根据《产品质量法》第9条第1款,政府工作人员和其他国家机关工作人员,不得滥用职权、玩忽职守、徇私舞弊,包庇、放纵产品质量违法行为,或者阻挠、干预依法查处产品质量违法行为。这种包庇、放纵往往是为了保护本部门、本地区的利益,而破坏了正常的市场秩序,干扰了公平竞争,置法律于不顾,所以不仅要禁止,还要依法追究其法律责任。《产品质量法》第9条第2款规定,各级地方政府和其他国家机关,有包庇、放纵产品质量违法行为的,依法追究其主要负责人的法律责任。这是在产品质量领域严饬法纪所必须采取的法律措施。

(三)地方保护主义

《产品质量法》第11条规定,任何单位和个人不得排斥非本地区或者非本系统企业生产的质量合格产品进入本地区、本系统。地方保护主义,一方面表现为对本地区的假冒伪劣产品包庇、放纵;另一方面表现为排斥非本地区、本系统企业生产的质量合格产品进入本地区、本系统的行为。这项法律规定不仅是为了排除地方保护主义、部门保护主义,而更重要的是推进在全国统一大市场中展开公平竞争,促进产品质量水平的提高。

第三章　生产者、销售者的产品质量义务

第一节　生产者的产品质量义务

一、产品内在质量符合法定要求(《产品质量法》第26条)

产品质量义务是指产品质量法律关系的主体必须为一定质量行为或者不为一定质量行为,以满足对方利益需要的责任。这里所讲的产品质量法律关系的主体,主要指产品的生产者和销售者。根据《产品质量法》,产品质量法律关系的主体,还包括禁止生产、销售的产品而提供运输、保管、仓储等便利条件的行为人等。这里的行为既包括积极义务,如法律规定的生产者生产的产品质量应当符合的要求;又包括消极义务,如法律规定的生产者在生产的产品质量方面不得作出的行为。

生产者的产品质量义务是指生产者必须依照法律的规定,为保证其生产的产品的质量必须作出一定行为或者不得作出一定行为。

生产者作为市场经济活动的主体,为了取得经济效益,在激烈的市场竞争中求得生存和发展,满足消费者的需要,必然要使自己生产的产品在适用性、安全性、可靠性、维修性、经济性等质量指标上,都符合相应的标准和要求。产品的生产环节对其质量好坏具有根本的作用,因此,法律规定,生产者必须对其生产的产品质量负责。生产者应当将保证产品质量作为其首要义务,通过强化质量管理,不断提高其产品质量水平。

根据《产品质量法》第26条,生产者对产品负有如下保证义务:

(1)不存在危及人身、财产安全的不合理的危险,有保障人体健康和人身、财产安全的国家标准、行业标准的,应当符合该标准。

这是法律对产品质量最基本的要求,也是对生产者保证产品质量义务的强制性规定,生产者不得以合同约定或者其他方式免除或减轻自己的此项法定义务。生产者违反这一质量保证义务的,将要受到严厉的法律制裁。生产者要保证其产品不存在危及人身、财产安全的不合理的危险,应当在产品设计、产品制造、产品标识等方面保证符合规定的要求。

(2)具备产品应当具有的使用性能。

产品具备应当具有的使用性能,是指某一特定产品应当具有其基本的使用功能,比如保温瓶应当具有保温性能,电冰箱应当具备制冷性能等,并在正常使用条件下应有合理的使用寿命。

产品应当具有使用性能主要体现在两方面:一方面是在产品标准、合同、规范、图样和技术要求以及其他文件中明确规定的使用性能;另一方面是隐含需要的使用性能。具备产品应当具备的使用性能是对生产者保证产品质量所规定的又一法定义务。但是,当生产者对产品使用性能的瑕疵作出说明时,可以免除生产者的此项义务。"瑕疵"是指产品质量不符合应有的使用性能,或者不符合采取的产品标准、产品说明、实物样品等明示担保条件,但是产品不存在危及人身、财产安全的不合理的危险,未丧失产品原有的使用价值。依照

《产品质量法》第 26 条第 2 款规定,“对产品存在使用性能的瑕疵作出说明的除外”,即生产者应当予以说明后方可出厂销售,并可免除生产者对已经明示的产品使用性能的瑕疵承担责任。

(3)产品质量应当符合明示的质量状况。

法律对生产者保证产品质量规定了明示担保义务,即产品质量应当符合在产品或者其包装上注明采用的产品标准,符合以产品说明、实物样品等方式表明的质量状况。在产品或者包装上注明采用的产品标准,是表明产品质量符合自身标注的产品标准中规定的质量指标,判定产品是否合格,则以该项明示的产品标准作为依据。同时,产品说明也是生产者向社会明确表示的保证和承诺。实物样品实际上是一种实物标准,实物样品清楚地表明了产品的质量状况。消费者根据实物样品购买的产品应当同样品的质量保证相符。

二、产品或者其包装上的标识应当符合要求(《产品质量法》第 27 条)

根据《产品标识标注规定》第 2 条的规定,“产品标识是指用于识别产品及其质量、数量、特征、特性和使用方法所做的各种表示的统称”。产品标识可以用文字、符号、数字、图案以及其他说明物等表示。根据不同产品的特点和使用要求,产品标识可以标注在产品上,也可以标注在产品包装上。产品或者其包装上的标识应当符合以下要求:

(1)有产品质量检验合格证明。

产品质量检验合格证明,是指生产者出具的用于证明产品质量符合相应要求的证件。合格证明包括合格证、合格印章等各种形式。合格证的项目内容,由企业自行决定。合格证一般注明检验人员或者其代号,检验、出厂日期等事项。一些不便于佩戴合格证的产品,可用合格章。产品质量检验合格证明只能用于经过检验合格的产品上,未经检验的产品或者检验不合格的产品,不得使用产品质量检验合格证明。出厂产品的检验,一般由生产者自身设置的检验部门进行检验。对不具备检测能力和条件的企业,可以委托社会产品质量检验机构进行检验。

(2)有中文标明的产品名称、生产厂厂名和厂址。

产品标识所用文字应当为规范中文。用中文标明是指用汉字标明。根据需要也可以附以中国民族文字。产品名称是区别于此产品与他产品的文字语言标记。产品名称一般能反映出产品的用途、特色、所含主要成分等最突出的特点。生产厂厂名和厂址是生产产品的企业名称、称谓和企业的主要生产经营场所所在地的实际地址,是一个企业区别于其他企业的语言文字符号。企业的厂名和厂址在企业办理营业执照时便已经确定,标注产品的生产厂厂名和厂址时应当与企业营业执照上载明的厂名和厂址一致。企业这样做也是遵守了市场经济活动中诚实信用原则,有助于消费者选择和识别产品及来源,维护其合法权益。

(3)需要根据产品的特点和使用要求标注产品标识。

产品的规格、等级、成分、含量等标识的标注,应当按照不同产品的不同特点以及不同的使用要求进行标注。法律、法规、规章或者其他规范性文件要求标明上述内容的,生产者就应当予以标明。关于标识的具体标注方法,应当按照《产品标识标注规定》《食品标识管理规定》和《化妆品标识管理规定》等法律规范的要求执行。《食品安全法》对食品标识另有规定的从其规定。

(4)限时使用产品的标识要求。

所谓限期使用的产品是指具备一定使用期限,并且在此期限内能够保证产品质量的产品。例如食品、药品、化妆品、饮料等产品,都应当具有一定的使用期限。限期使用的产品应当在显著位置清晰地标明生产日期和安全使用期或者失效日期。

安全使用期一般泛指保证产品质量的期限。安全使用期包括保质期、保存期、有效期、保鲜期等。保质期是每时保持产品质量符合规定要求的有效期限。保存期是指产品最长的存放期限,在此期限内,保证产品不失效、不变质。产品的保存期不同于保质期。在保存期的末期,产品的内在质量不一定能够保持原来的质量。产品超过保存期,一般不宜再使用了。有效期是指产品保持原有效力、作用的期限。一般超过有效期限的产品,其效力、作用均有明显下降或者失去原有的效力、作用。保鲜期是指保持产品的期限。超过保鲜期的产品,一般仍然可以使用,但不如保鲜期内那么新鲜。

对限期使用的产品,可以有两种标注方法:一种方法是标注生产日期和安全使用期,两者都不可缺少;另一种方法是可以仅标注失效日期,而不再标注生产日期、保存期、保质期等标识。需要强调的是,限期使用的产品,其生产日期和安全使用期或者失效日期应当在显著位置清晰地标明。“显著位置”是指易使人发现的明显位置。“清晰”是指达到一般人能够清楚地辨识的程度。

(5)涉及使用安全的标识要求。

对使用不当容易造成产品本身损坏或者可能危及人身、财产安全的产品,要有警示标志或者中文警示说明。“警示标志”是指用以表示特定的含义,告诫、提示人们应当对于某些不安全因素引起高度注意和警惕的图形。例如,表示剧毒、危险、易燃、易爆等意思,均有专用的对应的图形标志。“中文警示说明”是指用来告诫、提示人们应当对不安全因素引起高度重视和警惕的中文文字说明。中文警示说明也可以理解为用中文标注的注意事项。一般标注在产品或者产品说明书、产品外包装上。例如在燃气热水器上注明“注意室内通风”字样。总之,对上述产品标注中文警示说明和警示标志是为了保护被使用的产品免遭损坏,保护使用者的安全、健康。

(6)产品标识的例外规定。

裸装的食品和其他根据产品的特点难以附加标识的裸装产品,可以不附加产品标识。这种例外规定主要是考虑到本法调整的产品的范围比较宽泛。像一些裸装产品如商店销售的面条、馒头,还有散装的饼干等没有包装的食品以及日用杂品,是很难标注本条所规定的产品标识的,所以法律在此没有强制规定生产者对这些产品必须标注产品标识的义务。

三、特殊产品包装要求

《产品质量法》第28条规定,易碎、易燃、易爆、有毒、有腐蚀性、有放射性等危险物品以及储运中不能倒置和其他有特殊要求的产品,其包装质量必须符合相应要求,依照国家有关规定作出警示标志或者中文警示说明,标明储运注意事项。

产品包装的好坏既直接关系到对被包装产品的保护,又能通过产品包装上的标识明确地告知仓储者、运输者、销售者以及用户和消费者许多有关该产品的信息。对特殊产品的包装需要有明确的要求。

特殊产品的包装必须符合国家法律、法规、规章、合同、标准以及规范性文件规定的包装要求,保证人身、财产安全,防止产品损坏并且应当在产品包装上标注相应的产品标识。

依照《产品质量法》规定，特殊产品包装质量必须符合相应要求，依照国家有关规定作出警示标志或者中文警示说明，标明储运注意事项。例如，毒品、限剧药物必须在产品包装的显著部位用黑色标注“毒”或者用红色标注“限剧”字样，并附有剧毒品的相应警示标志。对于危险品，应当在显著部位用红色标注“爆炸品”或者“易爆品”等字样，并附有相应警示标志。对于有毒或者腐蚀性物品，必须用黑色加注“切勿入口”等字样。对于装卸、搬运操作或者存放保管条件有相应要求或者应提出注意事项的产品，应当醒目标明“向上”“防潮”“防雨”“小心轻放”“防晒”“冷藏”“怕压”等字样。对于农药等含有害、有毒物质的产品，包装容器必须密闭，不得有外溢、渗漏、脱盖、破损等问题，防止污染或者损害人体健康与安全。食品包装必须使用无毒、清洁、卫生的物料。直接接触食品的纸张、塑料、橡胶等制品和涂料，必须符合国家卫生标准。对于放射性物资、电磁波辐射等，其包装容器必须符合国家有关环境保护的规定，在储存、运输过程中严加防护和管理。

四、不得违反《产品质量法》的禁止性规定(《产品质量法》第 29 条至 32 条)

(一)生产国家明令淘汰的产品

国家明令淘汰的产品，指国务院有关行政部门依据其行政职能，按照一定的程序，采用行政的措施，通过发布行政文件的形式，向社会公布自某日起禁止生产、销售的产品。这是国家采取的宏观调控的行政手段，对社会具有普遍的约束力。

国家明令淘汰的产品包括：(1)产品性能落后、耗能高、污染环境严重的产品，如自 1982 年以来，机电部会同有关部委共淘汰了 15 批共 601 种机电产品；(2)危及人体健康和人身、财产安全的产品，如 1982 年卫生部发文共淘汰了 27 种药品；(3)违反法律规定的产品，如非法定计量单位的计量器具。生产者违反这一规定的，将依法追究其法律责任。

(二)伪造产品产地的行为

产地是指产品生产的所在地。一些产品因产地不同，其性能和质量指标可能会有较大的差异。特别是一些土特产品，与产地的气候、地质条件、环境状况有着密切的联系。如我国的名酒“茅台”，其质量就是与茅台酒厂所在地茅台镇的水质、气候条件密切相关，在其他地方，用同样的原料、同样的技术制造出来的酒与在茅台镇制造的茅台酒，口感、质量就有很大的差别。同时，有的产地在某一方面有独到的生产、制造与加工手段，拥有较好的技术优势。总之，产地这种标志，在一定程度上也表示产品的质量与信誉，对消费者起到了诱购的作用。生产者在甲地生产产品，却在产品标识上标注乙地的地名，以利用消费者对乙地产品的信赖，造成消费者的误解，是一种典型的质量欺诈行为，也是法律所不允许的。

(三)伪造或者冒用他人的厂名、厂址的行为

伪造或冒用他人的厂名、厂址的行为是指非法标注他人厂名、厂址标识，或者在产品上编造、捏造不真实的生产厂厂名和厂址以及在产品上擅自使用他人的生产厂厂名和厂址的行为。厂名、厂址被明确具体地标注在企业的营业执照上，自企业宣告成立时就已确定。厂名是指企业的名称，是一个企业区别于其他企业的重要标志。厂址是指企业进行生产、经营活动的固定场所。“伪造”是指生产者捏造、编造不真实的生产厂的厂名和厂址。“冒用”是指生产者非法使用他人的厂名、厂址。

伪造厂名、厂址，使得消费者在产品质量出现问题时，无法找到生产者，是一种对消费者的欺诈行为，应为法律所禁止。同时，我国《民法通则》第 99 条规定“法人、个体工商户、个人合伙享有名称权。”企业对其厂名享有名称权，任何人未经其允许，使用其厂名，都是侵

犯企业名称权的行为,应承担侵权责任。企业的厂址往往是与厂名联系在一起的,特定厂名的企业有特定的厂址,冒用他人的厂址在实践中与冒用他人厂名的效果一样,都是利用消费者对被冒用企业的信赖,欺骗消费者,因此也是不允许的。

(四)伪造或者冒用认证标志等质量标志的行为

伪造或者冒用认证标志等质量标志的行为,是指在产品、标签、包装上,用文字、符号、图案等方式非法制作、编造、捏造或非法标注质量标志以及擅自使用未获批准的质量标志的行为。质量标志是指有关主管部门或者组织按照规定的程序颁发给生产者,用以表明该企业生产的产品的质量达到相应水平的证明标志。包括我国政府有关部门批准或认可的产品质量认证标志、企业质量体系认证标志、国外的认证标志、地理标志等。

质量标志具有以下特征:(1)质量标志的作用是表明产品质量的水平,是产品的质量信誉标志,为消费者选购产品起到了信誉指南的作用。它与厂名、厂址、商标等有着显著的区别,后者具有专用性和专有性,必须依法注册登记。质量标志无此特征。企业获得质量标志后,可以标注使用,也可以不使用,由企业自己决定。(2)质量标志必须由发证机关或组织颁发,并须经过一定的评审、考核程序,获准后方可使用。

目前我国比较常见的质量标志是产品质量认证标志。主要有:由国务院产品质量监督部门认可的专门机构颁发的方圆认证标志、长城认证标志、PRC 认证标志和由国际羊毛局颁发的纯羊毛认证标志等。

质量认证标志等产品质量标志表明的是产品质量所达到的水平和质量状态,只有经具备认证资格的机构经过一定的程序对达到一定条件的企业授权后,企业才能使用质量标志。因此,任何以非法手段使用、冒充这些质量标志的行为,都是对产品质量事实真相的隐瞒,是对消费者的欺诈,应为法律所禁止。

(五)在产品中掺杂、掺假的行为

在产品中掺杂、掺假的行为,是指生产者在产品中掺入杂质或者造假,进行质量欺诈的违法行为。其结果是,致使产品中有关物质的成分或者含量不符合国家有关法律、法规、标准或者合同要求。“掺杂、掺假”是指生产者在产品中掺入杂质或者造假,致使产品中有关物质的成分或者含量不符合国家有关法律、法规、标准规定的欺骗行为。

这类行为有以下特征:(1)行为人以牟取非法利润为目的,行为动机一般是故意的;(2)该行为的结果是使产品的成分和含量不符合法律、法规、标准的要求,致使产品质量降低甚至失去应有的使用性能;(3)该行为造成了对消费者的欺骗,严重扰乱了正常的社会经济秩序,造成消费者的财产损失,甚至会危及消费者的人身安全。

(六)以假充真的行为

以假充真的行为是指以此产品冒充与其特征、特性等不同的他产品,或者冒充同一类产品中具有特定质量特征、特性的产品的欺诈行为。

(七)以次充好的行为

以次充好的行为是指以低档次、低等级产品冒充高档次、高等级产品或者以旧产品冒充新产品的违法行为。这类行为的行为人的目的是为了牟取非法利润,一般为故意,结果是造成了对消费者的欺骗,损害消费者的合法权益。

(八)以不合格产品冒充合格产品的行为

不合格产品是指产品质量不符合《产品质量法》第 26 条规定的产品。以不合格产品冒充合格产品是指以质量不合格的产品作为或者充当合格产品。合格产品,对于有国家强制性标准的产品来说,是指符合国家强制性标准;对于没有国家强制性标准的产品来说,是指符合生产者在产品上明确标注所采用的标准。以不合格产品冒充合格产品,是对消费者的欺骗行为,会造成消费者的财产损失,对于可能危及人体健康和人身财产安全的产品,甚至会造成消费者的人身伤害。

第二节 销售者的产品质量义务

一、建立并执行进货检查验收制度

进货检查验收制度是指销售者根据国家有关规定和同生产者或其他供货者之间订立的合同的约定,对购进的产品质量进行检查,符合合同约定的予以验收的制度。这是法律对销售者规定的一项重要的法律义务。其目的是为了对销售者销售的货源进行把关,保证销售者所销售产品的质量。这是遏制法律禁止销售的产品进入市场的一项有效的措施。

执行进货检查验收制度不仅是保证产品质量的一种措施,也是保护销售者自身合法权益的一种措施。销售者对所进货物经过检查验收,发现存在产品质量问题时,可以提出异议,经进一步证实所进产品不符合质量要求的,可以拒绝验收进货。如果销售者不认真执行进货检查验收制度,对不符合质量要求的产品,予以验收进货,则产品质量责任随即转移到销售者这一方。因此,销售者必须认真执行进货检查验收制度。

(一)验明产品合格证明

按照《产品质量法》第 27 条的规定,产品或者其包装上应当有产品质量检验合格证明。产品合格证明是生产者出具的用于证明出厂产品的质量经过检验,符合相应要求的标志。销售者在对进货产品进行检验时,首先应当检验产品的合格证明,如果产品没有合格证明,销售者可以拒收。

(二)验明其他标识

产品标识必须符合《产品质量法》第 27 条规定的要求。对于标识不符合法律规定的要求的产品,销售者可以要求供货者退货或者更换。

我国的其他有关法律也对进货检查验收作了规定,例如《食品安全法》第 39 条规定,食品经营者采购食品,应当查验供货者的许可证和食品合格的证明文件。食品经营企业应当建立食品进货查验记录制度,如实记录食品的名称、规格、数量、生产批号、保质期、供货者名称及联系方式、进货日期等内容。实行统一配送经营方式的食品经营企业,可以由企业总部统一查验供货者的许可证和食品合格的证明文件,进行食品进货查验记录。《药品管理法》第 17 条规定,药品经营企业购进药品,必须建立并执行进货检查验收制度,验明药品合格证明和其他标识;不符合规定要求的,不得购进。

二、采取措施,保持产品质量

销售者应当根据产品的不同特点,采取不同的措施,如采取必要的防雨、通风、防晒、防霉变、分类等方式,对某些特殊产品的保管,应采取控制温度等措施,保持进货时的产品质量状况,尤其是药品和食品等。采取措施,还应包括配置必要的设备和设施。按照《药品管理法》第 14 条的规定,药品仓库必须制定和执行药品保管制度,采取必要的冷藏、防潮、防虫、防鼠等措施。《食品安全法》第 40 条规定,食品经营者应当按照保证食品安全的要求储存食品,定期检查库存食品,及时清理变质或者超过保质期的食品。

销售者通过采取一系列保管措施,使销售产品的质量基本保持着进货时的质量状况。当然,销售的产品由于其质量的特征和特点,经过一段时间,可能会发生一定的变化,但这种变化应限制在合理的范围内,比如,有些食品刚出厂时味道鲜美,存放一段时间后,由于食品内部的一些变化,使得该食品的味道不如刚出厂时的味道,但是并没有变质,这应当认为是一种合理的变化。

三、销售产品标志符合法定要求(《产品质量法》第36条)

《产品质量法》第36条规定,销售者销售的产品的标识应当符合本法第27条的规定。

产品标识是用于识别产品或者其特征的重要标志,《产品质量法》已对生产者规定了生产的产品应当符合本法规定的要求这一义务。销售者在进货时,应认真执行进货检查验收制度,特别是要检查产品的标识是否符合法律的规定,对于标识符合法律规定的要求的产品可以验收进货,对于标识不符合法律规定的要求的产品,则应拒收。销售者在把好进货关头的同时,也应采取措施保持产品的标识能够符合法律规定的要求,不得擅自将产品的标识加以涂改,特别是限期使用的产品,不能为了经济利益而改变产品的安全使用期或者失效日期。销售者由于对于所进的产品不能做到逐一检验,因而在销售过程中,应当对所销售产品的标识经常进行检查,发现不符合法律规定的,要及时撤下柜台,以保证销售产品的标识符合法律的规定。

四、不得违反《产品质量法》的禁止性规定(《产品质量法》第35,37,38,39条)

(一)销售者不得销售国家明令淘汰并停止销售的产品和失效、变质的产品

对于国家明令淘汰的产品,国家都要颁布具体的淘汰时间,在这个时间以后,禁止销售该淘汰产品。国家明令淘汰并停止销售的产品,销售者不得继续销售,这是销售者必须履行的产品质量义务。销售者应当经常关注国家有关这方面的决定和命令,对自己的进货产品及时加以调整。对于国家明令淘汰的产品,销售者已经进货的,应当停止销售,并对淘汰的产品加以退货或销毁处理。如果销售者在国家规定的时间以后仍然继续销售淘汰产品的,有关执法部门则要对所销售的产品加以没收,并处违法销售产品货值金额等值以下的罚款,有违法所得的,还要没收违法所得。

失效、变质产品是指产品失去了原有的效力、作用,产品发生了本质性变化,失去了应有使用价值的产品。

这里需要注意的是失效、变质与超过安全使用期和失效日期的关系,即已经超过安全使用期和失效日期的产品,虽多数是失效、变质的产品,但并不一定全是失效、变质的产品;而尚未超过安全使用期和失效日期的产品,也可能会发生产品变质,应以实际检测结果为依据。失效、变质的产品,由于其功能、效力、作用等皆已丧失或大部分已丧失,已经不具备应有的安全性、适用性等必要的性能,很容易对人体健康造成危害,因此,法律规定禁止销售失效、变质的产品。销售者违反了这一法定义务,要承担相应的法律责任;造成人身、财产损害的,要承担赔偿责任;构成犯罪的,要依法追究刑事责任。

(二)销售者不得伪造产地,不得伪造或者冒用他人的厂名、厂址

1. 销售者不得伪造产地。

产地与产品是紧密结合的,特别是对于知名品牌产品来讲,产地尤其重要。伪造产地

是指销售者对产品原有的标识进行篡改或者变造,即在产品或者包装上标注假的产地。如销售者所进的服装是某城市生产的,销售者为了便于销售,将该服装产地改标为杭州。这就是一种伪造产地的行为。伪造产品产地的行为是一种欺骗消费者的行为,违反了诚实信用这一法律的基本原则,是法律禁止的行为之一。

2. 销售者不得伪造厂名、厂址。

3. 销售者不得冒用他人的厂名、厂址。

伪造或者冒用他人的厂名、厂址,两种情况都是为法律所禁止的。这种伪造或者冒用行为既坑害了消费者,同时又侵害了他人的名誉权、名称权,构成侵权行为。因此,法律对销售者规定了严格的义务,销售者必须认真履行,违反了这一义务性规定,就要承担相应的法律责任。

(三)销售者不得伪造或者冒用认证标志等质量标志

伪造或者冒用认证标志等质量标志,这两种行为都是法律所禁止的。

(四)销售者销售产品,不得掺杂、掺假,不得以假充真、以次充好,不得以不合格产品冒充合格产品(同生产者产品质量义务,略)

1. 销售者销售产品,不得掺杂、掺假。

2. 销售者销售产品,不得以假充真、以次充好。

3. 销售者销售产品,不得以不合格产品冒充合格产品。

这几种违法行为,是销售假冒伪劣产品违法行为的重要表现形式。其行为的目的,都是为了牟取非法利润,客观上造成对消费者的欺骗,严重扰乱了正常的市场经济秩序,造成了消费者的财产损失,甚至会危及消费者的人身安全。因此,这三种行为是法律所严格禁止的,违反者要承担相应的法律责任。

第四章　产品质量责任制度

第一节　产品质量责任制度概述

相比国外单纯规定缺陷产品侵权责任的《产品责任法》,中国的《产品质量法》在内容上的公法和私法融合,是经济法综合运用各种调整手段规范政府和市场主体的行为,国家介入经济生活,以维护社会整体利益之理念的反映。设定行政机关产品质量监督权力和建立产品质量监督制度是该法的重要内容和特色所在,如企业质量体系认证、产品质量认证制度,抽查、检验的产品质量监督检查制度,产品质量监督部门丰富的行政执法手段等都是经济法理念的体现和运用。《产品质量法》将产品责任和对产品质量的监督管理融为一体,是《产品责任法》与《产品质量管理法》合一的一部法律,是目前世界上独一无二的,具有中国特色。

我国《产品质量法》是《产品质量管理法》和《产品责任法》的统一体。产品责任一词最早在19世纪中期欧美等资本主义国家的法律制度中出现。随着商品经济的高度发展,因产品缺陷而造成损害的案件不断发生,影响社会生产的正常进行。为了维护社会经济秩序,保护消费者利益,逐渐形成了调整因产品的生产者、销售者的侵权行为而同消费者之间所发生的社会关系的法律规范,即产品责任法。

产品质量责任制度指生产者、销售者以及对产品质量负有直接责任的责任者,因违反《产品质量法》所规定的产品质量义务所应承担的法律责任的制度。《产品质量法》第4条规定:“生产者、销售者依照本法规定承担产品质量责任。”“产品质量责任”是指产品的生产者、销售者违反本法的规定,不履行法律规定的义务,应当依法承担的法律后果。本法第三章对生产者、销售者的产品质量责任和义务做了具体规定,为了与第三章的产品质量责任和义务相对应,法律在第四章规定了损害赔偿,第五章规定了罚则,使产品质量责任既有法律要求,又有违反法律责任的处理后果。

一、承担产品质量责任的主体

产品质量责任的承担主体是生产者和销售者,即指在中华人民共和国境内从事产品生产和销售的人。其中“生产者”是指具有产品生产行为的人;“销售者”是指具有产品销售行为的人;如果是进口产品在市场上销售,其“进货者”也要承担产品质量责任。这里所说的“人”既包括“自然人”也包括“法人”;“法人”既包括国有企业、集体企业、乡镇企业、合伙企业、个人独资企业,也包括中外合资经营企业、中外合作经营企业、外资企业。

二、判定是否承担产品质量责任的依据

根据法律的规定,判定生产者、销售者是否应当承担产品质量责任的依据,一般可以从下面三个角度去把握:产品的默示担保责任、明示担保责任及产品缺陷。所谓担保责任,就是产品必须达到的质量要求,或者说是责任人必须保证产品符合某种标准的责任。

(一)产品的默示担保责任

产品的默示担保责任是指国家法律、法规对产品质量规定的必须满足的要求。法律所要求的产品不得存在危及人身、财产安全的不合理的危险，以及产品应当具备的使用性能，即为产品的默示担保责任。

(二)产品的明示担保责任

产品的明示担保责任是指生产者、销售者通过标明采用的标准、产品标识、使用说明、实物样品等方式,对产品质量责任作出的明示承诺和保证。换言之,就是法律要求生产者、销售者必须在产品包装上必须明确写出来提供给消费者看的,如果责任人没有按照法律的规定明确标明的,则不符合产品质量标准,就要承担产品质量责任。

(三)产品缺陷

产品缺陷是指产品存在危及人身、财产安全的不合理的危险。明示担保责任与默示担保责任都属于一般产品责任问题,而产品缺陷则可能给消费者造成人身伤害、财产损失。缺陷产品造成人身和财产损失的,生产者、销售者依照法律的规定要承担责任。属于产品的生产者的责任,产品的销售者赔偿的,产品的销售者有权向产品的生产者追偿。属于产品的销售者的责任,产品的生产者赔偿的,产品的生产者有权向产品的销售者追偿。

第二节　民　事　责　任

产品质量责任是各种有关产品质量义务和责任的综合概念。它是一种综合责任,包括民事责任、行政责任和刑事责任。民事责任是一种古老的法律责任形式。在其历史发展过程中,形成和经历了几种归责原则和制度,即过错责任、过错推定责任、严格责任、无过错责任。当今世界各国法律往往是几种归责原则并存并用。

一、我国产品质量法中的归责原则

根据《产品质量法》的规定,我国产品责任可以大致分为两类:一是生产者应当承担的产品责任,即产品存在缺陷,造成人身或者除缺陷产品以外的其他财产损失后,缺陷产品的生产者应当承担的赔偿责任;二是销售者应当承担的产品责任,即由于销售者的过错,使产品存在缺陷造成人身或者除缺陷产品以外的其他财产损失后,销售者应当承担的赔偿责任。销售者不能指明缺陷产品的生产者或者不能指明缺陷产品的供货人的,销售者也应当承担赔偿责任。我国《产品质量法》采用过错责任原则与无过错责任原则并存的立法模式,即"生产者承担的是无过错责任,销售者承担的是过错责任"原则,这种立法体制是符合我国国情的。

这不但体现在《产品质量法》第 42 条允许对销售缺陷产品造成人身、他人财产损害的销售者适用过错原则(《产品质量法》第 42 条第 1 款),而且也体现于《产品质量法》的其他有关一般质量担保和瑕疵责任的条件中。但是《产品质量法》对缺陷产品致人损害的生产者以及不能指明缺陷产品生产者的销售者,均适用无过错责任原则(《产品质量法》第 42 条第 2 款)。实行过错责任原则与无过错责任原则并存模式,有助于协调、平衡经营者与用户、消费者的权益关系;既能充分保障受害人的权益,又不致影响经济、科技的发展和产品创新。

无过错的归责原则,即不以产品提供者的主观过错作为其承担产品损害赔偿责任的原则，只以产品本身对他人造成人身或者财产的损害事实作为承担赔偿的法律依据。

实行过错原则应具备的要件中必须有过错；实行严格责任制原则，一般认为应具备三个要件，即：(1)产品缺陷；(2)损害事实；(3)产品缺陷与损害事实之间存在因果关系，无过错要件。

二、民事产品质量责任的种类与形式

(一)产品瑕疵责任

民事产品瑕疵责任是指产品不具备应有的使用性能，不符合明示采用的产品质量标准，或不符合产品说明、实物样品等方式表明的质量状况。产品的销售和购买，在产品的销售者和购买者之间形成了产品买卖合同关系，不论这种合同关系是以事先订立书面合同的形式出现，还是以消费者与零售商之间用即时清结的方式买卖产品的形式出现。在产品买卖合同关系中，销售者应在合理的范围内，就出售产品的质量向合同的对方当事人即购买者承担担保责任。有的学者将这种责任称为合同关系中的物的瑕疵担保责任。具体责任形式为：负责修理、更换、退货；给购买产品的用户、消费者造成损失的，负责赔偿。

销售者履行"三包"及赔偿责任后，有权向生产者、供货者追偿(《产品质量法》第 40 条第 2 款)。这是因为售出产品的质量问题，首先应当对购买者、消费者承担责任的主体是销售者(因产品缺陷造成他人损害的侵权责任除外)。这一规定的基础是销售者和消费者存在直接的合同关系。销售者不能以其售出产品存在质量问题的原因是生产者或者供货者造成的，来推卸自己依法应对消费者承担的责任。否则，消费者有权通过法律途径(比如向法院起诉等)来维护自己的合法权益。如果产品存在的质量问题是由于生产者或者供货者的原因造成的，销售者承担责任后，再向生产者或者供货者追偿。对此，生产者或者供货者也不能推卸自己的责任。否则，销售者也有权通过法律途径来维护自己的合法权益。这一规定同样是基于销售者和生产者或者供货者存在着直接的合同关系。

根据《产品质量法》第 40 条规定，销售者承担物的瑕疵担保责任的条件包括三种情况：

(1)不具备产品应当具备的使用性能而事先未作说明的。

"不具备产品应当具备的使用性能"是指不具备产品的特定的用途和使用价值，比如制冷空调不具备制冷性能等。根据本条的规定，不具备特定用途和使用价值的产品应当向消费者事先作出说明。事先作出说明的(比如明确标明为处理品)，可不承担民事责任；不事先说明的，应承担本条规定的民事责任。

(2)不符合在产品或者其包装上注明采用的产品标准的。

"不符合在产品或者其包装上注明采用的产品标准"是指不符合在产品或者其包装上注明采用的推荐性产品标准(包括国家标准、行业标准和企业标准)。按照《标准化法》第 14 条的规定，推荐性标准属于自愿采用的标准，是否采用由使用者自己确定。但是，在产品或者其包装上一旦注明了所采用的标准，就意味着向社会作出了承诺，表明该产品的相关质量指标与产品或其包装上注明采用的产品标准是一致的。如果销售者出售产品的质量状况与产品或其包装上注明采用的产品标准不符的，销售者则违反了其应承担的对产品质量的担保义务，应依照本条的规定应承担相应的民事责任。

(3)不符合以产品说明、实物样品等方式表明的质量状况的。

以产品广告、产品说明书等形式对产品的质量状况作出说明的，销售者应当保证其售出产品的实际质量与该产品说明中表明的产品质量状况相符；销售者以展示其实物样品的方式销售其产品的(如以家具展销会的方式出售家具),其售出产品的质量状况应当与其展示的实物样品相符。销售者出售的产品的质量与产品说明、实物样品不符的,也属于违反销售者对出售产品质量担保的义务,应当承担本条规定的民事责任。

(二)产品缺陷损害赔偿责任

产品缺陷损害赔偿责任也称产品责任,是指产品存在缺陷给受害人造成人身伤害或产品以外的财产损失所产生的法律后果。

1. 产品缺陷损害赔偿责任的构成,必须具备如下三个条件:

(1)产品存在缺陷。缺陷是《产品质量法》中的重要概念。《产品质量法》第 41 条规定:"本法所称缺陷,是指产品存在危及人身、他人财产安全的不合理危险;产品有保障人体健康、人身财产安全的国家标准、行业标准的,是指不符合该标准。""产品存在缺陷"就是指产品存在危及人体健康、人身财产安全的不合理的危险,包括设计缺陷、制造缺陷、指示缺陷。

(2)有损害事实发生。这是指造成了缺陷产品的用户、消费者受到人身伤害或者除缺陷产品本身以外的财产损失。这是构成产品责任的重要条件。如果产品存在缺陷,但该缺陷并未造成人身伤害,也未造成缺陷产品以外的其他财产损失,则不构成产品责任。

(3)产品缺陷与损害事实之间存在必然的因果关系。这是指损害事实的发生是由于产品缺陷造成的,如果损害事实不是因产品缺陷造成的,则不构成产品责任。

以上构成产品责任的三个条件必须同时具备,缺一不可,否则生产者不承担产品责任。

2. 缺陷产品生产者的责任

(1)产品责任的归责原则。民法上所称的归责原则是指确定责任归属的规则或准则。在产品责任法的发展历史进程中,产品责任的归责原则,从最初的过错责任的归责原则发展到以后的无过错责任的归责原则。目前世界上大多数有产品责任法的国家,已普遍采用无过错责任的归责原则。《产品质量法》规定,只要生产者生产的产品满足上述三个构成条件,生产者就应当负责赔偿,即使生产者没有过错,也要承担产品责任,即生产者对产品缺陷造成的损害承担无过错责任。

(2)生产者的免责条件。《产品质量法》在规定生产者承担无过错责任的同时还规定,如果生产者能够对法律规定的免责事由提供有效的证据,进行抗辩,那么可以免除生产者的产品责任。免除生产者承担产品责任的条件是:

①"未将产品投入流通的",即该产品尚未出厂、销售。

②"产品投入流通时,引起损害的缺陷尚不存在的",即产品在出厂、销售时,引出损害的产品缺陷尚不存在,引起损害的产品缺陷是在产品脱离生产者控制之后,在流通使用过程中由他人造成的。

③"将产品投入流通时的科学技术水平尚不能发现缺陷存在的"。这里所讲的科学技术水平是指产品投入流通时社会所达到的科学技术水平,而不是指生产者所具有的科学技术水平。

3. 缺陷产品销售者的责任

产品缺陷主要产生于设计、制造和检验等生产过程中,但是在销售过程中也可能使产品产生缺陷。因此,《产品质量法》对缺陷产品销售者的责任作了规定,销售者在由于自己的过错而使产品存在缺陷或者不能指明缺陷产品的生产者或供货者时,对造成的损害承担赔偿责任;如果销售者对所销售缺陷产品没有过错,能够指明缺陷产品的生产者或者供货者时,那么销售者对损害结果不承担赔偿责任。

4.产品缺陷的损害赔偿

产品的损害赔偿是指产品缺陷造成人身损害和财产损失,缺陷产品的生产者或者销售者对受害人的赔偿。产品缺陷的损害赔偿具有两个特点:一是补偿性,是指发生损害后,按照民事关系中的等价有偿原则,侵害人应当对受害人所遭受的损害,赔偿实际损失和全部损失。实际损失是指损害实际造成的损失;全部损失是指侵害人给受害人因产品缺陷所造成的一切损失,包括直接损失、间接损失以及可得利益的损失等。二是惩戒性,是指法律对侵害人侵权行为给予法律制裁。即侵害人不但要赔偿受害人所遭受的全部损失,还要受到法律制裁。

(1)关于人身损害的赔偿。《产品质量法》第44条第1款规定:"因产品存在缺陷造成受害人人身伤害的,侵害人应当赔偿医疗费、治疗期间的护理费、因误工减少的收入等费用;造成残疾的,还应当支付残疾者生活自助具费、生活补助费、残疾赔偿金以及由其抚养的人所必需的生活费等费用;造成受害人死亡的,并应支付丧葬费、死亡赔偿金以及由死者生前抚养的人所必需的生活费等费用。

(2)关于财产损失的赔偿。《产品质量法》第44条第2款规定:"因产品存在缺陷造成受害人财产损失的,侵害人应当恢复原状或者折价赔偿。受害人因此遭受其他重大损失的,侵害人应当赔偿损失。"

第三节　行 政 责 任

行政责任是指行为人违反法律、法规,不履行法律、法规规定的义务,国家行政机关依法给予的一种行政制裁。行政责任是法律责任的主要形式之一,依法追究行政责任是国家管理和宏观调控的重要手段。对违法的单位和个人,运用国家行政权力进行制裁,对于保证法律、法规的实施,保护公民合法权益,维护经济秩序,具有重要意义。

产品质量行政责任由技术监督部门、工商行政管理部门追究和制裁。其"客体"包括瑕疵产品、缺陷产品以及违反产品质量标准和违反产品质量监督管理法律、法规的行为。

一、承担行政责任的条件

行为人必须具备下列条件,才能承担行政责任:

(1)当事人必须实施了行政违法行为。行政违法行为是指违反行政法律规范的行为、不履行行政法律规范所规定的义务的行为。行政违法行为包括作为和不作为两种形态。

(2)行为人主观上有过错。这里的过错是指行为人实施违法行为时的主观故意或过失的心里状态。所谓故意是指行为人明知是行政违法行为,而予实施;所谓过失是指由于行为人缺乏应有的谨慎态度而导致行政违法行为的发生。

二、行政法律责任的种类

(一)行政处分

行政处分是行政制裁的一种形式,是国家机关、企事业单位依照有关法律和有关规章,给所工作中违法失职的公务员实行的惩处和制裁,是对国家公务员的过错行为的一种否定和惩戒,使之受到抑制和消除,对未受到惩戒的国家公务员,也有着规范和警戒作用。同时又是被处分人的行政责任的体现形式之一。

根据《行政机关公务员处分条例》第 6 条规定，行政机关公务员处分的种类包括：(1)警告；(2)记过；(3)记大过；(4)降级；(5)撤职；(6)开除。

行政处分属于内部行政行为，由行政主体基于行政隶属关系依法作出。它具有强烈的约束力，管理相对人不服，行政主体可以强制执行。但因其不受司法审查，故被处分人不服行政处分，依《行政机关公务员处分条例》第 48 条规定，“受到处分的行政机关公务员对处分决定不服的，依照《中华人民共和国公务员法》和《中华人民共和国行政监察法》的有关规定，可以申请复核或者申诉。复核、申诉期间不停止处分的执行。行政机关公务员不因提出复核、申诉而被加重处分”。

《产品质量法》第 65 条、第 66 条、第 67 条、第 68 条对违法人员作出了行政处分规定。

《产品质量法》第 65 条规定，各级人民政府工作人员和其他国家机关工作人员有下列情形之一的，依法给予行政处分；构成犯罪的，依法追究刑事责任：(1)包庇、放纵产品生产、销售中违反产品质量法规定行为的；(2)向从事违反产品质量法规定的生产、销售活动的当事人通风报信，帮助其逃避查处的；(3)阻挠、干预产品质量监督部门或者工商行政管理部门依法对产品生产、销售中违反产品质量法规定的行为进行查处，造成严重后果的。

第 66 条规定，产品质量监督部门在产品质量监督抽查中超过规定的数量索取样品或者向被检查人收取检验费用的，由上级产品质量监督部门或者监察机关责令退还；情节严重的，对直接负责的主管人员和其他直接责任人员依法给予行政处分。

第 67 条规定，产品质量监督部门或者其他国家机关违反本法第 25 条的规定，向社会推荐生产者的产品或者以监制、监销等方式参与产品经营活动的，由其上级机关或者监察机关责令改正，消除影响，有违法收入的予以没收；情节严重的，对直接负责的主管人员和其他直接责任人员依法给予行政处分。

第 68 条规定，产品质量监督部门或者工商行政管理部门的工作人员滥用职权、玩忽职守、徇私舞弊，构成犯罪的，依法追究刑事责任；尚不构成犯罪的，依法给予行政处分。

（二）行政处罚

行政处罚是指特定的国家机关依法对违反法律、法规尚未构成犯罪的行政相对人所给予的特定法律制裁。

1. 行政处罚的原则

行政执法主体对行政相对人进行行政处罚时应遵循下面四条重要原则：(1)处罚法定原则。即只有法律、法规规定处罚的行为才可以处罚，换句话说，法律、法规没有规定的，不能处罚。包括行政处罚的实施机关、行政处罚的罚则、处罚的条件、处罚的程序都应当依据法律的规定进行。(2)一事不再罚原则。这一原则包含两层意思：一是已受处罚的行为不应根据同样的法律规定再受处罚，因屡犯而受处罚的，必须依法律规定；二是同一应受处罚的行为不能由几个行政机关分别依同一条法律规定进行处罚。(3)公正、公开的原则。(4)坚持处罚与教育相结合原则。

2.《产品质量法》规定的行政处罚形式

《中华人民共和国行政处罚法》第 8 条规定，行政处罚的种类包括以下几个方面：(1)警告；(2)罚款；(3)没收违法所得、没收非法财物；(4)责令停产停业；(5)暂扣或者吊销许可证、暂扣或者吊销执照；(6)行政拘留；(7)法律、行政法规规定的其他行政处罚。在《产品质量法》中规定的行政处罚种类，主要有：警告；责令停止生产；责令停止销售；责令停止使用；吊销营业执照；没收产品；没收违法所得；没收原辅材料、包装物、生产工具；没收收入；罚款;责令改正;责令退还;责令停业整顿等。

第四节　刑 事 责 任

刑事责任是一种最严重的法律责任。其严厉性主要体现在它的实现形式上。刑罚作为实现刑事责任的基本方法,是所有的强制措施中最为严厉的一种。它不仅可以剥夺犯罪人的财产权和政治权,还可以限制或者剥夺犯罪人的人身自由,甚至剥夺其生命。

一、承担刑事责任的基本条件

承担刑事责任的基本条件是行为构成了犯罪。而构成犯罪必须具备四个构成条件,即犯罪客体、犯罪的客观方面、犯罪主体、犯罪的主观方面。(1)犯罪客体,指刑事法律所保护而为犯罪行为所侵害的社会关系。确定了犯罪客体,在很大程度上就能确定犯的是什么罪和它的危害程度。如果行为人侵害的不是刑事法律保护的社会关系,而是民事法律或行政法律保护的社会关系,这种行为不能构成犯罪,行为人也不负刑事责任,而负民事责任或行政责任。(2)犯罪的客观方面,是指行为人实施了危害社会、侵犯刑法所保护的社会关系的行为。(3)犯罪主体,是指实施危害社会的行为、依法应当负刑事责任的自然人和单位。自然人主体是指达到刑事责任能力的自然人。单位主体是指实施危害社会行为并依法应负刑事责任的公司、企业、事业单位、机关、团体。(4)犯罪主观方面,亦称犯罪主观要件或者罪过,是指行为人对自己的危害社会的行为及其危害社会的结果所持的故意或者过失的心理态度。人在实施犯罪时的心理状态是十分复杂的,概括起来有故意和过失这两种基本形式,以及犯罪目的和犯罪动机这两种心理要素。

二、《产品质量法》规定的追究刑事责任的行为

《产品质量法》第五章规定了以下几种追究刑事责任的行为:

1. 生产、销售不符合保障人体健康和人身、财产安全国家标准、行业标准的产品,构成犯罪的。

2. 在产品中掺杂、掺假,以假充真,以次充好,或者以不合格产品冒充合格产品构成犯罪的。

3. 销售失效、变质产品,构成犯罪的。

4. 产品质量检验机构、认证机构伪造检验结果或者出具虚假证明,构成犯罪的。

5. 在广告中对产品质量作虚假宣传,欺骗和误导消费者,构成犯罪的。

6. 知道或者应当知道属于《产品质量法》规定禁止生产、销售的产品而为其提供运输、仓储、保管等便利条件,或者为以假充真的产品提供制假技术,构成犯罪的。

7. 各级人民政府工作人员和其他国家机关工作人员有下列情形之一,构成犯罪的:(1)包庇、放纵产品生产、销售中违反《产品质量法》规定行为的;(2)向从事违反《产品质量法》规定的生产、销售活动的当事人通风报信,帮助其逃避查处的;(3)阻挠干预产品监督部门或者工商行政管理部门依法对产品生产、销售中违反《产品质量法》规定的行为进行查处,造成严重后果的。

8. 以暴力、威胁方法阻碍产品质量监督部门或者工商行政管理部门的工作人员依法执行公务,或者故意拒绝、阻碍从事产品质量监督管理的国家工作人员依法执行职务,未使用

暴力、威胁方法，造成严重后果，构成犯罪的。

9. 产品质量监督部门或者工商行政管理部门的工作人员滥用职权、玩忽职守、徇私舞弊，构成犯罪的。

三、《刑法》对产品质量犯罪行为应当承担的刑事责任的规定

《中华人民共和国刑法》第三章第一节《生产、销售伪劣商品罪》中规定了九种、第六章第一节《扰乱公共秩序罪》规定了两种、第九章《渎职罪》规定了三种产品质量犯罪行为。

1. 生产者、销售者在产品中掺杂、掺假、以假充真、以次充好或者以不合格产品冒充合格产品销售金额5万元以上不满20万元的，处2年以下有期徒刑或者拘役，并处或者单处销售金额50%以上2倍以下罚金；销售金额20万元以上不满50万元的，处2年以上7年以下有期徒刑，并处销售金额50%以上2倍以下罚金；销售金额50万元以上不满200万元的，处7年以上有期徒刑，并处销售金额50%以上2倍以下罚金；销售金额200万元以上的，处15年有期徒刑或者无期徒刑，并处销售金额50%以上2倍以下罚金或者没收财产。(《刑法》第140条)

2. 生产、销售假药的，处3年以下有期徒刑或者拘役，并处罚金；对人体健康造成严重危害或者有其他严重情节的，处3年以上10年以下有期徒刑，并处罚金；致人死亡或者有其他特别严重情节的，处10年以上有期徒刑、无期徒刑或者死刑，并处罚金或者没收财产。本条所称假药，是指依照《中华人民共和国药品管理法》的规定属于假药和按假药处理的药品、非药品。(《刑法》第141条)

3. 生产、销售劣药，对人体健康造成严重危害的，处3年以上10年以下有期徒刑，并处销售金额50%以上2倍以下罚金；后果特别严重的，处10年以上有期徒刑或者无期徒刑，并处销售金额50%以上2倍以下罚金或者没收财产。本条所称劣药，是指依照《中华人民共和国药品管理法》的规定属于劣药的药品。(《刑法》第142条)

4. 生产、销售不符合食品安全标准的食品，足以造成严重食物中毒事故或者其他严重食源性疾病的，处3年以下有期徒刑或者拘役，并处罚金；对人体健康造成严重危害或者有其他严重情节的，处3年以上7年以下有期徒刑，并处罚金；后果特别严重的，处7年以上有期徒刑或者无期徒刑，并处罚金或者没收财产。(《刑法》第143条)

5. 在生产、销售的食品中掺入有毒、有害的非食品原料的，或者销售明知掺有有毒、有害的非食品原料的食品的，处5年以下有期徒刑，并处罚金；对人体健康造成严重危害或者有其他严重情节的，处5年以上10年以下有期徒刑，并处罚金；致人死亡或者有其他特别严重情节的，依照本法第141条的规定处罚。(《刑法》第144条)

6. 生产不符合保障人体健康的国家标准、行业标准的医疗器械、医用卫生材料，或者销售明知是不符合保障人体健康的国家标准、行业标准的医疗器械、医用卫生材料，对人体健康造成严重危害的，处5年以下有期徒刑，并处销售金额50%以上2倍以下罚金；后果特别严重的，处5年以上10年以下有期徒刑，并处销售金额50%以上2倍以下罚金，其中情节特别恶劣的，处10年以上有期徒刑或者无期徒刑，并处销售金额50%以上2倍以下罚金或者没收财产。(《刑法》第145条)

7. 生产不符合保障人身、财产安全的国家标准、行业标准的电器、压力容器、易燃易爆产品或者其他不符合保障人身、财产安全的国家标准、行业标准的产品，或者销售明知是以上不符合保障人身、财产安全的国家标准、行业标准的产品，造成严重后果的，处5年以下有

期徒刑，并处销售金额50%以上2倍以下罚金；后果特别严重的，处5年以上有期徒刑，并处销售金额50%以上2倍以下罚金。（《刑法》第146条）

8. 生产假农药、假兽药、假化肥，销售明知是假的或者失去使用效能的农药、兽药、化肥、种子，或者生产者、销售者以不合格的农药、兽药、化肥、种子冒充合格的农药、兽药、化肥、种子，使生产遭受较大损失的，处3年以下有期徒刑或者拘役，并处或者单处销售金额50%以上2倍以下罚金；使生产遭受重大损失的，处3年以上7年以下有期徒刑，并处销售金额50%以上2倍以下罚金；使生产遭受特别重大损失的，处7年以上有期徒刑或者无期徒刑，并处销售金额50%以上2倍以下罚金或者没收财产。（《刑法》第147条）

9. 生产不符合卫生标准的化妆品，或者销售明知是不符合卫生标准的化妆品，造成严重后果的，处3年以下有期徒刑或者拘役，并处或者单处销售金额50%以上2倍以下罚金。（《刑法》第148条）

10. 以暴力、威胁方法阻碍国家机关工作人员依法执行职务的，处3年以下有期徒刑、拘役、管制或者罚金。故意阻碍国家安全机关、公安机关依法执行国家安全工作任务，未使用暴力、威胁方法，造成严重后果的，依照上述规定处罚。（《刑法》第277条）

11. 煽动群众暴力抗拒国家法律、行政法规实施的，处3年以下有期徒刑、拘役、管制或者剥夺政治权利；造成严重后果的，处3年以上7年以下有期徒刑。（《刑法》第278条）

12. 国家机关工作人员滥用职权或者玩忽职守，致使公共财产、国家和人民利益遭受重大损失的，处3年以下有期徒刑或者拘役；情节特别严重的，处3年以上7年以下有期徒刑。（《刑法》第397条第1款）

13. 对生产、销售伪劣商品犯罪行为负有追究责任的国家机关工作人员，徇私舞弊，不履行法律规定的追究职责，情节严重的，处5年以下有期徒刑或者拘役。（《刑法》第414条）

14. 有查禁犯罪活动职责的国家机关工作人员，向犯罪分子通风报信、提供便利，帮助犯罪分子逃避处罚的，处3年以下有期徒刑或者拘役；情节严重的，处3年以上10年以下有期徒刑。（《刑法》第417条）

四、关于办理生产、销售伪劣商品刑事案件具体应用法律若干问题的解释

为依法惩治生产、销售伪劣商品犯罪活动，增加《刑法》条款的可操作性，2001年4月5日最高人民法院审判委员会第1168次会议、2011年3月30日最高人民检察院第84次会议通过了《最高人民法院、最高人民检察院关于办理生产、销售伪劣商品刑事案件具体应用法律若干问题的解释》（以下简称《解释》）。《解释》是依法追究质量犯罪行为的一个重要补充，是打击质量犯罪行为的有效武器。

《解释》对第140条中的“在产品中掺杂、掺假”“以假充真”“以次充好”“不合格产品”作出了明确的界定；对第149条规定的“销售金额”的认定作出了具体规定，即指生产者、销售者出售伪劣产品后所得和应得的全部违法收入；对同一行为触犯了不同的法律条款的情况如何适用法律等问题作出了明确的规定。

第五节　损害赔偿

一、受害人要求损害赔偿的途径和先行赔偿人具有追偿权的规定

受害人是指因产品存在缺陷造成人身、财产损害之后,有权要求获得赔偿的人。受害人包括直接买受缺陷产品的人,也包括非直接买受缺陷产品但受到缺陷产品损害的其他人。

为了方便消费者维护自己的合法权益,《产品质量法》第43条规定了关于受害人要求损害赔偿的两个途径:一个是可以要求产品的生产者赔偿;另一个是可以要求产品的销售者赔偿。也就是说,只要是缺陷产品引起的损害赔偿,受害人可以向生产者和销售者中的任何一方提出赔偿请求。如果二者不予赔偿,受害人可以生产者和销售者中的任何一方或者双方为被告提起民事诉讼。

根据规定,先行赔偿的一方有权向应承担责任的一方追偿自己已经向受害人垫付的赔偿费用。也就是说,没有责任的生产者或者销售者,对因缺陷产品而引起的赔偿请求时,预先替对方垫付了赔偿费用。一方有权要求有责任的另一方支付自己已经垫付的赔偿费用。如果一方拒绝支付,另一方可以依照法定程序要求对方支付。

在产品责任的诉讼中,除生产者、销售者承担举证责任外,受害人也应当对自己的主张,提出相应的证据,比如受到损害的证据、损害是由缺陷产品引起的证据、自己完全按照说明书的要求使用的证据等。

二、因产品缺陷造成的损害赔偿范围的规定

(一)受害人的人身伤害包括一般伤害、致人残疾伤害和致人死亡伤害三种情况

1. 一般伤害的赔偿范围

一般伤害的赔偿范围,即受害人身体尚未造成伤残、经过治疗可以恢复的伤害的赔偿范围。根据《产品质量法》第44条规定,一般伤害的赔偿范围包括赔偿医疗费、治疗期的护理费、因误工减少的收入等费用。这里所讲医疗费是指受害人为了恢复健康进行医疗所支出的费用,包括医药费(药费、治疗费、检查费、化验费等)、交通费、营养费和住院费。这里所讲因误工减少的收入,是指由于缺陷产品使受害人不能正常工作而实际减少的经济收入,包括工资、奖金、补贴等。根据《最高人民法院关于贯彻执行〈中华人民共和国民法通则〉若干问题的意见(试行)》的规定:(1)受害人的误工日期,应当按其实际损害程度、恢复状况并参照治疗医院出具的证明或者法医鉴定等认定。赔偿费用的标准可以按照受害人的工资标准或者实际收入的数额计算。受害人是承包经营户或者个体工商户的,其误工费的计算标准,可以参照受害人一定期限内的平均收入酌定。如果受害人承包经营的种植、养殖业季节性很强,不及时经营会造成更大损失的,除受害人应当采取措施防止损失扩大外,还可以裁定侵害人采取措施防止扩大损失。(2)医药治疗费的赔偿,一般应以所在地治疗医院的诊断证明和医药费、住院费的单据为凭。应经医务部门批准而未获批准擅自另找医院治疗的费用,一般不予赔偿;擅自购买与损害无关的药品或者治疗其他疾病的,其费用则不予赔偿。(3)经医院批准专事护理人,其误工补助费可以按收入的实际损失计算。应得奖金一般可以计算在应赔偿的数额内。本人没有工资收入的,其补偿标准应以当地的一

般临时工的工资标准为限。

2. 致人残疾伤害的赔偿范围

致人残疾伤害的赔偿范围，即受害人在心理、生理、人体结构上，某种组织、功能丧失或者不正常，全部或者部分丧失以正常方式从事某种活动能力的伤害。其中，残疾包括视力残疾、听力残疾、言语残疾、肢体残疾、智力残疾、精神残疾、多重残疾和其他残疾。根据本条规定，致人残疾伤害的赔偿范围包括支付医疗费、治疗期间的护理费、因误工减少的收入和残疾者自助具费、生活补助费、残疾赔偿金以及由其抚养的人所必需的生活费等费用。这里需要说明的是，残疾者生活补助费是指残疾者所必须的营养费。残疾者自助具费是指包括购买轮椅、双拐等在内的生活基本用具所支出的费用。根据《最高人民法院关于贯彻执行〈中华人民共和国民法通则〉若干问题的意见（试行）》的规定：(1)侵害他人身体致使其丧失全部或部分劳动能力的，赔偿的生活补助费一般应补足到不低于当地居民基本生活费的标准；(2)侵害他人身体致人丧失劳动能力的，依靠受害人实际抚养而又没有其他生活来源的人要求侵害人支付必要生活费的，应当予以支持，其数额根据实际情况确定。

3. 致人死亡伤害的赔偿范围

根据《产品质量法》第 44 条规定，致人死亡伤害的赔偿范围除包括赔偿死亡人员在治疗、抢救过程中所支付的医疗费、因误工减少的收入、残疾者生活补助费等费用外，还应当支付丧葬费、死亡赔偿金、死者生前抚养的人必需的生活费等费用。这里所讲丧葬费是指用于办理死者丧事、安葬死者所支出的费用，该费用应当以当地一般丧葬所需要的费用标准来确定。死亡赔偿金是指侵害人支付给受害人家属的一种抚慰、安抚的费用。这种费用既是一种经济上的补偿，又是一种精神的安慰。生前抚养的人属于必需的生活费是指死者生前抚养的、没有劳动能力又没有生活来源的直系亲属的日常生活费用。生前抚养的人必要的生活费应当以当地群众的平均生活水平为标准。

（二）造成财产损失的责任形式和赔偿范围

根据《产品质量法》规定，责任形式包括恢复原状或者折价赔偿、赔偿损失。恢复原状，是指使受害人受到损害的财产经过修理、加工恢复到以前的状态或者用同一种类和质量的财产更换受到损害的财产。折价赔偿是指侵害人对造成的财产不愿意或者无法恢复原状的，侵害人按照该财产现行价格折算为货币进行赔偿。“受害人因此遭受其他重大损失”包括间接损失，即受害人可得的利益损失，如因缺陷产品造成开旅店的房屋失火，其中失火后不能正常营业少收取的收入就是可得利益的损失，责任者也应予以赔偿。

（三）产品存在缺陷造成损害要求赔偿的诉讼时效期间和最长保护期限

1. 诉讼时效是指请求人民法院保护自己合法权益的法定的有效期限

在法定的有效期限内，人民法院对当事人的请求权予以保护；超过法定的有效期限的，人民法院对当事人的请求权不予保护。

2. 当事人请求权受到保护的期限为二年

二年的起算日期为当事人知道或者应当知道其权益受到损害之时。这里所讲知道是指当事人已经了解到自己的权利受到侵害的事实，同时也了解到具体的侵权人。应当知道是指查不清受害人是否知道被侵权和侵权人的情况下，法律推定或者视为知道。

《产品质量法》关于“因产品存在缺陷造成损害要求赔偿的诉讼时效期间为二年，自当事人知道或者应当知道其权益受到损害时起计算”的规定同《民法通则》的规定不同。按照《民法通则》第 136 条和第 137 条规定如下：“向人民法院请求保护民事权利的诉讼时效期间为二年,法律另有规定的除外。下列的诉讼时效期间为一年:出售质量不合格的商品未声明的”。《产品质量法》第45条规定和《民法通则》规定的适用范围不完全一致。《民法通则》规定的“出售质量不合格的商品”引起纠纷的诉讼时效,即包括对销售者出售质量不合格商品提出的违约之诉,也包括因产品质量提起的侵权之诉,而《产品质量法》规定仅适用产品责任的侵权之诉的诉讼时效这一种情况。也就是说,对于产品责任问题的侵权之诉,按照特别法优先适用的原则和《民法通则》第141条关于“法律对诉讼时效另有规定的,依照法律规定”的规定,适用《产品质量法》第45条关于二年诉讼时效的规定,不适用《民法通则》的规定。但是,民法通则关于诉讼时效的中止、中断与延长的规定应予适用。

3. 缺陷产品引起的请求权的最长保护期限

按照《民法通则》第137条规定,“诉讼时效期间从知道或者应当知道权利被侵害时起计算。但是,从权利被侵害之日起超过二十年的,人民法院不予保护。有特殊情况的,人民法院可以延长诉讼时效期间”。对此,按照特别法优先适用的原则和《民法通则》第141条关于“法律对诉讼时效另有规定的,依照法律规定”的规定,应适用《产品质量法》规定的最长保护期限的规定,即“因产品存在缺陷造成损害要求赔偿的请求权,在造成损害的缺陷产品交付最初消费者满十年丧失;但是,尚未超过明示的安全使用期的除外”。之所以立法有不同的规定,主要从两方面考虑:一是产品缺陷一般在投入流通、使用后十年内会表现出来,受害人应当及时行使权利;二是产品投入流通后,其物理、化学性能都会发生变化,生产者对产品安全使用期的担保一般不超过从产品出厂起十年,且在十年中生产工艺、技术水平等也都会有很大的发展变化,如果让生产者、销售者再承担超过十年产品责任不公平。本条规定与国际上通行的规定大体上是一致的,比如美国、德国等均规定为十年。

《产品质量法》第45条第2款关于“因产品存在缺陷造成损害要求赔偿的请求权,在造成损害的缺陷产品交付最初消费者满十年丧失”的规定,自产品交给第一个消费者之日起算,在以后的十年内,如果产品存在缺陷并给消费者造成了人身或者财产上的损失,受害人有权利要求侵害人给予赔偿。十年以后,即使产品造成了受害人人身或者财产上的损失,受害人也无权要求赔偿,侵害人也无义务赔偿。但是,需要说明的是,如果生产者明示产品的安全使用期在十年以上的,则不适用本条规定,应适用明示的安全期的规定。在明示超过十年的安全期间内,因产品存在缺陷造成损害的,受害人有权要求生产者赔偿。

(四)产品质量民事纠纷解决途径

在日常生活中,因产品质量问题发生民事纠纷并不少见。例如,购买产品的消费者认为其购买的产品不符合本法第26条的规定,不具备产品应当具备的使用性能,或者不符合在产品或者其包装上注明采用的产品标准,或者与产品广告、说明书中表明的质量状况不符,或者与销售者展示的实物样品的质量状况不符等,要求销售者依照本法第四十条的规定承担修理、更换、退货和赔偿损失的违约责任。而销售者则认为自己销售的产品不存在质量问题,不应承担违约责任。或者是产品的使用者认为因其使用的产品存在缺陷,造成自己的人身、财产损害,要求产品的生产者、销售者承担赔偿责任。而产品的生产者、销售者认为产品不存在缺陷,损害是由于使用者使用不当造成的,自己不应承担产品责任。或者是产品生产者、销售者与消费者就赔偿数额问题不能达成一致,引起纠纷等。

在经济生活中,因产品质量发生纠纷是正常的,正确地对待纠纷,采取积极有效的措施解决纠纷,对维护市场秩序,使当事人尽快恢复正常的生产经营活动和生活,保护当事各方的合法权益,具有重要的意义。对应当采取何种方式解决因产品质量问题引起的纠纷,本法作了具体规定。

根据本条的规定,解决产品质量民事纠纷的途径包括:

1. 提倡当事人各方相互协商,自行和解

损害发生后,当事人如能本着依法处理、互谅互让的精神,自行解决争议,损害方如能主动地承担赔偿责任,即可迅速地解决纠纷。采用这种方式,可以减少当事人为解决纠纷所耗费的精力和费用,节约时间,有利于化解矛盾,防止损害的扩大,有利于保持市场经济秩序的稳定。

2. 调解

产品因质量问题发生损害后,当事人任何一方都可以请当地的有关部门、消费者组织等进行调解,帮助双方达成调解协议。调解具有以下两个特点:(1)调解必须是当事人各方自愿的,这种自愿贯穿于调解的全过程,即在调解的任何阶段,当事人任何一方都可以对调解提出异议,当事人不同意调解的,无法达成调解协议,调解即为失败。应当指出,为了方便解决纠纷,有关行政部门可以参与对纠纷的调解,但这不是行使行政职能,行政机关不可以其行政职权迫使当事人签订调解协议。(2)当事人各方在自愿基础上达成的调解协议的,应当依协议的约定履行义务。

3. 申请仲裁或者向人民法院起诉

当事人不愿通过协商、调解解决产品质量争议,或者协商、调解不成的,可以向仲裁机构申请仲裁。申请仲裁应注意如下事项:(1)仲裁需当事各方在仲裁前达成仲裁协议。根据我国《仲裁法》的规定,当事人采用仲裁方式解决纠纷,应当双方自愿,达成仲裁协议,没有仲裁协议,一方申请仲裁的,仲裁委员会不予受理。仲裁协议可以在纠纷发生前签订,包括合同中订立仲裁条款,也可以在纠纷发生后临时签订。当事人应当合意选择仲裁委员会。(2)仲裁协议应当包括下列内容:一是要有请求仲裁的意思表示;二是要有请求仲裁的事项;三是要选定仲裁委员会。申请仲裁时,当事人还应提交仲裁申请书。仲裁申请应当包括仲裁请求和事实、理由以及必要的证据,所申请的仲裁事由应属于仲裁委员会的受理范围。仲裁采用一次裁决的办法。

当事人各方没有达成仲裁协议或者仲裁协议无效的,可以直接向人民法院起诉。这里所规定的仲裁协议无效是指:(1)约定的仲裁事项超出法律规定的仲裁范围;(2)无民事行为能力人或限制民事行为能力人订立的仲裁协议;(3)一方采取胁迫手段,迫使对方订立仲裁协议的;(4)仲裁协议对仲裁事项或者仲裁委员会未约定或约定不明确,需签订补充协议,而达不成补充协议的。另外,根据《中华人民共和国民事诉讼法》第259条、213条第5款的规定裁定不予执行仲裁裁决时,当事人各方也可以向人民法院起诉。

根据仲裁法和有关法律的规定,我国实行或审或裁制度,即只要申请仲裁的,当事人再向人民法院起诉,法院不予受理;已向人民法院起诉的,仲裁委员会也不再受理仲裁申请。但根据《民事诉讼法》的规定,法院对仲裁裁决有监督的权利。遇有下列情况,法院可裁定仲裁裁决不予执行:(1)当事人在合同中没有订有仲裁条款或者事后没有达成书面仲裁协议的;(2)裁决的事项不属于仲裁协议的范围或者仲裁机构无权仲裁的;(3)仲裁庭的组成或者仲裁的程序违反法定程序的;(4)认定事实的主要证据不足的;(5)适用法律确有错误的;(6)仲裁员在仲裁该案时有贪污受贿、徇私舞弊,枉法裁决行为的。另外,人民法院认定执行该裁决违背社会公共利益的,裁定不予执行。对中华人民共和国涉外仲裁机构作出的裁决,除被申请人提出证据证明仲裁裁决有上述情形外,经人民法院组成合议庭审查核实,发现被申请人没有得到指定仲裁员或者进行仲裁程序的通知,或者由于其他不属于被申请人负责的原因未能陈述意见的,也可以裁定不予执行。仲裁裁决被人民法院裁定不予执行的,当事人可以就该纠纷重新达成仲裁协议,申请仲裁,也可以直接向人民法院起诉。

(五)仲裁机构和人民法院可以委托有关检验机构对有争议的产品进行质量认定

人民法院审理产品质量的民事纠纷案件,仲裁机构对产品质量纠纷案件进行仲裁,都应当“以事实为依据,以法律为准绳”,首先要对产品的质量进行认定,要通过有关的技术数据确定争议涉及的产品是否存在质量问题。这项专业性很强的技术性工作,需要由有关的技术机构协助人民法院或仲裁机构完成。为此,本法第48条规定,仲裁机构或者人民法院在审理有关产品质量纠纷案件时,可以委托有关的产品质量检验机构对争议涉及的产品的质量状况进行检验鉴定,以取得有关的技术依据。作为处理产品质量争议的证据:(1)仲裁机构和人民法院有权委托符合法律规定的产品质量检验机构对有关产品的质量进行检验,受委托方有义务接受法院或仲裁机构的委托,如实出具检验报告,无正当理由不得拒绝。(2)仲裁机构和人民法院可以委托对争议涉及的产品质量进行检验的机构,应当具备以下条件:①按照本法或其他有关法律、行政法规的规定,经产品质量监督部门、药品监督管理部门、卫生行政部门、进出口商品检验部门等部门考核合格,具有承担产品质量检验资格的机构;②具备与所要检验、鉴定的特定产品的检测要求相适应的检测条件和能力,包括有相应的设备和技术人员。有检验资格,但不具备所要检测的特定产品所要求的检测条件和能力的,仲裁机构和人民法院不应委托其检验。(3)有关检验机构受人民法院或仲裁机构委托对有关产品质量进行检验出具的书面质量检验结果,经人民法院或仲裁机构依法审查认为符合要求的,可以作为处理产品质量民事纠纷的有效证据。

第五章　罚　　则

第九届全国人民代表大会常务委员会第十六次会议对《中华人民共和国产品质量法》作出修改，修改后的《产品质量法》“罚则”一章，增加、修改的条款数量多，体现出全面、公平、科学和操作性强、处罚的力度大等变化，从制度上解决了原来打假工作存在的“打不痛、打不死”问题。“罚则”章，分别作了如下具体规定：

一、对生产、销售不符合法定要求的产品的法律责任的规定

（一）生产、销售不符合保障人体健康和人身、财产安全标准的产品

危及人体健康和人身、财产安全的产品主要包括：假药和劣药；不符合安全标准的食品；不符合保障人体健康、人身和财产安全的国家标准、行业标准的电器、压力容器、易燃易爆产品、医疗器械、医用卫生材料、化妆品等。

1. 行政处罚

（1）责令停止生产、销售。由产品质量监督部门以行政决定的方式，要求违法者停止违法的生产、销售行为，避免违法生产、销售不符合质量要求的产品进一步危害社会。生产者生产不符合保障人体健康和人身、财产安全的国家标准、行业标准的产品，由有关行政执法机关责令其停止生产，经采取改正措施，能够达到符合保障人体健康和人身、财产安全的标准和要求后，才能恢复生产。销售者销售不符合保障人体健康和人身、财产安全的国家标准、行业标准的产品，责令其停止销售，接受处理，以避免造成人身伤害和财产损失。

（2）没收违法生产、销售的产品。没收违法生产、销售的所有不符合保障人体健康和人身、财产安全标准和要求的产品，包括尚未售出的产品，以防止这些产品售出后，给使用者造成人身和财产损害。

（3）并处违法生产、销售产品货值金额等值以上 3 倍以下的罚款。罚款是适用较为普遍的一种行政处罚形式，即由有关行政执法机关责令有违法行为的单位或个人缴纳一定数额的货币。关于罚款的幅度，本条规定为处违法生产、销售产品货值金额等值以上三倍以下。这里所说的生产、销售的产品，包括已经售出的产品和尚未售出的产品。生产、销售产品的货值金额依照本法的规定，以违法生产、销售产品的标价计算；没有标价的，按照同类产品的市场价格计算。本条规定的是并处罚款。这里讲的并处是指在责令停止生产、销售，没收违法生产、销售的产品的同时，处以罚款。

（4）有违法所得的，并处没收违法所得。违法所得是指违法生产或者违法销售的产品的全部收入。

（5）情节严重的，吊销营业执照。营业执照是企业和个体工商户经工商行政管理部门核准登记后获得的从事生产经营活动的合法凭证。吊销营业执照是指工商行政管理部门依法取消企业和个体工商户生产经营活动的合法凭证。企业和个体工商户一旦被吊销营业执照，就不能继续从事生产经营活动。本条所说的“情节严重”的情形，包括生产、销售不符合保障人体健康和人身、财产安全的标准的产品数额较大，违法获利较多，或者多次实施生产、销售不符合保障人体健康和人身、财产安全标准的产品，屡教不改，或者造成了比较

严重的人身伤害、财产损失等。

2. 刑事责任

这里讲的构成犯罪是指依照刑法的有关规定,已构成生产、销售伪劣商品的犯罪。构成此罪应当具备以下的条件:(1)行为人主观上为故意,即生产者、销售者明知是不符合保障人体健康和人身财产安全的国家标准、行业标准的产品,而进行生产、销售。(2)行为人在客观上实施了生产、销售不符合保障人体健康和人身、财产安全的国家标准、行业标准的产品的行为。如生产不符合保障人身、财产安全的国家标准、行业标准的电器、压力容器、易燃易爆产品或者其他不符合保障人身、财产安全的国家标准、行业标准的产品,或者销售明知是以上不符合保障人身、财产安全的国家标准、行业标准的产品等行为。(3)在客观上造成或者足以造成危害后果。例如,生产、销售不符合保障人身、财产安全的国家标准、行业标准的电器、压力容器、易燃易爆产品,造成了重大人身伤亡或财产损失的严重后果,或者生产假农药、假兽药、假化肥,销售明知是假的或者失去使用效能的农药、兽药、化肥、种子,使生产遭受较大损失的,等等。

对于构成本罪的,要分别依照《刑法》第 140 条至第 148 条的规定处罚。即第 140 条生产、销售伪劣产品罪;第 141 条生产、销售假药罪;第 142 条生产、销售劣药罪;第 143 条生产、销售不符合安全标准的食品罪;第 144 条生产、销售有毒、有害食品罪;第 145 条生产、销售不符合标准的医用器材罪;第 146 条生产、销售不符合安全标准的产品罪;第 147 条生产、销售劣农药、兽药、化肥、种子罪;第 148 条生产、销售不符合卫生标准的化妆品罪。

(二)在产品中掺杂、掺假,以假充真,以次充好,或者以不合格产品冒充合格产品的法律责任的规定

《产品质量法》规定,禁止在生产、销售的产品中掺杂、掺假,以假充真,以次充好。产品质量应当检验合格,不得以不合格产品冒充合格产品。生产者、销售者违反上述产品质量义务的规定,就应当承担相应的产品质量责任。

根据《最高人民法院关于办理生产、销售伪劣商品刑事案件若干问题的解释》规定,"在产品中掺杂、掺假"是指在产品中掺入杂质或者异物,致使产品质量不符合国家法律、法规或者产品明示质量标准规定的质量要求,降低、失去应有使用性能的行为。"以假充真"是指以不具有某种使用性能的产品冒充具有该种使用性能的产品的行为。"以次充好"是指以低等级、低档次产品冒充高等级、高档次产品,或者以残次、废旧零配件组合、拼装后冒充正品或者新产品的行为。"不合格产品"是指不符合《产品质量法》第 26 条第 2 款规定的质量要求的产品。对上述行为难以确定的,应当委托法律、行政法规规定的产品质量检验机构进行鉴定。

1. 行政处罚

对这一类违法行为,除由有关行政执法机关责令其停止生产、销售外,还要给予下列行政处罚:(1)没收违法生产、销售的产品,即没收违法生产、销售的掺杂、掺假,以假充真,以次充好的产品,以及以不合格冒充合格的产品;(2)同时处以罚款,罚款的幅度为违法生产、销售的掺杂、掺假,以假充真、以次充好、以不合格产品冒充合格产品的货值金额 50% 以上 3 倍以下;(3)有违法所得的,同时还应将违法所得加以没收;(4)对于情节严重的,要吊销其营业执照。情节严重主要是指多次实施违法生产、销售的行为屡教不改,或者违法生产规模较大、造成的社会影响恶劣等情形。

2. 如果在产品的生产、销售中实施掺杂、掺假,以假充真,以次充好或者以不合格产品

冒充合格产品的违法行为，使生产、销售的产品不符合保障人体健康和人身、财产安全的标准的，应当依照本法第 49 条的规定追究其法律责任。

3. 刑事责任

依照《刑法》第 140 条的规定，构成犯罪的，须具备以下的条件：(1)须是主观上的故意行为。本条所讲的在产品中掺杂、掺假，或者以假充真、以次充好的产品，以不合格产品冒充合格产品，对生产者、销售者来说，都是属于故意行为。(2)生产者、销售者在客观上实施在产品中掺杂、掺假，以假充真，以次充好或者以不合格产品冒充合格产品的行为。比如在面粉中掺滑石粉，在牛奶中掺淘米水，芝麻中掺砂子，用人造革冒充牛皮，以镀铜制品冒充黄金制品，以二级品冒充一级品，以使用过的废旧产品冒充新产品，以不符合产品质量标准规定的产品冒充符合产品质量标准规定的产品等。如果销售者销售了由他人提供的掺杂、掺假，以假充真，以次充好的产品，而自己并没有实施掺杂、掺假，以假充真、以次充好的行为，则对销售者不能作为犯罪处理。(3)生产者、销售者在产品中掺杂、掺假，以假充真、以次充好或者以不合格产品冒充合格产品，销售金额达到 5 万元以上，才能构成犯罪，如果销售金额不足 5 万元的，不构成犯罪，应当依法给予行政处罚。

对于构成犯罪的行为，根据其销售金额的不同，分为四个档次：销售金额 5 万元以上不满 20 万元的，处 2 年以下有期徒刑或者拘役，并处或者单处销售金额 50% 以上 2 倍以下罚金；销售金额 20 万元以上不满 50 万元的，处 2 年以上 7 年以下有期徒刑，并处销售金额 50% 以上 2 倍以下罚金；销售金额 50 万元以上不满 200 万元的，处 7 年以上有期徒刑，并处销售金额 50% 以上 2 倍以下罚金；销售金额 200 万元以上的，处 15 年有期徒刑或者无期徒刑，并处销售金额 50% 以上 2 倍以下罚金或者没收财产。

(三)生产、销售国家明令淘汰的产品应承担的法律责任的规定

生产者生产国家明令淘汰的产品的，销售者销售国家明令淘汰并停止销售的产品的，由有关行政执法机关以行政决定的方式责令其停止生产国家明令淘汰的产品，停止销售国家明令淘汰并停止销售的产品，除采取这一行政措施外，对违法的生产者、销售者还应当追究以下法律责任：(1)将违法生产、销售的产品予以没收。(2)罚款。罚款的幅度是违法生产、销售产品的货值金额等值以下，具体数额由行政执法机关根据违法行为的情节轻重等因素决定。依照《产品质量法》第 72 条的规定，这里的货值金额以违法生产、销售产品的标价计算；没有标价的，按照同类产品的市场价格计算。(3)没收违法所得。即上述生产者、销售者有违法所得的，并处没收违法所得。这里所讲的违法所得，是指生产者、销售者生产、销售国家明令淘汰的产品而获得的违法收入，对此应当予以没收，上缴国库。(4)情节严重的，吊销营业执照。即对生产者、销售者具有生产、销售国家明令禁止生产、销售的产品数量较大，次数较多，影响恶劣等违法行为情节严重的情形的，由工商行政管理机关吊销生产者、销售者的营业执照，取消其从事经营活动的资格。

(四)销售失效、变质产品的法律责任的规定

销售者不得销售失效、变质的产品。这是法律对销售者规定的产品质量义务，销售者如果违反了这一产品质量义务，就要承担相应的产品质量责任。

1. 行政处罚

销售失效、变质的产品的，除责令停止销售外，还要追究以下法律责任：(1)没收所销售的失效、变质的产品。(2)处以罚款，罚款的幅度为违法销售的失效、变质的产品货值金额 2 倍以下；具体处以多少罚款，要根据行为人实施违法行为的具体情况确定。(3)如果有违法

所得的，同时要没收违法所得。（4）情节严重的，吊销营业执照。情节严重的，主要是指多次实施销售失效、变质的产品屡教不改的，销售数量或金额较大的，或者造成了较严重的后果，等等。

依照《药品管理法》的规定，变质的药品按照假药处理，失效的药品属于劣药。因此，对销售变质药品的，应当依照《药品管理法》关于假药的处罚规定给予处罚。对销售失效药品的，应当依照《药品管理法》关于劣药的处罚规定给予处罚。对销售变质食品的，则应依照《食品安全法》的规定给予处罚。

2. 刑事责任

根据其销售失效、变质的不同产品及危害后果，分别依照《刑法》的相关规定追究刑事责任。

构成本条的犯罪，须具备以下的条件：（1）行为人在主观上有销售失效、变质产品的故意。即明知是失效、变质的产品而进行销售。（2）行为人在客观上实施了销售失效、变质产品的行为。即销售了属于《刑法》第三章第一节所列的产品。（3）销售失效、变质产品的行为造成或足以造成严重的危害后果。

销售失效、变质的药品，构成犯罪的，依照《刑法》第 141 条关于销售假药罪和第 142 条关于销售劣药罪处罚；销售失效、变质的食品，构成犯罪的，依照《刑法》第 143 条关于销售不符合安全标准的食品罪的处罚规定，追究刑事责任；销售失效、变质的农药、化肥、种子、兽药，构成犯罪的，依照《刑法》第 147 条关于销售伪劣农药、兽药、化肥、种子罪的规定处罚；销售失效、变质的化妆品，构成犯罪的，依照《刑法》第 148 条关于销售不符合卫生标准的化妆品罪的处罚规定追究刑事责任。

二、伪造产品产地、伪造或者冒用他人厂名、厂址以及认证标志等质量标志应当承担的法律责任的规定

生产者、销售者不得伪造产品产地，不得伪造或者冒用他人厂名、厂址，不得伪造或者冒用认证标志等质量标志。对违反法律上述规定的行为，应依法予以行政处罚。

生产者、销售者伪造产品产地的，伪造或者冒用他人厂名、厂址的，或者伪造或者冒用认证标志等质量标志的，除由行政执法机关责令其改正，即行政执法机关以行政决定的方式，要求生产者、销售者立即停止其违法行为外，对违法的生产者、销售者还应当追究以下法律责任：（1）将违法生产、销售的产品予以没收。（2）罚款。罚款的幅度是违法生产、销售的产品货值金额等值以下的罚款。具体罚款数额由行政执法机关根据情节具体确定。（3）没收违法所得。这里的违法所得是指生产者、销售者违法生产、销售的产品所获取的非法收入，对此违法收入应予以没收并上缴国库。（4）情节严重的，吊销营业执照。即对生产者、销售者具有违法生产、销售的产品数量较大、次数较多、影响恶劣等违法行为情节严重的情形，除承担上述法律责任外，还由工商行政管理机关吊销生产者、销售者的营业执照，取消其从事经营活动的资格。

三、产品标识不符合规定要求应当承担的法律责任的规定

产品或者其包装上的标识应当符合下列要求：有产品质量检验合格证明；有中文标明的产品名称、生产厂厂名和厂址；根据产品的特点和使用要求，需要标明产品规格、等级、所含主要成分的名称和含量的，用中文相应予以标明；需要事先让消费者知晓的，应当在外包

装上标明或者预先向消费者提供有关资料；限期使用的产品，应当在显著位置清晰地标明生产日期和安全使用期或者失效日期；使用不当，容易造成产品本身损坏或者可能危及人身、财产安全的产品，有警示标志或者中文警示说明。以上属于法律的强制性规定，必须予以遵守。

产品标识不符合上述规定的，责令改正，即由行政执法机关以行政决定的方式要求生产者在其生产的产品或其包装上加注法律规定的标识。对未依照本法第27条第（四）项、第（五）项规定，即对限期使用的产品，未在显著位置清晰地标明生产日期和安全使用期或者失效日期；或者对因使用不当，容易造成产品本身损坏或者可能危及人身、财产安全的产品，未标有警示标志或者中文警示说明，情节严重的，例如，因此而对产品使用者的人身、财产构成重大威胁，或者已因此造成消费者人身伤亡或者重大财产损失的，应立即责令其停止生产、销售，并给予以下行政处罚：（1）罚款。罚款的幅度是生产者、销售者违法生产、销售不符合限期使用产品的标识要求和涉及使用安全的标识要求的产品货值金额30%以下，具体数额由行政执法机关确定。（2）有违法所得的，并处没收违法所得。违法所得是指生产、销售的产品标识不符合本法第27条第（四）项、第（五）项规定的产品所获得的违法收入，对此违法收入应当予以没收，上缴国库。

四、销售者从轻或者减轻处罚的情形的规定

从轻处罚是指在行政处罚的法定种类和法定幅度内，适用较轻的种类或者处罚的下限。减轻处罚是指在行政处罚的法定最低限以下适用处罚。

按照《产品质量法》第49条至第53条的规定，凡属下列产品，都属于禁止销售的产品：不符合保障人体健康和人身、财产安全的国家标准、行业标准的产品；掺杂、掺假，以假充真，以次充好的产品，以不合格冒充合格的产品；国家明令淘汰的产品；失效、变质的产品；伪造产品产地的产品；伪造或者冒用他人厂名、厂址的产品，伪造或者冒用认证标志等质量标志的产品。

根据《产品质量法》，"销售者销售本法第49条至第53条规定禁止销售的产品，有充分证据证明其不知道该产品为禁止销售的产品并如实说明其进货来源的，可以从轻或者减轻处罚。"

作为销售者，应当从质量信誉良好的生产企业或批发企业进货，并应当依照法律的规定，严格履行进货验收义务，验明产品的合格证明等标识。对存在质量问题的，应拒绝进货。已进货的，应当作退货或其他处理。但是，销售者可能同时销售多种产品，特别是大型销售企业，销售产品的种类可能成千上万，不可能也没有必要要求销售者必须准确掌握所销售产品的内在质量状况。在这种情况下，如果发生了销售本法规定的禁止销售的产品的行为，即应分别不同情况，区别对待。如果销售者知道或者应当知道所销售的产品是法律规定禁止销售的产品，例如，对国家产品质量监督抽查公告中已公告的有严重质量问题的产品仍然进行销售的，在进货时收受供货者贿赂的等，则应对销售者给予与生产者相同的处罚。但是，如果销售者确实不知道其销售的某产品为法律规定禁止销售的产品的，则不应当给予其同生产者相同的处罚，而应当依法从轻或减轻处罚。但销售者要求从轻或减轻处罚的，应当承担其不知道该产品为禁止销售的产品的举证责任；并且所提供的证据应具有充分性的特征。所谓充分性是指销售者所举证据达到足以使人相信其确实不知道所销售的产品为禁止销售的产品的程度。另外，销售者还要如实说明其进货来源。

五、生产者、销售者拒绝接受依法进行的产品质量监督检查的法律责任的规定

《产品质量法》第 16 条规定的"对依法进行的产品质量监督检查,生产者、销售者不得拒绝",是对生产者、销售者的强制性要求,违反这一要求,就要依法承担法律责任。

生产者、销售者拒绝接受依法进行的产品质量监督检查的,首先,由行政执法部门责令其改正,即责令其停止违法行为,接受检查。其次,实施了本条规定的违法行为的生产者、销售者还要按照本条的规定接受行政处罚。对拒绝接受依法进行的监督检查的生产者、销售者的行政处罚有三种:(1)给予警告。警告是《行政处罚法》第 8 条规定的行政处罚的一种。这里是指进行监督检查的行政执法部门,在生产者、销售者拒绝接受检查时,对其提出告诫,使其认识自己违法所在和如何改正的一种行政处罚,属于申诫罚。(2)拒绝改正的,责令停业整顿。(3)情节特别严重的,吊销营业执照。吊销营业执照是指行政机关对违反行政管理秩序的公民、法人或者其他组织依法实行剥夺当事人从事某项生产和经营活动资格的一种行政处罚,是一种比较严厉的行为能力罚。根据规定,拒绝接受检查的生产者、销售者在行政机关责令其改正并实施了警告的行政处罚以后,仍不改正,且情节特别严重,影响极为恶劣的,行政机关可以采取吊销其营业执照的行政处罚。

六、产品质量检验机构、认证机构违法行为的法律责任的规定

(一)产品质量检验机构、认证机构伪造检验结果或者出具虚假证明应当承担的法律责任

依照《产品质量法》第 21 条的规定,产品质量检验机构、认证机构必须依法按照有关标准,客观、公正地出具检验结果或者认证证明。所谓客观,是指产品质量检验机构、认证机构在出具检验结果或者认证证明时,必须做到实事求是,不得带有主观偏见。所谓公正,是指产品质量检验机构、认证机构在检验或者认证过程中,要以独立、超脱的地位,按照规定的程序和方法实施检验和认证,不得徇私舞弊、弄虚作假。

1. 行政处罚

产品质量检验机构、认证机构有上述违法行为的,由行政执法机关责令其改正,即要求产品质量检验机构、认证机构停止伪造检验结果或者出具虚假证明的行为,重新依照有关标准,按照法定的步骤和方法进行检验或者认证,客观、公正地出具检验结果或者认证证明。除此之外,行为人还要承担以下法律责任:(1)罚款。这里的罚款体现"双罚"原则,既对单位处以罚款,也对有关责任人处以罚款。对有上述违法行为的产品质量检验机构、认证机构处 5 万元以上 10 万元以下的罚款,对直接负责的主管人员和其他直接责任人员处 1 万元以上 5 万元以下的罚款,罚款的具体数额由行政执法机关根据具体情况决定。(2)没收违法所得。违法所得是指产品质量检验机构、认证机构伪造检验结果或者出具虚假证明或者获得的违法收入。对这些违法收入,要予以没收,上缴国库。(3)情节严重的,取消其检验资格、认证资格。对产品质量检验机构、认证机构具有伪造检验结果或者出具虚假证明次数较多,造成损失较大,影响较坏等严重情节的,则取消产品质量检验机构的检验资格、认证机构的认证资格。

2. 刑事责任

《刑法》第 229 条规定了提供虚假证明文件罪和出具证明文件重大失实罪,即"承担资产评估、验资、验证、会计、审计、法律服务等职责的中介组织的人员故意提供虚假证明文

件，情节严重的，处5年以下有期徒刑或者拘役，并处罚金。前款规定的人员，索取他人财物或者非法收受他人财物，犯前款罪的，处5年以上10年以下有期徒刑，并处罚金。第一款规定的人员，严重不负责任，出具的证明文件有重大失实，造成严重后果的，处3年以下有期徒刑或者拘役，并处或者单处罚金。”

（二）产品质量检验机构、认证机构出具的检验结果或者证明不实应当承担的法律责任

1. 损害赔偿责任

产品质量检验机构、认证机构出具的检验结果或者认证证明不实，造成损失的，应当承担相应的赔偿责任。这里的“不实”是指出具的检验结果或者认证证明与检验、认证对象的实际情况不相符合。产品质量检验机构出具的检验结果不实，极有可能给被检验人和消费者造成损失，对此损失，产品质量检验机构应当承担相应的赔偿责任。国家产品质量监督部门认可的认证机构和由国家质量技术监督部门授权的部门认可的认证机构，是独立于生产方和购买方之外的第三方认证机构。企业进行产品质量认证，可以提高企业的管理水平和素质，扩大企业的知名度，增大产品的销售量。如果认证机构出具的证明不实，会对企业的产品造成不良影响，乃至会造成损失，也会对广大消费者的利益造成损害。对被认证企业和消费者的损失，作为第三方认证机构理所应当承担相应的赔偿责任。

2. 造成重大损失的，撤销其检验资格、认证资格

产品质量检验机构、认证机构出具的检验结果或者证明不实，造成重大损失的，除承担相应赔偿责任外，还要由行政执法机关撤销其检验资格、认证资格。

（三）产品质量认证机构对不符合认证标准的产品未依法撤销其使用的认证标志资格应当承担的法律责任

1. 与生产者、销售者承担连带责任

产品质量认证机构违反《产品质量法》第21条第2款的规定，对不符合认证标准的产品未依法取消其使用认证标志资格的，对因产品不符合认证标准给消费者造成的损失，与产品的生产者、销售者承担连带责任。本法第21条第2款规定：“产品质量认证机构应当依照国家规定对准许使用认证标志的产品进行认证后的跟踪检查；对不符合认证标准而使用认证标志的，要求其改正；情节严重的，取消其使用认证标志的资格。”如果产品质量认证机构对不符合认证标准而使用认证标志产品，未依法及时取消其使用认证标志的资格，则消费者仍然会以为该产品符合认证标准而进行购买，这极易给消费者造成损失，而对消费者造成的损失，产品质量认证机构具有不可推卸的责任，所以其要与生产者、销售者承担连带责任。所谓连带责任，是指在同一债权、债务关系的两个以上的债务人中，任何一个债务人都负有向债权人履行全部债务的义务；债权人可以向其中任何一个债务人或者多个债务人请求履行债务，可以请求全部履行，也可以请求部分履行，履行全部债务的债务人可以就自己履行超过自己应负担的债务部分向其他债务人追偿。也就是说，对因产品质量认证机构的上述行为给消费者造成损失的，消费者可以向产品质量认证机构、生产者或者销售者要求赔偿损失，质量认证机构应与生产者或销售者承担赔偿消费者损失的连带责任。

2. 情节严重的，撤销其认证资格

对产品质量认证机构违法行为情节严重的，除承担上述法律责任外，行政执法机关还撤销其从事认证的主体资格，其不得再从事相关的产品质量认证活动。

七、社会团体、社会中介机构产品质量违法行为的法律责任的规定

现实生活中，一些社会团体、社会中介机构对生产者、销售者生产、销售的产品的质量作出承诺、保证，担保产品质量达到一定水平。而这些社会团体、社会中介机构一般都在社会上有一定的影响力，其推荐、保证对消费者购买商品具有引导作用，如果其推荐、保证不实，对消费者的利益将造成损害。因此，修改后的《产品质量法》对社会团体、社会中介机构的承诺、保证行为加以约束，以更好地保护消费者的利益。

社会团体、社会中介机构对产品质量作出承诺、保证，而该产品又不符合其承诺、保证的质量要求，给消费者造成损失的，该社会团体、社会中介机构应与产品的生产者、销售者承担连带赔偿责任。连带赔偿责任是民事赔偿责任的一种承担方式，消费者因为社会团体、社会中介机构对产品的承诺、保证不实而受到的损失，可以直接向作出承诺、保证的社会团体、社会中介机构请求赔偿，也可以直接向该产品的生产者、销售者请求赔偿，由消费者自行选择作出。作出承诺、保证的社会团体、社会中介机构或者产品的生产者、销售者均应根据消费者的请求，赔偿消费者的全部损失。

八、在广告中对产品质量作虚假宣传的行为人的法律责任的规定

在广告中对产品质量作虚假宣传的现象很严重。一些厂家通过广告，夸大其产品质量，误导消费者，损害消费者的合法权益，造成了很恶劣的影响。《产品质量法》的修改，专门对在广告中对产品质量作虚假宣传的行为规定了法律责任，对行为人加以约束，以更好地保护消费者。

在广告中对产品质量作虚假宣传的，应根据《中华人民共和国广告法》（以下简称《广告法》）的规定追究行为人的法律责任。《广告法》第 37 条规定“违反本法规定，利用广告对商品或者服务作虚假宣传的，由广告监督管理机关责令广告主停止发布、并以等额广告费用在相应范围内公告更正消除影响，并处广告费用 1 倍以上 5 倍以下的罚款；对负有责任的广告经营者、广告发布者没收广告费用，并处广告费用 1 倍以上 5 倍以下的罚款；情节严重的，依法停止其广告业务。构成犯罪的，依法追究刑事责任。”《广告法》第 38 条又规定“违反本法规定，发布虚假广告，欺骗和误导消费者，使购买商品或者接受服务的消费者的合法权益受到损害的，由广告主依法承担民事责任；广告经营者、广告发布者明知或者应知广告虚假仍设计、制作、发布的，应当依法承担连带责任。广告经营者、广告发布者不能提供广告主的真实名称、地址的，应当承担全部民事责任。社会团体或者其他组织，在虚假广告中向消费者推荐商品或者服务，使消费者的合法权益受到损害的，应当依法承担连带责任。”任何单位和个人，在广告中对产品质量作虚假宣传的，应根据上述两条规定以及《广告法》的其他规定承担责任。

九、某些与制假、售假有关的违法行为的法律责任的规定

（一）对专门生产为制假、售假使用的原辅材料、包装物、生产工具的生产者的处理规定

《产品质量法》第 49 条、第 51 条所列的产品包括：不符合保障人体健康和人身、财产安全的国家标准、行业标准的产品；国家明令淘汰的产品。这些产品与以假充真的产品都属于禁止生产、销售的产品。对这些产品应当依法予以处理。但是，要解决专门生产伪劣产品的窝点、“造假专业户”彻底清除难的问题，需要对制造这些产品的原辅材料、包装物、生

产工具予以没收，所以《产品质量法》对此作出强制性规定，即对生产者专门用于生产本法第 49 条、第 51 条所列产品或者以假充真的产品的原辅材料、包装物、生产工具予以没收，之后要按照国家有关规定进行销毁或者采取其他方式处理。

（二）对为制假、售假提供便利条件或者提供制假生产技术的法律责任的规定

行为人知道或者应当知道属于本法规定禁止生产、销售的产品而为其提供便利条件应当承担的法律责任。之所以这样规定，是考虑到为产品提供运输、保管、仓储服务的人，并非都能知道所承运、保管、仓储的产品的质量状况，对此要区别对待。另外，还存在为以假充真的产品提供制假生产技术的现象，对此法律也要作出禁止性规定。对知道或者应当知道所承运、保管、仓储的产品为本法禁止生产、销售、仓储的产品的，或者为以假充真的产品提供制假生产技术的，除行政执法机关要没收全部运输、保管、仓储或者提供制假生产技术的收入外，还要追究其以下法律责任：（1）罚款。罚款的幅度是违法收入 50% 以上 3 倍以下，具体数额由行政执法机关根据违法情节确定。所谓违法收入，是指因提供运输、保管、仓储属于本法规定禁止生产、销售的产品或者提供制假生产技术所获取的非法收益。（2）构成犯罪的，依法追究刑事责任。这里主要是指对构成犯罪的，结合其行为，依照《刑法》关于生产、销售伪劣商品罪的各个具体犯罪的共同犯罪去处理。

（三）服务业的经营者将禁销的产品用于经营性服务的法律责任的规定

在经营性服务活动中使用假冒伪劣产品主要是指在美容美发、餐饮、维修、娱乐等经营服务活动中，经营者使用假冒伪劣产品为消费者提供服务的行为。实践中，这类行为不仅造成消费者财产上的损失，严重的甚至会危及消费者的人身安全。对于这类行为，由于修改前的《产品质量法》对服务业的经营者的产品质量责任没有规定，所以在实际执法中很难处理。而服务业的经营者将产品用于经营性服务，实际上是一种变相的销售产品的行为。因此，《产品质量法》修改后，在第 62 条规定了对服务业的经营者的行政法律责任，服务业的经营者将本法第 49 条至第 52 条规定的禁止销售的产品（不符合保障人体健康、人身财产安全标准的产品；掺杂、掺假，以假充真，以次充好，以不合格产品冒充合格的产品；国家明令淘汰并停止销售的产品以及失效、变质的产品）用于经营性服务的，质量技术监督部门发现在上述活动，应按照职责范围依照法律有关销售者的处罚规定对经营者给予处罚。

服务业的经营者将禁止销售的产品用于经营性服务的，首先应当依照行政机关的决定，停止使用，即不得继续在服务中使用这些禁止销售的产品；同时，对于知道或者应当知道所使用的产品属于本法规定禁止销售的产品的，行政机关还可以按照服务业的经营者违法使用的产品（包括已使用的和库存尚未使用的）的货值金额，依照本法对销售者的处罚规定处罚。即使用不符合保障人体健康和人身财产安全的国家标准、行业标准的产品的，应按照本法第 49 条的规定承担法律责任；使用掺杂、掺假，以假充真，以次充好，以不合格冒充合格的产品的，应按照本法第 50 条的规定承担法律责任；使用国家明令淘汰的产品，按照本法第 51 条的规定承担法律责任；使用失效变质的产品的，按照本法第 52 条的规定承担法律责任；发现经营者使用的产品存在标识标注的不规范、不准确，不符合《产品质量法》第 27 条规定要求的，按照职责范围依照本法第 54 条的规定实施处罚。

十、隐匿、转移、变卖、损毁被产品质量监督部门或者工商行政管理部门查封、扣押的物品的行为，追究法律责任的规定

县级以上产品质量监督部门或者县级以上工商行政管理部门根据已经取得的违法嫌

疑证据或者举报,对涉嫌违反本法规定的行为进行查处时,可以"对有根据认为不符合保障人体健康和人身、财产安全的国家标准、行业标准的产品或者有其他严重质量问题的产品,以及直接用于生产、销售该项产品的原辅材料、包装物、生产工具,予以查封或者扣押。"行政机关采取的查封和扣押措施,属于行政强制措施。行政强制措施是行政机关为了预防、制止或控制危害社会行为的发生,依法采取的对有关对象的人身、财产和行为自由加以暂时性限制,使其保持一定状态的手段。查封、扣押的行政强制措施,是对被执行对象的有关财产所采取的限制性措施。行政机关依法采取强制性措施是法律赋予行政机关的权力,是行政机关维护正常的行政管理秩序,及时防止危害社会的行为发生或扩大的必要手段。不服从行政机关依法采取的行政强制措施的行为属于破坏行政管理秩序的行为,应承担相应的法律责任。

任何单位或者个人隐匿、转移、变卖、损毁被产品质量监督部门或者工商行政管理部门查封、扣押的物品,应承担以下的法律责任:(1)罚款。有上述行为的,处被隐匿、转移、变卖、损毁物品货值金额等值以上3倍以下的罚款。(2)有违法所得的,并处没收违法所得。这里所说的"违法所得"是指行为人通过隐匿、转移、变卖、损毁被产品质量监督部门或者工商行政管理部门查封、扣押的物品而获得的金钱及其他财物,根据本条规定,对这些金钱及其他财物应当予以没收。

十一、民事赔偿优先原则

罚款是行政处罚中的一种财产罚,即行政机关强制违反行政管理秩序的行为人在一定期限内向国家缴纳一定数量的金钱而使其遭受一定经济利益损失的行政处罚形式;罚金是刑罚中的一种财产刑,即人民法院强制触犯刑律、构成犯罪的行为人向国家缴纳一定数量的金钱的刑罚方式;民事赔偿是民事责任的一种,即民事法律关系中,没有履行自己义务的一方当事人向对方当事人支付一定数量的金钱,以弥补对方因为自己没有履行义务而造成的损失,包括违约民事赔偿和侵权民事赔偿。

当事人生产、销售违反本法规定的产品,首先是对消费者的欺骗,构成违约,应承担违约民事责任,如果造成了消费者人身、缺陷产品以外的财产损害的,还要承担侵权民事责任;当事人生产、销售违反本法规定的产品,扰乱了社会经济秩序,违反了行政管理秩序,还要承担行政责任;当事人生产、销售违反本法规定的产品,如果情节特别严重,构成了犯罪,还要承担刑事责任。这就可能出现民事赔偿、罚款、罚金在一个当事人身上同时适用的情况。民事赔偿、罚款、罚金是三种不同的责任形式,但它们有一个共同特点,就是当事人都要向外支付一定数额的金钱,当同时在一个当事人身上适用时,就牵涉到承担顺序的问题。这时,就要按照《产品质量法》第64条的规定进行处理。

根据第64条规定,一个当事人同时承担民事赔偿、罚款、罚金,其财产不足以同时支付时,首先应当承担民事赔偿责任。这是因为,产品质量违法行为损害的主要是消费者的利益,主要后果是造成了消费者的人身和财产损失,法律对产品质量违法行为人规定行政和刑事责任,其主要目的也在于制止违法行为,从而保护消费者的合法权益。另外,民事赔偿和罚款、罚金的一个重要区别就是,民事赔偿是对受害人损失的弥补,罚款和罚金是对侵害人的惩罚。根据法律的一般原理,违法行为发生后,法律的首要目的是要恢复原状,即恢复到违法行为没有发生前的状况,在有损害发生的情况下,这一目的就表现为弥补受害人的损失,然后才涉及对侵害人进行惩罚的问题。因此,产品质量违法行为发生后,违法行为人同时承担民事赔偿、罚款、罚金，其财产不足以同时支付时，首先应当赔偿受害人的损失，其财产还有剩余的情况下，再用剩余的财产缴纳罚款、罚金。

十二、各级人民政府工作人员和其他国家机关工作人员实施违法行为追究法律责任的规定

（一）包庇、放纵产品生产、销售中违反本法规定的行为

“包庇”是指故意袒护产品生产、销售中违反本法规定的行为，使其不受法律的追究。“放纵”是指发现生产、销售中违反本法规定的行为而不加制止，任其发展。从实践中看，一些地方政府及所属部门的工作人员利用职权包庇、放纵生产、销售伪劣产品的行为，主要有两种情况：一是徇私舞弊，与生产、销售伪劣产品的人搞“权钱交易”；二是搞地方保护，为了当地的眼前和局部利益，对生产、销售伪劣产品的行为予以包庇和放纵，为违反本法规定的行为开绿灯。

1. 构成犯罪的，依法追究刑事责任

这里主要是指构成《刑法》第 397 条和第 414 条所列的犯罪。构成犯罪须具备以下条件：一是主观上为故意，即明知是违反本法规定的行为，而加以包庇、放纵；二是客观上实施了包庇、放纵的行为，即明知是违反本法规定的行为而加以掩盖，使其不受法律的追究。对产品质量监督部门、工商行政管理部门、司法机关等对生产、销售伪劣商品负有追究责任的国家机关工作人员，徇私舞弊，不履行法律规定的职责，包庇、放纵生产、销售伪劣商品的行为，情节严重的，应当依照《刑法》第 414 条的规定追究刑事责任，即处 5 年以下有期徒刑。对其他国家机关工作人员滥用职权，或者徇私舞弊，包庇、放纵生产、销售伪劣商品的行为，构成犯罪的，则应依照刑法第 397 条规定，处 5 年以下有期徒刑或者拘役；情节特别严重的，处 5 年以上 10 年以下有期徒刑。

2. 对于不构成犯罪的，依法给予行政处分

各级人民政府工作人员和其他国家机关工作人员有包庇、放纵生产、销售伪劣商品的行为，但情节轻微，没有造成严重后果，依照《刑法》规定不构成犯罪的，应依法给予行政处分。行政处分主要是指国家机关对所属的工作人员犯有轻微违法行为给予的一种制裁性处理。对国家机关工作人员行政处分的形式，按照《中华人民共和国行政监察法》和《中华人民共和国公务员法》的规定，有警告、记过、记大过、降级、降职、开除六种。各级人民政府和其他国家机关对于违法的工作人员，应当根据情节，给予适当的行政处分。

（二）向从事违反本法规定的生产、销售活动的当事人通风报信，帮助其逃避查处

“通风报信”是指向实施违反本法规定的生产、销售活动的当事人有意泄露或者直接告知违法行为人有关部门查处活动的部署、措施、时间、地点等情况的行为。各级人民政府的工作人员和其他国家机关的工作人员对于产品质量监督部门或者工商行政管理部门查处生产、销售违反本法规定的产品的行为应当予以配合，协助做好查处工作，而不应当向实施违法行为的人通风报信，使违法行为人逃避法律的制裁，破坏查处工作。按照规定，向从事违反本法规定的生产、销售活动的当事人通风报信，帮助其逃避查处的，应依法承担法律责任。

1. 构成犯罪的，依法追究刑事责任

这里讲的构成犯罪，是指构成《刑法》第 417 条规定的帮助犯罪分子逃避处罚罪。构成此罪主要应具备以下条件：一是行为人主观上为故意，即明知实施违反本法规定的生产、销售活动已经构成犯罪，为帮助犯罪分子逃避查处，为其通风报信。如果行为人不知道违反

本法规定的生产、销售活动已经构成犯罪,或者无意中向实施违反本法规定的生产、销售活动的当事人透露了查处情况,则不构成犯罪。二是客观上实施了向生产、销售伪劣商品的犯罪分子通风报信,帮助其逃避查处的行为。

对于向从事违反本法规定的生产、销售活动的当事人通风报信,帮助其逃避查处,构成犯罪的,依照《刑法》第417条的规定处3年以下有期徒刑或者拘役;情节严重的,处3年以上10年以下有期徒刑。这里讲的"情节严重",主要是指由于行为人通风报信的行为,使众多的犯罪分子没有受到应有的处罚,或者使罪行较重的犯罪分子没有受到刑事处罚,以及造成其他严重后果的情形等。

2. 对于向从事违反本法规定的生产、销售活动的当事人通风报信,帮助其逃避查处,不构成犯罪的,根据情节的轻重,给予不同的行政处分。

(三)阻挠干预产品质量监督部门或者工商行政管理部门依法对产品生产、销售中违反本法规定的行为进行查处,造成严重后果的

"阻挠""干预",实际中多表现为一些政府工作人员或其他国家机关工作人员,特别是负有一定领导责任的干部,利用自己的身份、地位、权力等,阻止、干涉产品质量监督部门或者工商行政管理部门依法对产品生产、销售中违反本法规定的行为进行查处的行为。阻挠、干预产品质量监督部门或者工商行政管理部门依法对产品生产、销售中违反本法规定的行为进行查处,造成严重后果的,应依照规定,承担相应的法律责任。

1. 构成犯罪的,依法追究刑事责任

这里主要是指构成《刑法》第397条规定的滥用职权罪。构成这一犯罪的条件,一是行为人主观上是故意,即明知产品质量监督部门或者工商行政管理部门依法对产品生产、销售中的违法行为进行查处而加以阻挠、干预;二是行为人滥用了自己的权力,在客观上实施了阻挠、干预的行为,比如下令不许产品质量监督部门或者工商行政管理部门对违反本法规定的行为依法进行查处;三是行为人实施阻挠、干预的滥用职权行为,使公共财产、国家和人民利益遭受了重大损失。如果仅仅是阻挠、干预对违法行为进行查处,但并未造成任何严重后果,则不构成犯罪。比如,产品质量监督部门根据举报准备对某生产企业进行查处,某地方政府有关负责人横加干预,使得查处行为没有实施,造成该企业生产的不符合保障人体健康、人身和财产安全的产品进入到销售环节,给消费者造成了重大人身伤亡或财产损失。对于构成这一犯罪的,应依照《刑法》第397条关于滥用职权犯罪的处罚规定,处3年以下有期徒刑或者拘役;情节特别严重的,处3年以上7年以下有期徒刑。

2. 对于不构成犯罪的,根据不同情节,依法给予不同的行政处分

十三、产品质量监督、产品质量检验中违法行为的法律责任的规定

(一)产品质量监督部门在产品质量监督抽查中违法行为的法律责任的规定

产品质量监督部门在产品质量监督抽查中超过规定的数量索取样品或者向企业收取检验费用的,首先应由上级产品质量监督部门或者监察机关责令退还,这是上级产品质量监督部门行使内部监督权以及专门的行政监督机关行使外部监督权的一种方式。根据我国有关法律法规的规定,上级行政机关可以对下级行政机关的行政行为进行监督,并有权撤销或者改变下级行政机关不适当的行政决定。根据《行政监察法》的规定,行政监察机关是人民政府行使监察职能的行政机关,有权对本级人民政府各部门及其国家公务员进行监察;同时规定,监察机关可以责令被监察的部门和人员停止违反法律、法规和行政纪律的行

为,有关部门和人员应当执行。因此,产品质量监督部门有本条规定的违法行为的,首先应当按照上级产品质量监督部门或者行政监察机关的决定,将超过规定索取的样品或者违法收取的检验费用退还被检验的企业。

产品质量监督部门在产品质量监督抽查中超过规定的数量索取样品或者向企业收取检验费用的,除了按照上级产品质量监督部门或者行政监察机关的决定将收取的样品和费用退还企业外,情节严重的,有关行政机关还可以根据本条的规定对其直接负责的主管人员和其他直接责任人员依法给予行政处分。此处“直接负责的主管人员”是指在单位违法行为中负有领导责任的人员,包括违法行为的决策人,事后对单位违法行为予以认可和支持的领导人员,以及由于疏于管理或放任对单位违法行为负有不可推卸责任的领导人员。“其他直接责任人员”是指其他直接实施单位违法行为的人员。行政处分是指国家机关、国有和集体企业事业单位依法给隶属于它的犯有轻微违法行为人员的一种制裁性处理。行政处分的对象主要是产品质量监督部门中的国家公务员。

(二)对参与产品的经营活动的法律责任的规定

1. 产品质量监督部门或者其他国家机关向社会推荐生产者的产品的

产品质量监督部门对产品进行监制、监视等方式参与产品的经营活动的,由上级产品质量监督部门或者监督机关以行政决定的方式责令该产品质量监督部门或者国家机关停止向社会推荐生产者的产品或者以对产品进行监制、监销等方式参与产品的经营活动的行为,并采取措施消除其违法行为产品的负面影响,除此之外,还要追究违法的产品质量监督部门以下法律责任:(1)没收违法收入。这里的违法收入,是指因产品质量监督部门或者其他国家机关违法向社会推荐生产者的产品或者对产品进行监制、监销等方式参与产品的经营活动所获得的非法收益。对此违法收入应当予以没收,上缴国库。(2)情节严重的,给予行政处分。这里的情节严重,是指产品质量监督部门或者其他国家机关向社会推荐生产者的产品次数多、数量大、影响恶劣,或者其推荐的产品对消费者造成损害等,也包括产品质量监督部门或者其他国家机关参与产品经营活动获取的违法收入较多,产品存在质量问题,影响恶劣等情节。行政处分的对象是违法的产品质量监督部门或者其他国家机关的主管人员和其他直接责任人员。

2. 产品质量监督检验机构向社会推荐生产者的产品的

产品质量检验机构对产品进行监制、监销等方式参与产品的经营活动的,由产品质量监督部门以行政决定的方式责令其停止向社会推荐生产者的产品或者以对产品进行监制、监销等方式参与产品的经营活动的行为,并采取措施消除其违法行为产品的负面影响,除此之外,还要追究违法的产品质量检验机构以下法律责任:(1)没收违法收入。(2)罚款。即产品质量监督部门可以对违法的产品质量检验机构并处违法收入一倍以下的罚款,从经济上对其制裁。(3)情节严重的,撤销其检验资格。对其具有严重违法情节的,由行政执法部门撤销其检验资格,其不得再从事相关的经济活动。

(三)国家机关工作人员的违法行为的法律责任的规定

产品质量监督部门或者工商行政管理部门的工作人员,是代表国家执法的人员,肩负着加强产品质量监督、保护消费者合法权益、维护社会经济秩序的重任。这些人员必须忠于职守、秉公执法。如果知法犯法,违法犯罪,不仅损害消费者的利益,还会破坏党风和社会风气,损害党和政府同群众的关系。因此,对从事产品质量监督的国家工作人员滥用职权、玩忽职守、徇私舞弊的,必须依法追究法律责任。

1. 构成犯罪的,依法追究刑事责任

依照《刑法》的规定,构成此罪必须具备以下条件:(1)构成本罪的主体必须是国家机关的工作人员,在这里即是产品质量监督部门或者工商行政管理部门的机关的工作人员;(2)滥用职权和玩忽职守的行为只有致使公共财产、国家和人民利益遭受重大损失的,才能构成犯罪。

对构成犯罪的,应依照《刑法》第397条关于滥用职权、玩忽职守犯罪的规定追究刑事责任。国家机关工作人员滥用职权或者玩忽职守,致使公共财产、国家和人民利益遭受重大损失的,处3年以下有期徒刑或者拘役;情节特别严重的,处3年以上7年以下有期徒刑。或者依照《刑法》第414条关于对生产、销售伪劣商品犯罪行为负有追究责任的国家机关工作人员徇私舞弊犯罪的规定追究刑事责任。即对生产、销售伪劣商品犯罪行为负有追究责任的国家机关工作人员,徇私舞弊,不履行法律规定的追究职责,情节严重的,处5年以下有期徒刑或者拘役。

2. 不构成犯罪的,依法给予行政处分

不构成犯罪是指产品质量监督部门或者工商行政管理部门的国家工作人员违法行为情节轻微,不符合《刑法》规定的犯罪构成,则不按犯罪行为处罚,应当依法给予行政处分。

十四、对以暴力、威胁方法阻碍行政执法的法律责任的规定

保障产品质量监督部门或者工商行政管理部门的国家工作人员依法执行职务,是加强产品质量监督,保护消费者合法权益,维护社会经济秩序的重要方面。因此,法律在要求每个从事产品质量监督的国家工作人员忠于职守、秉公执法的同时,也为他们执行职务创造必要的条件,对阻碍他们依法执行职务的行为,给予法律制裁。本条规定是保障产品质量监督部门或者工商行政管理部门的国家工作人员依法执行职务的法律武器。

以暴力、威胁方法阻碍产品质量监督部门或者工商行政管理部门的工作人员依法执行职务的,依法追究刑事责任,即依照《刑法》第277条规定的"妨害公务罪"追究刑事责任。根据《刑法》和本法的规定,构成这一犯罪,主要应具备以下条件:(1)必须是用暴力或威胁的方法阻碍产品质量监督部门或者工商行政管理部门的工作人员依法执行职务;(2)行为人主观上是出自故意。

对于构成犯罪的,依照《刑法》第277条的规定,处3年以下有期徒刑、拘役、管制或者罚金。

拒绝、阻碍从事产品质量监督部门或者工商行政管理部门的工作人员依法执行职务,未使用暴力、威胁方法的,由公安机关依照《中华人民共和国治安管理处罚法》的规定给予治安管理处罚。

根据本法和《治安管理处罚法》第50条的规定,构成本条规定予以治安管理处罚的条件:一是要有拒绝、阻碍从事产品质量监督部门或者工商行政管理部门的工作人员依法执行职务的行为。例如,拒绝产品质量监督部门依法对其生产、销售伪劣产品的场所进行检查。二是未使用暴力、威胁方法,只是对上述工作人员吵闹、谩骂或者不服管理。有上述行为的,处警告或者200元以下罚款;情节严重的,处5日以上10日以下拘留,可以并处500元以下罚款。是否使用暴力、威胁方法,是区分罪与非罪的界限。

十五、行使本法规定的行政处罚权的行政机关的规定

根据本条规定，行使本法规定的行政处罚权的行政机关包括：(1)吊销营业执照的行政处罚由工商行政管理部门决定。(2)本法第 49 条至第 57 条、第 60 条至第 63 条规定的行政处罚由产品质量监督部门或者工商行政管理部门按照国务院规定的职权范围决定。(3)法律、行政法规对行使行政处罚权的机关另有规定的，依照有关法律、行政法规的规定执行。这主要是指《药品管理法》《食品安全法》《化妆品卫生监督条例》《兽药管理条例》等专门法律、行政法规对某些特殊产品的行政处罚机关另有规定的，依照相应法律、行政法规的规定执行。

十六、没收的产品的处理规定

对生产、销售不符合保障人体健康和人身财产安全的国家标准行业标准产品，在产品中掺杂、掺假，以假充真，以次充好或者以不合格产品冒充合格产品，生产销售国家明令淘汰的产品，销售失效、变质的产品，伪造产品产地、伪造或者冒用他人厂名、厂址，伪造或者冒用认证标志等名优标志的产品等，规定了予以没收的行政处罚措施。对于这些没收的产品，应按照本条的规定，由有关行政执法部门予以销毁或者采取其他方式处理。

予以没收的违法生产、销售的产品，一部分是属于危害使用者的人身、财产安全，没有使用价值或者是违反国家的强制性规定不能再进入流通领域的产品，如不符合国家强制性标准的产品、失效变质的产品和国家明令淘汰的产品等，对于这部分产品，行政机关应当予以销毁，以免再流入市场。另外还有一部分产品，虽然也属于违反本法的规定生产、销售的产品，但是还有使用价值，如伪造产品产地，伪造或者冒用他人厂名、厂址，伪造或者冒用认证标志等质量标志的产品和实际质量与产品标明的质量不符的次品等。对于这些产品，如果一律予以销毁，是对资源的浪费。对于这些产品，行政机关可以依据本条的规定，采取其他方式处理。有关行政执法机关对其没收的产品采取其他方式处理时，应当遵守国家的有关规定。财政部 1986 年颁布的《罚没财物和追回赃款赃物管理办法》第 9 条规定："罚没物资和追回应上缴国库的赃物，根据不同性质和用途，按下列原则处理：(1)属于商业部门经营的商品，由执法机关、财政机关、接收单位会同有关部门按质论价，交由国营商业单位纳入正常销售渠道变价处理。参与作价的部门，不得内部选购。(2)属于专营机关管理或专营企业经营的财物，如金银、外币、有价证券、文物、毒品等，应及时交由专管机关或专营企业收兑或收购。(3)属于政治性、破坏性物品，无偿交由专管机关处理。(4)属于淫秽物品、吸毒用具等违禁品，以及其他无保管价值的物品，由收缴机关按有关规定处理。"其他法律、行政法规、规章对没收的产品的处理方式有规定的，有关行政监督机关也应遵守其规定。

十七、"货值金额"和"违法所得""违法收入"计算的规定

（一）货值金额

《产品质量法》第 49 条至第 54 条、第 62 条、第 63 条所规定的货值金额以违法生产、销售产品的标价计算；没有标价的，按照同类产品的市场价格计算。

修改后的《产品质量法》将"违法所得"改为"货值金额"，并对货值金额的计算方法作了具体规定，增强了本法的可操作性。(1)违法产品有标价的，按照标价计算。标价是指生产者或销售者以价格表、价格签或其他标价方式表明的产品的销售价格。按照《产品质量

法》的规定，货值金额是指当事人违法生产、销售产品的数量（包括已售出的和未售出的产品）与其单件产品标价的乘积。对生产的单件产品标价应当以销售明示的单价计算；对销售的单件产品标价应当以销售者货签上标明的单价计算。（2）违法产品没有标价的，按照同类产品的市场价格计算。市场价格是指在一定时期，同类产品的市场的平均价格。违反本法规定生产、销售的伪劣产品，生产者、销售者有时不标明产品的价格，此时执法部门在计算货值金额时，应按照该产品被查处时该地区市场零售价的平均单价计算。

（二）违法所得

本法所称违法所得是指获取的利润。

（三）违法收入

《产品质量法》第61条、第67条规定的违法收入，是指违反法律规定从事运输、仓储、保管，提供制假技术，向社会推荐产品以及进行产品的监制、监销等违法活动所获取的全部收入。

十八、军工产品质量监督管理以及因核设施、核产品造成损害的赔偿责任的规定

（一）关于军工产品质量监督管理的规定

根据规定，军工产品质量监督管理办法，由国务院、中央军事委员会另行制定。本条所说的军工产品，主要是指武器装备、弹药及其配套产品，包括专用的原材料、元器件等。由于军工产品一般不进入市场销售，并牵涉到保密和国家安全的问题，因此不能完全适用本法的规定，其质量监督管理办法需由国务院、中央军事委员会另行制定。根据1987年经国务院、中央军事委员会批准，原国防科工委发布的《军工产品质量管理条例》（以下简称条例）的规定，对军工产品的监督管理主要有以下内容：（1）国务院有关业务主管部门根据条例的规定，对承制军工产品的单位的质量保证体系，进行考核；考核合格的，方可承担军工产品的生产任务。（2）军工产品的使用单位可以派军代表，监督承制单位执行合同有关质量保证的条款。军工产品应当符合国家标准、国家军用标准的要求。（3）承制单位应当对产品进行检验，确认产品符合验收标准的，方能交军代表验收。产品出厂必须有产品质量检验合格证明，并经军代表验收合格。（4）承制单位违反条例规定，军工产品达不到规定标准的，由有关业务主管部门责令其限期改正；限期内不改正的，取消其承制资格。产品质量不符合标准，造成重大责任事故的，由有关主管部门追究其行政责任；构成犯罪的，依法追究刑事责任。

（二）因核设施、核产品造成损害的赔偿责任的规定

根据规定，因核设施、核产品造成损害的赔偿责任，法律、行政法规另有规定的，应依照其规定。核电站等核设施、核产品的生产具有高度的危险性。按照国际上的通行做法，对因核电站等核设施、核产品造成损害的赔偿责任，与一般的产品责任有所不同。按照不少国家采用的处理核事故责任的两个国际公约，即《核能方面第三当事者责任公约》（《巴黎公约》）和《关于核损害的民事责任的维也纳公约》的规定，因核电站等核设施发生事故造成的核损害的赔偿责任，除公约另有规定情形外，应由核设施的经营者承担，而不是由核设备、核产品的提供者承担；并且对责任人的赔偿责任规定了最高限额。

鉴于因核设施、核产品造成损害的赔偿责任的复杂性，需要有专门的法律作出规定。目前，我国关于核能的法律只有一部，即《放射性污染防治法》，另外还有《民用核设施安全

监督管理条例》等8部行政法规和一些部门规章。《原子能法》已经列入国务院2011年立法工作计划。在有关的专门法律尚未制定出来以前，根据本法的授权，可以适用行政法规的特别规定。法律、行政法规没有特别规定的，则仍适用本法第四章关于产品责任的规定。

参考文献

[1] 朱一飞,冀瑜,范晓宇,等.标准化法教程[M].厦门:厦门大学出版社,2011.

[2] 张云.产品质量法教程[M].厦门:厦门大学出版社,2011.

[3] 何永军.质量法学[M].北京:北京师范大学出版社,2011.

[4] 张文显.法理学[M].4版.北京:高等教育出版社,北京大学出版社,2011.

[5] 王艳林.质检法教程[M].北京:中国政法大学出版社,2010.

[6] 李学京.标准与标准化教程[M].北京:中国标准出版社,2010.

[7] 王九云.经济法[M].北京:科学出版社,2007.

[8] 姜明安.行政法与行政诉讼法[M].3版.北京:北京大学出版社,高等教育出版社,2007.

[9]【德】克努特·布林德.标准经济学——理论、证据与政策[M].北京:中国标准出版社,2006.

[10] 罗玉中.科技法学[M].武汉:华中科技大学出版社,2005.

[11] 中国法制出版社.经济法教学法规[M].北京:中国法制出版社,2004.

[12] 王渊,喻胜云,郑彦鹏.经济法学[M].北京:中信出版社,2004.

[13]【美】Walker David M. The Oxford Companion to Law[M].李双元,等,译.北京:法律出版社,2003.

[14]【德】奥托·迈耶.德国行政法[M].北京:商务印书馆,2002.

[15] 罗豪才.行政法学[M].北京:北京大学出版社,2001.

[16] 史际春.经济法总论[M].北京:法律出版社,2000.

[17] 刘瑞复.经济法学原理[M].北京:北京大学出版社,2000.

[18] 马洪.经济法概论[M].上海:上海财经大学出版社,2000.

[19] 董宝琪.经济法案例教程[M].北京:高等教育出版社,2000.

[20] 杨紫烜.经济法[M].北京:北京大学出版社,高等教育出版社,1999.

[21] 应松年.外国行政程序法汇编[M].北京:中国法制出版社,1999.

[22] 马新福.法理学[M].长春:吉林大学出版社,1997.

[23] 姜明安.外国行政法教程[M].北京:法律出版社,1993.

[24]【美】科斯.企业、市场和法律[M].盛洪,等,译.北京:三联书店,1990.

[25]【美】博登海默.法理学-法哲学及其方法[M].邓正来,姬敬武,译.北京:华夏出版社,1987.

[26]【美】阿尔温·托夫勒.第三次浪潮[M].朱志炎,等,译.上海:三联书店出版社,1984.

[27]【英】洛克.政府论(下篇)[M].瞿菊农,叶启芳,译.北京:商务印书馆,1983.

[28]【法】孟德斯鸠.论法的精神[M].张雁深,译.北京:商务印书馆,1978.

[29] 刘晓春.浅谈计量[J].计量与测试技术,2012(3).

[30] 张新宝,任鸿雁.我国产品责任制度:守成与创新[J].北方法学,2012(3).

[31] 彭微香,姚勤.加强标准制定 促进企业发展[J].中国石油和化工标准与质量,2011(6).

[32] 杨学功. 计量工作进入质量发展新阶段[J]. 中国计量,2011(4).
[33] 汪张林. 我国产品质量法评析[J]. 现代法学,2000(3).
[34] 万战翔.《中华人民共和国标准化法》修订工作若干问题之探讨[J]. 石油工业技术监督,2011(1).
[35] 张靥靥. 对法制计量工作的思考[J]. 中国质量技术监督,2010(3).
[36] 于培明,冯项丽. 试论药监部门能否依据《产品质量法》处理药品或医疗器械案件[J]. 中国药事,2010,24(11).
[37] 汪张林. 安全视角下我国产品质量法的完善[J]. 唯实,2010(11).
[38] 杨芬. 我国产品责任归责原则的发展与完善[J]. 质量技术监督研究,2009(10).
[39] 谢少锋. 计量管理基础知识系列讲座:第六讲 计量校准基础知识[J]. 江苏现代测量,2008(4).
[40] 崔卓兰,孙波. 追求更高层次的目标与价值——我国地方立法观念的推陈出新[J]. 当代法学,2007(3).
[41] 应松年. 行政强制立法的几个问题[J]. 法学家,2006(3).
[42] 桂建嵩. 对《标准化法》修改的再建议[J]. 中国标准化,2006(6).
[43] 谭福有. 标准的制定[J]. 信息技术与标准化,2006(3).
[44] 李海涛. 论《产品质量法》与相关法的功能协调[J]. 新乡师范高等专科学校学报,2005(3).
[45] 余凌云,陈钟华. 韩国行政强制上的诸问题——对中国草拟之中的行政强制法的借鉴意义[J]. 中国人民公安大学学报,2003(3).
[46] 李玉文,胡钧. 我国农产品质量立法探析[J]. 法学,2003(5).
[47] 罗文燕,吕尚敏. 论行政强制权的设定[J]. 法制与社会发展,2003(1).
[48] 竺建平. 我国产品质量法实施中的若干法律问题研究[J]. 华东政法学院硕士论文,2001.
[49] 王静挺. 对《标准化法》修改的探讨与建议[J]. 中国标准化,2000(11).
[50] 桂建嵩. 对《标准化法》修改的再建议[J]. 中国标准化,2006(6).
[51] 万战翔.《中华人民共和国标准化法》修订工作若干问题之探讨[J]. 石油工业技术监督,2011(1).
[52] 谭福有. 标准的制定[J]. 信息技术与标准化,2006(3).
[53] 刘兆彬. 认真学习《产品质量法》开创质量技术监督法制工作新局面[J]. 企业标准化,2000(5).